DAS NIEDERLÄNDISCHE BANKWESEN

INAUGURAL-DISSERTATION

ZUR

ERLANGUNG DER DOKTORWÜRDE

EINER

HOHEN STAATSWISSENSCHAFTLICHEN FAKULTÄT

DER

UNIVERSITÄT ZU TÜBINGEN

VORGELEGT

VON

CURT EISFELD

AUS NORDHAUSEN

HAAG

MARTINUS NIJHOFF

1916

ISBN 978-94-015-0047-0 ISBN 978-94-015-0525-3 (eBook)
DOI 10.1007/978-94-015-0525-3

Gedruckt mit Genehmigung der staatswissenschaftlichen
Fakultät der Universität Tübingen.

Referent: Professor Dr. Stephinger

11. Dezember 1913.

VORWORT.

Meine Arbeit macht den Versuch, ein Bild des niederländischen Bankwesens zu Beginn der Konzentrationsbewegung, die mit dem Jahre 1911 einsetzte, zu zeichnen. Das Buch wurde bereits im Frühjahr 1914 abgeschlossen, sein Erscheinen liess sich jedoch erst jetzt ermöglichen. Wenn auch inzwischen sich manches auf dem Gebiete des Bankwesens durch ökonomische oder ausserökonomische Einflüsse geändert hat, so hoffe ich doch, dass meine Arbeit insofern einigen Wert behalten wird, als sie sich bestrebt, eine möglichst vollständige Darstellung des niederländischen Bankwesens mit seiner besonders stark ausgebildeten Arbeitsteilung in den letzten Friedensjahren zu geben. Wie weit der Krieg die Entwicklung des niederländischen Bankwesens beeinflussen wird, lässt sich zur Zeit noch nicht übersehen. Was jedoch bisher an neuen Problemen hervorgetreten ist, kann nicht mit ein paar Worten dargestellt werden, so dass — wie verlockend eine Behandlung des niederländischen Bankwesens während des Krieges auch war — auf eine Fortführung der Darstellung bis in die jüngsten Tage verzichtet werden musste.

Das Buch wendet sich sowohl an den holländischen wie an den deutschen Leserkreis, daher liess es sich nicht vermeiden, manches zu bringen, was einem Teil der Leser längst wohlbekannte Dinge sind. Bei dem Mangel an Vorarbeiten konnte die angestrebte Gleichmässigkeit in der Behandlung der einzelnen Bankarten leider nicht erreicht werden. Wenn nicht alle Zeichen trügen, hat sich in der allerletzten Zeit in Niederland ein recht reges wissenschaftliches Interesse für die heimische Wirtschaft entwickelt, aus dem hoffentlich auch eine eingehende Durchforschung der älteren und neueren niederländischen Bankgeschichte entspringen wird.

Zum Schluss sei Allen, deren freundliche Unterstützung — in welcher Form auch — zum Zustandekommen meiner Arbeit beigetragen hat, auch an dieser Stelle herzlich gedankt.

Berlin, im Juni 1916. CURT EISFELD.

INHALT.

EINLEITUNG.

§ 1. SKIZZE DER ENTWICKLUNG DES NIEDERLÄNDISCHEN BANKWESENS.

Als Niederland nach dem Zusammenbruch der Napoleonischen Herrschaft seine politische Freiheit wiedererlangt hatte, musste der Wiederherstellung der staatlichen Organisation ein wirtschaftlicher Wiederaufbau folgen [1]), da während der Zugehörigkeit Niederlands zum französischen Kaiserreich der letzte Rest des Handels, der Seeschiffahrt und der Industrie vernichtet worden war. An diesem Aufbau arbeitete die Regierung von Willem I planmässig mit. Typisch hierfür ist das Dekret vom 25. März 1814, durch das die Errichtung einer Notenbank vorgeschrieben wird. Es enthält gleichzeitig eine Art wirtschaftspolitischen Programmes des Herrschers. Er erklärt es als seine Pflicht, den Handel, der als der „Nerv" Niederlands bezeichnet wird, wieder aus dem Verfall emporzuheben, in den er durch die Kriege mit England und die Kontinentalsperre geraten war. Hierzu sei eine Ordnung des Geld- und Zahlungsverkehrs notwendig. Zu diesem Zwecke sei kein „heilsameres Mittel" zu finden, als die Errichtung einer Notenbank, an der der Staat und die Privatleute beteiligt seien und deren Reglement die nötige Sicherheit für die von ihr ausgegebenen Umlaufsmittel verbürge [2]). Der König beteiligte sich finanziell an der Bank, ähnlich wie er dies später bei der Nederlandschen Handel Mij., bei der Anlage der ersten Eisenbahn [3]) und bei anderen Gelegenheiten tat. — Durch mühselige Arbeit aller nationalen Kräfte gelang es, die niederländische Volkswirtschaft wieder zur Entwicklung zu bringen, sodass bei dem allgemeinen

---

[1]) Otto Pringsheim („Untersuchungen über die Lage der arbeitenden Klassen in Holland", im Archiv f. Sozialwissenschaft Bd. IV. S. 315 ff.) sagt darüber: „Während die Industrie anderer Länder am Ende des vorigen (18.) Jahrhunderts einen grossen Aufschwung nahm, wurde die niederländische Industrie um diese Zeit fast vollständig vernichtet, und es kostete doppelte Anstrengungen, ehe neues Leben aus den Ruinen wachsen konnte".

[2]) Das Dekret findet sich abgedruckt bei A. v. Assen, de Nederlandsche Bank tegenover den Staat.... Haag 1881 und im Bericht der Nederl. Bank für 1888/9 S. 21 ff.

[3]) Elias. Spoorwegen in „Eeuw S. 844 ff.

europäischen Aufschwung um die Mitte des 19. Jahrhunderts die vorhandene Kreditorganisation auch in Niederland nicht mehr genügte [1]). Diese bestand im wesentlichen aus den Bankiers, die vielfach noch Kassiers genannt wurden, während die Bezeichnung Bankier den bedeutenderen Bankgeschäften vorbehalten war, den Effektenkommissionären, die fast immer neben dem Effektenkommissionsgeschäft auch andere Bankgeschäfte betrieben, der Notenbank und den beiden Kassiersgesellschaften in Amsterdam. Abgesehen von der Notenbank waren die verschiedenen Bankarten die gleichen wie vor der Napoleonischen Zeit. Weggefallen dagegen war die Amsterdamsche Wisselbank, die zwar formell noch bis 1819 bestand, aber jede Bedeutung verloren hatte, nachdem zu Ende des 18. Jahrhunderts die bei ihr herrschende Misswirtschaft bekannt geworden war [2]). Drei Gebiete waren es hauptsächlich, auf denen sich ein starkes Bedürfnis nach neuen Kreditorganisationen bemerkbar machte: der Hypothekarkredit, der Mittelstandskredit und der Aktiengesellschaftskredit. Demzufolge entstanden in verschiedenen Ländern Europas Hypothekenbanken, Kreditvereine und „Crédit Mobiliers". Zu diesen drei Bankarten kamen in Niederland noch die Banken für Kolonialkredit, da in jener Zeit nach Aufhebung des Monopols der Nederlandschen Handel Mij. [3]) (der Nachfolgerin der Ostindischen Compagnie) in Niederländisch Indien ein sehr starkes Kreditbedürfnis entstanden war [4]). Um die Mitte der 1860er Jahre waren die neuen Einrichtungen zum grossen Teil ausgebaut. Bezeichnend für jene Zeit ist die Aeusserung von Verloren [5]) dass „noch vor kurzer Zeit das Wort „Bank" bei vielen ein unbestimmtes Gefühl von Angst hervorrief, über das man sich kaum Rechenschaft geben konnte".... „Gegenwärtig spricht man denn auch von Versicherungsbanken(!), Hypothekenbanken, Handelsbanken, etc., als ob sie bereits seit Jahrhunderten in unserem Vaterlande bestanden hätten". Von den in jenen Jahren in Niederland errichteten Banken trug keine ein originelles Gepräge, sie lehnten sich alle mehr oder minder stark an ausländische Vorbilder, wie den

[1]) J. T. Buys. De Hypotheekbank. Haarlem 1861 S. 11.
[2]) siehe hierüber unter Kassiers.
[3]) „Mij" ist die gebräuchliche Abkürzung für Maatschappij = Gesellschaft.
[4]) Festschrift der Nederlandsch Indische Handelsbank 1913 S. G. und Gedenkboek der Internationale Crediet- en Handelsvereeniging „Rotterdam" 1913. S. 7.
[5]) P. Verloren. Overzigt. S. 337 ff.

Crédit Mobilier, die Union de Crédit in Brüssel, die deutschen Hypothekenbanken an.

Die niederländische Bankorganisation gewann damit in den 1860er Jahren ein durchaus verändertes Aussehen. Wenn auch die neuen Institute den alteingeführten Unternehmen zunächst noch keine wesentliche Konkurrenz machen konnten, so brachten sie doch immerhin eine gewisse „Modernisierung" des Bankbetriebs zustande, die auch auf die bestehenden Banken zurückwirkte. Der Einfluss der Ideen jener Zeit wird besonders deutlich bei der Errichtung der Kasvereeniging in Amsterdam (1865). Hier atmet alles bereits „modernen" Geist: Publizität, Verzinsbarkeit der Depositen etc.

Ein Teil der neuerrichteten Unternehmen verschwand bald wieder [1]), ähnlich wie in Deutschland zu jener Zeit, und von den Erhaltengebliebenen trugen verschiedene erhebliche Wunden davon. So zog z. B. die Rotterdamsche Bank aus ihren indischen Erfahrungen die Konsequenzen, indem sie das indische Geschäft völlig aufgab und sich dem niederländischen und speziell Rotterdamschen widmete. Ende der 1860er Jahre bestanden 23 Aktienbanken, zu denen noch 2 Hypothekenbanken kommen. (s. *Tabelle* 56). Diese Zahl erhöhte sich bis 1873/74 auf 31 und blieb dann für längere Zeit stabil. Die erwähnte Zunahme zu Anfang der 1870er Jahre ist die Folge des nach dem Deutsch-französischen Kriege einsetzenden Aufschwungs. In einzelnen Fällen, wie bei der Gründung der Amsterdamschen Bank, lässt sich der Zusammenhang mit den deutschen Verhältnissen selbst nachweisen.

Die lange Depressionsperiode, die sich mit kurzen Unterbrechungen bis in die Mitte der 1890er Jahre erstreckt, war auch für Niederlands Volkswirtschaft von Einfluss, besonders da diese durch den Handel mit dem Hinterlande Deutschland und dessen Wirtschaftslage auf vielen Gebieten eng verknüpft ist. Daher zeigen diese Jahre Stillstand in der Gründung von Banken, lediglich die Inlandhypothekenbanken steigen von 2 auf 21 (1896) und die ersten Auslandhypothekenbanken werden errichtet (s. *Tabelle* 56). Hier macht sich, wenn wir von den Kolonialbanken absehen, zum erstenmal im niederländischen Bankwesen das Bestreben bemerkbar, Institute zu errichten, die die in Niederland zu niedrigem

[1]) Ueber die 1863 gegründete Algemeene Maatschappij van Handel en Nijverheid siehe Festschrift der Nederl. Indische Handelsbank 1913. S. 9 ff.

Zinssatz aufgenommenen Kapitalien im Ausland zu hohen Zinsen wieder ausleihen.

Bereits vor der neuen Gründungsperiode zu Ende des 19. Jahrhunderts (wobei ich diesem Wort durchaus nicht die Bedeutung gebe, die es infolge der Krisis von 1873 in Deutschland leicht annimmt), bestand also ziemlich ausgebildete Arbeitsteilung im niederländischen Bankwesen. So äussert sich v. d. Borght [1]) um die Mitte der 1890er Jahre: „the devellopment of the dutch jointstock banks clearly shows a certain tendency toward the formation of special groups...." Diese Tendenz setzt sich in den folgenden Jahren fort. Im Jahr 1896 beginnt die niederländische Bauernschaft die Gründung von Boerenleenbanken (landwirtschaftlichen Darlehenskassen nach Art der Raiffeisengenossenschaften), um dem Personalkreditbedürfnis ihrer Klassengenossen aufzuhelfen. Ungefähr gleichzeitig setzt auch die Gründung von Vorschussbanken stärker ein, deren Aufgabe die Gewährung von Kredit an den Mittelstand ist. Beide Bankarten entstanden zur Befriedigung eines in den betreffenden Schichten lange gefühlten Bedürfnisses. Dies lässt sich von den seit 1899 errichteten Schiffshypothekenbanken nicht in dem Masse behaupten. Sie waren von vornherein nicht auf niederländische Verhältnisse allein berechnet, sondern suchten ihre Betätigung teilweise im Ausland. Sie ähneln darin den Auslandshypothekenbanken, wenn auch bei ihnen nicht die gleiche Ausschliesslichkeit der Kapitalanlage im Auslande besteht wie bei jenen. Ebenso waren die Banken für „belastete Werte", die sich hauptsächlich der Erbschaftsbeleihung widmen, überwiegend für das Ausland bestimmt. Auf die letzten beiden Bankarten scheint van Tienhovens Theorie über die Entstehung von Spezialbanken sich im wesentlichen zu stützen [2]). Er unterscheidet Banken, die „das Produkt eines dringend nach Befriedigung verlangenden Kreditbedürfnisses" seien und solche, die „nach der Entdeckung eines neuen kreditwürdigen Objekts und zur Stimulierung einer darauf basierenden Kreditnachfrage" errichtet worden seien. Er nennt als Beispiel dafür die Bank für belastete Werte, hätte aber auch die Schiffshypothekenbank nennen können. Beide lassen sich die „Stimulierung" — eine unhöfliche Uebersetzung würde „Anrei-

---

[1]) History S. 354.
[2]) Eeuw. S. 829.

zung" sagen — in sehr starkem Masse angelegen sein [1]). Es bleibe dahingestellt, ob die v. Tienhovensche Unterscheidung sich haarscharf durchführen lässt, jedenfalls charakterisiert sie die erwähnten beiden Bankarten sehr gut und lässt sich vielleicht auch auf die Auslandshypothekenbanken anwenden, da auch diese durch die im Ausland zu erzielenden hohen Zinssätze für Hypotheken angeregt wurden, dieses Hypothekengeschäft zu ihrem Spezialgeschäft zu erwählen [2]). Zum Schluss ist noch der Errichtung der „Mittelstandsbanken" zu gedenken, die erst in den allerletzten Jahren nach einer jahrelangen Propaganda eine etwas grössere Ausdehnung zu nehmen scheinen. Sie dienen, wie ihr Name sagt, dem Mittelstand und zwar speziell dem kaufmännischen und industriellen. Die Mittelstandsfrage ist auch in Niederland, seitdem vor einigen Jahren die Organisation dieser Kreise grosse Fortschritte gemacht hat, stärker hervorgetreten. Nach dem Vorbild der niederländischen Bauernschaft, und damit indirekt nach ausländischem Vorbild, wurden in kurzer Zeit in verschiedenen Städten Kreditgenossenschaften geschaffen. — Damit wäre in grossen Zügen ein Bild der niederländischen Bankentwicklung gezeichnet. Zum besseren Verständnis der gegenwärtigen niederländischen Bankorganisation wird es notwendig sein, der Behandlung der einzelnen Bankarten eine Skizze der niederländischen Rechtsorganisation (soweit sie für die Banken speziell von Bedeutung ist), sowie der Wirtschaftsorganisation vorangehen zu lassen und ausserdem einige Worte über die politische Organisation der niederländischen Gesellschaft hinzu zu fügen. Eine Darstellung des niederländischen Volkscharakters, so wichtig sie für eine tiefere Erklärung der niederländischen Bankorganisation wäre, muss leider unterbleiben, da auf diesem Gebiet noch so gut wie nichts getan ist, und ohne die Stütze auf eingehende Vorarbeiten im Rahmen dieser Arbeit nichts Erspriessliches geboten

[1]) s. darüber bei der Darstellung der beiden Bankarten.

[2]) Vielleicht lässt sich die v. Tienhovensche These besser verteidigen, wenn man zum ersten Teil seines Satzes die Worte „im Inland" und zum zweiten Teil die Worte „im Ausland" hinzufügt. Dann wird deutlich, dass die Betrachtung immer vom Inland, d. h. vom Lande, in dem die betreffenden Banken ihren Sitz haben, ausgeht. Das im zweiten Teil gemeinte Entdecken eines neuen Kreditobjektes sagt dann nichts darüber aus, ob nicht im Ausland bereits ein mehr oder minder starkes Kreditbedürfnis dieser Art bestanden hat, zu dessen Befriediging allerdings dem Lande selbst die Mittel oder Möglichkeiten fehlten.

werden könnte [1]). Die Darstellung der verschiedenen nationalen Lebensäusserungen dürfte z. T. zunächst etwas gesucht erscheinen, dabei ist aber zu berücksichtigen, dass auf diese Weise einmal die Behandlung solcher Gegenstände erleichtert wird, die in der eigentlichen Untersuchung an mehreren Stellen gebraucht werden, und andererseits in der Schlussbetrachtung alle behandelten Gebiete zur Erklärung der eigenartigen Gestaltung des niederländischen Bankwesens herangezogen werden.

---

[1]) Die Dissertation von F. H. Fischer, Studiën over het Individualisme in Nederland in de 19e Eeuw, Amsterdam 1910, ist nur auf das Literarische abgestellt und ausserdem so konfus, dass sie nicht verwendet werden konnte. — Auf den Aufsatz van Robert Fruin „Karakter van het Nederlandsche Volk" (verspreide geschriften I. deel. Historische opstellen Deel I. Nijhoff. den Haag 1900) wurde ich erst nach Abschluss der Arbeit aufmerksam gemacht.

KAPITEL I.

DIE GRUNDLAGEN DES NIEDERLÄNDISCHEN BANKWESENS.

§ 2. DIE RECHTLICHEN GRUNDLAGEN.

Die rechtlichen Grundlagen des niederländischen Geschäftsverkehrs ruhen, soweit nicht die allgemeinen Rechtssätze des bürgerlichen Verkehrs in Betracht kommen, auf dem „Wetboek van Koophandel" (W. v. K.) vom Jahre 1838 (Handelsgesetzbuch). Seitdem ist abgesehen von der Faillissementswet" v. 20.1.1896 nichts Wesentliches geändert worden, sodass das Gesetz nunmehr rund 75 Jahre besteht. Wiederholt sind Versuche gemacht worden, eine Revision des Gesetzes herbeizuführen. Im Jahre 1879 wurde eine Staatscommission eingesetzt zur Revision des Handelsgesetzbuches, die ihre Vorschläge in einen 1890 erschienenen Entwurf kleidete, und vor einiger Zeit lag den Generalstaaten ein Gesetzentwurf zur Abänderung des Rechtes der Handelsgesellschaften vor. Bereits im Jahr 1886 war ein von der erwähnten Commission bearbeiteter Entwurf des Wechselrechtes („Wet op het Handelspapier") erschienen. Die Entwürfe von 1886 und 1890 sind nicht Gesetz geworden und auch der gegenwärtige Entwurf teilt voraussichtlich dieses Schicksal, da im Jahr 1913 Neuwahlen zur zweiten Kammer stattgefunden haben und es zweifelhaft ist, ob der Entwurf wieder eingebracht werden wird. In Niederland scheint eine gewisse Aengstlichkeit zu herrschen, wenn es gilt, Gesetze abzuändern, selbst wenn von allen Seiten die Notwendigkeit dazu anerkannt wird. Bereits 1863 hielt E. v. Rees das W. v. K. für verbesserungswürdig [1]). Hinsichtlich des Handelsrechts betonen neuerdings u. a. D. Simons [2]) und L. J. Plemp van Duiveland [3]), dass besonders das Wechsel- und Seerecht von veralteten Bestimmungen wimmle, die von der Rechtssprechung nur

---

[1]) Zeitschrift „de Economist". 1863, S. 451.
[2]) Rechtswezen in „halve Eeuw". Bd. I. S. 181 ff.
[3]) Rechtswezen in „Eeuw" S. 108.

mühselig den veränderten Zuständen der Gegenwart angepasst werden könnten. Doch das Handelsgesetzbuch befindet sich in guter Gesellschaft: auch das bürgerliche Gesetzbuch und die Zivilprozessordnung (diese 1896 einigermassen modernisiert) haben das gleiche ehrwürdige Alter.

Aus dem hohen Alter des W. v. K. erklärt sich manche Eigentümlichkeit des niederländischen Wirtschaftslebens, wie im folgenden zu zeigen sein wird [1]).

Das erste Buch des W. v. K. handelt „vom Handel im Allgemeinen". In seinem ersten Titel definiert es zunächst, wen es als Kaufmann betrachtet (§ 2) und was Handelsgeschäfte sind (§ 3). Im § 4 wird dann ausdrücklich hierher gerechnet „....alles was zum Wechselhandel in Beziehung steht...." und ausserdem die Geschäfte der „....Bankiers, Kassiers,....". An Gesellschaftsunternehmungen kennt das W. v. K.:

Die Gesellschaft unter einer Firma (offene Handelsgesellschaft) die Gesellschaft vermittelst Geldbeteiligung oder en commandite (Kommanditgesellschaft und Kommanditgesellschaft auf Aktien) die naamlooze Vennootschap (Aktiengesellschaft).

Die beiden ersten Gruppen erfordern keine ausführliche Besprechung, da hinsichtlich der offenen Handelsgesellschaft besondere wirtschaftliche Folgen aus ihrer Rechtsnatur nicht zu konstatieren waren. Das gleiche ist von der Kommanditgesellschaft zu sagen. Die Kommanditgesellschaft auf Aktien dagegen ist nach dem geltenden Recht nicht besonders geregelt und also nach den Vorschriften über die Kommanditgesellschaften zu behandeln. Die Form der Kommanditgesellschaft auf Aktien ist nicht besonders häufig von Bankunternehmungen gewählt worden. Sie spielt überhaupt keine grosse Rolle. Nach einer Finanzstatistik [2]) waren zur Betriebssteuer veranlagt: 1906/7 2543 (von 5043) Aktiengesellschaften mit einer Steuersumme von *f* 2,9 Millionen und 65 Kommanditgesellschaften auf Aktien mit *f* 43,840.—.

[1]) Bei der Besprechung der Einzelheiten des geltenden Rechtes wird es zweckmässig sein, neben den geltenden Bestimmungen auch die Vorschläge des Entwurfs von 1910 anzuführen, da sich auf diese Weise am besten zeigen lässt, welche Bestimmungen den massgebenden Kreisen am reformbedürftigsten erscheinen und wie die Reform gedacht ist. Ausserdem werden die Aeusserungen der Handelskammer von Amsterdam und Rotterdam, sowie des Vereins von Hypothekenbankdirektoren zur Illustrierung der Stimmung von Interessentenkreisen dem Entwurf gegenüber herangezogen werden.

[2]) Staatsalmanak 1910. S. 859.

Die einzige grosse Bank in dieser Form ist die Twentsche Bankvereeniging B. W. Blijdenstein & Co. Deshalb sollen die wirtschaftlich relevanten Abweichungen dieser Form von der der Aktiengesellschaften bei der Betrachtung dieser Bank erwähnt werden. Der Entwurf von 1910 sieht eine Regelung der Kommanditgesellschaften auf Aktien analog der der Aktiengesellschaften vor, da befürchtet werden muss, dass bei einer Regelung des Aktiengesellschaftsrechts viele Unternehmen die Form der Kommanditgesellschaften auf Aktien annehmen werden, um so eventuellen lästigen Vorschriften, z. B. über Publizität, zu entgehen.

Zur Errichtung einer Aktiengesellschaft ist die Königliche Genehmigung erforderlich, die im wesentlichen formaler Natur ist (W. v. K. §§ 36/7). Der Gründungsvertrag ist notariell zu schliessen, in ein Register einzutragen und im Staatsanzeiger bekannt zu machen, diese Bekanntmachung ausserdem in einer Zeitung am Niederlassungsort anzuzeigen. Vorschriften über die Anzahl der Gründer und die verschiedenen Arten von Gründungen bestehen nicht [1]. Lediglich ist vorgeschrieben, dass die Kgl. Genehmigung nicht gewährt wird, wenn die Gründer nicht mindestens ein Fünftel des Kapitals repräsentieren, und dass die Gesellschaft ihre Tätigkeit nicht beginnen kann, ehe nicht mindestens 10 % des Kapitals eingezahlt sind. Der Entwurf von 1910 versucht diese Lücke auszufüllen durch eine Reihe zwingender Vorschriften. Das Institut der Königlichen Genehmigung soll aufgehoben werden.

Die Leitung der Aktiengesellschaft ist dem von den Aktionären anzustellenden Vorstand übertragen, über den ein Aufsichtsrat die Aufsicht führt. Das zur Zeit noch fakultative Institut des Aufsichtsrats will auch der Entwurf von 1910 nicht obligatorisch machen. Er nimmt dem Aufsichtsrat allerdings das Recht, unter Umständen dem Vorstand Decharge zu erteilen. Dies steht ihm jetzt zu, wenn er lediglich auf Aufsichtsfunktionen beschränkt ist und sich an der Geschäftsführung nicht beteiligen kann. [2]

---

[1] Seit 1908 unterliegen die in eine A. G. eingebrachten Immobilien einer erhöhten Stempelabgabe.

[2] Derartige Bestimmungen gelten z. B. noch für die Nederlandsche Handel Maatschappij, der seit 1824 bestehenden Nachfolgerin der Ostindischen Compagnie. Art. 30 ihres Gesellschaftsvertrags untersagt dem Aufsichtsrat jede Beteiligung an der Geschäftsführung und schafft so die Möglichkeit in Art. 62 zu bestimmen, dass durch den Aufsichtsrat die Bilanz genehmigt und der Direktion Entlastung erteilt wird.

Demgegenüber sind die Rechte der Aktionäre weiter ausgebaut und näher umschrieben, wie denn überhaupt der Entwurf den bedeutend komplizierteren Verhältnissen der Gegenwart mehr Rechnung trägt als die geltenden Bestimmungen, bei deren Inkrafttreten nur wenige Aktiengesellschaften bestanden.

Eine Anzahl von Bestimmungen soll fallen, die sich ihrem Charakter nach am besten als „aristokratische" qualifizieren. Sehr wesentlich ist z. B. die Vorschrift des Art. 46*b* im Entwurf v. 1910, die bestimmt, dass jeder Aktionär mindestens eine Stimme in der Generalversammlung hat. Zur Zeit ist es noch möglich, einer grossen Anzahl kleiner Aktionäre das Stimmrecht zu nehmen, indem man dieses von einem grösseren Aktienbesitz abhängig macht [1]).

Was schliesslich die Publizität betrifft, so handelt es sich wohl um einen der wirtschaftlich wichtigsten Punkte. Nach geltendem Recht kann sich mit Ausnahme der Statutenveröffentlichung im Staatsanzeiger alles unter Ausschluss der Oeffentlichkeit vollziehen. Von allen Seiten wird anerkannt, dass bei einer Revision des Gesellschaftsrechtes die Frage der Publizität im Vordergrund stehe [2]). Nach § 55 W. v. K. genügt es jetzt, dass der Vorstand jährlich einmal den Aktionären Mitteilung macht von den im Jahr erzielten Gewinnen und Verlusten. Diese Mitteilung kann auf dreierlei Weise erfolgen: 1. durch Bekanntmachung in einer Versammlung, 2. durch Zusendung an die Aktionäre, und 3. durch Auslegung der Abrechnung zur Einsicht für die Aktionäre unter Bekanntmachung dieser Auslegung. Danach ist eine Veröffentlichung der Bilanz und der Gewinn- und Verlustrechnung nicht notwendig, wie dies etwa durch § 265 HGB. vorgeschrieben wird.

[1]) Auch hierfür diene wiederum die Nederlandsche Handel Maatschappij als Beispiel. Sie giebt Aktien von *f* 1000 aus, gewährt aber erst dem Besitzer von 4 Aktien eine Stimme, vorausgesetzt, dass er Niederländer ist und die (auf den Namen lautenden) Aktien seit sechs Monaten besitzt. Weiter wird der Einfluss der Aktionäre dadurch eingeschränkt, dass die wahlberechtigten Aktionäre in sogen. Wahl-Colleges eingeteilt sind. Jedes dieser Colleges hat eine bestimmte Anzahl von Aufsichtsratsmitgliedern zu wählen: nämlich die zu Amsterdam und Rotterdam je 4, die zu Dordrecht, Middelburg, Haag und Leiden je einen. Den in anderen Orten wohnenden Aktionären ist es erlaubt, sich bei einem der erwähnten Wahlcolleges eintragen zu lassen. Es ist anzunehmen, dass bei einem derart komplizierten Apparat die Beteiligung an den Wahlen keine allzugrosse sein wird. Auch bei anderen Banken kommen noch ähnliche Bestimmungen vor. Die Statuten der Kasvereeniging machen die Beteiligung an den Abstimmungen in der Generalversammlung abhängig von einem Besitz von fünf Aktien (Art. 32), bei der Maatschappij voor Gemeentecrediet genügen 2 Aktien, die Surinaamsche Bank dagegen verlangt den Besitz von 10 Aktien.

[2]) s. Eingabe der Handelskammer Amsterdam S. 11, Rotterdam S. 1, Rapport der Kommission des Vereins der Hypothekenbankdirektoren S. 61.

Diese Bestimmung hat zur Folge, dass eine grosse Anzahl Gesellschaften keine Bilanzen publiziert. Selbst unter den Banken findet sich dies noch häufig, meistens sind es zwar kleinere Institute, doch auch die Associatie Cassa und die Rente Cassa, beide mit 1 Mill. *f* Kapital und Wiegmans Bank mit 2 Mill. *f* Kapital machen ihre Bilanzen nicht bekannt. Welche Bedeutung dies für die ganze vorliegende Arbeit hat, wird sich im Lauf der Untersuchung ergeben.

Vorschriften über die Mindestgrösse des Aktienkapitals bestehen nicht, sodass eine grosse Anzahl kleiner und sehr kleiner Aktiengesellschaften vorhanden ist. Unternehmen, die in Deutschland die Form der G. m. b. H. wählen würden, werden in Niederland in die Form der Aktiengesellschaften gekleidet. Auf die Schwierigkeit, diese Zwergunternehmen nach den komplizierten Vorschriften des neuen Entwurfs umzugestalten, weist die Eingabe der Handelskammer Amsterdam hin (S. 2 f) und schlägt auch für Niederland die Schaffung eines Instituts, ähnlich dem der deutschen Gesellschaft mit beschränkter Haftung oder der englischen Private Company vor [1]).

An weiteren Vorschriften aus dem W. v. K. sind noch zu erwähnen als von Bedeutung für das Bankwesen die Abschnitte, durch die die Börsen geregelt werden, sowie die wechselrechtlichen Bestimmungen,

Die Regelung des Börsenwesens umfasst drei Paragraphen (§§ 59/61). Im ersten wird zunächst eine Definition der Börse gegeben und zwar heisst es: „Die Handelsbörse ist die Zusammenkunft von Kaufleuten, Schiffern, Maklern und anderen Personen, die mit dem Handel in Beziehung stehen." Hieraus geht hervor, dass es dem Gesetzgeber darauf ankam, eine Beschreibung des Personenkreises zu geben, der nach den Gebräuchen Amsterdams seine Geschäfte zum grossen Teil im dortigen Börsen*gebäude* ab-

---

[1]) Es ist in Niederland nichts seltenes, dass z. B. eine Reederei mit 12 Schiffen in 12 verschiedene Aktiengesellschaften mit je einem Schiff verwandelt wird. Aehnliche Verhältnisse herrschen auf dem Gebiet der Terrain- und Hausverwaltungsgesellschaften. Der Zusammensteller der „Naamlooze Vennootschappen", A. H. van Nierop, hebt im Vorwort des Jahrgangs 1910 ausdrücklich hervor „....von den im Jahre 1910 errichteten machen wieder einen grossen Teil aus die Aktiengesellschaften mit einem kleinen Kapital, deren Eigentum lediglich in *einem* kleinen Schiff, *einem* Laden oder *einem* Haus besteht". Für die letzte Art von Zwerggesellschaften giebt er als Begründung das Bestreben, beim Verkauf des Hauses Steuern und Kosten zu sparen. Bei den Reedereigesellschaften handelt es sich darum, die Haftung bei Kollisionen auf das Schiff zu beschränken.

schliesst. Dieses sind, wie schon aus der Aufzählung der Börsenbesucher sich ergiebt, keineswegs alles Börsengeschäfte etwa im Sinne des deutschen Börsengesetzes. Eine Regelung der verschiedenen Geschäfte beabsichtigt das niederländische W. v. K. auch gar nicht, es enthält nur die Bestimmung, dass nach den geschlossenen Geschäften die Preise bezw. Kurse festzustellen sind. Hierbei wird erwähnt „der Wechselkurs, der Preis der Waren, der Versicherungen, der Seefrachten, der Transportkosten zu Wasser und zu Lande, der in- und ausländischen Obligationen, Fonds und anderen Papiere, von denen sich ein Kurs feststellen lässt". Alles übrige überlässt das Gesetz den Lokalbehörden oder den lokalen Gebräuchen. Auf Grund dieser Ermächtigung sind in Amsterdam, Rotterdam und den Haag Börsen errichtet worden, von denen die Amsterdamer besonders als Waren- und Fondsbörse die bedeutendste ist. Die Amsterdamer Fondsbörse ist organisiert in der *Vereinigung für den Effektenhandel zu Amsterdam*, die seit 1876 besteht. Sie hat in der städtischen Börse Räume gemietet, in denen sich der Effektenhandel abspielt und zu denen nur Mitglieder der Vereinigung Zutritt haben [1]). Die von ihr erlassene Börsenordnung (Reglement voor den Effectenhandel te Amsterdam) hat für ihre Mitglieder bindende Kraft und gewinnt noch an Bedeutung, da mit der *Vereinigung von Effektenhändlern in Rotterdam* und dem *Bund für den Geld- und Effektenhandel in der Provinz* Verträge über die Anerkennung der gegenseitigen Vorschriften geschlossen sind. Die Statuten der Vereinigung enthalten genaue Vorschriften hinsichtlich der Aufnahme von Mitgliedern und deren Rechte und Pflichten, die Funktion des Börsenvorstandes, die Kursfestsetzung, die Schlichtung von Streitigkeiten, sie ersetzen also im wesentlichen ein Börsengesetz. Ausserdem übernimmt die Vereinigung unter bestimmten Voraussetzungen ihren Mitgliedern gegenüber die Garantie für Verluste, die sie durch Nichterfüllung von Seiten anderer Mitglieder erleiden könnten. Ueber die wirtschaftliche Seite des Börsenwesens wird im nächsten Abschnitt zu sprechen sein.

Das niederländische Wechselrecht wird im 6. und 7. Titel des I. Buches des W. v. K. behandelt. Der 6. Titel „von den Wechselbriefen" bringt die Vorschriften über den gezogenen Wechsel, der

[1]) Die Vereinigung f. d. Effectenhandel hat inzwischen ein eigenes Börsengebäude errichtet.

7. dagegen enthält ausser den Bestimmungen über den Eigenwechsel (Promesse oder Orderbriefje) das, wenn man so will, niederländische Scheckgesetz, nämlich Vorschriften über Anweisungen (Assignatien), „Kassierspapier" (d. h. Schecks auf die Kassiers) und sonstiges Papier an Ueberbringer.

Zunächst die Bestimmungen über den Wechsel (unter W. ist im folgenden stets der gezogene Wechsel verstanden). Nach § 100 W. v. K. ist der Wechsel „eine Urkunde, aus einem Platz datiert, worin der Unterzeichner jemand beauftragt, einen angegebenen Geldbetrag in einem andern Orte entweder nach Sicht oder zu einer bestimmten Zeit, an eine angegebene Person oder deren Order zu bezahlen", mit der Klausel: „Wert erhalten oder Wert in Rechnung." Vom deutschen Recht unterscheidet der niederländische Wechsel sich also einmal dadurch, dass Ausstellungs- und Zahlungsort nicht identisch sein dürfen, dass er die Bezeichnung Wechsel nicht zu enthalten braucht, und dass schliesslich die Valutaklausel in Niederland noch notwendiger Bestandteil des Wechsels ist, in Deutschland dagegen nicht mehr. Die Promesse entspricht dem deutschen Eigenwechsel mit der Ausnahme, dass die Bezeichnung Wechsel nicht in ihr vorzukommen braucht und dass sie die Valutaklausel enthalten muss.

Der im Jahr 1886 publizierte Entwurf eines neuen Wechsel- (und Scheck-) Gesetzes schloss sich eng an die Vorschriften des deutschen und skandinavischen Wechselrechtes an und brachte u. A. auch die Wechselklausel sowohl für den gezogenen Wechsel als auch für die Promesse, wobei man allerdings aus Zweckmässigkeitsgründen bei der Promesse nicht die Bezeichnung als Wechsel sondern die als Promesse, Orderbriefje oder Acceptatie verlangte, unter welchen Bezeichnungen dieses Papier im Handel vorzukommen pflegt. Das geltende Recht stellt die Promesse dem gezogenen Wechsel vollständig gleich (§ 209) [1]. Zwei Fragen bleiben im Zusammenhang mit dem Wechselrecht noch zu behandeln, die für den Handel und besonders auch den ausländischen Lieferanten von Bedeutung sind: Die Vorschrift des § 156 W. v. K. über die Bezahlung eines in ausländischer Währung auf

[1]) Das geltende Recht umfasst im Abschnitt über das Akzept noch eine Anzahl Bestimmungen hinsichtlich des der Wechselziehung zugrundeliegenden Vertrags (pactum de cambiando), dessen Regelung der Entwurf entsprechend dem deutschen Recht dem allgemeinen Obligationenrecht überlassen wollte.

Niederland gezogenen Wechsels und der Zahlungsaufschub bei „Ohne-Kosten-Wechseln". Beide Fragen bespricht W. Westerman (der Präsident-Direktor der Rotterdamschen Bankvereeniging) in zwei Aufsätzen im „Economist" von 1907 (S. 625 und 821).

Im § 156 W. v. K. wird für Wechsel in ausländischer Währung bestimmt, dass ihre Bezahlung, soweit der Umrechnungskurs nicht verabredet ist, zum Wechselkurse des Verfalltages zu erfolgen hat, wie er am Zahlungsort bezw. am nächsten „Handelsplatz" notiert wurde. Die Regelung scheint auf den ersten Blick zweckmässig, ist, bezw. war es aber nicht, da durchaus nicht feststeht, was unter *dem* Wechselkurs zu verstehen und was ein „Handelsplatz" ist. Da in Amsterdam und Rotterdam (den „Handelsplätzen") bis vor kurzem keine Scheck- sondern nur kurze Sichtkurse notiert werden, mussten die Wechsel also zum 8-Tagekurs umgerechnet werden, während der Bankier den empfangenen Betrag mittelst Scheck d. h. zum Sichtkurse, remittierte. Auf diese Weise entstand für den Empfänger des Geldes ein Verlust von häuftig $^1/_4$ % und mehr. [1])

Das W. v. K. kennt zwar keinen Wechsel ohne Kosten, wie etwa die deutsche Wechselordnung, dennoch spielt dieses Institut in Niederland eine viel grössere Rolle als in Deutschland. Da im W. v. K. von 1838 keine Bestimmungen über den Ohne-Kosten-Wechsel enthalten sind, nimmt Westerman an, dass sein Gebrauch sich erst um die Mitte des vorigen Jahrhunderts eingebürgert habe. Inzwischen hat er eine derartige Verbreitung gewonnen, dass die meisten Bezogenen den mit dem Ohne-Kosten-Wechsel verbundenen Zahlungsaufschub als ihr gutes Recht verlangen (Westerman aaO.S. 825). Meist wird eine Frist von 2—3 Wochen verlangt. Der niederländische Handel hat sich an die Einrichtung allmählich gewöhnt und berücksichtigt bei der Kalkulation der Preise den Zinsverlust, sodass der Zinsgewinn des Bezogenen durch höhere Preise wieder wett gemacht wird. Anders dagegen der ausländi-

---

[1]) Ein Beispiel wird dies verdeutlichen (s. Westerman aaO. S. 636): Ein Verkäufer aus Hamburg sendet einen Sichtwechsel auf seinen Käufer in Rotterdam über M. 10000.– Der Käufer bezahlt ihn zum Kurse Kurz-Berlin 59 mit / 5900. Der Bankier kauft für diesen Betrag einen Scheck, der bei einem Sichtkurse von 59,15 nur M. 9971,26 beträgt, sodass der Verkäufer M. 28,74 oder rund $^1/_4$ % verliert (hierbei sind die Inkassogebühren ausser Acht gelassen). Da jetzt die Notierung von „Kurz" durch „Cheque" ersetzt ist, ist dieses vom Gesetzgeber nicht beabsichtigte Verfahren, das Westerman ein „heimliches Bestehlen des Auslands" nennt (aaO S. 637), beseitigt.

sche Lieferant. Er ist gewöhnt, auf seine Wechsel entweder sofortige Zahlung zu erhalten oder die unbezahlten Papiere zurückzuempfangen. Der Zahlungsaufschub hat vielfach dahin geführt, dem niederländischen Zwischenhandel den Ruf der Unreellität zu verschaffen. Ebenso betrachten die ausländischen Banken dies „System" mit Misstrauen, da sie nie wissen können, ob der Wechsel wirklich so spät bezahlt wurde, oder ob die Inkassostelle a conto dieser „Usance" einen Zinsgewinn zu erzielen sucht.

Die Anweisung (Assignatie) des niederländischen Handelsrechts unterscheidet sich dadurch von der Anweisung auf einen Kaufmann nach deutschem Recht (HGB. § 363 f), dass sie auf einen Geldbetrag lauten muss (§ 210) während sie nach § 363 HGB. über eine Leistung von Geld, Wertpapieren oder andern vertretbaren Sachen ausgestellt werden kann. Das niederländische Recht kennt Anweisungen, die am Ausstellungsort zahlbar sind, und solche, die an einem andern Ort zu bezahlen sind. Die erstere kann die Valutaklausel enthalten, die zweite dagegen darf sie nicht enthalten, damit sie nicht an die Stelle des Wechsels tritt. Durch die Stempelgesetzgebung wird unterschieden zwischen Anweisungen, die auf Sicht oder höchstens 3 Tage nach Sicht lauten oder spätestens 8 Tage nach Ausstellung zahlbar sind. Derartige Anweisungen unterliegen dem Quittungsstempel von 5 ct, alle übrigen dem proportionellen Wechselstempel ($^1/_2$ %). Die von der Nederlandschen Bank ausgegebenen „Bankassignatien" sind so eingerichtet, dass sie nur mit dem Quittungsstempel zu versehen sind. Die Assignatie kann bei Nichtbezahlung protestiert werden, jedoch ist der sog. Sprungregress ausgeschlossen (§ 219), der Inhaber kann sich ausser an den Aussteller nur an seinen Vormann halten.

Die Regelung der Inhaberpapiere oder wie das W. v. K. sagt „Kassierspapier und anderes Papier an Ueberbringer" bezieht sich in ihren Einzelheiten auf das in Niederland eigentümliche Institut der Kassiers, das in einem besonderen Abschnitt behandelt werden wird. In Ermangelung eines Scheckgesetzes gelten die Vorschriften der §§ 221—229 W. v. K. auch für dies in Niederland immer häufiger gebrauchte Zahlungsmittel. Der Entwurf von 1886 schlug deshalb vor, an Stelle der Vorschriften über das Kassierspapier solche über den Scheck zu setzen, die einzelnen Bestimmungen des Entwurfes schlossen sich denen des Schweizer Obligationsrechts v. 14. Juni 1882 (Art. 830—837) an.

Hiermit wären die für das Bankwesen wichtigen Rechtsgebiete ungefähr skizziert. Einzelheiten werden, soweit sie wirtschaftlich von Bedeutung sind, an den entsprechenden Stellen in der Darstellung behandelt werden.

§ 3. DIE WIRTSCHAFTLICHEN GRUNDLAGEN.

Die niederländische Volkswirtschaft.

Eine Darstellung der niederländischen Volkswirtschaft schliesst sich am besten an die Berufszählungen an, da sie die einzigen umfassenden Angaben über die wirtschaftliche Gliederung Niederlands enthalten. Betriebszählungen haben in Niederland bisher noch nicht stattgefunden, seit einigen Jahren besteht allerdings eine Art von Ersatz für sie in den Veröffentlichungen der Unfallversicherungsbehörde. Diese haben aber den Nachteil, dass sie nicht vollständig sind, da sie nur die versicherungspflichtigen Betriebe umfassen, und ausserdem erscheinen sie viel zu spät. Als wertvolle weitere Hilfsmittel für die Erkenntnis des niederländischen Wirtschaftslebens der letzten Zeit erwiesen sich zwei Sammelwerke: „Eene halve Eeuw 1848—1898" (herausgegeben von „Het Nieuws van den Dag" anlässlich der Thronbesteigung von Königin Wilhelmina) und „Nederland in den aanvang der XXe Eeuw" (1900 für die Brüsseler Weltausstellung zusammengestellt) [1]. Beide Bücher enthalten u. A. Darstellungen von bekannten Fachleuten über das Wirtschaftsleben.

Die niederländische Bevölkerung betrug:

am 31. Dez. 1889 4,511,415 oder p. qkm 138,81 Menschen
am 31. Dez. 1899 5,104,137 oder p. qkm 154,30 Menschen
am 31. Dez. 1909 5,858,175 oder p. qkm 171,73 Menschen

sie vermehrte sich also um 13¹/₈ bezw. 14³/₄ %. Von diesen Personen waren erwerbstätig

1889	1899	1909
36,8%	37,8%	38,6% [2]).

[1]) Erst nach Abschluss des Buches konnte ich das unter Leitung van Mr. Everwijn 1912 herausgegebene dreibändige Werk über Niederlands Handel und Industrie einsehen.

[2]) diese Zahlen sind niedriger als in den meisten europäischen Ländern, so dass einer genauen statistischen Vergleichung die Prüfung der Vergleichbarkeit vorbehalten werden muss.

Wie sich die Verteilung auf die einzelnen Berufsgruppen und die Landesteile gestaltet, zeigt *Tabelle* 1. Aus ihr geht zunächst hervor, dass, wie in andern Ländern, der Anteil der Landwirtschaft an der erwerbstätigen Bevölkerung abnimmt, während die Anteile von Industrie und Handel und Verkehr steigen. Die Zunahme der im Handel tätigen Personen kommt in den Zahlen aber noch nicht zur richtigen Geltung, da in der letzten Zählung das Kontorpersonal, soweit es keine Aufsichtsfunktionen ausübt, zu der Klasse der freien Berufe gezählt wurde und daher unter die sonstigen Erwerbstätigen gehört, während es früher unter Handel und zum Teil auch unter Industrie erschien [1]). Sodann zeigen die Zahlen die grosse Bedeutung der beiden Provinzen Holland für die niederländische Wirtschaft. Ueber zwei Fünftel der Gesamtbevölkerung wohnen in ihnen, und von dieser Bevölkerung entfällt die Hälfte auf die drei Städte Amsterdam, Rotterdam und den Haag. Der „Zug zur Stadt" ist in Niederland überhaupt seit langem deutlich. So wohnten

	1830	1850	1900	1910	
in den 4 grössten Städten	14,3	14,2	22,3	23,4	% d. Einwohner
in Städten über 50 000 Einwohner	12,7	12,7	27,–	30.–	% d. Einwohner
in Gemeinden über 20 000 Einwohner	19,4	21,1	36,4	40,4	% d. Einwohner

Dem überwiegend städtischen Charakter der beiden Provinzen [2]) entspricht ihre wirtschaftliche Struktur; Handel und Industrie, sowie Schiffahrt haben in ihnen ihren Hauptsitz, die Landwirtschaft dagegen tritt zurück, so bedeutend auch in beiden Provinzen speziell die Viehzucht ist. Ein zweites Industriegebiet findet sich in den Provinzen Gelderland, Noordbrabant und Overijssel, also in den an Deutschland grenzenden Landesteilen. Auf beide Gebiete zusammen entfallen ungefähr $^3/_4$ aller in den Klassen 1—17 der Berufszählung tätigen Personen. Wenn man berücksichtigt, dass hierbei auch alle Handwerker etc. mitgezählt sind, so ergiebt sich, dass die eigentliche Industrie durchaus in den beiden Industriegebieten konzentriert sein muss. Dies bestätigt sich auch, wenn wir die Zahlen der Unfallversicherungsstatistik her-

[1]) es handelt sich dabei um ca. 47000 Personen.

[2]) ungefähr $^2/_3$ ihrer Bevölkerung wohnen in Städten über 20000 Einwohner.

anziehen. Danach waren $^4/_5$ der versicherungspflichtigen Arbeiter in den beiden Gebieten beschäftigt [1]). Das übrige Land zeigt eine ziemliche Gleichmässigkeit der Struktur, die nur unterbrochen wird, wenn in einer Provinz grössere Städte vorhanden sind.

I. *Industrie.*

Die niederländische Industrie ist sowohl hinsichtlich der Rohstofferlangung als auch des Kohlenbezuges überwiegend auf das Ausland angewiesen. Trotzdem hat sie sich, besonders in letzter Zeit, ziemlich entwickelt. Dies hat sie den günstigen Transportverhältnissen zu danken. Der niederländische „Rheinische Industriebezirk" bezieht über den Rhein bezw. die Rheinarme und Kanäle von der See her seine Rohstoffe und von Deutschland die Kohlen, deren Eisenbahnbezug ausserdem durch günstige Frachten der preussischen Staatsbahn erleichtert wird [2]).

Die Hafengebiete erhalten ihre Rohstoffe über See oder ebenfalls über den Rhein. Hinsichtlich der Kohlen kommt ausser Deutschland auch England für sie in Betracht. Die charakteristische Industrie des niederländischen rheinischen Industriegebietes ist die Textilindustrie und zwar speziell die Baumwollindustrie. Sie hat ihren Hauptsitz in Twente (einer Landschaft der Provinz Overijssel) und den angrenzenden Gebieten Gelderlands. Ihre Entstehung verdankt sie zum grossen Teil der Nederl. Handel Mij., worüber bei der Behandlung dieser Bank zu sprechen sein wird. Eine früher in Twente sehr bedeutende Industrie, die Leinenfabrikation, ist dagegen sehr zurückgegangen. Sie wird noch ausgeübt in Noordbrabant, wo sich auch die Wollindustrie befindet, deren Zentrum die Stadt Tilburg ist. Die Textilindustrie und ihre Nebenbetriebe, wie Bleicherei etc. beschäftigen in den 3 Provinzen ca. 45—50 000 Arbeiter oder drei Viertel aller in Klasse 15 (Textilindustrie) Tätigen. Die Konzentration der Betriebe ist in der Textilindustrie am weitesten von allen niederländischen Industrien fortgeschritten; in 16,8 % ihrer Betriebe sind 88 % der Arbeiter beschäftigt. Nach der Berufszählung kommt in ihr auf 25 Unselbständige ein Selbständiger. Neben der Textilindustrie ist

[1]) dieser Betrag ist etwas zu gross, da die eine der beiden grossen Eisenbahngesellschaften in Amsterdam ihren Sitz hat, weshalb ihr über das ganze Land verbeitete Personal zu Amsterdam gezählt wird.

[2]) P. Elias, Eisenbahnen in „Eeuw" S. 861; danach gingen 55 % der Kohlen zu Wasser und 45 % mit der Eisenbahn aus Deutschland ein.

die Schuhfabrikation und die Tabakbearbeitung für den besprochenen Bezirk und speziell für Noordbrabant ziemlich bedeutend.

Die Industrie der Hafengebiete ist bedeutend vielseitiger. An erster Stelle stehen hier Maschinenfabrikation und Schiffbau. Beide haben ihr Zentrum in Zuidholland und zwar auf der Strecke Dordrecht—Rotterdam—Schiedam. Die Maschinenindustrie hängt eng mit dem Schiffbau zusammen, was sich schon aus der Nachbarschaft beider Industrien schliessen lässt. Die Spezialität des niederländischen Schiffbaus sind Fahrzeuge für die Binnenschiffahrt, besonders Rheinkähne. In beiden Industriezweigen (einschliesslich Bearbeitung unedler Metalle) waren in Zuidholland ca. 35 000, in Noordholland ca. 23 000 Personen beschäftigt. Das Zentrum der Metallbearbeitung in Noordholland bilden Amsterdam und Haarlem. Eine speziell Amsterdamer Industrie ist die Diamantschleiferei, in der rund 10 000 Personen beschäftigt sind. In der Gegend von Amsterdam ist ausserdem die Kakao- und Schokoladen-Industrie ansässig, deren Arbeiterschaft sich auf. ca. 2000 beläuft. An kleineren Industrien sind sodann sowohl für Noord- als für Zuidholland die Wagenbau-, Papierverarbeitungs- und Holzverarbeitungsindustrie in ihren verschiedenen Zweigen, sowie die Tabakfabrikation und Buchdruckerei zu nennen. Für Zuidholland allein kommt noch die Likeurfabrikation, sowie die Herstellung von Kerzen, Oel und Seife und die Glas- und Spiegelfabrikation in Betracht.

Ueber die Konzentration in der niederländischen Industrie lässt sich einiges aus nachstehenden Zahlen schliessen. Nach den Berufszählungen entfielen auf einen Selbständigen (Buchstaben A. u. B) in den einzelnen Klassen an Unselbständigen (Buchstaben C. u. D):

	1889	1899	1909
1. Erde, Glas, Kalk	17,3	21,4	24,6
2. Diamant, Edelsteine	332,3 [1]	12,3 [1]	16,6
3. Buch- und Steindruck	7,7	8,8	8,7
4. Baugewerbe	2,8	3,4	3,9
5. Chemische Industrie, Apotheken	4,5	5,6	5,3
6. Holz, Kork, Stroh	2,2	2,5	3,3
7. Kleidung und Reinigung	0,8	0,9	1,2
8. Kunsthandwerk	1,9	3,4	3,–

[1]) Infolge Aenderung der Statistik nicht vergleichbar.

9. Leder, Wachstuch	1,2	1,3	1,2
10. Mineral, Kohle, Torf	11,7	13,3	19,6
11. Metallbearbeitung	3,2	4,1	4,–
12. Dampf- und andere Werkzeuge	1,9	5,4 [1])	13,2 [1])
13. Schiffs- und Wagenbau	3,3	4,5	6,5
14. Papierfabrikation	6,8	9,2	11,7
15. Textilindustrie	12,–	15,5	25,–
16. Gas- und elektrische Industrie	15,1	28,–	23,4
17. Nahrungs- und Genussmittel	2,3	2,8	2,9
1—17. Industrie überhaupt	2,5	2,9	3,6

Fast in allen Klassen lässt sich eine Zunahme der Unselbständigen konstatieren, die sich darin äussert, dass die Zahl der Unselbständigen in den 17 Klassen von 2,5 auf 3,6 auf einen Selbstständigen gestiegen ist. In absoluten Zahlen beträgt die Zunahme der Selbständigen von 1899 bis 1909 3,600, die der Unselbständigen dagegen ca. 120 000. Die Betriebskonzentration muss daher eine viel stärkere gewesen sein, als hier zum Ausdruck kommt. Die zahlreichen Handwerker, die ohne Gesellen tätig sind, beeinflussen in der Berufsstatistik den Durchschnitt. Deutlicher zeigen die Zahlen der Unfallversicherungsstatistik die Entwicklung. Danach entfielen in Prozent der Betriebe bezw. der Arbeiter auf

	1903	1904	1905	1906	1907	1908	1909	1910	
Kleinbetriebe (unter 5 Arbeiter).									
Betriebe	70,3	71,6	72,5	73,2	74,7	76,2	75,3	75,3	%
Arbeiter	15,8	15,8	16,–	15,5	15,9	15,7	15,7	15,2	%
Mittelbetriebe (5—49 Arbeiter).									
	1903	1904	1905	1906	1907	1908	1909	1910	
Betriebe	27,2	25,9	25,1	24,5	23,–	21,6	22,5	22,4	%
Arbeiter	39,6	38,5	37,9	36,9	36,–	35,1	35,5	35,3	%
Grossbetriebe (50 und mehr Arbeiter).									
	1903	1904	1905	1906	1907	1908	1909	1910	
Betriebe	2,5	2,5	2,4	2,3	2,3	2,2	2,2	2,3	%
Arbeiter	44,4	45,6	46,1	47,6	48,1	49,2	48,8	49,5	%
davon Betriebe mit mehr als 499 Arbeitern.									
	1903	1904	1905	1906	1907	1908	1909	1910	
Betriebe	0,1	0,1	0,1	0,1	0,1	0,1	0,1	0,1	%
Arbeiter	10,8	11,5	11,8	12,9	14,1	15,–	15,2	15,9	%

Der Anteil der Betriebe nimmt in der Gruppe der Kleinbetriebe andauernd zu, dies kann z. T. aus statistischen Gründen zu erklä-

[1]) Infolge Aenderung der Statistik nicht vergleichbar.

ren sein, da die versicherungspflichtigen Kleinbetriebe sich länger der Kontrolle entziehen können oder aus Unkenntnis nicht versichert sind. Zum Teil jedoch findet jährlich die Neugründung zahlreicher kleiner Betriebe statt. Dagegen vermehren sich die Mittel- und Grossbetriebe nur langsam, bleiben vielfach sogar stationär. Die umgekehrte Bewegung zeigt der Anteil der Arbeiter. In den Kleinbetrieben bleibt der Anteil der Arbeiter ungefähr gleich, dagegen weisen die Mittelbetriebe eine Einbusse auf, die den Grossbetrieben zu gute gekommen ist. Unter den Grossbetrieben sind es wieder die grossen (mit über 499 Arbeitern), deren Anteil an der Arbeiterschaft stark zunimmt. Fast dreiviertel der Betriebe beschäftigen noch nicht ein Sechstel der Arbeiter, während auf ein Vierzigstel der Betriebe fast die Hälfte der Arbeiter entfällt. Dem Rest von knapp einem Viertel der Betriebe stehen dann noch etwas über ein Drittel der Arbeiter zur Verfügung. Die Verschiebungen vollziehen sich in den Beobachtungsjahren durchaus regelmässig. Sie stimmen mit den international beobachteten Erscheinungen überein.

II. *Die Landwirtschaft.*

Nach der Industrie beschäftigt die Landwirtschaft die meisten Menschen in Niederland. Die Anzahl der landwirtschaftlich Tätigen steigt zwar absolut noch, jedoch weniger stark als die Bevölkerungsvermehrung. Daher ist der Anteil der Landwirtschaft an der erwerbstätigen Bevölkerung, wie *Tabelle* 1 zeigt, seit 1889 von 31.6 % auf 27,3% gesunken. Von der *Gesamt*oberfläche Niederlands sind etwa 27% für die Produktion unbrauchbar (Dünen, Moräste, Wasser, Wege etc.) und ca. 8% in forstwirtschaftlicher Kultur, sodass für die Landwirtschaft etwa 63% übrig bleiben.

Von der *benutzten* Fläche entfielen	1833	1910
auf Ackerland	36,5%	35,9%
auf Gartenland	2,2%	3,1%
auf Wiesen und Weiden	53,2%	50,2%
auf Wald	8,1%	10,8%
	100,0%	100,0%

Hiernach hat die Struktur der niederländischen Landwirtschaft sich in den letzten 80 Jahren nicht wesentlich geändert. Wiesen und Weiden nehmen die grössere Hälfte der landwirtschaftlichen Fläche ein, ohne dass jedoch die reinen Weidewirtschaften überwögen. Zum grössten Teil sind Ackerbau und Viehzucht verbunden, wobei allerdings der Ackerbau häufig zur Gewinnung von Futtergewächsen betrieben wird. Nach der Berufszählung von 1909 waren

505.374 Personen oder 82,—% im Ackerbau.
62,649 Personen oder 10,1% in der Viehzucht.
40,609 Personen oder 6,6% in der Gärtnerei.
7.763 Personen oder 1,3% in Forstkulturen beschäftigt.

Wenn auch die Verteilung der landwirtschaftlich benutzten Fläche sich nicht stark verschoben hat, so hat doch die Art der angebauten Produkte eine Aenderung erfahren. Im Durchschnitt der Jahre

	1871/1880		1901/1910	
wurde angebaut[1])				
Getreide	509.307 ha =	54.38%	460,817 ha =	48.13%
Hülsenfrüchte	53.307	5.69	60,134	6,28
Kartoffeln	135.310	14.45	158,734	16,58
Futterpflanzen	169,103	18,05	199.304	20,82
Zuckerrüben, Handelsgewächse etc. .	69,620	7.43	78,420	8,19
	936.647	100,—	957.409	100,—

Im Anbau wurden vielfach Produkte vorgezogen, die in der Viehzucht verwendet werden. Die Getreideanbaufläche weist allerdings einen Rückgang auf, der verursacht wird durch den stärkeren Anbau von Futterpflanzen, sowie von Kartoffeln und Zukkerrüben. Da indessen die Bodenbehandlung bedeutend intensiver geworden ist, hat der Ertrag sich stark erhöht, sodass die Getreideernte im Durchschnitt der Jahre 1901/1910 die der Jahre 1851/1860 um etwa 50% übersteigt. Ueber den Geldwert der Ernte liegen zwei Schätzungen vor, von Frost (a.a.O.S. 284) für das Jahr 1900 und von Löhnis für 1908 (Eeuw. S. 503)

in Millionen Gulden.

	1900	1908
Getreide und Stroh	87,9	90,0
Hülsenfrüchte	11,6	11,5
Kartoffeln, Rüben und andere Wurzelfrüchte	52,6	53.5
Handelsgewächse (Flachs, Kümmel, Raps, etc.)	13,6	19,0
zus.	165,7	174,0

[1]) s. Jaarcijfers 1911.

Die hauptsächlichen Ackerbauprovinzen sind (nach der Anbaufläche geordnet) Noordbrabant, Groningen, Gelderland und Zeeland. Die Gebiete der Viehhaltung dagegen sind Friesland, Zuidholland, Utrecht und Noordholland. In diesen Provinzen befindet sich fast die Hälfte aller Rinder und über die Hälfte der Schafe. Der niederländische Viehstapel belief sich [1])

	1890	1910
auf Pferde	273,200	327,400
Rinder	1,532,800	2,026,900
Schafe	819,400	889,000
Schweine	578,800	1,259,800
Ziegen	164,800	224,200

Die Milch wird, soweit sie nicht für den Konsum, als Futtermittel und zur Margarinefabrikation, die in Niederland nicht unbedeutend ist, verbraucht wird, zu Butter und Käse verarbeitet. Beide Produkte werden zum grossen Teil exportiert. Der Butterexport schwankt zwischen 35 und 36 Millionen kg., er geht hauptsächlich nach England, Deutschland und Belgien [2]). Die gleichen Länder sind auch die Hauptabnehmer des niederländischen Käses. Der Wert der Ausfuhr von Butter und Käse beträgt ca. *f* 40—45 Millionen, von dem mehr als die Hälfte auf Butter entfällt. Der niederländische Butterexport war jahrelang ziemlich gefährdet, da viel Fälschungen vorkamen, sodass der Absatz schwieriger zu werden begann. Mit der Ausdehnung des landwirtschaftlichen Genossenschaftswesens gelang es den Landwirten, den Handel und Export teilweise selbst in die Hand zu nehmen und dadurch wieder auf reellere Basis zurückzuführen, zumal gleichzeitig staatliche Kontrollen eingerichtet und Massregeln gegen die Verfälschungen ergriffen wurden, die guten Erfolg hatten. Fast drei Viertel der Butter wird in Molkereien hergestellt, der Rest auf den Höfen selbst. Der Käse dagegen wird noch zur grösseren Hälfte auf den Höfen gewonnen, vom Rest entfällt der grösste Teil auf Molkereien und nur wenig auf spezielle Käsefabriken. Unter den Molkereien herrschen die genossenschaftlich organisierten vor, wie denn überhaupt die niederländische Landwirtschaft, die gänzlich ohne Schutzzölle auskommt, nicht zum wenigsten durch die Anwendung genossenschaftlicher Organisationen wieder zur

[1]) Jaarcijfers 1907 S. 164/5 u. 1910. S. 168/9.
[2]) nach der deutschen Statistik betrug die Buttereinfuhr aus Niederland in den letzten Jahren zwischen 15 und 17 Mill. *f* im Wert von ca. 33 bis 37 Mill. M.

Blüte gekommen ist, nachdem die Agrarkrise der 1870er Jahre auch auf sie stark eingewirkt hatte. Die einzige Unterstützung, die die Regierung der Landwirtschaft gewährte, war die Einrichtung von Fachschulen und Kontrolleinrichtungen, sowie die Förderung des Genossenschaftswesens. Bei dem sehr konservativen Charakter des niederländischen Bauern hat es geraume Zeit gedauert, ehe er zu den neuen Dünge- und Produktionsweisen überging. Seitdem er aber den Wert der neuen Agrartechnik und des Genossenschaftswesens erkannt hat, hat die Verwendung der Düngemittel und die Ausdehnung des Genossenschaftswesens stark zugenommen [1]. — Von grosser Bedeutung ist die Gärtnerei in Niederland, in der etwa 40 000 Personen tätig sind. Von diesen entfallen 26 000 auf Noord- und Zuidholland, in welchen Gebieten besonders die Blumenzwiebelzucht seit Jahrhunderten betrieben wird. Daneben spielt auch der Gemüsebau und die Saatzüchterei eine ziemliche Rolle. Die Ausfuhr von Gärtnereiprodukten ist nicht unbedeutend. Ihr Wert beläuft sich auf ca. ƒ 25 Millionen, wovon etwa die Hälfte auf die Ausfuhr nach Deutschland entfällt.

Ueber die Hälfte der niederländischen Landwirtschaftsbetriebe ist kleinbäuerlich und zwar sind es besonders die Sandböden, auf denen der Kleinbetrieb herrscht und noch weiter zunimmt. Aber auch der schwere Boden wird in starkem Masse in Kleinbetriebe zerschlagen, besonders an Stellen, die sich zum Gartenbau eignen. Zu dieser Auflösung in Kleinbetriebe haben die niederländischen Erbsitten stark beigetragen, da sie eine Anerbensitte ausser in Groningen nirgends kennen. Auf die Betriebe von

	1888	1903	1910	1910
	in Prozent	der Betriebe		in % der landw. benutzten Fläche.
1— 5 ha. entfielen......	45,2	50,6	52,5	13,5
5—10 ha................	20,7	19,2	19,9	15,–
10—20 ha................	18,2	16,4	14,7	22,3
20—50 ha.	13,6	12,1	11,2	36,8
50—100 ha.	2,2	1,6	1,6	10,6
über 100 ha.	0,1	0,1	0,1	1,8
	100,–	100,–	100,–	100,–

[1]) die genossenschaftlichen Ankäufe betrugen:

	Düngemittel	Futtermittel	Total
1904	ƒ 6,132,000	ƒ 5,422,000	ƒ 11,881,000
1910	ƒ 11,624,000	ƒ 12,121,000	ƒ 24,446,000

Hierbei sind die Betriebe unter 1 ha. nicht berücksichtigt. Sie nehmen ca. 13% des Bodens ein. Neben der Bodenzersplitterung geht ein anhaltendes Wachsen der Zahl der Pachtbetriebe her (von $^1/_5$ sämtlicher Betriebe — 1888 — auf fast die Hälfte — 1910 —).

Wenn man das Land in drei grosse Gruppen einteilt, nach der Bodenart bezw.-Verwendung, so ergiebt sich, dass von den Betrieben

		selbst berwirtschaftet	verpachtet waren
auf den Sandböden	1904	62,3%	37,7%
	1895	63,9%	36,1%
auf den Kleiböden...........	1904	45,-%	55,-%
	1895	49,8%	50,2%
in den Weidegebieten	1904	43,5%	56,5%
	1895	48,3%	51,7%

Während die niederländische Landwirtschaft die heimische Volkswirtschaft nicht mit genügend Getreide versorgen kann, ist sie mit Vieh und Viehprodukten in grossem Umfange auf den Export angewiesen. Durch den Uebergang zu der intensiven Viehwirtschaft bezw. zum gartenartigen Gemüsebau hat sie sich konkurrenzfähig auf dem Weltmarkt gehalten, was ihr mit Getreide nicht gelungen wäre, seitdem die verschiedenen überseeischen Getreideproduktionsländer auf dem Weltmarkt erschienen sind.

III. *Handel.*

Auf den eigentlichen Warenhandel (Klasse 20) entfallen nach der Berufszählung 185,357 Personen oder 8,2% aller Erwerbstätigen. Viel weniger als bei der Industrie oder der Landwirtschaft lässt sich die Bedeutung des Handels nach der Zahl der in ihm beschäftigten Personen abschätzen, da häufig die Tätigkeit weniger Menschen ausreicht, grosse Warenmengen in Bewegung zu setzen. Unter den Personen der Klasse 20 ist der überwiegende Teil dem Kleinhandel zuzurechnen. Bei einer Zergliederung ergiebt sich folgendes Resultat:

	überhaupt			Selbständige	Unselbständige
Kaufleute	57,897	=	31,2%	41,523	16,374
Makler, Agenten, Kommissionäre..	5,782	=	3,1%	2,922	2,860
Reisende	8,444	=	4,6%	206	8,238
Kleinhändler	113,234	=	61,1%	77,219	36,015
	185,357	=	100,—%	121,870	63,487

Es erscheint nicht ausgeschlossen, dass sich unter den „Kaufleuten" eine Anzahl Kleinhändler befindet, da die Grenze bei einem Geschäft, das Gross- und Kleinhandel betreibt, schwer zu ziehen sein wird, und ausserdem auch in Niederland die Bezeichnung „Kaufmann" vornehmer klingt als „Krämer".

Die erwähnte Uebertragung des Kontorpersonals nach Klasse 24 macht sich besonders beim Warenhandel unangenehm bemerkbar, da es die Vergleichbarkeit mit den früheren Zählungen völlig aufhebt.

Die Lage des Kleinhandels interessiert hier nicht. Auf sie wird zurückzukommen sein, wenn die Versuche des Mittelstandes besprochen werden, durch Organisation der Schwierigkeiten Herr zu werden. Dabei handelt es sich im wesentlichen um eine Kreditfrage.

Dass der niederländische Handel auch heute noch bedeutend ist, zeigt ein Blick auf die Zahlen des Aussenhandels in *Tabelle 2*. Ueber die Vorbehalte, die bei dem Arbeiten mit niederländischer Statistik und in Sonderheit der Handelsstatistik zu machen sind, unterrichtet nachstehender Exkurs:

Exkurs über die niederländische Handelsstatistik.

Die Handelsstatistik ist, wie sehr vieles unter den niederländischen Staatseinrichtungen, veraltet und kann leicht zu Trugschlüssen Anlass geben, wenn man etwa mit ihr arbeiten wollte, wie mit der deutschen Handelsstatistik. Ihr kommt es nicht darauf an, die Aus-und Einfuhr der Art, dem Werte und der Bestimmung der Waren nach möglichst genau zu erfassen, sondern sie stellt einfach fest, welche Warenmengen haben die Grenzen überschritten, bezw. sind im Seeverkehr umgesetzt worden. Als

Beweis mögen die Angaben der deutschen und der niederländischen Statistik über die niederländische Wareneinfuhr nach Deutschland und die deutsche Ausfuhr nach Holland dienen (in Millionen Mark):

	1900	1905	1910
Einfuhr nach der deutschen Statistik	215,4	256,8	258,5
niederl. „	1546,1	1807,1	2187,4
Ausfuhr nach der deutschen Statistik	395,9	448,8	498,7
niederl. „	652,4	1079,0	1385,2
gesamter *Spezialhandel* nach der deutschen Statistik	611,3	705,6	757,2
niederl. Statistik	2208,5	2886,1	3572,6
Differenz	1597,2	2180,5	2815,4

Beide Male ist der Spezialhandel gewählt worden. Damit liess sich jedoch nichts Gleichartiges gewinnen, denn die niederländische Statistik versteht unter Spezialhandel, den sie als „Einfuhr zu Verbrauch" und als „Ausfuhr aus dem freien Verkehr" bezeichnet, eine Art des Aussenhandels, die etwa zwischen dem deutschen Gesamteigenhandel und dem Spezialhandel zu suchen wäre. In den Jaarcijfers findet sich über beide Begriffe folgende Angabe: „Unter Einfuhr zu Verbrauch befinden sich nicht nur die Artikel, die für den Inlandverbrauch bestimmt sind, oder die in unserm Lande bearbeitet werden sollen, sondern dazu wird in der Regel auch gerechnet die Einfuhr zollfreier Artikel, die für einige Zeit ausserhalb der Lagerhäuser im Lande gelagert werden und später nach dem Ausland versandt werden, die also eigentlich zur Durchfuhr mit Umladung gezählt werden sollten. Bei der Wiederausfuhr bilden diese Waren mit den im Inland erzeugten oder bearbeiteten Waren die Ausfuhr aus dem freien Verkehr." (Jaarcijfers 1911 S. 184) Wie *Tabelle* 2 zeigt, verfährt man aber auch hierin nicht konsequent, denn es werden dort erhebliche Warenmengen nachgewiesen, die entweder mit oder ohne Umladung durchgeführt wurden: 1902 z. B. 1,133,000 t. mit und 5,636,000 t. ohne Umladung, 1911 z. B. 2,067,000 t. mit und 11,629,000 t. ohne Umladung.

Zur Illustration seien die Aus- und Einfuhrziffern für 1911 einiger nicht in Niederland hergestellter Waren verglichen. (Jaarcijfers 1911 S. 184 ff.)

	Einfuhr	Ausfuhr	Einfuhrüberschuss
Rohbaumwolle	58,619	29,699	28,920 t. = 49,3%
Kaffee	131,000	89,000	42,000 t. = 32,–%
Kupfererz	422,000	392,000	30,000 t. = 7,1%
Rohkupfer	114,035	104,787	9,248 t. = 8,1%
Salpeter	191,389	117,286	74,103 t. = 38,8%
Kopra	91,730	78,019	13,711 t. = 14,9%
Zinn	24,475	21,006	3,469 t. = 14,2%

Diese Ungenauigkeit der Statistik, die die Vergleichbarkeit niederländischer Zahlen mit ausländischen unmöglich macht, birgt für die Zwecke dieser Untersuchung den Vorteil in sich, als sie es ermöglicht, die Bedeutung des niederländischen Zwischenhandels in verschiednen ausländischen Produkten abzuschätzen.

Nach der niederländischen Handelsstatistik bestehen nur mit den Ländern Handelsbeziehungen, die entweder an Niederland angrenzen oder zu Schiff erreichbar sind. Dies erklärt die grossen Differenzen zwischen den deutschen und niederländischen Zahlen. In den Zahlen für Deutschland ist der Verkehr mit der Schweiz, Oesterreich und Südfrankreich enthalten, ausserdem aber befindet sich ein grosser Teil der Durchfuhr in den niederländischen Zahlen, deren Beträge in Deutschland den Ursprungsländern zugeschrieben werden. — Siehe über niederländische Statistik auch die Ausführungen von Harms in Conrads Jahrb. 3 Flg. Bd. 25. S. 534) und von H. Blink in „Vragen van den dag" XXVII. S. 593 ff. 673 ff. (Ende des Exkurses).

Wenn wir die Entwicklung des niederländischen Aussenhandels betrachten, so ergeben sich bei den einzelnen Waren im Lauf der Jahre ziemliche Verschiebungen.

Die zehn wichtigsten Warengattungen [1]) betrugen in der

	Einfuhr des Spezialhandels.	Ausfuhr	
1895	53,17%	48,48%	des Wertes
1900	51,27%	47,25%	„ „
1905	53,01%	45,72%	„ „
1910	52,03%	44,24%	„ „
1911	50,60%	41,39%	„ „
1912	46,86%	38,88%	„ „

[1]) für *Ein- und Ausfuhr;* Roheisen u. Eisenwaren, Getreide (u. Reis), Drogen, Kaffee, Rohbaumwolle, Garne, Manufakturwaren; für die *Einfuhr:* Rohzucker, Steine und Steinkohlen; für die *Ausfuhr:* Raffin. Zucker, Vieh, Butter und Margarine.

Da Ein- und Ausfuhr sich seit 1895 ungefähr verdoppelt haben, bedeutet ein Rückgang des procentualen Anteils durchaus noch keinen Rückgang der betreffenden Warengattungen.

Einige der charakteristischen Märkte sollen noch kurz besprochen werden. Unter ihnen ragen die Märkte für koloniale Produkte hervor, die früher für Niederlands Handelsstellung so besonders typisch waren, da der Verkauf der Waren fast bis um die Mitte des 19. Jahrhunderts ausschliesslich in Niederland erfolgte, worüber bei der Schilderung der Nederlandsche Handel Maatschappij gesprochen werden wird [1]).

Auf den *Kaffeehandel* war die Einführung des sog. Cultuurstelsels in Niederländisch Indien (1830) von grosser Bedeutung, da hierdurch die Eingeborenen gezwungen wurden, für die Kolonialverwaltung Kaffee anzubauen. Diese gab den Kaffee der Nederl. Handel Mij. in Konsignation zum Verkauf in Niederland. Dort wurde er in Auktionen verkauft, die früher grossen Umfang hatten, ihr Ertrag schwankte im Jahrzehnt 1870—1880 zwischen 30 und 52 Millionen Gulden, nahm seitdem stark ab, bis auf ca. *f* 900,000 im Jahr 1911.

Im *Tabakhandel* spielte Niederland schon im 16. Jahrhundert eine grosse Rolle. Hamburg und Bremen verdrängten es dann zu Anfang des 19. Jahrhunderts im Handel mit amerikanischem Tabak.

Dafür fand der niederländische Markt seit Mitte des 19. Jahrhunderts einen Ersatz in den Tabakzufuhren aus Niederländisch Indien, wo der Tabakanbau stark zugenommen hatte. Im Jahr 1864 betrug die Anfuhr von Sumatratabak 50 Ballen und im Jahr 1909 270.000 Ballen. Daneben sind auch die Zufuhren von Javatabak stark gestiegen (von 129,000 Ballen 1871 auf 505,000 Ballen 1909) Schliesslich wird auch eine kleinere Anzahl Ballen aus Britisch Borneo angeführt (Aperçu No. 5 S. 7).

Der Wert der Ernte in den drei Sorten wurde geschätzt:

1890 auf *f* 33,700,000
1900 auf *f* 53,250,000
1908 auf *f* 75,250,000 [2])

Da Niederländisch Indien eine starke Zunahme seiner *Tee*produktion aufweist, ist in Amsterdam vor einer Reihe von Jah-

[1]) Aperçu Nr. 5. S. 7.
[2]) Eeuw. S. 752 und Müller Rapport Consulaire. S. 171.

ren ein Teemarkt entstanden, der gegenüber dem englischen noch sehr zurücktritt, sich aber ziemlich konstant entwickelt [1]).

Mit dem Uebergang der *Chinarinden*kultur von Ceylon nach Java hat sich auch der Markt für dieses Produkt von London nach Amsterdam gezogen. Der Verkauf von Chinarinde betrug [2]) dort

1890	2,073,000 kg. Rinde	=	77,600 kg. Chinin
1900	5,237,000 kg. Rinde	=	249,700 kg. Chinin
1909	8,134,000 kg. Rinde	=	484,000 kg. Chinin

Ausser diesen Märkten spielt Niederland und speziell Rotterdam eine grosse Rolle im *Getreidehandel*, indem es zwar an die grossen internationalen Märkte nicht heranreicht, aber doch für die Versorgung Deutschlands speziell mit russischem Getreide von Bedeutung ist. Die Rotterdamer Zufuhren betrugen beispielsweise im Jahr 1909 3,444,500 t. [3]). Davon kamen aus Russland 2,320,002 t, Rumänien 361,700 t. und Nord- und Südamerika 513,200 t. Der Anteil dieser 3 Länder betrug also 93 % der Rotterdamer Zufuhren, der Anteil Russlands allein $67^1/_2$ %.

Im Zusammenhang mit dem Schiffbau hatte sich in Niederland ein ausgedehnter *Holzhandel* entwickelt, indem die Hölzer einerseits auf dem Rhein nach Niederland gelangten, andererseits von Russland, Schweden, Norwegen und den Vereinigten Staaten zur See angeführt wurden. Wie es vielfach geschieht, dass eine Einrichtung bestehen bleibt, nachdem die ursprüngliche Voraussetzung für sie fortgefallen ist, so auch hier. Der Schiffbau bedient sich jetzt vorwiegend des Eisens und Stahls und doch ist der Holzmarkt in Niederland geblieben. Der Wert des Spezialhandels in Holz betrug nach der amtlichen Statistik [4]) in Tausend Gulden

in der Einfuhr 1901: *f* 40,663; 1906: *f* 69,480; 1912: *f* 104.456.

in der Ausfuhr 1901: *f* 37,076; 1906: *f* 61,480; 1912: *f* 60,555.

Schliesslich ist noch zu erwähnen, dass Rotterdam infolge seiner Lage zum deutschen Industriegebiet sich als Zwischenhandelsplatz für *Erze* entwickelt hat. Im Jahr 1901 betrug die niederlän-

---

[1]) Müller a. a. O. S. 204.

[2]) Halve Eeuw. I. S. 345, Eeuw, S. 749, Müller a.a. O. S. 223.

[3]) Müller, a. a. O. S. 189 ff.

[4]) Jaarcijfers 1907 S. 192. 1911 S. 179/8.

dische Erzeinfuhr ca. 4,12 Millionen t., 1907 ca. 6,9 Mill. und 1908 ca. 6,14 Mill. t., wovon 83 bezw. 89 bezw. 83 % auf Rotterdam entfielen [1]). Was besonders Zinn betrifft, so hat Niederland durch seine Zinnversteigerungen in Amsterdam und Rotterdam, die im Auftrag der Regierung von der Nederl. Handel Mij. vorgenommen werden, eine gewisse Bedeutung, steht aber hinter London zurück. Im Jahr 1901 betrug der Ertrag der Versteigerungen ƒ 21,5 Mill, 1911 ƒ 35,2 Mill.

Bezeichnend für den niederländischen Grosshandel, der mit dem Besprochenen keineswegs erschöpfend behandelt werden sollte, sind die Versteigerungen, die in vielen Artikeln in Amsterdam und Rotterdam abgehalten werden. So belief sich z.B. der Erlös der von der Nederl. Handel Mij. im Auftrag der Regierung vorgenommenen Versteigerungen 1911 auf ƒ 36¾, 1912 auf ƒ 42½ Millionen, der Erlös sämtlicher Versteigerungen und Verkäufe der *Nederl. Handel Mij.* sogar auf ƒ 68¼ bezw. 71¼. Millionen, wobei allerdings bemerkt werden muss, dass beide Jahre besonders günstige Ziffern aufweisen, da erhebliche Beträge aus dem Verkauf von brasilianischen Valorisationskaffee stammen (1911: 20½, 1912 17 Millionen Gulden). — Der Unterschied im Handel von Amsterdam und Rotterdam wird sich im wesentlichen dahin charakterisieren lassen, dass Rotterdam hauptsächlich dem Durchfuhrhandel in Massengütern dient, bei dem es sich um grosse Umsätze handelt, wobei an der Einheit nur minimal verdient wird, während Amsterdam sich mehr auf Waren des Inlandkonsums und aus den Kolonien beschränkt, an denen pro Einheit mehr verdient wird. Bezeichnend ist ferner der Unterschied in der Zusammensetzung des Betriebskapitals. Der Amsterdamer Händler arbeitet mehr mit eigenem Kapital, der Rotterdamer nimmt mehr Bankkredit in Anspruch. Die Handelskammer Amsterdam spielt auf diesen Unterschied im Handel beider Städte an, wenn sie in ihrem Bericht über 1908 (S. 187) sagt: „Im Berichtsjahr hat es sich aufs Neue gezeigt, von wie grosser Bedeutung eigener Einfuhrhandel ist, wodurch man weniger abhängig von den Zuständen im Hinterland ist und durch den eine gewisse Gleichmässigkeit in dem Schiffsverkehr erlangt wird, die beim Transitverkehr vielfach fehlt."

Der verschiedene Charakter beider Städte wird aus dem Schiff-

[1]) Eeuw. S. 757.

fahrtsverkehr deutlich. Während Rotterdam nach 1907 drei Jahre gebrauchte, um wieder auf die frühere Höhe zu kommen, weist Amsterdam nicht nur keinen Rückgang sondern eine bedeutende Zunahme van 1907 auf 1908 auf, die sich auch in den nächsten Jahren fortsetzt. Da der Handel Rotterdams den Amsterdams andauernd mehr überholt, weil Rotterdam für den Verkehr mit Deutschland günstiger liegt, findet in dem Sinne eine dauernd engere Verknüpfung Niederlands mit seinen Hinterlande Deutschland statt [1]).

IV. *Verkehr.*

Nach einer Berechnung von Elias [2]) kamen Eisenbahn- und Wasserstrassennetz in Niederland sich an Länge ungefähr gleich. Die Länge der Wasserstrassen betrug 1907 4,671 km, die der Eisenbahnen 4,735 km. Diese von andern Ländern stark abweichende Struktur des niederländischen Verkehrswesens zeigt sich deutlich in der Art der Einnahmequellen der Eisenbahnen. Während in den meisten übrigen europäischen Staaten der Güterverkehr die grösseren Einnahmen liefert, ist dies in Niederland umgekehrt. Bei den vier grössten Gesellschaften betrugen die Einnahmen aus dem Personen- und Gepäckverkehr 1911 *f* 33, 178,000, die aus der Güter- und Viehbeförderung *f* 31,363,000, oder 48,78 bezw. 46,12 % der Gesamteinahmen [3]).

Der niederländische Verkehr zu Wasser zerfällt in den Seeverkehr und den Fluss- und Kanalverkehr. Beide sind für das niederländische Verkehrswesen von grösster Bedeutung. Was zunächst den Fluss- und Kanalverkehr betrifft, so steht diesem Verkehr eine den Eisenbahnen beinahe gleichkommende Strecke zur Verfügung. Eine eingehende Darstellung des komplizierten niederländischen Binnenschiffahrtverkehrs soll hier nicht gegeben werden, es genügt, den Flussschiffahrtsverkehr mit dem Ausland (Deutschland und Belgien) darzustellen, der für die niederländische Volkswirtschaft überaus wichtig ist:

In Niederland angekommene Schiffe im Flussschiffahrtsverkehr mit dem Ausland:

---

[1]) siehe Harms in Conrads Jahrb. 3. Folge Bd. 25. S. 534.
[2]) Eisenbahnen in „Eeuw" S. 856.
[3]) berechnet nach Jaarcijfers 1911 S. 250/1.

	beladene Schiffe Zahl	beladene Schiffe Inhalt in 1000 cbm	unbeladene Schiffe Zahl	unbeladene Schiffe Inhalt in 1000 cbm
1897	25,700	6,300	16,600	4,800
1900	27,400	7,600	21,300	6,900
1905	35,100	13,000	25,000	8,300
1907	34,100	12,900	30,400	12,200
1910	43,400	20,000	30,100	9,200
1911	45,800	22,000	32,000	9,700
1912	46,800	23,200	33,200	9,700
von Niederland abgegangene Schiffe				
1897	25,500	9,300	14,700	1,600
1900	29,800	12,500	16,400	1,800
1905	35,900	17,900	22,700	3,000
1907	41,400	22,400	21,600	2,600
1910	44,800	25,700	19,400	1,500
1911	48,200	28,100	20,100	1,500
1912	49,500	28,900	20,500	1,700

Der Verkehr hat sich, was Inhalt der Schiffe betrifft, in den letzten 15 Jahren in beiden Richtungen ungefähr verdreifacht. Da Deutschland an diesem Verkehr ganz überwiegend beteiligt ist, geben seine Ziffern ein deutliches Bild von der Lage des deutschen und speziell rheinisch-westfälischen Wirtschaftslebens. So zeigt sich z. B. augenfällig der Einfluss des Jahres 1907 auf die von Niederland beladen nach Deutschland abgegangenen Schiffe. Die Binnenschiffahrt ist eine der Gruppen, in denen die Kleinaktiengesellschaft sehr stark vertreten ist [1]).

---

[1]) in 5 Jahren hat sich die Zahl der Gesellschaften um 77 % und der Betrag des Kapitals um 40 % erhöht, das Durchsschnittskapital ist von
ƒ 28.200 p. Gesellschaft (1906/07) auf
ƒ 22.200 p. Gesellschaft (1910/11) gesunken.

Das Durchschnittskapital für die neu hinzugekommenen Gesellschaften beträgt sogar nur ƒ 14,600. Beinahe jeder Rheinkahn bildet eine besondere „Gesellschaft", die vielfach wieder von dem gleichen Unternehmer oder einer anderen Gesellschaft geleitet wird. So bestand in Rotterdam 1910 ein Unternehmer, der „Direktor" von 38 Schleppkahn- und 18 Schleppdampfergesellschaften war. Von diesen Gesellschaften waren je an einem Tage gegründet worden

12 Schleppkahngesellschaften mit ƒ 42,000 Akt. Kapital
15 Schleppkahngesellschaften mit ƒ 61.000 Akt. Kapital
10 Schleppkahngesellschaften mit ƒ 33,000 Akt. Kapital
1 Schleppkahngesellschaft mit ƒ 5,000 Akt. Kapital

38 Schleppkahngesellschaften mit ƒ 141,000 Akt. Kapital durchschn. ƒ 3,710
ausserdem 8 Schleppdampfergesellschaften mit ƒ 103,000 Akt. Kapital durchschn. ƒ 12,900

Die Gründung der übrigen 10 Schleppdampfer dagegen fiel auf verschiedene Termine. Ihr Kapital betrug ƒ 291,000, sodass die gesamte „Flotte" in 56 Gesellschaften mit ƒ 535,000 Kapital = durchschnittlich ƒ 9,550 untergebracht war.

Nachdem die niederländische Handelsflotte in den Kriegen mit England und zuletzt durch die Einbeziehung Niederlands in das Gebiet der Kontinentalsperre gänzlich vernichtet worden war, musste nach 1815 mit einer Neuschaffung begonnen werden. Dank der günstigen Lage Niederlands und der seemännischen Traditionen gelang dies im Laufe des 19. Jahrhunderts. Zwar hat die niederländische Handelsflotte die der grossen Staaten nicht erreicht, aber, besonders seit Beginn des 20. Jahrhunderts, stark zugenommen, wobei der Anteil der Dampfer an der Gesamttonnage sich wesentlich eıhöht hat (von 77,4 auf 92,6 %).

	Seeschiffe		davon Dampfer		in % von
31 Dez.	Zahl	in 1000 t.	Zahl	in 1000 t.	Spalte 3
1877	1247	365,4	79	57,6	15,8
1887	621	256,2	105	100,7	39,3
1897	612	295,8	171	200,7	67,9
1907	727	447,4	292	397,8	88,7
1910	764	534,2	324	488,3	92,1
1911	775	565,7	347	523,3	92,6

Der Anteil Amsterdams und Rotterdams an der Gesamtheit der niederländischen Dampfer ist besonders hoch, da in beiden Städten die Seeschiffahrt ungefähr konzentriert ist.

Ausser im Verkehr zwischen den ausländischen und niederländischen Häfen ist für die niederländische Handelsflotte der Verkehr zwischen ausländischen Häfen (die sog. Frachtfahrt) von grosser Bedeutung. 1911 übertraf er den ersten sogar an Schiffsraum. Dies kommt z. T. daher, weil der Verkehr der niederländischen Kolonien mit dem Ausland zum grossen Teil durch niederländische Schiffe besorgt wird [1]).

Wie die Berufsstatistik zeigt, ist die Konzentration in der Seeschiffahrt ziemlich weit fortgeschritten, da auf 37 Unselbständige ein Selbständiger kam (720 Selbständige und 26,843 Unselbständige). Die Konzentration wurde besonders gefördert durch den Zusammenschluss von 3 grossen Gesellschaften der Indienfahrt, die 1908 zur Abwehr der ausländischen (speziell deutschen) Konkurrenz die „Nederlandsche Scheepvaart Unie" errichteten. An diese Gesellschaft verkauften sie einen Teil ihrer neugeschaffenen Aktien, ausserdem erwarb die Unie durch Aktienumtausch

[1]) In der Fahrt zwischen ausländischen Häfen wurden
1900 3,109 Schiffsreisen mit 6,453,000 cbm Raum
1910 5,369 Schiffsreisen mit 13,208,000 cbm Raum erledigt.

bis 1912 ungefähr die Hälfte des Aktienkapitals der 3 Gesellschaften, denen die Leitung der Nederlandschen Scheepvaart Unie obliegt. Die 3 Gesellschaften besassen 1912 eine Flotte von 136 Dampfern mit 428,833 tons, ausserdem waren im Anbau 27 Dampfer mit 147,600 tons.

An grösseren Reedereien besteht ausserdem noch die Holland-Amerika-Linie, an der die Hamburg-Amerika-Linie und der Norddeutsche Lloyd mit je $12^3/_4$ % beteiligt sind, sowie die Kon. Nederl. Stoomboot Mij.

Im Vergleich mit den deutschen oder englischen Gesellschaften sehen diese Gesellschaften allesamt nicht bedeutend aus weder hinsichtlich des Kapitals noch hinsichtlich der Flotte. Sie haben für die niederländische Volkswirtschaft jedoch eine nicht zu unterschätzende Bedeutung und sind ausserdem in der Lage, den grossen ausländischen Linien auf bestimmten Strecken, wie im indischen Verkehr, erfolgreich Konkurrenz zu machen.

V. *Die Amsterdamer Fondsbörse.*

Bei der grossen Bedeutung der Effektenbörse für das niederländische Wirtschaftsleben und speziell für das Bankwesen muss die AmsterdamerBörse etwas genauer betrachtet werden.

Im vorigen Kapitel wurde die rechtliche Grundlage der Amsterdamer Börse besprochen, hier soll ihre wirtschaftliche Bedeutung behandelt werden. Die Geschäfte werden überwiegend in der Form des Kassageschäftes abgeschlossen [1]), d. h. sie sind innerhalb von 4 Tagen zu erfüllen [2]).

Im Zusammenhang mit dem Kassageschäft steht das „Prolongationssystem" d. h. die Art, wie man in Amsterdam die Spekulationen durchzuführen pflegt, die man nicht mit eigenem Gelde unternehmen kann. In einem solchen Falle nimmt man gegen Verpfändung der gekauften Wertpapiere ein Darlehen auf unbestimm-

---

[1]) G. Vissering, Giroverkeer S. 75.

[2]) Das „Reglement voor den Effectenhandel" sieht in seinem Art. 3 hinsichtlich der Lieferung folgendes vor:

A. emittierte Stücke sind zu liefern

1. wenn nichts vereinbart, spätestens am 4. Tage nach dem Geschäftsabschluss,
2. wenn mit der Klausel auf Lieferung verkauft worden ist, spätestens am 21. Tage nach dem Geschäftsabschluss.

B. Noch nicht emittierte Stücke sind zu liefern spätestens am 21. Tage nach dem Ausgabetag bezw. dem vom Börsenvorstand festgesetzten Tag. Ausserdem kennt das Reglement noch Termingeschäfte, die in Art. 30—33 geregelt werden und schliesslich noch die Termingeschäfte in Anteilen der Nederlandsche Handel Maatschappij (Art. 34—40).

te Zeit oder einen bezw. drei Monate. Diese Darlehen werden im ersten Falle Darlehen on call, im zweiten Prolongation, im dritten Beleening (Beleihung) genannt (§ 44 des Reglements voor den Effectenhandel). Die Bedingungen, unter denen solche Darlehen gewährt werden, sind durch die Vereinigung für den Effektenhandel genau geregelt (§§ 44—54 und 57/8). Danach kann eine Prolongation vor Fälligkeit abgelöst werden unter der Bedingung, dass mindestens für 15 Tage Zinsen bezahlt werden, eine Beleihung, wenn die Zinsen für den laufenden Monat bezahlt werden. Diese Darlehen dürfen nicht in voller Höhe des Kurswertes gegeben werden, es muss vielmehr immer eine Marge (Surplus) von 10% bei Darlehen on call und bei Prolongationen und 20% bei Beleihungen vorhanden sein (§ 51). Bei Kursrückgängen sind die Nachschüsse bis zum nächsten Mittag zu leisten, andernfalls kann der Darlehensgeber nach gerichtlicher Aufforderung die verpfändeten Effekten durch 2 Makler an der Börse verkaufen lassen und sich aus dem Erlös befriedigen (§ 57). Der Direktor des Amsterdamsch Fondsenkantoor, Joh. E. Wolff Ezn., schätzt in seiner Broschüre: Over het afleveren van Fondsen, het prolongatie-systeem ter beurze van Amsterdam, en nog wat. 1913. S. 12 den Betrag der durchschnittlich laufenden Prolongationen auf ca. *f* 400 Millionen. Er findet diese Summe, indem er annimmt, dass durchschnittlich *f* 1 Million auf jedes der ca. 400 Mitglieder der Vereeniging voor den Effectenhandel entfalle. Diese Einrichtung verhindert, dass sich in schwachen Händen zu grosse Positionen ansammeln, da bei jedem Darlehen Einschüsse geleistet werden müssen. Mit auf das Prolongationssystem ist es zurückzuführen, dass die Zusammenbrüche an der Amsterdamer Börse auch in schwierigen Zeiten sich in engen Grenzen halten, da der Wert der beliehenen Effekten täglich kontrolliert und bei Kursrückgängen sofort Nachschuss verlangt wird. [1]) Von den in Amsterdam eröffneten Konkursen entfielen

im Jahr	auf Kredit- und Bankwesen (einschl. Geld- und Effektenhandel).
1905	7 oder 2,006%
1906	5 oder 1,355%
1907	2 oder 0,487%

[1]) Ueber die Nachteile des Prolongationssystemes in unruhigen Jahren siehe „de Economist 1904 S. 1000/1001.

1908	7 oder 1,577%
1909	5 oder 1,389%
1910	2 oder 0,573%
1911	12 oder 3,703%
1912	5 oder 1,577%

Hinsichtlich der Technik der Prolongationsgeschäfte ist zu bemerken, dass zu dem täglich notierten Prolongationssatze noch eine Abschlussprovision hinzukommt, die für Mitglieder der Vereinigung der Effektenhändler zu Rotterdam und des Bundes für den Geld- und Effektenhandel in der Provinz $^{3}/_{4}$‰ des abgeschlossenen Betrages und für alle übrigen Personen oder Gesellschaften 1‰ beträgt. Diese Provision ist jeden Monat zu entrichten, daher erhöht sich der Zins für den Geldnehmer um 0,9 bezw. 1,2% im Jahr. Da es bei regem Geschäftsverkehr umständlich und teuer wäre, jedesmal Prolongationen abzuschliessen, für die mindestens eine 15 tägige Rente zu zahlen wäre, ist es den Mitgliedern der Vereinigung gestattet, ihren Kunden Vorschüsse im Kontokorrent zu geben. An Zinsen sind dafür zu dem durchschnittlichen Prolongationssatze der betreffenden Perioden 0,9 bezw. 1,2% p.a. hinzuzurechnen.

Betrachten wir zunächst das Börsenpublikum. Es lässt sich in 3 Gruppen gliedern [1]:

1. Die kleinen Händler und Kommissionäre mit geringer oder kleiner Kundschaft und geringem eigenen Vermögen,

2. die grossen Kommissionäre, mit zahlreicher Kundschaft und grossem Kredit, sie zerfallen wieder in

a. Kommissionäre, die hauptsächlich Geldgeber sind,

b. Kommissionäre, die hauptsächlich Geldnehmer sind.

3. Banken und Bankiers, die gleichzeitig Kommissionäre sind.

Nach dem „Finantieel Adresboek" Jahrgang 1912 waren von den Amsterdamer Banken, Bankiers, Kommissionären und Maklerfirmen rund 400 (mit ca. 670 Inhabern) Mitglieder der Vereinigung für den Effektenhandel d. h. zum Besuch der Börse berechtigt. Damit ist jedoch die Zahl der Fondsbörsen*besucher* nicht angegeben. Diese beläuft sich auf ca. 1200—1400. Die Mitgliederzahl [2]) der Vereinigung für den Effektenhandel betrug

---

[1]) Tijdaffaires aan de Amsterdamsche Beurs. 1904 S. 34.

[2]) s. Tabelle im Jahresbericht de Vereeniging voor den Effectenhandel.

1. Jan.	1900	581,
„	1905	634
„	1910	669,
„	1912	720,
„	1913	705

die Zahl der zugelassenen Angestellten:

1. Jan.	1900	227	
„	1905	454 + 116	nicht zu Geschäftsabschlüssen ermächtigten Angestellten.
„	1910	601 + 135	
„	1912	599 + 135	
„	1913	535 + 183	

Ueber die Bedeutung der einzelnen Papiere orientiert einigermassen die nachstehende Aufzählung der in Amsterdam notierten Werte. Insgesamt wurden im amtlichen Kurszettel notiert

am 1. Jan.	1907	1387	Werte
„	1908	1437	Werte
„	1909	1511	Werte
„	1910	1600	Werte
„	1911	1671	Werte
„ 10. Dez.	1912	1713	Werte.

Die ersten Angaben entstammen der oben erwähnten Tabelle, die letzte ist nach dem amtlichen Kurszettel vom 10. Dezember 1912 festgestellt worden. Die jährliche Nettozunahme der Notierungen beträgt im Durchschnitt der letzten Jahre etwa 70. Auf die einzelnen Gruppen des Kurszettels verteilten sich die Notierungen Ende 1912, wie auf der nächsten Seite in der Tabelle angegeben ist.

Staatsanleihen (Gruppe 1) und Eisenbahnwerte (Gruppe 14) enthalten die für die Amsterdamer Börse bedeutungsvollsten Papiere und illustrieren gleichzeitig die Wandlungen im Amsterdamer Börsenverkehr. Die Staatsanleihen waren früher die bedeutendste Gruppe. Sie haben im Lauf der letzten Jahrzehnte ihre Rolle an die Eisenbahnwerte abtreten müssen. In Gruppe 1 spielten die russischen Papiere eine grosse Rolle. Sie betragen auch heute noch ein Drittel aller Notierungen in ihr. Hier kann natürlich nicht geschildert werden, wie die Wandlungen an der Amsterdamer Börse sich im einzelnen vollzogen[1]). Es lässt sich also fest-

[1]) Soweit ich die Literatur übersehen kann, besteht eine eingehende wissenschaftliche Darstellung der Börse zu Amsterdam noch nicht. Sie würde zweifellos, wenn sie den Gesichtspunkt der Aenderungen im Börsenhandel in den Vordergrund stellte und wirk-

	Niederland und Kolonien	davon Kolonien	übrige Länder	davon Amerika	zusammen
1. Staatsanleihen	6	2	243	61	249
2. Provinz- u. Stadtanleihen	95	2	32	10	127
3. Banken	75	15	11	—	86
4. Hypothekenbanken	171	1	50	9	221
5. Industrieunternehmen	110	9	77	63	187
6. Kultur- und Handelsgesellschaften	72	69	—	—	72
7. Bergbau Ges.	31	24	14	5	45
8. Petroleum Ges.	31	22	14	2	45
9. Gummi Ges.	33	33	3	1	36
10. Schiffahrts Ges.	38	—	5	4	43
11. Tabak Ges.	42	42	1	—	43
12. Teeges	8	8	—	—	8
13. Diverse Ges.	74	—	41	15	115
14. Eisenbahnen	44	7	286	202	330
15. Klein- u. Strassenbahnen	61	34	5	5	66
16. Prämienanleihen	7	—	33	—	40
	898	268	815	377	1713

stellen, dass früher d. h. bis über die Mitte des 19. Jahrhunderts die ausländischen Staatsanleihen und unter ihnen wieder die russischen die grösste Rolle in Amsterdam spielten [1] [2]), die sie allmählich an die amerikanischen Eisenbahnen und Industriewerte, sowie an die niederländischen Kolonialwerte verloren. Zum grossen Teil dürfte diese Verschiebung daraus zu erklären sein, dass, wie der Korrespondent von „The Economist" es nennt, ein „entry

lich bis an die Gegenwart heran zu verfolgen suchte, sehr interesssantes Material bringen können. Mit der Amsterdamer Börse beschäftigen sich — abgesehen von der Tagespresse — nur G. Vissering in seinem Buche über den Giroverkehr und drei Aufsätze des Amsterdamer Korrespondenten von „The Economist" (Jahrgang 1911) ausserdem die Dissertation von J. H. H. Hülsmann, Staatsbemoeing met den Effectenhandel 1898, der die Betrachtung aber rein juristisch hält.

[1]) The Economist 1911 I S. 836.

[2]) In „de Economist" von 1877 (S. 83) wurden 1872 die ausländischen Effekten in Niederländischem Besitz auf ca. 2 Milliarden Gulden geschätzt, wovon ein Drittel auf russische Papiere, österreichische Papiere auf ca. 400—500 Mill. und spanische auf ca. 600—700 Mill. Gulden.

of many former speculative favourites into the ranks of respectable investiment holdings" stattfand. Dadurch eigneten sich die Papiere nicht mehr so gut für den niederländischen Markt. Weiter wirkten die Veränderung der Verkehrsmittel und des Nachrichtendienstes, die Konkurrenz der grossen Märkte und eine Tendenz zur Nationalisierung der Staatspapiere, die dahin ging, die Anleihen wenn möglich im eigenen Lande unterzubringen, dahin, die Bedeutung des Amsterdamer Staatspapiermarktes zu verringern. Da aber gleichzeitig die amerikanischen Eisenbahnwerte mit ihrem z. T. internationalen Markte der Spekulation grosse Aussichten boten und das Interesse für die zum grossen Teil nicht minder spekulativen Werte der indischen Kolonien wach wurde, traten diese beiden Gruppen an die Stelle der Staatspapiere.

So hat sich einerseits eine „Nationalisierung" und andererseits eine „Amerikanisierung" der Amsterdamer Börse vollzogen auf Kosten des internationalen Charakters der Börse. Als von Einfluss auf den Rückgang der internationalen Bedeutung der Amsterdamer Börse wurde auch die Stellung der Nederlandsche Bank zur Frage der Finanzwechsel bezeichnet, worauf bei Besprechung dieser Bank zurückzukommen sein wird. Da die Nederlandsche Bank den Ankauf von Finanzwechseln ablehnt, können die verhältnismässig kleinen niederländischen Banken sich nicht in grossem Umfange am Devisengeschäft beteiligen, weil ihnen die Möglichkeit der Rediskontierung fehlt, sodass auch hierdurch die „Isolierung" Niederlands befördert wird. Oben ist der Anteil Amerikas d. h. im wesentlichen der Vereinigten Staaten und der indischen Kolonien an den einzelnen Gruppen festgestellt. Der Anteil an den Notierungen betrug für Niederland und Kolonien 52,5%, für die Kolonien allein 15,7% für die übrigen Länder 47,5%, für Amerika allein 22%. Dies zeigt zur Genüge, wie bedeutungsvoll Amerika und die niederländischen Kolonien für die Amsterdamer Börse sind.

Die Kursfeststellung wird, da vereidigte Makler nicht vorhanden sind, durch eine Kommission des Börsenvorstandes vorgenommen [1]). Jedes Kaufgeschäft von *f* 2000 bezw. *f* 1000 bei Papieren über Pari oder von 5 Stück gibt ein Recht auf Notierung des Kurses, wenn es in der dafür bestimmten Ecke (Hoek, wonach die Händler, die speziell in den betreffenden Papieren

[1]) Het A. B. C. van den Amsterdamschen Effectenhandel. S. 13.

handeln, „Hoekmannen" genannt werden) abgeschlossen wurde. Die Art der Kursfestsetzung scheint allerhand Beeinflussungen ausgesetzt zu sein, wenigstens klagen verschiedene Schriftsteller über ungenaue Kurse und über „unehrliche Praktiken"[1]). Notiert werden der höchste, niedrigste und der Schlusskurs.

Wie bereits erwähnt wurde, ist die Berechtigung zum Besuch der Fondsbörse in Amsterdam abhängig von der Mitgliedschaft bei der *Vereinigung für den Effektenhandel*, die seit 1876 besteht. Daher muss hier kurz auf dieselbe eingegangen werden, zumal sie mit den beiden anderen Vereinen der Wertpapierhändler Verträge geschlossen hat, durch die wichtige Gebiete des Bankgeschäftes übereinstimmend geregelt sind. Die beiden anderen Vereine sind die *Vereinigung der Effektenhändler in Rotterdam* von 1897 (Vereeniging van Effektenhandelaren te R.) und der *Bund für den Geld- und Effektenhandel iu der Provinz* von 1904 (Bond voor den Geld- en Effectenhandel in de Provincie). Die Gründung des letzteren war eine Abwehrmassregel der Provinzbankiers gegen die Erhöhung der Provision bei Effektenkäufen [2]). Da die Provinzbankiers fürchteten, dass ihre Kundschaft zu den Amsterdamer Firmen übergehen würde, welche mit einer niedrigeren Provision zufrieden sein konnten, verlangte der Bund eine Differenzierung in der Behandlung seiner Mitglieder und anderer Kunden durch die Amsterdamer Bankiers und Kommissionäre. Diese wurde ihm nach langen und heftigen Auseinandersetzungen gewährt unter der Bedingung, dass es ihm gelänge, seine Mitgliederzahl von 250 auf 400 (von den damals bestehenden ca. 600) Provinzbankgeschäfte zu bringen, und dass auch mit der Rotterdamer Vereinigung ein Vertrag zustande käme. Beides traf ein und daher wurde der Effektenhandel im Jahr 1905 von den drei Vereinen gemeinsam geregelt. Einmal bestehen Bestimmungen hinsichtlich der Provision bei Effektenkäufen und der Vergütung bei Emissionen und sodann hinsichtlich der Provision beim Prolongationsgeschäft. Diese Verträge sind für die Entwicklung des niederländischen Bankwesens von grosser Bedeutung geworden, da

[1]) Westerman, Economist 1905 S. 3, M. van Regteren Altena etc. Tijdaiffres aan de Amsterdamer Beurs S. 41. Ebenso spricht Hülsmann a. a. O. S. 94 von „Bestrebungen, der altniederländischen Kaufmannsehre wieder das Uebergewicht an der Börse zu verschaffen".

[2]) s. Aufsatz von W. Westerman, de strijd in den Effectenhandel, de Economist 1905 .s l. ff.

durch sie zum Teil wenigstens der Konzentrationsprozess im Bankwesen gehemmt oder doch verlangsamt worden ist. Eine Ausdehnung der Amsterdamer Kommissionäre auf die Provinz ist jetzt nicht mehr so lohnend wie vorher, da die Provinzniederlassungen sich nach den Sätzen des Bundes richten müssen, ein Unterbieten also ausgeschlossen ist. Infolge der niederländischen Eigenart, verfügbare Gelder nicht zur Bank oder Sparkasse zu tragen, sondern in Effekten oder Prolongation anzulegen, kommen für den Kunden in erster Linie die durch die erwähnten Verträge gebundenen Provisionssätze in Betracht, es ist also nicht möglich, ihn dem heimischen Bankier durch entgegenkommendere Bedingungen in anderen Geschäftszweigen abspenstig zu machen, wie das in Deutschland vielfach geschehen ist. Ausserdem kommt hinzu, dass gerade das Effektengeschäft, besonders wenn es von vielen, nur wenig sachverständigen Menschen betrieben wird [1]), vorzüglich geeignet ist, zwischen Bankier und Kunden zu einer Vertrauenssache zu werden. Dadurch wird die Position des einheimischen Bankiers gegenüber dem „jungen Mann" des Amsterdamer Bankiers gestärkt. Wie aus der Tabelle auf S. 104 hervorgeht, bestanden 1911 38 Filialen von Amsterdamer Bankiers und 44 von Amsterdamer Aktienbanken. Bei den Bankiers handelt es sich im wesentlichen um Kommissionäre. Zum grössten Teil liegen die Filialen ausser in Noordholland in den benachbarten Provinzen Zuidholland und Utrecht. Besonders kommen die Städte Rotterdam und Haag in Betracht, wo eine Anzahl Amsterdamer Firmen vertreten ist. Bei den Banken tritt zum Effektenkommissionsgeschäft in weit höherem Masse das übrige Bankgeschäft hinzu, daher hat die Bindung der Provisionssätze nicht so stark konzentrationshemmend gewirkt, zum Teil spielen auch andere später zu erörternde Gesichtspunkte mit. Nach dem Finantieel Adresboek 1912 bestanden 1638 Banken, Bankiers, Kommissionäre etc., die sich wie folgt verteilen:

	Amsterdam.	Rotterdam.	Provinz.	Total.
vorhandene Unternehmen,	509	84	1045	1638
davon Mitglieder eines der drei besprochenen Vereine des Effektenhandels	408	54	705	1167
=	80%	64%	67%	70%

[1]) Vissering, Giroverkeer, S. 70.

Wenn man berücksichtigt, dass in der angegebenen Zahl eine Reihe von Unternehmen enthalten sind, für die der Effektenhandel keine Rolle spielt, bezw. denen er durch die Statuten verboten ist, so zeigt sich, dass der niederländische Effektenhandel bis auf geringe Ausnahmen in den drei Vereinen vertreten ist. Da in diesen der Bankmittelstand die Herrschaft besitzt, ist es begreiflich, dass er seine Macht im Kampf gegen die Grossbanken auszunützen versucht. Ein Beispiel hierfür ist die Ende 1911 erfolgte Ablehnung des Mitgliedschaftsgesuches der Nederl. Indischen Handelsbank und der Javasche Bank (s. Nieuwe Financier en Kapitalist v. 20. Dez. 1911), wobei das Blatt feststellen zu können glaubt, dass nicht gegen die Unternehmen bezw. gegen ihre Leiter gerichtete Gründe auschlaggebend gewesen seien, sondern dass es sich um einen Versuch, die grossen Banken von der Börse fern zu halten, gehandelt habe. Dass die Stimmung der Börse den grossen Banken nicht besonders günstig ist, lässt sich auch aus der Art schliessen, wie die Rotterdamsche Bankvereeniging bei der Errichtung ihrer Amsterdamer Niederlassung vorging. Da sie sich nicht der Gefahr aussetzen wollte, als Mitglied der Vereinigung für den Effektenhandel abgelehnt zu werden, erstand sie eine Amsterdamer Bankfirma, in die ihre Direktoren als Teilhaber eintraten. Sie bedient sich für ihr Börsengeschäft der erwähnten Firma. [1])

Für die Erkenntnis der Bedeutung der Amsterdamer Börse wäre es von Wichtigkeit, den Betrag der jährlich neu eingeführten Papiere zu kennen. Eine Statistik darüber besteht aber nur insoweit, als es sich um inländische Werte handelt. Sie findet sich in den Jahresberichten der Vereinigung für den Effektenhandel und erfasst ausser den niederländischen auch die niederländisch indischen Effekten. Die Emissionen dieser Werte betrugen in Millionen Gulden

	1901	1902	1903	1904	1905	1906
Pfandbriefe	15	17	23	21	46	20
Transportwerte	29	32	24	20	21	26
Staats- u. Stadt-Anleihen	20	19	6	26	53	16
Diverse	56	27	25	18	39	44
Zusammen	120	95	78	85	159	106

[1]) siehe S. 82.

	1907	1908	1909	1910	1911	1912
Pfandbriefe	6	13	32	59	53	69
Transportwerte	29	43	25	11	33	33
Staats- u. Stadt-Anleihen	28	23	15	16	87	11
Diverse	52	48	47	86	100	65
Zusammen	115	127	119	172	273	178

Da jedoch unter den Emissionen an der Amsterdamer Börse die ausländischen Papiere von grösster Bedeutung sind, ist diese Emissionsstatistik nur ein Torso. Hinsichtlich einer solchen Statistik für die ausländischen Werte besteht jedoch eine grosse Schwierigkeit, da diese Papiere meistens gleichzeitig an verschiedenen Börsen herauskommen und nicht bekannt wird, welche Beträge auf die einzelnen Börsen entfallen. Die Statistik des „Moniteur des intérêts matériels" ist für unsere Zwecke wertlos, da sie für die einzelnen Länder die dort geschaffenen, nicht aber die an den Börsen eingeführten Papiere enthält, also alle argentinischen Papiere z.B. unter Argentinien zählt. Ebenso sind die Zusammenstellungen verschiedener Finanz-Zeitschriften unbrauchbar, da sie den Gesamtbetrag der *zugelassenen* Wertpapiere angeben, also bei internationalen Werten eine viel zu hohe Summe.

Da eine vollständige Emissionsstatistik für die Amsterdamer Börse also nicht gegeben werden kann, soll versucht werden, den jährlichen Zustrom neuer Papiere auf andere Weise zahlenmässig einigermassen zu erfassen. Zunächst sei auf die Zahlen über die Neugründung von Aktiengesellschaften hingewiesen, die sich in v. Nierop's Naamloozen Vennootschappen finden. Sie betrugen (in 1000 Gulden)

	Zahl	Kapital	davon emittiert	davon eingezahlt
1882	82	33,057	20,552	12,725
1892	128	47,967	32,880	30,132
1902	483	143,815	79,306	71,404
1912	1269	197,694	90,755	81,077

Da in diesen Zahlen viele Umgründungen bestehender Unternehmen enthalten sind, dürfen sie nur in ihrem Auf und Ab, nicht aber in ihrer absoluten Höhe als Illustration zur Emissionstätigkeit benutzt werden. Bemerkenswert ist das Jahr 1907, in dem die Gründungen eine bisher nie erreichte Ausdehnung (ƒ 198,120,000) was das Kapital betrifft, annahmen, und das Jahr 1911, in dem über 1000 Gesellschaften (1089) errichtet wurden gegen 567 1907, eine Erscheinung im niederländischen Aktienwesen, auf die bereits früher wiederholt hingewiesen wurde.

Einen genaueren Massstab für die Emissionstätigkeit bieten die Erträge des Effektenstempels.

Da alle Wertpapiere, die in Niederland ausgegeben oder gehandelt werden, mitAusnahme der niederländischen Staatsschuldverschreibungen und Eintragungen in das Staatsschuldbuch, einem Stempel unterliegen, kann aus dem Ertrag dieses Stempels ungefähr berechnet werden, für welche Beträge Wertpapiere entweder neugeschaffen oder in Niederland emittiert worden sind. Das Stempelgesetz ist 1908 (Gesetz vom 23. Juli 1908, St. Bl. 240) revidiert worden, vorher galt es in der Fassung vom 24. Mai 1897 (St. Bl. 155).

Es sieht folgende Sätze vor:

1. für Prämienanleihen .... seit 1. Jan. 1909 1 %, vorher 1 %
2. für Pfandbriefe inländischer Hypothekenbanken seit 1. Jan. 1909 1/4 %, vorher 1 ‰
3. für Aktien ausländischer Gesellschaften .... seit 1. Jan. 1909 4 ‰, vorher 3 ‰
4. für alle übrigen inländischen Wertpapiere ...... seit 1. Jan. 1909 4 ‰, vorher 2 ‰
5. für alle übrigen ausländischen Wertpapiere ...... seit 1. Jan. 1909 4 ‰, vorher 2 ‰

Auf Grund obiger Angaben, sowie der Mitteilungen der Handelskammer Amsterdam über die Erträgnisse der Stempelsteuer in Amsterdam, wurde festgestellt, dass insgesamt verstempelt wurden Effekten im Nominalwert von:

	in Niederland	in Amsterdam	
1901	ƒ 546,449,300		
1902	- 629,569,100		
1903	- 652,136,700		
1904	- 442,810,800		
1905	- 743.929,600	ƒ 566,138,900	= 76,1 %
1906	- 582,852,800	- 437,446,000	= 75,- %
1907	- 435,213,400	- 374,549,500	= 86,1 %
1908	- 636,131,900	- 450,212,900	= 70,8 %
1909	- 648,645,700[1]	- 505,535,200	= 78,- %

[1]) Aenderung der Steuersätze.

	in Niederland	in Amsterdam	
1910	/ 586,349,000	/ 436,299,900	= 74,5 %
1911	- 562,684,000 [1])	- 347,088,100	= 61,7 %
1912	- 548,935,000	- 355,195,800	= 64,7 %

Die Hälfte bis zwei Drittel dieser Summe entfallen auf die ausländischen Papiere. In den einzelnen Jahren war der Anteil sehr verschieden. Eigenartig ist dabei, dass stets über 90 % auf Amsterdam entfallen, da die meisten ausländischen Papiere an der Amsterdamer Börse eingeführt werden. Der Anteil der ausländischen Papiere kann als ein guter Barometer für die Emissionstätigkeit gelten, da es sich bei ihnen überwiegend um an der Börse eingeführte Werte handelt. Bei den inländischen Papieren und besonders bei den Aktien ist dies nicht der Fall, zumal ein grosser Teil von diesen gar nicht börsenfähig ist, da zur Zulassung die Unterbringung von mindestens / 500,000 erforderlich ist (bei ausländischen Papieren von / 1 Million.) [2]).

Im einzelnen betrug der Anteil der ausländischen Wertpapiere an den verstempelten Wertpapieren:

			davon entfielen auf Amsterdam.
1901	56,0 %	= / 305,434,200	
1902	62,9 %	= - 395,707,300	
1903	65,1 %	= - 424,223,200	
1904	53,3 %	= - 235,961,500	
1905	60,6 %	= - 450,904,200	92,7 %
1906	60,9 %	= - 354,753,100	90,8 %
1907	69,6 %	= - 302,696,700	93,9 %
1908	51,8 %	= - 329,305,600	93,4 %
1909	62,7 %	= - 406,737,200	95,1 %
1910	53,6 %	= - 314,063,700	93,7 %
1911	37,7 %	= - 214,435,700	96,3 %
1912	40,7 %	= - 222,992,300	96,3 %

Welchen Einfluss die Emissionen ausländischer Papiere auf die Politik der Nederlandschen Bank ausüben, wird sich bei der Besprechung dieser Bank ergeben, hier sei nur darauf hingewiesen, wie sowohl aus den absoluten Zahlen, als auch aus dem Anteil an der Gesamtsumme deutlich die günstigen Börsenjahre zu erkennen sind. Zunächst steigt der Betrag der Papiere von 1901 auf 1902 um ca. / 90 Millionen und von 1902 auf 1903 nochmals um ca. / 30 Millionen, fällt dann 1904 infolge der durch den rus-

[1]) Staatsanleihe van / 40 Millionen emittiert.
[2]) Het A. B. C. van den Amsterdamschen Effectenhandel. S. 68.

sisch-japanischen Krieg verursachten Spannung und des Zusammenbrechens einer Reihe von Banken etc.[1]) um ca. ƒ 190 Mill, erholt sich aber nach Ueberwindung der Spannung und infolge der Geldflüssigkeit 1905 wieder und steigt um ƒ 215 Millionen auf ƒ 450 Millionen. Die nächsten beiden Jahre zeigen dann zwar geringere Summen, die aber infolge der überhaupt geringeren Emission, doch einen grösseren Anteil bedeuten. Da die Spekulation in amerikanischen Werten im Jahre 1908 schon sehr bald wieder einsetzte[2]), nahm die Zahl von 1907 ab wieder zu. Der kleinere Anteil der ausländischen Wertpapiere erklärt sich aus dem Bestreben, vor Erhöhung der Stempelsteuer noch möglichst viel inländische Papiere auszugeben. In den Jahren 1909 und 1910 war die Börse besonders lebhaft und nahm ausländische Effekten in ziemlichen Beträgen auf (Russen und Amerikaner), dagegen litten die Jahre 1911 und 1912 unter den politischen Verhältnissen.

Da, wie gesagt, in den verstempelten Papieren einmal solche enthalten sind, die erst später emittiert werden und andererseits solche, deren Emission überhaupt nicht beabsichtigt oder nicht möglich ist, lässt sich unter Berücksichtigung der früher angeführten Emissionen inländischer Papiere und der Verstempelung ausländischer Papiere, von denen der grösste Teil zur Emission kommt, der ungefähre Umfang der jährlichen Emission auf ca. 350—500 Millionen Gulden schätzen.

Wegen des Prolongationsgeschäftes wird verwiesen auf die Untersuchung des „Depositen"-Problems im letzten Abschnitt der Arbeit, wo die Frage ausführlich behandelt werden muss. Auf eine Darstellung der niederländischen bezw. Amsterdamer Warenbörse konnte verzichtet werden, da diese für das Bankwesen nicht von der Bedeutung ist, wie die Effektenbörse.

§ 4. DIE POLITISCHEN GRUNDLAGEN.

Die in den Parteien organisierten verschiedenen Gesellschaftsgruppen können sich einer Stellungnahme in wirtschaftlichen Fragen nicht entziehen. Daher finden sich bei allen Parteien teils prinzipielle teils gelegentliche Aeusserungen wirtschaftspolitischer Art. Diese sind für unsere Untersuchung insofern von

---

[1]) s. Bericht der Nederlandsche Bank 1903/4 S. 7.

[2]) Volkswirtschaftliche Chronik 1908 S. 872.

Wichtigkeit, als sie de lege ferenda richtunggebend sind. Eine Partei, die wirtschaftspolitisch grundsätzlich für Freiheit des Individuums eintritt, wird sich schwer oder überhaupt nicht zu einer Spezialgesetzgebung etwa auf dem Gebiet des Bank- und Börsenwesens bereit finden lassen, zumal wenn ihre Mitglieder zum Teil beruflich am Bank- und Börsenwesen interessiert sind. Aus diesem Gesichtspunkt heraus soll im folgenden die Entwicklung der niederländischen politischen Parteien betrachtet werden.

Seit der Verfassungsrevision von 1848, die von den Liberalen durchgeführt wurde, befanden sich die Liberalen mit Ausnahme der Jahre 1888—1891 am Ruder bis Ende des Jahrhunderts. Seitdem hatten die klerikalen Parteien mit Ausnahme der Jahre 1906—1909 die Mehrheit in der Kammer und stellten daher auch das Ministerium. Durch die Wahlen von 1913 wurde zwar die klerikale Mehrheit vernichtet, aber die Liberalen waren allein nicht stark genug zur Bildung der Regierung, daher musste ein Geschäftsministerium gebildet werden.

Die Liberalen waren durchaus individualistisch orientiert. Ihre Richtung lässt sich als die der Freiheit und des Fortschrittes charakterisieren [1]). Als Konsequenz dieses Individualismus ergab sich die Auffassung vom Staat als eines notwendigen Uebels, das nur des Individuums wegen bestand. Dem Individuum musste jede Freiheit eingeräumt werden. Durch die Schaffung der rechtlichen Freiheit glaubte daher der Liberalismus alle gesellschaftlichen Aufgaben gelöst zu haben. Dass diese rechtliche Freiheit jedoch zu einer tatsächlichen Unfreiheit werden konnte bezw. wurde, sah der Liberalismus erst spät ein und auch dann noch liess ihn seine Prinzipienreiterei zunächst nur zu einer „freiheitlichen" Lösung des Problems kommen. Durch Aufhebung des Koalitionsverbotes des niederländischen Code pénal (im Jahre 1872), nach dem weder Arbeitgeber noch Arbeitnehmer sich zur Beeinflussung des Arbeitslohnes organisieren durften, glaubte der Liberalismus die „soziale Frage" gelöst zu haben [2]). Die Parteiverhältnisse hatten sich inzwischen dadurch kompliziert, dass die alte konservative Partei verschwand, und an ihre Stelle die verschiedenen klerikalen Parteien traten, deren Politik sich nur teilweise mit der konser-

[1]) Elout. Onze politieke partijen. S. 3.
[2]) Elout, a. a. O. S. 21.

vativen deckte. Zunächst standen die protestantischen Klerikalen (die „Antirevolutionären", als Partei errichtet 1878) den Katholiken feindlich gegenüber, bis der Kampf um die Volksschule sie erstmalig 1888 zusammenführte. Aus der antirevolutionären Partei schieden 1895 die Christlich-Historischen aus, da sie die demokratische Schwenkung der Antirevolutionären nicht mitmachen wollten. Ausserdem kamen persönliche Reibereien der Führer hinzu. Mit der Verfassungsrevision von 1887, die im wesentlichen eine Ausdehnung des Wahlrechts brachte, trat eine neue Periode der niederländischen Parteigruppierung ein. In dieser Zeit traten die Probleme der sozialen Frage auch in Niederland stärker hervor. Da die liberale Partei zunächst nicht zu tiefgreifenden Reformen geneigt war, traten die Radikalen aus ihr aus. Sie waren anfangs wenig zahlreich und daher nicht in der Lage, ihre staatssozialistischen Ideen aus eigener Macht durchzusetzen. Sie und die seit 1894 organisierten Sozialisten (wenn man von der Episode Domela Nieuwenhuis absieht, dessen Bewegung im Anarchismus endete) waren allerdings der Sauerteig, der in allen anderen Parteien eine, wenn auch teilweise geringe Wendung zur Sozialpolitik hervorrief. Besonders bei den beiden liberalen Gruppen, der liberalen Unie und den Freiliberalen (seit 1905/06) ging diese Aenderung nur langsam und nicht ohne Reaktion vor sich, wie sich in den einzelnen Phasen der Sozialgesetzgebung zeigte. Die Freiliberalen entsprechen noch am meisten den alten Liberalen aus Thorbeckes Zeit. Ihr Programm betont am schärfsten das Prinzip der persönlichen Freiheit, der gegenüber der Staat zurückzutreten habe. Die liberale Unie, als die Mittelpartei zwischen den Freiliberalen und freisinnigen Demokraten, wie die Radikalen sich seit 1901 nennen, hat nach beiden Seiten Konzessionen gemacht und eine überwiegend opportunistische Politik getrieben [1]. Nur auf einem Gebiet war sie immer prinzipiell: in der Bekämpfung des Klerikalismus.

Die niederländischen Sozialdemokraten unterscheiden sich nur in unwesentlichen Punkten von den deutschen und anderen ausländischen Sozialisten, sodass eine besondere Behandlung dieser Partei überflüssig erscheint. Nach den Wahlen van 1913, die eine Mehrheit der Linken (Liberale und Sozialisten) ergaben, lehnten

[1]) Elout, a. a. O. S. 63.

die Sozialdemokraten die ihnen angebotene Beteiligung an der Regierung ab, daher wurde ein sogen. Geschäftsministerium ernannt.

Unter den klerikalen Parteien herrscht, abgesehen von den christlichen (protestantischen bezw. katholischen) Grundsätzen der Opportunismus vor. Dies zeigt sich besonders deutlich im Programm der antirevolutionären Partei. Die katholische Partei ist als Partei nicht straff organisiert, hat aber die glänzende Organisation der katholischen Kirche hinter sich. Mit dieser Parteigruppierung ist nun allerdings die Stellungnahme der Abgeordneten in den beiden Kammern im Einzelfall noch nicht bestimmt. Besonders unter den Christlich-Historischen und den Unie-Liberalen herrscht nicht in allen Fragen Einigkeit. Unter Umständen finden sich allerdings aus verschiedenen Motiven Mehrheiten aus Parteien zusammen, die sich sonst feindlich gegenüberstehen. So geschah es, dass bei dem Krankenversicherungsgesetz die Sozialisten mit den Antirevolutionären etc. stimmten, da sie von einem eventuellen späteren liberalen Kabinett keinen Fortschritt in der Frage, sondern eher einen Rückschritt erwarteten. Ueberhaupt ist speziell die Sozialpolitik das Gebiet, auf dem die merkwürdigsten Parteigruppierungen und Meinungsänderungen innerhalb der Parteien stattfinden. In der inzwischen erledigten Frage der Erhöhung der Einfuhrzölle, wobei ausser den finanziellen auch protektionistische Erwägungen mitsprachen, war dagegen die Gruppierung ziemlich einfach. Die Liberalen und Sozialdemokraten bekämpften die Erhöhung, die Parteien der Rechten befürworteten sie.

Wenn sich auch im Lauf der letzten Jahrzehnte in den Ansichten der Parteien Wandlungen vollzogen, so bleibt doch bei fast allen Parteien ein starker (individualistischer) Freiheitssinn bestehen, aus dem heraus Elout [1]) das verhältnismässig langsame Vordringen des Sozialismus in Holland zu erklären sucht. Dieser Freiheitssinn wird vermutlich auch das für die Wahlen 1913 geschlossene Kartell der 3 liberalen Parteien nicht von Dauer sein lassen, zumal zwischen den Freiliberalen und den freisinnigen Demokraten erhebliche prinzipielle Gegensätze bestehen. So wünschen die Demokraten eine Ausdehunng des Wahlrechts zur

[1]) Elout. a. a. O. S. 28.

zweiten Kammer, das jetzt knapp zwei Drittel der Männer besitzen, während die Freiliberalen bei einer Erweiterung des Wahlrechts eine Vernichtung des „Gleichgewichts der Klassen" befürchten [1]).

An der Art und Weise, wie die verschiedenen Notenbankgesetznovellen im Parlament behandelt wurden, soll nun noch gezeigt werden, wie sich auch in den liberalen Parteien eine Wandelung in der Stellung zum Bankwesen vollzog. Als im Jahr 1863 das Bankgesetz zum ersten Mal in der Kammer behandelt wurde, (die beiden ersten Gesetze, von 1814 und 1838, ruhen nur auf einer Kgl. Verordnung) war die Losung des Liberalismus den Banken gegenüber das Prinzip der Bankfreiheit, wie sie für Niederland in dem Buch Verlorens über „die Stellung des Staates gegenüber dem Bankwesen" (1864) propagiert wird. Gegen diese damals sehr verbreitete Strömung sucht eine Broschüre von N. G. Pierson anzukämpfen (die Zukunft der Niederländischen Bank, 1863) durch den „Beweis", dass Notenmonopol und Liberalismus durchaus nicht zwei Dinge seien, die einander ausschlössen. Schliesslich fand sich eine liberale Kammermehrheit, die das Gesetz annahm, durch das das Monopol der Nederlandschen Bank bestätigt wurde. Ueber Einzelheiten der Kammerdebatten und den ihnen vorausgehenden Broschüren- und Zeitungsstreit unterrichtet G. M. Boissevain Prae-Adviezen. S. 68 ff. Im Jahr 1888 beim abermaligen Ablauf des Privilegs handelte es sich dann nicht um die prinzipielle Frage, Monopol oder Freiheit, sondern um eine möglichst weitgehende Beteiligung des Staates, dessen Finanzlage damals nicht glänzend war [2]), an den Gewinnen der Bank. Ausserdem kommt hinzu, dass damals die klerikalen Parteien am Ruder waren, für die ein Monopol nicht etwas so prinzipiell Abzulehnendes war, wie für die Liberalen. Im Jahre 1903 hatte sich die Frage dann insoweit verschoben, als es nicht mehr hiess: Bankfreiheit oder Monopol, sondern Staatsbank oder Privatbank. Hierüber ist zwar bereits 1888 diskutiert worden, doch trat diese Frage zurück gegenüber der eben erwähnten der Gewinnbeteiligung. Unter den drei Referaten, die sich die Vereeniging voor de Staatshuishoudkunde en de Statistiek (Gesellschaft für Nationalökonomie und Statistik) damals über die Bankfrage halten liess, befindet sich

---

[1]) Die Freiliberalen haben allerdings bei den letzten Wahlen ihren Widerstand gegen das allgemeine Wahlrecht fallen lassen.

[2]) Boissevain. Prae-Adviezen. S. 98.

auch eins, das zu dem Schluss kommt, die Notenausgabe sei einer Staatsbank zu übertragen. Es stammt von dem freisinnig-demokratischen Mitglied der zweiten Kammer, Dr. D. Bos. Wenn auch bei der parlamentarischen Behandlung der von der Regierung auf Basis des geltenden Gesetzes gemachte Entwurf beinahe einstimmig angenommen wurde, so ist es doch bezeichnend, dass die Frage einer Staatsbank überhaupt so ausführlich erörtert wurde. Der niederländische Liberalismus scheint danach seinen früheren Standpunkt, der dem Staat die berühmte Nachtwächterrolle zuwies, teilweise modifiziert zu haben. Bezüglich des Bank- und Börsenwesens ist die Aenderung bis jetzt allerdings nur auf dem Gebiet des Notenbankwesens hervorgetreten.

KAPITEL II.

DARSTELLUNG DER ARBEITSTEILUNG.

A. Die allgemeinen Banken.

Unter der Bezeichnung allgemeine Banken sind alle die Banken zusammengefasst, denen die Statuten die Betreibung aller Bankgeschäfte gestatten, und ausserdem die Privatbankiers, denen bei ihren Geschäften keine Statuten, sondern höchstens die der Oeffentlichkeit unbekannten Gesellschaftsverträge, die Ausübung irgend welcher besonderen bankgeschäftlichen Tätigkeit untersagen. Dabei ist zu beachten, dass häufig die Grösse des statutenmässig erlaubten Geschäftskreises in umgekehrtem Verhältnis zur Grösse der Bank steht, denn mit beispielsweise *f* 20,000 Kapital kann man unmöglich das Bankgeschäft „im weitesten Sinne des Wortes", wie der beliebte Ausdruck lautet, betreiben, selbst wenn dazu noch *f* 50,000 an fremden Geldern kommen. Bei der Unmöglichkeit, von einem grossen Teil dieser Zwergbanken die Geschäftsberichte zu erhalten, muss es aufgegeben werden, für sie die Korrektur der Statutenphrase an der Wirklichkeit vorzunehmen.

Da es sich zum Teil um sehr verschiedenartige Elemente handelt, die sich in diesem Abschnitt zusammenfinden, musste nach einer weiteren Einteilung gesucht werden. Sie ergab sich zunächst aus der Grösse der betreffenden Banken, wonach sie in Gross-, Mittel- und Kleinbanken gegliedert werden. Hinsichtlich der Zahlen darf man allerdings nicht mit deutschem Masstab an die niederländischen Grossbanken herantreten. Immerhin wurde versucht, den Begriff der Grossbank dadurch etwas zu vertiefen, dass nicht lediglich das Kapital als Masstab benutzt wurde, wie nachstehende Einteilung zeigt:

Einteilung der allgemeinen Banken:

1. *Grossbanken* d. h. Banken, die sich durch ein im Vergleich mit den anderen Banken besonders grosses Kapital (Eigen- oder Gesamtkapital) auszeichnen oder eine besondere Bedeutung da-

durch erlangen, dass sie an der Spitze eines Konzerns stehen. Ein Konzern wird dabei aufgefasst als eine Vereinigung von äusserlich selbständigen Banken und Bankiers durch gegen- bezw. einseitige Beteiligung mittels Kapital, oder durch Organgemeinschaft oder durch Vertrag. Die Leitung des Konzerns fällt der grössten oder mächtigsten Bank zu, während die anderen Institute mehr oder weniger den Charakter von Filialen annehmen. Unter einer Vereinigung ist hier nicht etwa eine Gesellschaft juristischer Art verstanden, deren Mitglieder die einzelnen Angehörigen des Konzerns sind, während der leitenden Bank etwa die Rolle des Vorstandes zufällt, sondern das Vereinende liegt darin, dass alle Banken mit der leitenden Bank verbunden sind, die mit den Konzernbanken einzeln und unabhängig von den anderen Konzernsmitgliedern die Verträge abschliesst.

2. *Mittel- und Kleinbanken.* Sie können zusammen behandelt werden, da ein prinzipieller Unterschied zwischen ihnen nicht zu machen ist. Sie unterscheiden sich lediglich durch die Grösse des Kapitals d. h. durch eine willkürliche Grösse. Die Grenze ist hier so gezogen, dass als Mittelbanken Unternehmen mit ƒ 1 Mill. oder mehr Kapital oder mit einer Bilanzsumme über ƒ 4 Mill., betrachtet wurden. Sie zerfallen in:

a. unabhängige Banken.

b. Konzernbanken [1]).

Beide Gruppen lassen sich wieder scheiden nach dem Orte ihrer Tätigkeit in Grossstadt- und Provinzbanken (unter Grossstädten sind hier verstanden: Amsterdam mit 588,000, Rotterdam mit 447,000, den Haag mit 295,000 und Utrecht mit 123,000 Einwohnern—Statistik vom 31. Dez. 1912—). Danach ergeben sich:

a. I. unabhängige Grossstadtbanken.
II. unabhängige Provinzbanken.

b. I. Konzern-Grossstadtbanken.
II. Konzern-Provinzbanken.

Bei den Grossstadtbanken besteht ein wesentlicher Unterschied, je nachdem es sich um abhängige oder unabhängige handelt. Die abhängigen vertreten im allgemeinen die Bankfilialen, deren es aus später zu erörternden Gründen nur relativ wenige gibt. Ihr Geschäftskreis entspricht also ungefähr dem der Gross-

---

[1]) Ueber die Mittel der einzelnen Konzernbanken orientiert *Tabelle* 4.

banken. Den unabhängigen Banken ist diese Geschäftsführung aus Mangel an Mitteln nicht möglich, sie sind daher darauf angewiesen, sich zu spezialisieren, denn nur auf diese Weise bleiben sie konkurrenzfähig. Vielfach helfen sie sich durch die Hinzunahme von Vermittelungsgeschäften (Börsenkommissionsgeschäft, Hypothekenvermittelung, Versicherungsagentur), wodurch sie allerdings ihren rein bankmässigen Charakter verlieren. Prinzipiell betreiben sie jedoch meist alle Arten von Bankgeschäften, ohne sich bewusst zu sein, dass in dieser Zersplitterung der Kräfte die Ursache ihrer geringen Erfolge liegt.

Die Provinzbanken weisen diesen Unterschied zwischen abhängigen und unabhängigen Banken weniger stark auf. Je kleiner der Ort der Tätigkeit, umsomehr tritt der Unterschied zurück, da die bankgeschäftlichen Möglichkeiten an kleinen Plätzen sehr gering sind, und ausserdem eine starke Konkurrenz zwischen den Banken und den „Kommissionären in Effekten" besteht. Für die Provinzbanken kann die Vertretung von Versicherungsgesellschaften und Hypothekenbanken (einerseits zur Beschaffung von Hypotheken, andererseits für den Pfandbriefabsatz) als typisch gelten. — Im Ganzen lassen sich fünf Grossbanken feststellen:

	Kapital 1912
die Twentsche Bankvereeniging mit	*f* 15,213,000
die Rotterdamsche Bankvereeniging mit	*f* 20,000,000 [1]
die Amsterdamsche Bank mit	*f* 12,500,000
die Incasso-Bank mit	*f* 8,000,000
die Labouchere Oyens & Co's Bank mit	*f* 6,000,000 [1]

Die Nederlandsche Handel Mij., die von den niederländischen Banken das grösste Aktienkapital besitzt, (*f* 45 Millionen [2])) konnte nicht zu ihnen gezählt werden, da sie ihren hauptsächlichen Wirkungskreis (wenigstens soweit man dies aus den sehr spärlichen Mitteilungen des Geschäftsberichts schliessen kann,) noch immer in Niederländisch Indien hat. Diese fünf Banken und die zu ihnen gehörenden Konzernbanken sollen zunächst dargestellt werden.

---

[1]) Siehe Anhang.
[2]) wurde 1913 auf *f* 50 Millionen erhöht.

§ 5. DIE GROSSBANKEN UND IHRE GRUPPEN.

I. *Die Twentsche Bankvereeniging B. W. Blijdenstein & Co.*

Die Twentsche Bankvereeniging B. W. Blijdenstein & Co. wurde im Jahr 1861 durch den Bankier B. W. Blijdenstein jr. in Enschede [1]) errichtet. Sie zählte 1862 ausser ihm 28 Kommanditisten, die je mit einem Betrag von *f* 10,000 für die Verbindlichkeiten der Bank hafteten. Ihre Hauptaufgabe sah die Bank darin, die Exporte der Twentschen Industrie nach Java zu finanzieren. Artikel 1 der Statuten gibt als Geschäftskreis besonders die Ausführung von Wechsel- und Bankgeschäften und das Konsignationsgeschäft nach Uebersee an. Hierbei fand die Bank, seitdem die Nederl. Handel Mij. gegen Mitte des Jahrhunderts etwas mehr zurückgetreten war [2]), ein ziemlich ausgedehntes Tätigkeitsgebiet, da die Twentsche Industrie beträchtliche Mengen nach Indien exportierte [3]).

Die Bank besass in London eine Niederlassung (gegr. 1. Dez. 1858) und errichtete auch ausser in Enschede in Almelo eine Filiale. Die Organisation dieser Niederlassungen weicht von der gewöhnlichen Art ab, indem diese als besondere Unternehmen errichtet wurden, für deren Schulden die Hauptgesellschaft in Amsterdam haftet. (Stat. Art. 2.) Die Gesellschaft ist heute noch genau so organisiert und auch bezeichnend für altmodische Kompliziertheit und Unübersichtlichkeit in ihren Bilanzen und sonstigen Veröffentlichungen. Da die Bank ihre Form als Kommanditgesellschaft nur insofern modifiziert hat, als sie Anteile zu *f* 500 und 1000 ausgibt (Stat. Art. 11), ziehen die Leiter des Unternehmens, da sie mit ihrem vollen Vermögen für die Verbindlichkeiten der Bank haften, verhältnismässig hohe Gewinne aus der Bank. Im Jahr 1912 beliefen sich diese auf etwa *f* 700,000 gegen ungefähr *f* 830,000 an Dividende [4]). Die finanzielle Struk-

---

1) Verloren, Overzigt S. 345.
2) Halve Eeuw I S. 317.
3) Staatkundig en Staathuishoudkundig Jaarboekje. 1870. S. 282.
4) Im Jahr 1912 betrug der Reingewinn

Im Jahr 1912 betrug der Reingewinn	*f*	1,928,262,97
Leihgebühr für die deponierten Effekten	-	98,156,56
Dividende in London für die von den Gesellschaftern eingelegten Kapitalien	-	54,755,92
bleiben zur Verteilung	*f*	1,775,350,49

tur der Gesellschaft ist folgende: Ihr Kapital bestand 1912 aus

Beteiligung der persönlich haftenden Gesellschafter	f	4,616,250
Beteiligung der Kommanditisten	f	8,872,000
Einzahlung der Mitglieder des Kreditvereins ...		
a. der Gründer	f	121,235
b. der gewöhnlichen Mitglieder	f	1,603,720
zusammen	f	15,213,295

Dieser Betrag steht aber nicht in Geld zur Verfügung, sondern ein Teil ist nur mit 10% eingezahlt, während für die übrigen 90% Wertpapiere als Sicherheit deponiert sind. Dies Effektendepot belief sich auf f 1,639,200. Ausserdem verfügt die Bank noch über ein sog. Effektenleihdepot ihrer Kommanditisten in Höhe von f 20,205,950. Diese Effekten sind zur Verfügung gestellt mit einjähriger Kündigung und gegen eine Vergütung von 1/2 %. Die Reserven betrugen f 5,901,676,43. Sie verteilen sich auf

Reservefonds Amsterdam und London mit	f 3,858,472,55
Versicherungsreserve Amsterdam mit	f 224,283,88
Reserve des Kreditvereins mit	f 1,818,920,—

Ihre eventuelle Verwendung und Verteilung ist in den Statuten genau geregelt (Art. 9 und 10.) Die gesamten eigenen Mittel der Bank beliefen sich danach auf f 19,475,771,43 in Geld.

und	f 21,845,150,— in Effekten.
zusammen	f 41,320,921,43.

Wenn man für diesen Reingewinn die Vorschriften der Amsterdamschen Bank bezw. der Rotterdamschen Bankvereeniging als Verteilungsmodus zu Grunde legt, dann ergiebt sich folgender interessante Vergleich:

	jetziger Modus b. d. Twentschen.	Modus der Rotterd. B. V.	Modus der Amsterd. B.
Dividende	832,925,—	1,221,270,50	1,285,550,—
in %	7	9 1/2	10
Reservefonds	102,844,—	177,535,05	126,113,05
Aufsichtsratstantième	30,711,—	95,504,04	126,113,05
Tantième der Direktoren	703,975,20	191,008,08	165,712,55
Vortrag	105,075,29	90,030,82	71,861,84

Hierbei ist zu berücksichtigen, dass die Direktoren der beiden anderen Banken vermutlich ein grösseres Gehalt beziehen werden, was bei der Twentschen Bankvereeniging nicht der Fall sein wird, dass ferner ein Teil der Tantième als Risikoprämie für die Haftung mit dem vollen Vermögen zu betrachten ist, und dass schliesslich die Summe etwas höher erscheint, da für Amsterdam auch die Beamtentantièmen in ihr enthalten sind. Wenn sie z. B. mit f 100,000 angenommen werden, bleibt immer noch ein sehr grosser Unterschied bestehen.

Ueber die Niederlassungen und die Banken der Gruppe orientieren die *Tabellen* 3 und 4. Entsprechend dem niederländischen Prinzip, nicht durch Filialerrichtung, sondern durch Tochterinstitute und Beteiligungen die Einflussphäre zu erweitern, ist die Twentsche Bankvereeniging, wie erwähnt, sogar soweit gegangen, ihre Zweigniederlassungen in Enschede, Almelo und London als besondere Gesellschaften zu errichten. Das Kapital der Firma B. W. Blijdenstein & Co. in London [1]) beträgt £ 500,000, an dem die Twentsche Bankver. mit £ 440,000 beteiligt ist [2]). Die Firmen B. W. Blijdenstein jr. in Enschede und Ledeboer & Co. in Almelo arbeiten je mit / 1 Mill., die durch die Twentsche B. V. und durch die Leiter der Firmen aufgebracht sind. In Rotterdam wird die Bank durch die Wissel- en Effectenbank vertreten, deren Kapital sich zur Hälfte in ihrem Besitz befindet. Ueber die Beteiligung an den anderen in *Tabelle* 3 angeführten Banken konnte nichts festgestellt werden, da aber in der Bilanz der Twentschen Bankver. eine Position „Beteiligung an befreundeten Banken" erscheint, ist wohl anzunehmen, dass eine solche bei den meisten von ihnen besteht. Ausserdem kommen bei verschiedenen der erwähnten Banken in den Aktionärverzeichnissen die Namen von Geschäftsinhabern der Twentschen B.V. vor. Die umständliche Art der Kapitalbeschaffung und der Gewinnverteilung scheint auch auf die Tochtergesellschaften abgefärbt zu haben, wie wir gleich sehen werden. Da die Twentsche Bankvereeniging Beziehungen zur niederländischen Baumwollindustrie im niederländischen Grenzdistrikt unterhält, ist es nicht verwunderlich, dass sie auch jenseits der Grenze — in Westfalen — Beziehungen angeknüpft hat mit drei Banken in Rheine, Gronau und Münster. Diese lassen ihren niederländischen Ursprung teilweise aus dem Namen erkennen. Es sind

die Westdeutsche Vereinsbank Komm. Ges. a. A. ter Horst & Co. in Münster;

der Gronauer Bankverein, Ledeboer, ter Horst & Co. in Gronau und

der Rheiner Bankverein in Rheine. Ihre Bilanzen setzten sich

[1]) Bericht 1908 S. 19.

[2]) In *Tabelle* 7. wird eine besondere Bilanz der Londoner Niederlassung gegeben, aus der nichts über die Beziehungen zur Amsterdamer Zentrale hervorgeht. Die Bilanz weicht von den Angaben des Gesamtunternehmens insofern ab, als die Zahlen-Gruppierung eine teilweise andere ist.

1912 aus folgenden Posten zusammen (nach „Die Bank" 1913 S. 729 Tabelle).

In Tausend Mark.

	Westdeutsche Ver. Bank.	Gronauer Bankver.	Rheiner Bankver.
Kasse, Bankguthaben, Coupons	166	335	394
Wechsel	1166	2010	3513
Lombard	557	600	—
Effekten	268	548	357
Debitoren	3865	1998	2304
Gebäude etc.	575	132	3
Diverse	—	16	179
	6597	5639	6751
Kapital	2500	1000	1000
Kreditoren	2628	3639	4159
Depositen	551	372	1217
Akzepte	573	327	124
Reserven	156	139	132
Diverse	16	66	12
Reingewinn	173	96	107
	6597	5639	6739
Dividende	4½%	6%	5%

Unter den Kreditoren der drei Banken von zus. M. 10,416,000 befinden sich M. 2.893.500 = ƒ 1,707,8000 Schulden an die Twentsche Bankver. für von ihr akzeptierte Wechsel, die von den Kunden der drei Banken auf die Twentsche Bankvereeniging gezogen wurden. Die Banken stehen mit den westfälischen Baumwollspinnereien und Webereien, die sich teilweise im Besitz niederländischer Familien befinden, in Verbindung und finanzieren deren Baumwollimporte und sonstige Geschäfte.

Wenden wir uns nun zuerst zur Organisation der Twentsche B. V. und zu ihrer Entwicklung, wie sie in *Tabelle* 5 *und* 6 dargestellt ist. Die ersten Jahre der Bank zeigen nur ein geringes Vorwärtsschreiten. Gegen Mitte der 1870er Jahre tritt dann eine gewisse Stabilität ein, die fast bis zum Ende des Jahrhunderts reicht. Erst seit der Kapitalerhöhung von 1899 weisen die einzelnen Positionen eine raschere Steigerung auf, die bis 1912 auf den meisten Konten eine Verdoppelung der Beträge hervorrief:

In Tausend Gulden.

	Effekten-leihdepot	Kasse etc.	Vorschüsse des Kredit-vereins.	Depositen und Kre-ditoren.	Akzepte
1899	8,590	17,852	6,470	17,927	10,831
1912	20,206	42,410	20,227	48,563	23,731

Die Dividende stieg allerdings nur geringfügig, da ein grösseres Kapital zu verzinsen war, und, wie erwähnt, die Gewinnanteile der persönlich haftenden Gesellschafter sehr beträchtlich sind. Ausserdem wurde allerdings die Reserve regelmässig dotiert, sodass sie jetzt über 30% des Kapitals beträgt. Die Bilanz ist dermassen ineinandergeschachtelt, dass es zweckmässig erschien, sie zu einer näheren Betrachtung auseinanderzunehmen. Dies ist in *Tabelle* 6 geschehen. Zu diesem Versuch ist zu bemerken, dass nicht alle Posten sich verteilen liessen. Diese sind deshalb mit den Salden der einzelnen Niederlassungen zu einer Zentralbilanz vereinigt worden. Hinsichtlich Amsterdams muss betont werden, dass meine Teilung durchaus nicht mit den von der Amsterdamer Niederlassung veröffentlichten Monatsausweisen übereinstimmt, wie ein solcher für den 30. Sept. 1912 als *Tabelle* 7 gegeben wird. Dies erklärt sich daraus, dass in *Tabelle* 6 versucht wurde, das speziell Amsterdamsche Geschäft und den Kreditverein auszuscheiden, was in *Tabelle* 7 nicht geschieht. Die Hauptgeschäftszweige für Amsterdam bilden einmal die Kreditgewährung gegen Wechsel und Faustpfand oder Bürgschaft, sodann die Finanzierung des Aussenhandels und schliesslich die Effekten- und Devisenarbitrage und der Devisenhandel, Die Umsatzziffern der Niederlassungen in Amsterdam (in Mill. Gulden) zeigen dies.

	1906	1907	1908	1909	1910	1911	1912
Kasse	648	655	724	777	818	858	890
Wechsel	256	275	299	299	312	351	386
Effekten	262	182	212	330	260	216	210
Devisen	213	492	495	610	670	765	888
Coupons	28	25	29	29	29	36	34
Ausl. Banknoten	11	15	12	14	17	15	15

Das Gleiche ergiebt sich aus der

Zusammensetzung des Gewinnes (In Tausend Gulden):

	1905	1906	1907	1908	1909	1910	1911	1912
Provision u. Effekten ...	833	746	592	906	997	771	810	885
Devisen u. Fondsarbitrage	333	315	293	338	478	285	314	307
Zinsen	891	947	1498	1596	1083	1586	1527	1561
	2057	2007	2382	2840	2559	2643	2650	2753

In Twente, der Heimat der Bank, ist sie eng liiert mit der dort ansässigen Industrie, deren teilweise grosse Kapitalien der Bank zufliessen [1]). Die Londoner Niederlassung besorgt einen Teil der Exportfinanzierung [2]) durch Akzeptgewährung und beteiligt sich ausserdem am Effekten- und Arbitragegeschäfte, was aus den Umsatzziffern hervorgeht:

Umsätze der Niederlassung in London.

in Millionen Pfund Sterling.

	1906	1907	1908	1909	1910	1911	1912
Kasse	91,0	85,8	105,9	126,0	149,0	172,7	194,0
Wechsel	56,9	59,4	68,3	77,3	83,6	116,4	95,8
Devisen	6,1	7,3	7,1	7,5	7,5	6,6	5,7
Coupons	0,2	0,3	0,2	0,2	0,2	0,4	0,2

Ueber den mit der Bank verbundenen Kreditverein wird an anderer Stelle zu sprechen sein, hier sei nur erwähnt, dass er zu den grössten Instituten dieser Art gehört und sich auch noch sehr stark ausdehnen kann, da hinter ihm die Mittel der Twentschen Bankvereeniging stehen. — Da die Twentsche Bank in engen Beziehungen zum Aussenhandel steht, ist ihr Akzeptumlauf ziemlich hoch, besonders da sie auch für die Mitglieder ihres Kreditvereins erhebliche Summen akzeptiert. In den Jahren 1911 und 1912 übertraf ihr Akzeptumlauf das Kapital und die Reserven, obwohl es sonst bei den niederländischen Banken als Regel gilt, nicht über die Höhe des halben Eigenkapitals (Aktienkapital + Reserven) zu akzeptieren. Die Twentsche Bank nähert sich auf diesem Gebiet den so sehr verlästerten deutschen „Papierfabriken". — Ueber die Verteilung der Akzepte auf die einzelnen Niederlassungen und nach den Geschäften, welche als Grundlage dienen, orientieren nachstehende Zahlen (In Tausend Gulden):

	1908	%	1910	%	1912	%
Amsterdam	106,86	61,4	9.213	53,4	13.443	56,7
London	6,143	35,3	7.120	41,3	8,972	37,8
Enschede u. Almelo	599	3,3	914	5,3	1,317	5,5
	17,428	100,–	17,247	100,–	23,732	100,–

[1]) Boissevain, Eeuw S. 820.

[2]) v. d. Borght. History. S. 359 .... „in consequence of its relation with the cotton manufacture, the bank also keeps a branch establishment in London."

f. d. Kreditverein	6,721	38,6	5,455	31,6	7,916	33,4
gegen Verschiffungs-Dokumente	3,163	18,1	3,772	21,8	4,406	18,6
gegen Sicherheit oder Bürgschaft	5,780	33,2	6,677	38,8	8,691	36,6
für 3 deutsche Banken.....	1,073	6,2	956	5,6	1,707	7,2
im Kontokorrent-Verkehr ..	691	3,9	386	2,2	1,012	4,2
	17,428	100,–	17,247	100,–	23,732	100,–

Hiernach macht es den Eindruck, dass die Akzepte zu einem erheblichen Teile auch der reinen Kreditgewährung dienten, also Finanzwechsel sind. Wenigstens dürfte dies für einen Teil der für den Kreditverein akzeptierten und der gegen Bürgschaft angenommenen Wechsel zutreffen. Diese Art der Kreditgewährung ist sehr bequem, da zu ihr eigene Mittel nicht erforderlich sind. — Die fremden Gelder bei den niederländischen Banken sind im allgemeinen gering, wenigstens im Vergleich zu denen der englischen oder auch der deutschen Banken. Die Gründe für diese Verschiedenheit werden noch zu untersuchen sein. Bei der Twentschen Bankvereeniging betrugen sie 1911 ƒ 47 $^1/_2$ Mill. oder etwas mehr als das Doppelte der eigenen Mittel bezw. das Dreifache des Kapitals. An „Depositen" waren hiervon rund $^1/_3$ u. ausserdem ca. ƒ 9 Millionen „Depositen auf Prolongation" d. h. Gelder, die von der Bank für andere in Prolongation gegeben waren unter Haftung der Bank für die Sicherheit der Darlehen. Wie noch zu zeigen sein wird, wird diese Art der Anlage ungebrauchter Mittel von vielen niederländischen Gesellschaften und Unternehmen gewählt, da sie sehr sicher ist und ausserdem eine verhältnismässig gute Verzinsung gewährt. Die Bank erhält für das Geschäft lediglich eine Provision. Von den auf Depositenkonto eingezahlten Beträgen waren über die Hälfte an eine Kündigungsfrist von einem Jahr gebunden, wie die folgenden Zahlen zeigen (in Tausend Gulden):

	1908	1909	1910	1911	1912
mit 1 Jahr Kündigung....	6,632	7,815	8,217	9,009	9,132
mit 6 Monat Kündigung ..	391	769	642	600	545
mit 3 Monat Kündigung ..	618	842	437	634	406
mit kürzerer Kündigung ...	5,137	4,709	5,558	5,072	5,930
	12,779	14,137	14,854	15,316	16,195

Ueber die Zinspolitik der niederländischen Banken wird noch

im Zusammenhang zu sprechen sein. Hier sei nur bemerkt, dass die Twentsche Bankvereeniging nach ihren Anzeigen im „Algemeen Handelsblad" Depositen zu folgenden Bedingungen annimmt (Anzeige vom 29. Febr. 1912):

mit eintägiger Kündigung zu	$2^{1}/_{2}\%$	(Beträge unter *f* 50,000 sind ohne Kündigung rückzahlbar).
mit 10 tägiger Kündigung zu	3 %	
auf einen Monat fest	$^{1}/_{2}\%$	unter dem durchschn. Prolongationssatz.
mit 3 Monat Kündigung zu	3 %	vom Tage der Kündigung ab wird $^{1}/_{2}\%$ weniger an Zinsen vergütet.
mit 6 Monat Kündigung zu	$3^{1}/_{2}\%$	vom Tage der Kündigung ab wird $^{1}/_{2}\%$ weniger an Zinsen vergütet.
mit 1 Jahr Kündigung zu	4 %	vom Tage der Kündigung ab wird $^{1}/_{2}\%$ weniger an Zinsen vergütet.

Diese Sätze wurden vergütet, als der Bankdiskont 4% betrug.

Abgesehen von den gleich zu besprechenden Banken ist die Twentsche Bankvereeniging noch in einer Reihe anderer Unternehmen durch ihre Gesellschafter bezw. Leiter vertreten, wie aus *Tabelle* 17 hervorgeht. Die Hauptgebiete sind Industrie mit 8, Kolonialgesellschaften mit 6 und Terraingesellschaften mit 5 Gesellschaften. Innerhalb der Leitung sind die Aufsichtsratsstellen sehr konzentriert: je ein Gesellschafter besitzt 18, 10, 7 und 4 Aufsichtsratsstellen, während der Rest sich auf 6 Gesellschafter bezw. obere Beamte der Bank verteilt. Was die Zahl der Gesellschaften betrifft, in denen die Twentsche Bankvereeniging vertreten ist, so übertrifft sie damit alle anderen Banken und Bankiers. Am nächsten kommt ihr die Labouchere Oyens & Co's Bank mit 34 und die Nederlandsche Handel Mij. mit 32 Gesellschaften. Durch Aktienbesitz beteiligt ist die Bank (abgesehen von Banken) nur an einigen Gesellschaften und auch nur mit unbedeutenden Beträgen. Die Beteiligung an anderen Gesellschaften ist für die Twentsche Bankvereeniging nicht immer ertragreich gewesen. Als Beispiel hierfür diene die Beziehung zu der Firma Ancienne Maison Leon et Dreher Comptoir de Change Ltd.

Paris. Nach der Bilanz für 1881 betrug der Besitz an Anteilen dieser Gesellschaft 18,000 Stück, die mit *f* 823,000 zu Buch standen. Ausserdem schuldete die Pariser Gesellschaft *f* 810,000,—. An Dividende empfing die Twentsche Bankvereeniging 11% = *f* 71,000,—. Im Jahr 1882 war der Aktienbesitz auf 54,000 Stück gestiegen, die mit *f* 2,468,880 zu Buch standen und eine Dividende von 3% erzielten. Die Bilanz des folgenden Jahres zeigt den gleichen Bestand, auf den eine Abschreibung von 27% vorgenommen wurde, sodass die Bewertung auf *f* 1,994,000 zurückging. Die Bilanz des Jahres 1884 weist die Position dann nicht mehr auf, daher kann über die Liquidierung der Beteiligung nichts gesagt werden, zumal die Twentsche Bankvereeniging sich weigerte, Geschäftsberichte herauszugeben. Die Dividende ging, wie *Tabelle* 5 zeigt, in diesen Jahren von 8% auf 5% zurück.

Unter den angegliederten Banken ist die *Wissel- en Effectenbank* in Rotterdam die grösste, ihr Kapital beträgt *f* 2,020,000. Sie wurde im Jahr 1878 errichtet. In Rotterdam bietet sich ihr Gelegenheit, die Aussenhandelsfinanzierung zu pflegen und sich ausserdem am Effektengeschäft zu beteiligen. Im Gegensatz zur Twentsche Bank, bei der Umsatz im Devisenhandel das Inlandswechselgeschäft bedeutend übertrifft, entfällt bei der Wissel- en Effectenbank nur wenig über die Hälfte des gesamten Wechselumsatzes auf Devisen.

	Umsatz (in Millionen Gulden):				
	1890	1900	1905	1910	1912
Inlandwechsel	36,1	54,1	53,3	76,2	95,1
Devisen	61,8	72,6	64,8	87,7	103,1
Effekten	13,2	12,6	24,2	20,1	18,3
Coupons	2,4	2,6	3,5	4,9	5,8
Kasse und Clearing	73,9	93,4	101,1	155,8	186,5

Die Bank besitzt einen für niederländische Verhältnisse ziemlich erheblichen Depositenbestand, van dem etwa die Hälfte ohne Kündigung abgehoben werden kann.

Die wichtigsten Posten der Bilanz zeigt nachstehende Tabelle, die gleichzeitig ein Bild für Entwicklung der Wissel- en Effectenbank gibt

	in Tausend Gulden:					
	1880	1890	1900	1905	1910	1912
Kasse	12	50	118	193	221	212
Bankguthaben	48	171	208	440	593	485
Wechsel	347	852	1940	2160	1503	2548

Prolongationen	300	1385	1192	1671	1835	2464
Vorschüsse	308	833	1773	1067	2146	1537
Debitoren	43	265	530	511	1438	1464
Bilanzsumme	1084	3696	6071	7435	9038	9857
Kapital	400	1000	1000	2020 [1])	2020 [1])	2020 [1])
Reserve	—	30	57	10	133	165
Depositen	177	506	2300	2897	3873	4595
Kreditoren	194	584	1867	2024	1932	2686
Akzepte	16	445	435	337	525	236
Prolongationen	275	1055	283	92	450	—
Reingewinn	22	76	129	55	103	155

Bei der *Bank voor Effecten- en Wisselzaken im Haag* (gegr. 1893) spielt, wie schon der Name sagt, das Effektengeschäft die Hauptrolle, erst in zweiter Linie kommt das Wechsel- und Handelskreditgeschäft. Die Bank ist bis zu einem gewissen Grade eine „Familiengründung", da ihre Direktion über die Aktienmehrheit verfügt (*f* 388,500 von *f* 750,000 lt. Bericht 1911). Diese Anteile A erhalten höchstens 5% Dividende, der weitere Ueberschuss wird in den Reservefonds abgeführt, dessen Eigentümer die Inhaber der Aktien A werden, die bis zu 6% Zinsen vom Reservefonds empfangen. Hier zeigt sich deutlich das Vorbild der Twentsche Bankvereenigung mit ihren komplizierten Bindungen, die für juristische Spitzfindigkeiten geradezu eine Goldgrube sein müssen. In den Bilanzen tritt, wie erwähnt, das Effektengeschäft in den Vordergrund. Die aristokratische Struktur der Gesellschaft zeigt sich auch in der Verteilung des Aktienbesitzes: 10 Aktionäre besitzen die Hälfte des Kapitals, 22 Aktionäre zwei Drittel. Das Geschäft hat sich seit 1905 gut verdoppelt:

in Tausend Gulden :

	1905	1911	1912
Kapital	500	750	750
Reserve	85	213	235
Depositen	1190	1302	1512
Geliehene Effekten	827	1530	1670
Kreditoren	452	1540	1870
Darlehen gegen Effekten	645	2110	700
Reingewinn	66	83	87

[1]) Davon ein Teil nicht bar sondern in Effekten eingezahlt.

	in Tausend Gulden:		
Kasse	139	247	335
Wechsel und Effekten	101	160	110
Prolongationen	717	1811	650
Vorschüsse	876	1815	1962
Debitoren	687	1456	1500
Bankguthaben	39	151	142

Die *Stichtsche Bank in Utrecht* (gegr. 1884) gleicht der vorigen Gesellschaft ziemlich in der Organisation. Auch bei ihr findet sich jener vorherrschende Aktienbesitz der Geschäftsleitung, sodass durch 3 Aktionäre die Gesellschaft beherrscht wird. Bei ziemlich hohen Erträgnissen ist das Geschäft seit einer Reihe von Jahren stabil. Das System, sich einen Teil der Betriebsmittel durch Darlehensaufnahme unter Verpfändung der von den Aktionären gegen Entgelt geliehenen Wertpapiere zu verschaffen, wird auch hier geübt, obgleich es nicht gerade sehr billig sein kann, da einmal für diese Darlehen ein ziemlich hoher Zins zu zahlen sein wird, und andererseits die Eigentümer der Wertpapiere eine Vergütung erhalten. Die wichtigsten Bilanzpositionen sind die folgenden

	in Tausend Gulden:	
	1906	1910
Kapital	400	400
Reserve	43	60
Geliehene Effekten	255	261 [1])
Depositen und Kreditoren	804	899
Darlehen gegen Effekten	695	580
Reingewinn	33	34
Kasse und Banken	101	79
Wechsel	34	71
Debitoren	1279	1272
Prolongationen	277	248

Bei der *Sallandsche Bank* in Deventer (gegr. 1897) herrscht entsprechend ihrer Lage im niederländischen Industriegebiet die Beziehung zur Industrie vor. Dies findet seinen Ausdruck in der Bilanz durch einen ziemlich grossen Bestand auf Kontokorrentkonto (aktiv wie passiv), das Akzeptgeschäft der Bank und das Zurücktreten des Effektengeschäfts. Die Gesellschaft

[1]) Ausserdem sind *f* 242.000.— von den Aktionären in Effekten deponiert als Kapitaleinzahlung.

befindet sich im Zustand rascher Entwicklung, wie nachstehende Zahlen zeigen

	in Tausend Gulden:		
	1909	1910	1912
Kapital	500	500	500
Reserve	106	114	125
Akzepte	3	120	146
Kreditoren	887	868	1044
Depositen	461	519	598
Kasse und Banken	82	106	73
Wechsel und Effekten	204	442	520
Debitoren	1269	1261	1418
Prolongationen	260	262	339

In Dordrecht vertritt *Simon Zadoks Bank* die Interessen der Twentsche Bankvereeniging. Sie wurde 1907 aus der Bankiersfirma Simon Zadok in eine Aktiengesellschaft mit *f* 200,000 Kapital umgewandelt. Ihre Betriebsmittel verschafft sie sich einmal durch Rediskontierung von Promessen, die sie sich von ihren Kunden geben lässt, und ausserdem durch Aufnahme von Darlehen gegen Unterpfand. Kreditoren und Depositen spielen dagegen nur eine untergeordnete Rolle. Die beinahe ständigen Abschreibungen bezw. Reservestellungen für dubiöse Debitoren lassen nicht auf seine sehr vorsichtige Geschäftsführung schliessen, da sie 1909 und 1910 etwa ein Viertel des Rohgewinnes erforderten. Ihre Mittel (in Tausend Gulden) setzten sich zusammen aus

	1910	1912
Aktienkapital	200	200
Prolongation und Darlehen	443	444
Rediskontierten Promessen	299	212
Kreditoren u. Depositen	186	119
sie waren angelegt in		
Kasse, Bank, Wechseln	82	29
Prolongation	235	313
Debitoren	822	606
Effekten	11	14

Abgesehen von diesen Banken steht die Twentsche Bankvereeniging mit einer ganzen Anzahl von Banken und Bankiers in freundschaftlichen Beziehungen. Einige der vornehmsten finden sich in *Tabelle* 3 aufgezählt, ohne dass etwa Anspruch auf Vollständigkeit gemacht würde. Dies ist bei der Empfindsamkeit, mit der die Banken solche Beziehungen vor der Oeffentlichkeit zu verbergen suchen, garnicht durchführbar. Alles in allem wird man den Konzern der Twentsche Bankvereeniging als den stärksten bezeichnen können. Dies kommt wohl daher, dass die Twentsche B.V. mit vielen ihrer Geschäftsfreunde seit langer Zeit in Beziehung steht und dadurch in der Provinz sehr festen Fuss gefasst hat, sowie ausserdem durch ihre Londoner Niederlassung, die die Geschäfte holländischer Provinzhäuser am Londoner Geldmarkt vermittelt.

II. Die Amsterdamsche Bank.

Mit der im Jahr 1871 errichteten Amsterdamschen Bank planten die Gründer Grosses, denn ihr Kapital wurde sogleich auf *f* 30 Millionen festgesetzt, von denen zunächst *f* 10 Millionen eingezahlt wurden [1]). Die Bank sollte dazu dienen, eine engere Verbindung zwischen dem deutschen und dem niederländischen Geldmarkt zu schaffen. Dies wurde ihr jedoch zunächst unmöglich gemacht durch den Uebergang Deutschlands zur Goldwährung, durch die die Währungsgleichheit zwischen beiden Ländern vorerst zerstört wurde. Gegründet wurde die Amsterdamsche Bank durch folgende Banken und Bankiers:

Bank für Handel und Industrie Berlin.
A. Schaffhausenschen Bankverein Köln.
J. L. Eltzbacher & Co. Köln.
Eltzbacher & Co. Amsterdam.

ausserdem waren beteiligt:

Oesterreichische Kreditanstalt für Handel und Gewerbe, Wien.
Wiener Bankverein.
Rotterdamsche Bank.
Th. von Cramer-Klett, Nürnberg.
Gebr. Sulzbach, Frankfurt.
Deichmann & Co. Cöln.
R. Mees & Zoonen, Rotterdam.
Lippmann, Rosenthal & Co, Amsterdam.
Wertheim & Gompertz, Amsterdam.
Becker & Fadel ,,
C. A. Schazler ,,

---

[1]) Zeitschrift für Kapital und Rente Bd. 9. 1873 S. 456.

C. Fellinger (Koeglings & Co.) Amsterdam.
Deichmann & von Bath . „
H. Oyens & Zoonen „
Mr. A. S. van Nierop „
Mr. F. S. van Nierop „
J. H. Spaink Jr. „ [1]).

Da die erwähnten Pläne sich nicht durchführen liessen, war das Kapital mit *f* 10 Millionen für die Unternehmung zu gross, deshalb erfolgte 1874 eine Reduktion um *f* $2^1/_2$ Millionen, die für *f* 2,280,000 zurückgekauft wurden [2]).

Nachdem im Jahr 1877 noch je *f* 50 auf den Anteil von *f* 250 zurückgezahlt waren, betrug das Aktienkapital *f* 6,000,000. Auf dieser Höhe blieb es bis 1907, in welchem Jahr eine Emission von *f* 2 Millionen neuer Anteile stattfand. Als im Jahr 1911 durch das Vorgehen der Rotterdamsche Bank (s. diese) etwas mehr Leben in die grossen Banken kam, erfolgte eine weitere Erhöhung auf *f* 10,000,000, die teilweise zur Ablösung der Gründerrechte diente [3]). Die letzte Erhöhung fand im Herbst 1912 statt. Sie betrug *f* 5 Millionen, von denen allerdings zunächst nur *f* $2^1/_2$ Millionen emittiert wurden. Wie sehr die Entwicklung der Bank erst ein Produkt der letzten Zeit ist, zeigt *Tabelle 8.*

Die ersten 20 Jahre der Bank weisen keine allzugrossen Veränderungen bei der Bank auf, wenigstens was die Grösse des verfügbaren Kapitals betrifft. Allerdings hatten innerhalb der einzelnen Positionen Verschiebungen stattgefunden. An die Stelle des um 4 Mill. Gulden niedrigeren Aktienkapitals waren fremde Gelder und ausserdem der Reservefonds getreten. Unter den Aktiven gingen die Effektengeschäfte etwas mehr zurück gegenüber dem laufenden Geschäft [4]). Die Bank knüpfte besonders mit dem Diamantenhandel Beziehungen an, was auch schon dadurch zum Ausdruck kommt, dass sie im Diamantviertel seit einigen Jahren eine Filiale unterhält [5]). Ausserden erwähnt sie in den Geschäftsberichten stets, dass die Debitoren

---

[1]) Zeitschrift für Kapital und Rente Bd. 9 S. 456.
[2]) Nieuwe Financier en Kapitalist vom 29. 12.1911.
[3]) Algem. Handelsblad vom 9.12.1910.
[4]) Daher wird G. M. Boissevain (Eeuw S. 820) zuzustimmen sein, wenn er die Amsterdamsche Bank ganz besonders die „Bank des Grossbankbetriebes" nennt.
[5]) Bericht 1911 S. 11.

zum grössten Teil durch „Wechsel, Effekten, *Diamanten*, Waren" etc. gedeckt seien.

Von 1890 bis 1905 hat sich der Umfang des Geschäftes durch den Zufluss fremder Gelder mehr als verdoppelt. Der Kredit der Bank zog die in Niederland besonders spröden und nicht sehr zahlreichen Depositen in grösseren Beträgen heran (sie verfünffachten sich in den 15 Jahren), ausserdem wurden der Bank für über *f* 9.000,000 Gelder anvertraut zur Anlage in Prolongationen, für deren Sicherheit die Bank garantiert [1]). Von den neu zugeströmten Geldern im Betrage von ca. *f* 22 Millionen legte die Bank *f* 13 Millionen im Prolongations- und Effektenvorschussgeschäft, *f* 7 Mill. in Krediten an die Kunden und *f* 2 Mill in Wertpapieren an. Ihre Macht am Prolongationsmarkte pflegt die Bank ziemlich rigoros auszunutzen, indem sie die Prolongationen zunächst ungefähr ablaufen lässt und dann bei steigender Nachfrage zu höherem Kurse wieder anlegt. Daher herrscht bei den Geldnehmern eine ziemliche Abneigung gegen sie. Dass die Bank das Effektengeschäft noch immer in starkem Masse betreibt, zeigen einmal die Gewinne auf Effektenkonto und im Konsortialgeschäft, bei denen berücksichtigt werden muss, dass beide Beträge um 4% Zinsen vom durchschnittlich in beiden Geschäftszweigen angelegten Kapital verringert sind [2]), und sodann in der Zahl und Verteilung der Konsortialgeschäfte. Die Amsterdamsche Bank war beteiligt an folgenden Syndikaten:

	Niederl.	Deutsche	Amerik.	Oest.-Ung.	Uebrige.	Total	Davon liefen am 31. Dez.
	Wertpapiere						
1905....	10	8	17	1	16	52	26
1906....	7	10	21	—	12	50	26
1907....	6	8	20	—	8	42	20
1908....	14	9	17	1	4	45	18
1909....	23	7	14	1	11	56	19
1910....	15	6	11	4	13	49	23
1911....	17	5	13	5	9	49	16
1912....	12	9	9	3	13	46	25

[1]) Bericht 1912, S. 6 u. 11.
[2]) Bericht 1911 S. 8.

Hierunter befinden sich verschiedene Syndikate, die sich über mehrere Jahre hinzogen, die also mehrfach gezählt wurden. Dahin gehört z.B. die Beteiligung an der Amerika-Bank in Berlin, der Deutsch-Südamerik. Bank und der Deutschen Orientbank.

Die Unkosten steigen in den letzten Jahren besonders seit der Ausdehnung der Bank auf die Provinz ziemlich stark, sie haben sich seit 1905 um fast 50 % erhöht (S. *Tabelle* 9.). Der Gewinn auf Wechselkonto bezieht sich nur auf die Devisen, da der Diskont für inländische Wechsel auf Zinsenkonto gebucht wird. Ueber die Zusammensetzung des Wechselbestandes (Umsatzzahlen werden nicht gegeben) orientieren folgende Zahlen (in Tausend Gulden).

		1905	1910	1911	1912
Wechsel		6,667	8,141	10,260	11,505
davon	holländische	3,230	4,657	7,151	6,482
	ausländische	3,437	3,484	3,109	5,023
	ausl. in %	51,3	43,—	30,2	43,7

Der Anteil der Devisen schwankt danach zwischen der Hälfte und einem Drittel des Bestandes.

Die Zunahme der Depositen in den letzten Jahren (seit den Jahre 1907) wird z. T. durch die Errichtung der Filialen hervorgerufen sein. Zum Zweck der Ausbreitung ihrer Beziehungen hatte die Amsterdamsche Bank 1901 das Amsterdamsche Wisselkantoor gegründet, das ausser in Amsterdam seit 1904 eine Niederlassung in Utrecht besass [1]). Im Jahr 1907 erlitt die Gesellschaft, deren Erträgnisse nie besonders hoch waren, durch Zusammenbrüche in der Kundschaft Verluste, sodass die Amsterdamsche Bank es für richtiger hielt, die Filialen zu übernehmen und die Gesellschaft aufzulösen. Da die Bank in Enschede gleichzeitig an die Stelle einer liquidierenden Bankfirma trat, besass sie anfang 1908 Niederlassungen in Utrecht, Almelo, Enschede, Eindhoven und 2 Zweigbureaus in Amsterdam. Eine weitere Ausdehnung durch Filialerrichtung hat seitdem nicht stattgefunden [2]). Die Depositen zerfielen nach der Fälligkeit in

[1]) Amsterdamsch Effectenblad v. 19.10.1907.

[2]) In allerjüngster Zeit ist die Bank auch in Rotterdam durch eine Filiale vertreten.

	in Tausend Gulden:				
	1905	1907	1908	1911	1912
Depositen auf 1 Jahr und länger	3,260	1,850	2,645	3,459	3,698
Depositen mit verschiedenen Kündigungsfristen	1,917	640	614	1,225	1,676
Depositen auf unbestimmte Zeit	3,730	4,594	4,964	5,716	6,003
4% Deposito-Obligationen ...	1,126	1,294	1,470	2,416	2,422
	10,033	8,378	9,693	12,816	13,799

Wie die *Tabelle* 3 zeigt, ist der Konzern der Amsterdamschen Bank bei weitem nicht so gross wie der der Twentsche Bankvereeniging, er umfasst die Finantieele Mij. v. Nijverheidsondernemingen in Amsterdam, das Noordhollandsch Landbouwcrediet in Alkmaar, sowie die Helmondsche und die Heerlener Bank, auserdem 2 Hypothekenbanken. Von diesen Unternehmen dient die *Finantieele Mij.* speziell der Finanzierung von Aktiengesellschaften. Da sie keine Bilanzen veröffentlicht, lässt sich über den Umfang ihrer Tätigkeit und ihre finanziellen Resultate nichts sagen. Sie arbeitet mit einem Kapital von *f* 500,000, das mit 50 % eingezahlt ist. In ihre Leitung teilen sich die Direktoren der Amsterdamsche Bank mit einigen bedeutenderen Amsterdamschen Bankiers.

Das *Noordhollandsch Landbouwcrediet* wurde 1887 unter Mitwirkung der Amsterdamschen Bank gegründet und widmete sich speziell dem Agrarkredit. Die Bank entwickelte sich sehr rasch, wie nachstehende Zahlen zeigen. Am 31. Dezember betrugen

in Tausend Gulden:

	Kapital	Reserve	gewährte Kredite	Depositen	Dividende
1887....	59	—	279	148	4%
1898....	275	31	1139	1188	4%
1906....	1000	159	3943	1255	6%
1912....	2000	281	6407	1756	6%

Hierbei ist besonders interessant, dass die Entwicklung der Kredite viel rascher vor sich ging, als die der Depositen. In den ersten Jahren betrugen die Depositen etwa die Hälfte bis $^2/_3$ der Kredite, sanken dann (1901) auf die Hälfte und 1905 auf $^1/_3$. Da die Gesellschaft in der Kreditgewährung auf das Vierfache von

Kapital und Reservefonds beschränkt ist (Statuten, Art. 6), war sie genötigt, ihr Kapital rasch zu erhöhen und ausserdem für die Bildung von Reserven zu sorgen (diese betrugen 1911 15½% des eingezahlten Kapitals). Die schnelle Entwicklung des Instituts ist einmal dem ausgedehnten Filial- und Agenturnetz zuzuschreiben und andererseits der Anlehnung an die Amsterdamsche Bank, bei der das Noordhollandsch Landbouwcrediet seine Kundenpromessen unterbringen konnte. Das Filialnetz bestand

1908 aus 5 Filialen (Agentschappen) und 24 Agenturen (Korrespondenten).

1911 aus 6 Filialen (Agentschappen) und 29 Agenturen (Korrespondenten).

Trotzdem der Name auf die Provinz Noordholland hinweist, befinden sich ungefähr die Hälfte der Niederlassungen in Zuidholland. Die Schwierigkeit, welche häufig bei der Beurteilung der Kreditwürdigkeit von Landwirten entsteht, hat die Bank dadurch überwunden, dass sie für beide Provinzen Zulassungskommissionen einrichtete, in denen Landwirte sitzen. Ausserdem bestehen sog. Adviseurs, ebenfalls Landwirte, auf deren Rat die Direktion bestimmte Kredite gewähren darf. Trotzdem liessen sich Verluste aber nicht vermeiden. In den Jahren 1908—1911 z. B. waren auf Debitoren ƒ 67,000 abzuschreiben.

Das Noordholl. Landbouwcrediet beschränkt sich nicht auf die Kreditgewährung an Landwirte und Gewerbstreibende, sondern betätigt sich in ziemlichem Umfange im Prolongations- und Effektenbeleihungsgeschäft. Im Jahr 1911 hatte die Bank ƒ 3,4 Mill. gegen Effektenunterpfand ausgeliehen und ƒ 3,7 Millionen selbst aufgenommen. Die Dividende beträgt seit Jahren 6%.

Die *Helmondsche Bank* besteht seit 1902, sie arbeitet mit einem Kapital von ƒ 200,000, das zur Hälfte eingezahlt ist. Da Helmond Sitz einer ausgedehnten Textilindustrie ist, findet die Bank ein reiches Betätigungsfeld und kann ihren Geschäftskreis rasch ausdehnen. Ihr Wechsel- und Debitorenbestand stieg von ƒ 406,000 (1909) auf ƒ 587,000 (1910), sodass sie 1910 ihr Kapital verdoppelte. Das Kapital erzielte eine für niederländische Verhältnisse gute Rentabilität (Dividende 1902—1912: 3; 4; 5; 6; 7; 7; 8; 8; 8; 8; 9%.

Eine ähnlich günstige Lage hat auch die *Heerlener Bank* (gegr. 1908), da Heerlen das Zentrum des Limburgschen Kohlenbergbaus ist (Bericht 1908 S. 5), der seit einigen Jahren grössere Ausdehnung gewonnen hat. Die Bank erhöhte ihr Kapital 1910 von *f* 100,000 auf *f* 300,000, worauf *f* 100,000 eingezahlt sind (1912 wurden weitere *f* 50,000 eingezahlt).

Die Hauptpositionen der Bilanz waren

	1909	1910	1912
Wechsel	*f* 57,500	*f* 190,800	*f* 273,200
Debitoren	302,300	375,400	584,300
Kreditoren	313,800	462,500	708,700

An Dividende wurden verteilt 1908: $2^{1}/_{2}$ %; 1909: 6 %; 1910: $6^{1}/_{2}$ %; 1911: 7 %; 1912: 8 %.

Wegen der Beziehungen der Amsterdamschen Bank zu anderen Gesellschaften sei auf *Tabelle* 17 verwiesen. Aus ihr geht hervor, dass die Bank ziemlich stark an kolonialen Unternehmen interessiert ist [1]). Es handelt sich dabei hauptsächlich um eine Gruppe von Kleinbahngesellschaften auf Java. Einen Ueberblick über die Beziehungen zu anderen Unternehmen und die Art der Emissionen gewährt auch folgende nach dem Zahlstellenverzeichnis angefertigte Aufstellung. Mitte 1912 waren bei der Amsterdamschen Bank zahlbar ***an festverzinslichen Papieren***:

Ausländische Staats- und Kommunalanleihen		17
Ausländische Pfandbriefe v. Hypothekenbanken		12
Ausländische Obligationen		5
Niederländische Stadtanleihen	51	
Niederländische Hypothekenpfandbriefe	15	
Niederländische Obligationen	29	
	95	34

an Aktien:

a. Niederländische Gesellschaften

Banken	9
Hypothekenbanken	3
Kolonialunternehmungen	12
Uebertrag	24

1) Ausserdem ist sie an folgenden ausländischen Unternehmen beteiligt: Marokkanische Staatsbank (gemeinsam mit Hope & Co. und der Nederl. Handel Mij.), Société Internationale de Régie co-intéressée des Tabacs au Maroc in Paris, sowie Banque Hypothécaire Transatlantique in Antwerpen.

Uebertrag	24	
Industrie	9	
Versicherungsunternehmen	3	
Terraingesellschaften	2	
andere Gesellschaften	8	
b. ausländische Gesellschaften		
Banken		4
andere Gesellschaften		4
	46	8
überhaupt also	141	42,

sodass die Bank Zahlstelle für 183 verschiedene Papiere war.

Zum Schluss sei noch ein Wort über die Reservepolitik der Bank gesagt. Der Reservefonds betrug Ende des Jahres 1905 *f* 2,465,000
Ende des Jahres 1912 *f* 7,225,000
(nach der Dotierung), erhöhte sich also um rund $4^{3}/_{4}$ Millionen. Davon stammen *f* 1,100,000 aus dem Reingewinn der verschiedenen Jahre und der Rest aus Emissionsagio. Die Emission von 1911 diente bekanntlich teilweise zur Ablösung der Gründerrechte, nach denen die Gründer bei Neuausgaben die Hälfte der Aktien zu pari beziehen konnten, solange das Kapital nicht mehr als *f* 26 Mill. betrug. Die Ablösung fand auf die Weise statt, dass die Gründer *f* 543,900 in neuen Aktien erhielten, die aus dem Agio der übrigen Aktien vollgezahlt wurden. Diese wurden zu 188 begeben, sodass ein Agio von *f* 1,281,200 erzielt wurde. Hiervon gingen ab für die erwähnte Einzahlung *f* 543,900, daher flossen in den Reservefonds nach Abzug der Kosten *f* 690,000. Der Reservefonds beträgt zur Zeit 57,8% des Aktienkapitals. Er wird, da ihm jährlich mindestens 10% des Reingewinnes nach Abzug der „gewöhnlichen Dividende" überwiesen werden müssen, ohne dass statutenmässig ein Maximum festgesetzt ist (Art. 43 der Statuten), auch weiter steigen. Dieser Reservebildung und der ausserdem vorgenommenen Schaffung stiller Reserven verdankt die Bank in erster Linie die grosse Stabilität ihrer Dividende, da sie nicht gezwungen ist, wegen eines relativ geringen Verlustes bei ihren Kunden die Dividende zu reduzieren, wie dies bei den meisten anderen niederländischen Banken wohl der Fall ist. Die stille Reserve hat die Bank sich geschaffen, indem sie u. a. jährlich eine runde Summe für „zwei-

felhafte Ausstände" zurückstellte, die sie höher bemass, als es notwendig gewesen wäre (Bericht 1911 S. 13). Von 1905 bis 1912 dotierte sie diesen Posten mit *f* 310,000, obwohl beispielsweise 1911 die wirklichen Abschreibungen nur ca. *f* 1000. erfordert hätten.

III. Die Rotterdamsche Bankvereeniging.

In ihrer jetzigen Form ist die Rotterdamsche Bankvereeniging die jüngste unter den niederländischen Grossbanken, da sie 1911 aus der Fusion der Rotterdamsche und der Deposito en Administratie Bank in Rotterdam entstand. Die *Rotterdamsche Bank* wurde 1863 gegründet, um in Niederländisch Indien zu arbeiten, wo damals infolge des Rückganges der Zwangskulturen (Cultuurstelsel) der private Handel sich sehr entwickelte und das Bedürfnis nach Kreditinstituten sehr stark war [1]). Ihre Gründer waren ein Reihe angesehener Rotterdamer Bankiers, die teilweise heute noch bestehen: [2])

R. Mees & Zoonen.
Jan Havelaar & Zoon.
Gebrs. Chabot.
Schaay & Madry (jetzt Disconto Mij).
Hendrik Muller Szn.
J. W. Bunge.

Entsprechend ihrem ausgedehnten Programm wurde die Bank mit einem Kapital von *f* 15 Mill. ausgestattet, von dem zunächst allerdings nur *f* 5 Mill. mit 50% Einzahlung untergebracht wurden. Nach ihren Statuten durfte die Bank folgende Geschäfte betreiben:

1. Wechsel- und Devisenhandel,
2. Report- und Effektendarlehensgeschäft,
3. Depositenannahme,
4. Akzeptkredite für Uebersee,
5. Vorschüsse auf Konnossemente,
6. Edelmetallhandel,
7. Gewährung von Hypotheken in Niederl. Indien,

---

[1]) v. d. Berg. Munt-, Crediet- en Bankwezen. S. 166 ff, 200 ff.
[2]) Verloren, Overzigt, S. 362.

8. Ausgabe van Pfandbriefen gegen die unter 7 genannten Hypotheken,
9. Ausgabe von Obligationen bis zur Höhe des emittierten Kapitals,
10. Gründung von und Beteiligung an Aktiengesellschaften,
11. Vermittlung von Anleihen,
12. alle Bank- und Geldgeschäfte, speziell zur Förderung des Handels zwischen Niederland und seinen Kolonien.

Das Programm konnte nicht in allen seinen Teilen durchgeführt werden. Zunächst wurde abgesehen von den Geschäften unter Ziffer 10, dann erwies sich das Projekt der Hypothekengewährung in Niederländisch Indien als undurchführbar. Dagegen begann sie ihre Tätigkeit in Indien durch Errichtung einer Generalagentur in Batavia und einer Agentur in Singapore. Da die Bank in Indien ihrem Prinzip, sich nicht an industriellen und landwirtschaftlichen Unternehmen zu beteiligen und ihre Gelder festzulegen, untreu wurde, erlitt sie grosse Verluste, sodass sie 1872 beschloss, sich aus den indischen Geschäften zurückzuziehen [1]). Gleichzeitig mit der Errichtung des indischen Geschäftes hatte die Bank Beziehungen mit New-York angeknüpft, um auf diese Weise Erleichterungen für den direkten Handel zwischen Niederländisch Indien und den Vereinigten Staaten zu schaffen [2]). Mit der Bank war, wie bei der Twentsche Bankvereeniging, ein Kreditverein verbunden, die „Commanditaire Deelneming". Die Beteiligung an diesem Kreditverein war eine sehr lebhafte, sodass er Ende 1865 bereits 211 Mitglieder zählte, die sich mit *f* 7,149,000, wovon 5 % einzuzahlen waren, beteiligt hatten. Hiervon waren 3,4 Mill. oder $47^1/_2$ % wirklich in Anspruch genommen worden [3]) [4]).

Die weitere Geschichte der Bank in ihren Einzelheiten interessiert hier nicht. Es sei nur festgestellt, dass die Bank in Rotterdam hauptsächlich den Kredit an Handel und Industrie pflegte

---

1) V. d. Borght, History. S. 358. The Rott. Bank in beginning especially intended to operate in the Dutch East Indies, soon exceeded the limite. In the first years, hazardous speculstions disturbed the banks development und caused many fluctuations on the dividends.

2) Verloren Overzigt S. 363.

3) Verloren Overzigt. S. 371, ausserdem Hubrecht in de Economist Bijblad 1864 S. 302 ff.

4) Ueber die späteren Schicksale der Commanditaire Deelneeming siehe unter „Kreditvereine".

und wohl zu den grösseren Banken zählte, aber immerhin 1905 erst über einen seit Jahren ziemlich stabilen Wechselbestand von *f* 7,6 Mill., und einen Debitorenbestand von *f* 9,7 Mill. verfügte. Die gesamte Bilanz schloss mit einem Betrage von *f* 22 Mill., gegen *f* 44½ bei der Amsterdamschen Bank. Ueber die Umsätze der Bank orientiert *Tabelle* 10.

Erst unter der Leitung der jetzigen Direktion (seit 1908) nahm die Entwicklung der Bank ein rascheres Tempo an. Ende 1909 wurde das Kapital um *f* 1½ Mill. erhöht, da die Geschäfte sich seit 1908 stark ausgedehnt hatten, wie aus den Zahlen der Tabelle 10 hervorgeht.

Das Jahr 1911 bedeutet dann den Wendepunkt in der Geschichte der Bank; die „Provinzbank" ging nach der Hauptstadt und wurde zur „Grossbank". Dies wurde auf folgende Weise erreicht.

In Rotterdam bestand seit 1900 die *Deposito- en Administratie Bank*, die zu amerikanischen Finanzleuten (Rockefeller) Beziehungen unterhielt [1]), was sich u. a. dadurch äusserte, dass ein Direktor der American Petroleum Co. (der niederländischen Tochtergesellschaft der Standard Oil Co.) in ihrem Aufsichtsrat sass, und dass ihr Direktor zum Aufsichtsrat der Petroleum-Gesellschaft gehörte. Ausserdem waren Antwerpener Interessen in der Bank vertreten. Die im Gegensatz zu den Bilanzen der Rotterdamsche Bank sehr unübersichtlichen Bilanzen geben kein sehr deutliches Bild von den Geschäften der Bank, besonders da der Geschäftsbericht geradezu kärglich ist und nichts als einen Vorschlag über die Verteilung des Reingewinnes enthält. Soviel lässt sich jedoch aus den Zahlen erkennen, dass die Deposito- en Administratie Bank viel weniger reine „Kreditbank" (im Sinne einer Bank, die ihre Mittel hauptsächlich im Kontokorrent- und Diskontgeschäft anlegt) war als die Rotterdamsche Bank. Dies zeigt sich u. a. auch in den Zahlen der ersten Bilanz der Rotterdamschen Bankvereeniging, in der plötzlich ziemlich grosse Effektenbestände und Vorschüsse gegen Effektenhinterlegung erscheinen, während bei der Rotterdamschen Bank diese Geschäftszweige nicht gepflegt wurden.

Jedenfalls mit infolge ihrer ausländischen Beziehungen hatte die Deposito- en Administratie Bank sich in kurzer Zeit einen ziemlich ausgedehnten Geschäftskreis geschaffen. Bereits nach

---

[1]) Finantieel Weekblad v. d. Fondsenhandel v. 11 April 1912.

5 Jahren wies ihre Bilanz eine Summe von *f* $13^2/_3$ Mill. auf. Im einzelnen betrugen die Positionen der Bilanz (in Tausend Gulden)

	1905	1908	1910
Kasse, Bankguthaben, Call Money	1,930	2,587	1,816
Wechsel, Effekten, Prolongationen, Consortialbeteiligungen	7,702	9,163	8,105
Debitoren	3,772	5,694	6,290
Kapital	4,000	4,000	4,000
Reserve	600	900	1,100
Depositen und Kreditoren	7,233	10,665	9,685
Akzepte	1,405	1,602	1,089
Reingewinn	428	498	529
Bilanzsumme	13,667	17,665	16,403
Dividende	6%	8%	8%

Die Bank beabsichtigte, ihren Wirkungskreis auch auf Amterdam auszudehnen. In diesem Bestreben begegnete sie sich mit der Rotterdamsche Bank, und diese gleichen Interessen führten zu einer Fusion, indem beide Banken ihre Aktiva und Passiva zum 19 April 1911 in eine neue Gesellschaft einbrachten. Diese — die Rotterdamsche Bankvereeniging — errichtete in Amsterdam eine Niederlassung und beteiligte sich ausserdem durch drei Direktoren bei dem Bankhaus Determeyer, Weslingh & Zoon (gegr. 1765). Diese Beteiligung wurde gewählt, um den Zutritt zur Amsterdamer Börse zu erlangen, da begründete Aussicht vorhanden war, dass die Rotterdamsche Bankvereeniging, wenn sie die Mitgliedschaft der Börse direkt nachsuchte, wie später die Javasche und die Nederl. Indische Handelsbank, abgelehnt werden würde (s. S. 43). — Die Fusion machte einen so starken Eindruck, dass sogar die niederländischen Finanzblätter, die sich sonst im wesentlichen auf das Abdrucken der Waschzettel und der Bilanzen der Banken beschränken, sich zu besonderen Artikeln aufrafften. Im Aufsatz des Nieuwe Financier en Kapitalist v. 26. Juli 1911 kommen dabei die niederländischen Banken sehr schlecht davon, da ihnen Mangel an Initiative und Imitationssucht vorgeworfen und zum Schluss die Hoffnung auf einen „Banktitanen" ausgesprochen wird, der einmal „grosses Reinemachen" im niederländischen Bankwesen veranstaltete. — Als Gesamteindruck lässt sich feststellen, dass man das Vorgehen der beiden Banken als etwas in seiner Grosszügigkeit ungewohntes und frisches empfand, allerdings dies meist durch einige Auseinandersetzungen über die Konkurrenz mit ihrem segensreichen Wirken und durch Hinweise auf die Folgen der Konzentration in England und Deutschland zu verdecken suchte. An der Börse, wo die Stimmung sowieso nicht sehr grossbankfreundlich ist, war man einigermassen verblüfft über den „Trick", mit dem der „Eindringling" sich den Zutritt zur Börse verschafft hatte [1]. Die Rotterdamsche Bankvereeniging trat mit einem Kapital von *f* 14 Mill., und *f* 3 Mill. Reserven ins Leben, wurde also mit einem Schlag die zweitgrösste Bank des Landes (abgesehen von der Nederlandschen Bank und der Nederl. Handel Mij.). Bereits im gleichen Jahre wurde eine neue Emission von *f* 8 Mill. Aktien notwendig, von denen 5 Millionen an die Société Générale in Paris begeben wurden, um die Aktien an der Pariser Börse einzuführen. Diese letzte Emission kommt allerdings in der Bilanz für 1911 noch nicht zum Ausdruck, da sie erst 1912 durchgeführt wurde. Im Zusammenhang mit dieser Transaktion übernahm die Rotterdamsche Bankvereeniging die Rotterdamer Filiale der Société Française de Banque et de Dépot, einer Tochtergesellschaft der Société Générale [2]. Aus den bisher erschienenen beiden Bilanzen der Rotterdamschen Bankvereeniging geht hervor, dass die Einflüsse der Rotterdamschen Bank bei der Fusion die stärkeren gewesen sind, worauf sich schon schliessen liess aus dem Umstand, dass der leitende Direktor der Deposito- en Administratie-Bank nicht in das Direktorium der neuen Gesellschaft überging, sondern sich mit der Stelle eines Aufsichtsratsdelegierten begnügte. Daher stehen in der Direktion nur 2 Leiter der Deposito- en Administratie-Bank den 3 Direktoren der Rotterdamschen Bank gegenüber. Die Bilanz übertrifft um über *f* 10 Mill. die Bilanz der Amsterdamsche Bank, mit der ein Vergleich interessant ist. Abgesehen davon, dass die Verhältnisse bei der Rotterdamschen Bankvereeniging naturgemäss weniger konsolidiert sein können, nachdem die neue Bank erst $1^1/_2$ Jahr tätig war,

---

[1] Die Amsterdamer Meinung geht dahin, dass zwar Amsterdam ein Recht habe, sich nach der Provinz auszudehnen, dass die Provinz aber nicht nach Amsterdam kommen dürfe.

[2] Bericht 1911 S. 3.

zeigt der Vergleich den grundsätzlichen Unterschied beider Unternehmen hinsichtlich des Schwerpunkts des Geschäftes: bei der Amsterdamschen Bank liegt er in der Börse und im Emissionsgeschäft, erst in zweiter Linie kommt das Kontokorrent- und Diskontgeschäft. Die Rotterdamsche Bankvereeniging dagegen pflegt hauptsächlich die sog. Handelskredite, in denen sie beinahe *f* 35 Mill. angelegt hatte. Ihre Beziehungen zum Handel kommen auch im Akzeptkonto zum Ausdruck, das beinahe doppelt so gross ist wie das der Amsterdamschen Bank.

Beide Banken brachten Beziehungen zu anderen Banken mit in die Gemeinschaft. Von der Deposito- en Administratie Bank stammen die zu der Nationalen Bank im Haag und der Zeeuwsche Landbouwbank Zierikzee, von der Rotterdamschen Bank die zur Bank van Huydecoper & van Dielen in Utrecht. Neu ist dagegen das Interesse an A. Bloembergen & Zonens Bank in Leeuwarden.

Die *Nationale Bank* in den Haag besteht seit 1901. Entsprechend der finanziellen Struktur ihres Sitzes überwiegt bei ihr das Effektengeschäft. Die Bank hat eine sehr schnelle Entwicklung hinter sich, die es ihr ermöglichte, fast durchweg eine Dividende von 8% zu verteilen und einen Reservefonds von über einem Drittel des Aktienkapitals anzulegen. Das Kapital belief sich bei der Gründung auf *f* 125,000, wurde verschiedentlich erhöht und beträgt z. Zt. *f* 1,350,000. Nachstehende Bilanzen mögen über die Situation der Bank unterrichten (in Tausend Gulden):

	1909	1910	1911	1912
Kasse	154	156	231	242
Effekten	32	11	44	140
Prolongationen	1,230	1,150	1,850	1,591
Vorschüsse gegen Effekten	2,021	3,287	2,054	1,912
Debitoren			2,627	3,279
Kapital	500	750	750	1,350
Reserve	150	250	270	500
Prolongationen	1,270	1,199	439	309
Kreditoren	1,541	2,405	5,319	4,952
Bilanzsumme	3,505	4,659	6,867	7,230

Ende 1912 besass die Bank Niederlassungen in Leiden, Alphen a. Rh. , Bodegraven, Woerden und Wassenaar.

Die *Bank van Huydecoper & van Dielen* in Utrecht wurde 1907 zur Uebernahme der Bankfirma gleichen Namens gegründet. Sie hat sich in der kurzen Zeit ihres Bestehens als Aktiengesellschaft etwas mehr nach der Seite der Kreditgewährung im Kontokorrentgeschäft entwickelt.

Am 1 Nov. 1907 betrugen die Debitoren *f* 261,600 = 8,1 %, die Kreditoren *f* 130.300 = 4 % der Anlagen, 1910 dagegen *f* 886,000 = 18,6 % bezw. *f* 1,463,200 = 30,8 %.

Die *Zeeuwsche Landbouwbank* in Zierikzee (gegr. 1903) gehört zu jener in Niederland noch sehr zahlreichen Gruppe von Banken, denen die Bedeutung der Publizität für die Entwicklung der Banken noch nicht aufgegangen ist. Diese Geheimniskrämerei hat für deutsche Begriffe leicht etwas Suspektes, obwohl der Verdacht im Einzelfall unbegründet sein kann. In Jahr 1909 verfügte die Bank über ein eigenes „Kapital" von *f* 20,000 und *f* 8200 Reserven. Ihre Dividende betrug 1903—1911: 6, 6, 6, 5, 6, 10, 10, 9, 10 %.

Die Verbindung der Rotterdamschen Bankvereeniging mit der *A. Bloembergen & Zonen's Bank* in Leeuwarden datiert seit dem September 1912. Damals war die Bank in Schwierigkeiten geraten durch Wechselfälschungen des Maklers J. G. Hiddink in Amsterdam [1]). Die von diesem gefälschten Wechsel waren mit dem Giro der A. Bloembergen & Zonen's Bank an die Ontvang- en Betaalkas weiterbegeben worden (s. diese). Aus diesem Geschäft resultierte ein Nettoverlust von *f* 184,100. Dieser grosse Verlust war jedoch nicht der einzige, wie gleich gezeigt werden wird. Er brachte aber jedenfalls die Leitung der Bank zur Einsicht, dass etwas geschehen müsse. Sie wandte sich deshalb nach Amsterdam und fand dort die Rotterdamsche Bankvereeniging bereit, die Reorganisation durchzuführen, obwohl bisher zwischen beiden Banken noch keine Beziehungen bestanden hatten [2]). Bei der Revision stellte sich heraus, dass das Aktienkapital von *f* 520,000 verloren war, da ausser dem erwähnten Verlust noch Abschreibungen auf Debitoren im Betrage von *f* 137,400 und Rückstellungen für zweifelhafte Aussenstände von *f* 172,002 vorzunehmen waren. Einschliesslich der bereits vorhandenen Rückstellung von *f* 37,000 waren *f* 530,800 oder ca. 30 % der Debitoren als wertlos zu

[1]) Alg. Handelsbl. v. 23.9.12 und Bericht 1912.
[2]) Die Bloembergens Bank hatte bis dahin mit der Amsterdamschen Bank in Verbindung gestanden.

betrachten. Die Hilfsaktion der Rotterdamschen Bankvereeniging gestaltete sich in der Weise, dass die Rotterdamsche Bankvereeniging ein Konsortium bildete, dem die Aktionäre ihre Aktien gegen einen Gewinnanteilschein einzuliefern hatten. Auf die so erhaltenen Aktien zahlte das Konsortium 100 % bei der Bank ein, die dadurch die Verfügung über neues Betriebskapital erlangte. Die Gewinnanteilscheine sollen, nachdem ein Reservefonds von 20 % des Kapitals gebildet worden ist, aus dem Gewinn amortisiert werden. Wie die nachstehenden Zahlen zeigen, war die Situation der Bank schon seit Jahren nicht besonders gut, da die Kreditoren zum grössten Teil aus Nostro-Verbindlichkeiten bestanden, die sich vor allem in den allerletzten Jahren nicht gerade als billige Betriebsmittel erwiesen haben dürften. Da die Gesellschaft ausserdem fast in jedem Jahr Verluste auf Debitoren zu verzeichnen hatte und zum Ueberfluss bei der Gründung als Aktiengesellschafft mit *f* 150.000 [1]) für den „Wert" der Firma belastet worden war, konnte sie zu keiner Kräftigung ihres Status kommen [2]). Leider sind die Zahlen für 1912 mit den früheren Angaben nicht vergleichbar, da die Filialen früher nur mit dem Saldo ihrer Schuld an die Zentrale in der Bilanz erschienen, während jetzt die Filialbilanzen vollständig aufgenommen sind. Ein rasche Erledigung der Sanierung war notwendig, da ein Zusammenbruch der Bank, die durch ihre Filialen einen relativ erheblichen Betrag von Depositen herangezogen hatte, in den politisch so unsicheren Zeiten des Jahres 1912 voraussichtlich nicht ohne Folgen für die anderen friesischen Banken und schliesslich auch die Banken in den anderen Provinzen geblieben wäre.

(in Tausend Gulden).

	1909	1910	1911	1912
Kasse und Bankguthaben	94	83	36	104
Wechsel	31	9	4	179
Effekten	177	248	275	177
Prolongationen, Vorschüsse	88	94	191	1,354
Debitoren	1,068	1,074	1,202	1,423
Bankgebäude	54	52	52	53
Wert der Firma	105	90	75	—
Sonstige Aktiva	1	—	1	25
	1,618	1,650	1,836	3,315

1) Die Summe war inzwischen auf *f* 75,000 heruntergeschrieben worden.

2) Die Dividende betrug 1905—1911: 5,34; 5.65; 4; 5; 6; 5; 4%.

	1909	1910	1911	1912
Kapital	515	520	520	520
Reserve	34	36	37	30
Dubiose Debitoren	4	—	—	209
Depositen	409	396	432	355
Scheckrechnungen	—	—	—	467
Depositen g. Unterpfand	—	—	—	49
Kreditoren	558	580	734	1,685
Sonst Passiva (einschl. Gewinn.)	98	118	113	—
	1,618	1,650	1,836	3,315
Vortrag	0,9	3,5	0,5	0,3
Provision	79,7	74,7	82,5	79,6
Zinsen	40,4	35,8	30,0	32,9
Reservefonds	—	19,2	—	7,1
Aktionäre	—	—	—	520,0
	121,0	133,2	113,0	639,9
Unkosten	32,4	33,6	34,1	54,1
Abschreibung Firmenwert	15,0	15,0	15,0	35,0
Abschreibung Debitoren		57,4	4,2	321,6
Reserve für Debitoren		—	37,0	172,2
Pensionsfonds	70,1	—	1,0	—
Dividende		26,0	20,8	—
Gewerbesteuer		0,7	0,6	—
Kosten der Reorganisation	—	—	—	56,9
Vortrag	3,5	0,5	0,3	—
	121,0	133,2	113,0	639,9

Durch zwei Ereignisse trat die Rotterdamsche Bankvereeniging im Jahr 1912 besonders in die Oeffentlichkeit. Dies war einmal die Gründung der Nederl. Koloniale Petroleum Mij., die unter ihrer „Aegide" erfolgte [1]). Von dieser Gesellschaft, die als Gegnerin der grossen Koninklijke Nederlandsche Maatschappij tot Exploitatie van Petroleumbronnen auftritt, werden Beziehungen zur Standard Oil behauptet, die sich besonders darauf stützen, dass die Leiter der niederländischen Tochtergesellschaft der Standard Oil zu Leitern der neuen Unternehmung bestellt wurden und ausserdem darauf, dass die in die Rotterdamsche Bankvereeniging aufgegangene Deposito- en Administratie-Bank Beziehungen zur Standard Oil unterhalten habe. Die Sachlage selbst interessiert hier nicht. Es sollte nur festgestellt werden, dass die Rotterdamsche Bankvereeniging sich vor der öffentlichen Meinung, die sie in diesem Falle vielfach gegen sich hatte, nicht sehr zu

[1]) Frankfurter Zeitung v. 3.5. 1912.

scheuen scheint. Das zweite Ereignis war das Projekt der Gründung einer „Landbouwbank" für die Kolonie Surinam, die mit wirtschaftlichen Schwierigkeiten zu kämpfen hat. Der Vorschlag einer Staatskommission ging dahin, durch die Errichtung einer „Cultuurbank" den Zustand zu bessern. Die Regierung wandte sich an verschiedene Finanzgruppen. Die Verhandlungen zerschlugen sich jedoch. Schliesslich schloss die Regierung einen Vertrag mit der Rotterdamschen Bankvereeniging, der Surinaamsche Bosch Exploitatie Mij. und der Firma Weise & Co. in Rotterdam [1]), die sich verpflichteten, die Emission von 1 Mill. ƒ Vorzugsaktien zu garantieren, wenn der Staat sich selbst mit $^1/_2$ Mill. Gulden gewöhnlicher Aktien beteiligt und eine vierjährige Dividendengarantie übernimmt. Dieser Vorschlag fand nicht nur in der Oeffentlichkeit, sondern auch im Parlament viel Opposition, sodass die Rotterdamsche Bankvereeniging vom Vertrage zurücktrat [2]). Bei dieser Opposition waren nach der Frankfurter Zeitung v. 24.1.13 und dem Nieuwe Financier en Kapitalist v. 16.6.12 vielfach nicht lediglich sachliche Momente massgebend, sondern der Antagonismus zwischen Amsterdam und Rotterdam und speziell die Abneigung gegen die Rotterdamsche Bankvereeniging mit ihrer Aktivität spielten eine grosse Rolle. Es ist begreiflich, dass viele Niederländer die Expansion der Rotterdamschen Bankver. mit Besorgnis und Misstrauen betrachten, da das niederländische Bankwesen sich bisher in einem Zustand der Beharrung bezw. des langsamen Vorwärtsschreitens befand, was der Nieuwe Financier en Kapitalist sehr gut dadurch kennzeichnet, dass er den niederländischen Bankdirektoren nur die „negativen Bankierstugenden" zuschreibt [3]). Wie weit die Rotterdamsche Bankvereeniging bisher die „unvorsichtigen" Geschäfte vermieden hat, muss die Zukunft zeigen.

Ueber die Konsortialgeschäfte enthalten die Berichte keine näheren Angaben ausser den Zahlen der Syndikate, an denen die Bank beteiligt war:

	1905	1906	1907	1908	1909	1910	1911	1912
Syndikate	27	35	28	35	37	46	47	65
davon am 31. 12. erledigt	16	19	13	24	23	32	45	46

[1]) Finantieel Weekblad v. 13.6.12.

[2]) Frankfurter Zeitung v. 24.1.13.

[3]) „Sie werden wahrscheinlich keine dummen Dinge tun, positiv keine schlechten und hoffentlich keine unvorsichtigen." No. v. 24.4.11.

Wie schnell die Entwicklung der Rotterdamschen Bankvereeniging vor sich gegangen ist, zeigen vielleicht am besten die Zahlen der Gesellschaften, in denen sie, beziehungsweise ihre Vorgängerinnen vertreten waren. Nach v. Nierops Naamlooze Vennootschappen 1910 bezw. 1912 sassen die Direktoren der beiden Banken bezw. der Rotterdamschen Bankvereeniging im Aufsichtsrat bei folgenden niederländischen Gesellschaften:

	1910	1912
Banken	3	4
Hypothekenbanken	1	3
Schiffahrtsunternehmen	—	1
Eisenbahnen und Kleinbahnen	—	1
Handelsgesellschaften	—	4
Industrieunternehmen	4	5
Kolonialunternehmen	1	5
Versicherungsgesellschaften	—	—
Petroleumgesellschaften	—	1
Terrain- und Hausgesellschaften	1	1
andere Gesellschaften	2	3
zusammen	12	28

Mit dieser Zahl hat sie die Amsterdamsche Bank überholt, deren Interessenkreis in der erwähnten Zeit keine wesentliche Ausdehnung erfuhr, die durch Delegierung eines Direktors in den Aufsichtsrat einer Gesellschaft sichtbar geworden ist.

Für ihre internationalen Geschäfte hat die Rotterdamsche Bankvereeniging, soweit es sich um die Ausführung öffentlicher Arbeiten handelt, mit verschiedenen befreundeten Bankinstituten 1912 die Société Franco-Néerlandaise de Travaux Publics in Paris gegründet. Nach der Frankfurter Zeitung (v. 7 Okt. 1912) sind an dieser Unternehmung unter anderen beteiligt:

L. Hirsch & Co. in London.

Thalmann & Co. in Paris.

Banque Française pour le Commerce et l'industrie.

Ueber die neueste Entwicklung der Rotterdamschen Bankvereeniging vergleiche den Anhang.

IV. *Die Incassobank.*

Die Incassobank wurde im Jahr 1891 errichtet und übernahm die Firma Goedewaagen & Co. in Amsterdam. Sie arbeitete zunächst mit einem sehr geringen Kapital, das in ziemlich rascher Folge auf *f* 5 Mill. erhöht wurde.

Es betrug	1891	*f* 104,000	1896	*f* 1,000,000
	1892	157,000	1898	2,000,000
	1893	200,000	1899	4,000,000
	1895	500,000	1901	5,000,000

Ihr Tätigkeitsgebiet ist hauptsächlich das „reguläre" Bankgeschäft. Daneben ist sie besonders in letzter Zeit auch im Effektengeschäft tätig [1]). Dies kommt in den Zahlen der Bilanzen, wie sie *Tabelle* 11 bietet, zum Ausdruck.

Seit verschiedenen Jahren ist die Inkassobank auch in der Provinz vertreten. Sie errichtete 1903 eine Niederlassung in Rotterdam, 1907 in Almelo und 1911 eine Zweigniederlassung im Viertel der Diamanthändler Amsterdams, zu denen die Bank lebhafte Beziehungen unterhält. Trotz dieser Ausdehnung weisen die Geschäfte von 1907 ab einen starken Rückgang auf. Erst im Jahr 1910 erreichte die Bilanz wieder die Höhe von 1906. Da das Aktienkapital 1906 auf *f* 6 und 1907 auf *f* 8 Millionen erhöht worden war, genügten die Erträgnisse, obwohl sie gestiegen waren, nicht mehr zur Aufrechterhaltung des Dividendenniveaus, wie *Tabelle* 12 zeigt. Aus den Bilanzzahlen geht hervor, dass der Anteil des Aktienkapitals an den Gesamtanlagen erst in der allerletzten Zeit wieder seinen früheren Stand erreicht hat.

Er betrug	1905	1906	1907	1908	1909	1910	1911	1912
	24,-	20,4	33,5	36,2	32,4	27,4	25,4	23,1%

Die Aenderung seit 1910 erklärt sich aus der stärkeren Heranziehung von Depositen, die sich allerdings nur dadurch erreichen liess, dass die Bank etwas höhere Zinssätze als die anderen grossen Banken in Amsterdam bewilligt [2]). Auf diese Weise gelingt es ihr, auch kleinere Beträge zu erhalten, wie aus folgenden Zahlen hervorgeht:

Depositenbestand am 31. Dezember.
(in Millionen Gulden).

	1905	1906	1907	1908	1909	1910	1911	1912
mit 1 Tag Kündigung ...	0,8	1,6	1,0	1,4	1,7	2,4	2,7	2,7
mit längerer Kündigung	1,9	1,8	1,2	1,5	1,4	1,6	1,7	1,9
	2,7	3,4	2,2	2,9	3,1	4,0	4,4	4,6

[1]) Boissevain. Eeuw. S. 820.

[2]) s. Abschnitt über Grossbankenfrage.

ausserdem Depositen gegen Unterpfand	—	—	—	—	—	—	1,0	1,8
Durchschnittsguthaben pro Konto in Gulden ..	2880	2410	1820	1780	1830	1930	2060	1800

Bemerkenswert ist an diesen Zahlen zunächst der starke Rückgang der Depositen von 1906 auf 1907 um ca. ein Drittel, während bei der Amsterdamsche Bank der Rückgang nur ca. 5% betrug. Ausserdem aber fällt es auf, dass die durchschnittlichen Guthaben seit 1906 bedeutend gesunken sind und ungefähr *f* 1800—1900 betragen, während andere, teilweise kleinere Banken einmal grössere Durchschnittsbeträge und sodann eine Steigerung der Durchschnittsbeträge aufweisen [1]). Und schliesslich ist die starke Zunahme des Anteils der kurzfristigen Depositen (mit eintägiger Kündigung) beachtenswert, die von $^3/_{10}$ auf $^6/_{10}$ des Bestandes stiegen.

Das Prolongations- und Effekten-Bevorschussungsgeschäft hat in den letzten Jahren pro Saldo weniger eigene Mittel beansprucht, die Steigerung der Prolongationen unter den Aktiven erklärt sich durch die Zunahme der Beträge, die für Dritte unter Garantie der Bank im Prolongationsgeschäft angelegt wurden. In Prolongationen waren angelegt (in Tausend Gulden):

	1907	1908	1909	1910	1911	1912
	8,564	8,540	11,374	12,014	10,999	11,538
davon für Dritte	1,348	893	1,711	4,159	2,390	4,691
	7,216	7,647	9,663	7,855	8,609	6,847
Prolongationen waren genommen	4,133	2,026	2,635	800	2,155	2,278
aus eigenen Mitteln angelegt	3,083	5,621	7,028	7,055	6,454	4,569

Dagegen hat sich das Kontokorrentgeschäft ziemlich stark ausgedehnt und seit 1908 eine Verdoppelung der Debitoren bewirkt.

Ausser der Twentschen Bankvereeniging ist die Incassobank die einzige der grossen Amsterdamer Banken, die Monatsaus-

[1])

	1908	1909	1910	1911	1912
Twentsche Bankvereeniging	*f* 2,220	2,570	2,380	2,460	2,410
Noordholl. Landbouwcrediet	1,820	1,930	2,030	1,910	1,900
Onderling Crediet Rotterdam	3,020	2,980	3,160	3,300	3,200
Wissel- en Effectenbank			2,650	2,660	2,720

weise veröffentlicht. Nach diesen betrugen die „verfügbaren Aktiva" (unter denen die Bank Kasse, Bankguthaben, Wechsel und Effekten(!)versteht) im Durchschnitt der 12 Ausweise (in Millionen Gulden):

	1900	1905	1906	1907	1908	1909	1910	1911	1912
	4,2	8,6	10,5	11,3	12,3	14,–	14,3	14,8	14,6
am 31. Dezember ...	5,2	7,2	10,2	9,1	13,5	13,9	13,8	13,3	14,5

Diese Zahlen lassen besser als die zum Vergleich beigefügten Zahlen vom 31. Dezember erkennen, wie die Bank sich entwickelt hat, da die Zahlen vom Jahresschluss beeinflusst werden durch die an Quartalsterminen übliche stärkere Inanspruchnahme der Banken.

Das Emissions- und Konsortialgeschäft der Bank bewegt sich in mässigen Grenzen. Trotzdem hat sie aber verschiedentlich erhebliche Beträge übernehmen müssen, die sich bei der Emission nicht unterbringen liessen. Das Effektenkonto, das in den letzten Jahren besonders schnell zugenommen hat, setzt sich im wesentlichen aus solchen Emissionsresten zusammen. Unter den Effekten befanden sich u. a.

	1910	1911	1912
4 % Anleihe Nymegen 1912 (Em. 1912)			*f* 296,000 [1])
5 % Obl. My. v. Hyp. Cred. Holland-Mexico. (Em. 1910)	*f* 178,600	140,400	123,500
4½% Pfandbr. Ungar. Allgem. Sparkassa (Em. 1911) .		*Kr* 1,039,800	469,000
4½% Obl. Cred. Hyp. Agricole et Urbain d'Egypte (Em. 1910)	*frs* 238,000	271,500	259,500
4½% Obl. Innerstädt. Sparkassa (Em. 1909).......	*Kr* 40,800	27,100	1,800

Am Ende des Jahres war die Bank an folgenden Syndikaten beteiligt:

1905	1906	1907	1908	1909	1910	1911	1912
11	12	7	4	4	4	1	5,

ausserdem war sie beteiligt gewesen an

?	10	7	12	15	14	17	17

im Lauf des Jahres erledigten Syndikaten.

[1]) Die Anleihe betrug *f* 760.000.—

In der Provinz ist die Incassobank ausser durch ihre Filialen durch die Firma T. Goedewaagen & Zonen in Gouda vertreten, mit der sie in freundschaftlichen Beziehungen steht. Ihr Interesse an anderen Gesellschaften beschränkt sich, wie *Tabelle* 17 zeigt, im wesentlichen auf einige Hypothekenbanken und Industrie-Gesellschaften (im ganzen 10).

Die Reserven der Incassobank sind ziemlich klein, 1912 beliefen sie sich auf ca. 15% des Kapitals. Seit 1905 haben sie um *f* 664,500 zugenommen. Davon entstammen fast $^{2}/_{3}$ aus Emissionsagio bei Kapitalserhöhungen, der Rest wurde dem Reingewinn entnommen. Die jährliche Dotierung betrug in der Regel ca. *f* 30,000 oder $^{3}/_{8}$ % des Kapitals (gegen $1^{3}/_{8}$ % bei der Amsterdamschen Bank). Neben den sichtbaren Reserven scheinen stille Reserven nicht zu bestehen, da die Erträgnisse einzelner Jahre ziemlich erheblich durch Abschreibungen auf Debitoren beeinflusst wurden. In der Zeit von 1905 bis 1912 waren für Abschreibungen erforderlich *f* 300,000, von denen allein auf das Jahr 1907 *f* 100,000 entfallen.

V. *Labouchere Oyens & Co's Bank.*

Im Jahr 1902 fand die Umwandlung der Bankfirma Labouchere Oyens & Co. in Amsterdam in eine Aktiengesellschaft statt. Diese Firma war ihrerseits die Nachfolgerin der alten Firma Kettwich & Vroombergh [1]). Die Aktiengesellschaft wurde mit einem Kapital von *f* 3 Mill. errichtet, davon waren *f* 1 Mill. voll und die anderen beiden Millionen mit 30% eingezahlt. Im Jahr 1905 wurden zunächst die ausstehenden Einzahlungen einberufen und ausserdem *f* 3 Mill. neue Aktien emittiert, von denen die Hälfte an ein Konsortium unter Führung der Berliner Handelsgesellschaft und des Schweizerischen Bankvereins ging. Die Beziehungen zu beiden Banken fanden ausserdem ihren Ausdruck durch die Wahl eines Vertreters der Berliner Handelsgesellschaft und zweier des Schweizerischen Bankvereins in den Aufsichtsrat der Labouchere Oyens & Co's Bank. Wie sehr die Bank von der Lage des Effektenmarktes abhängig ist, zeigte sich im Jahr 1907. Der Gewinn aus dem „regulären" Bankgeschäft reicht gerade aus, die erforderlichen Abschreibungen auf Konsortial- und Effektenkonto zu decken, sodass eine Dividende nicht verteilt werden

[1]) Boissevain im „Eeuw" S. 820.

konnte (s. *Tabelle* 13). In den nächsten Jahren wurden nur geringe Dividenden verteilt, da die Gebäuderechnung zunächst stark abgeschrieben werden musste, wofür in der Zeit von 1908 bis 1911 *f* 287,000 verwendet wurden. Trotzdem steht diese Rechnung noch mit *f* 950,000 zu Buch. Hierbei ist allerdings zu berücksichtigen, dass die Gesellschaft in sieben Städten Niederlassungen besitzt, die sich fast alle in eigenen Gebäuden befinden. Noch besser als die Zahlen der Bilanz zeigen die nachstehenden Zusammenstellungen die Bedeutung der verschiedenen Zweige des Effektengeschäftes für die Bank.

	Gegebene Prolong.	Vorschüsse auf Effekten.	Zusammen.	Genommene Prolong.	bleibt.	Prolongationen für Dritte.	bleibt.
1903......			9,8			9,2	0,6
1904......			8,3	1,8	6,5	6,5	0,0
1905......	7,3	5,1	12,4	1,7	10,7	7,7	3,0
1906 [1]....	5,5	8,8	14,3	3,9	10,4	6,2	4,2
1907......	5,1	8,2	13,3	4,8	8,5	5,2	3,3
1908......	5,1	6,1	11,2	2,7	8,5	5,7	2,8
1909......	7,4	8,5	15,9	3,1	12,8	8,2	4,6
1910......	5,6	10,1	15,7	4,9	10,8	6,6	4,2
1911......	5,6	11,4	17,0	5,7	11,3	6,3	5,0
1912......	3,0	14,8	17,8	0,9	16,9	10,3	6,6

Aus der Uebersicht über das Prolongationsgeschäft geht hervor, dass die eigenen Mittel der Bank nur einen geringen Teil des Prolongationsgeschäftes ausmachen, da sie zum grossen Teil die erhaltenen Unterpfänder weiter verpfändet und dadurch immer wieder neue Darlehen gewähren kann. Ausserdem sind unter den Prolongationen erhebliche Beträge, die von der Bank für andere in Prolongation angelegt werden, die sie also nur gegen eine Vergütung verwaltet und eventuell garantiert.

Effektenbesitz am 31. Dezember (in Tausend Gulden).

	1903	1905	1907	1909	1910	1911	1912
Staats- und Stadtanleihen	155	22	75	33	49	18	26
Obligationen und Gewinnanteile	137	167	844	387	300	360	363
Aktien	36	160	505	498	643	622	889
zusammen	328	349	1424	918	992	1000	1279

[1]) Aenderung der Bilanzierungsmethode (s. *Tabelle* 13).

Unter den eigenen Effekten weisen die Aktien einen andauernd steigenden Anteil auf, während die Staatsanleihen etc. zurückgehen. Der Bestand war 1907 besonders hoch, da die Bank grössere Beträge aus Syndikaten übernehmen musste, seitdem ist er wieder etwas zurückgegangen. Dass die Konsortial- und Emissionsgeschäfte ebenfalls sehr von der Lage des Geldmarktes abhängig sind, geht aus nachstehenden Zahlen hervor, in denen nur die im Bericht angeführten Beteiligungen bezw. Emissionen angegeben sind.

Konsortialgeschäfte am 31 Dez. (in Tausend Gulden).

	1903	1904	1905	1906	1907	1908	1909	1910	1911	1912
Renten und Stadtanleihen	?	?	?	?	530	—	53	—	149	21
Gewinnanteile ...	?	?	?	?	—	—	17	9	—	—
Transport-Obligationen	?	?	?	?	321	54	54	54	141	51
Transp.-Aktien ..	?	?	?	?	—	68	21	21	—	—
Industrie-Obligationen	?	?	?	?	125	93	116	110	89	25
Industrie-Aktien..	?	?	?	?	282	120	107	133	223	166
Verschiedenes	?	?	?	?	35	31	34	292	—	—
zusammen	204	168	678	912	1293	366	402	619	602	262
Gewinn aus Konsortialgeschäften .	21	26	61	241	—	59	115	101	157	177
Zahl d. Konsortien am 31. Dez.	8	5	13	—	25	13	18	17	21	11

Das Schwergewicht der Konsortialgeschäfte liegt für die Bank in Industrie- und Transportwerten [1]). Das reguläre Bankgeschäft hat sich zwar etwas erhöht, aber es spielt für das Gesamtgeschäft doch nur eine sekundäre Rolle. Unter dem Wechselbestand befinden sich etwa zu einem Drittel Bankakzepte, die zu Anlagezwecken gekauft waren, und ausserdem ist ein Teil in Devisen

[1]) Durch ihre Emissionstätigkeit steht die Bank mit zahlreichen niederländischen Aktiengesellschaften in Verbindung, wie *Tabelle* 17 zeigt. Die Gesellschaften, in deren Aufsichtsrat ein Direktor der Bank sitzt, verteilen sich über fast alle Gruppen der Tabelle. Von den 34 Gesellschaften entfallen auf die Industrie 8, Eisenbahnen 7 und Kolonien 6. Von den Direktoren vereinigt einer 25 Aufsichtsratsposten in seiner Hand (die grösste Zahl bei den in der Liste vorkommenden Unternehmen).

angelegt. Von den Debitoren scheinen grössere Summen im Zusammenhang mit dem internationalen Effektengeschäft zu stehen, wenigstens lässt die starke Schwankung der ungedeckten Debitoren darauf schliessen, zumal im Bericht erwähnt wird, welche Beträge davon auf Banken entfallen:

Debitoren am 31. Dez. (in Millionen Gulden):

	1903	1904	1905	1906[1])	1907	1908	1909	1910	1911	1912
Debitoren ...	3,9	4,9	4,3	3,3	4,2	4,4	4,0	3,3	3,1	5,6
davon ungedeckt	?	0,2	0,1	0,7	1,4	0,8	1,3	0,9	0,5	1,3
davon Banken	?	?	?	0,6	1,1	0,6	0,6	0,5	0,2	0,7

Da der grösste Teil der Kreditoren als sofort fällig bezeichnet wird, ist der Bestand an Depositen augenscheinlich nur gering, obwohl die Verzinsung teilweise etwas höher ist, als bei den anderen Amsterdamer Banken (s. Abschnitt über die Grossbankenfrage).

Infolge ihres verhältnismässig grossen Filialnetzes war die Bank nicht so sehr wie die anderen Banken auf die Anknüpfung von Beziehungen zu anderen Banken angewiesen. Nach *Tabelle* 3 befanden sich ihre Filialen in den grösseren Städten und ausserdem in einem der grössten Seebäder. In Beziehung steht die Bank zu der Dordtsche Bank in Rotterdam, wo sie deshalb (und mit Rücksicht auf den anderen Charakter des Rotterdamer Bankgeschäfts) keine Filiale unterhält.

Die *Dordtsche Bank* entstand 1906 aus der Kommandit-Gesellschaft Dordtsche Bank de Ridder & Co. Dordrecht und der Haagsche Bank in den Haag. Sie besass Niederlassungen in Dordrecht, Rotterdam, den Haag und Feyenoord, ausserdem seit 1910 in Rijswijk. Im zweiten Jahre ihres Bestehens (1907) wurde die Bank infolge der durch verschiedene Zusammenbrüche hervorgerufenen Nervosität des Publikums von einem Run auf ihre Kassen in Dordrecht heimgesucht, sodass ihr Depositenbestand von *f* 972,000 im August auf *f* 400,000 im Dezember sank. Dieser Vorgang und die schlechte Lage des Effektenmarktes beeinträchtigten das Jahreserträgnis stark, daher konnte nur eine Dividende von 4 % verteilt werden. Nach den Geschäftsberichten hat das Effektengeschäft die grösste Bedeutung für die

[1]) Aenderung der Bilanzierungsmethode (s. *Tabelle* 13).

Bank. Daher bilden z. B. die Einnahmen aus der Vermittlung von Effekten-An- und -Verkäufen einen erheblichen Betrag des Gewinnes.

Die Bilanz setzt sich aus folgenden Hauptpositionen zusammen (in Tausend Gulden):

	1906	1911	1912
Kasse und Bankguthaben	274	441	449
Wechsel und Sorten	137	396	268
Effekten und Consortien	486	297	267
Prolongationen	1061	1170	1121
Vorschüsse auf Effekten	1450	1636	2008
Debitoren	892	1039	1762
Kapital	933	1000	1200
Reserve	—	100	122
Depositen	558	836	817
Prolongationen	1487	1724	1623
Vorschüsse auf Effekten	1044	946	1084
Kreditoren	439	539	617
Akzepte	?	?	562

Zu der *Erven B. L. C. de Haans Bank* in Leeuwarden stehen Labouchere Oyens in freundschaftlicher Beziehung. Da die Gesellschaft keine Bilanzen veröffentlicht, ist nichts Näheres über sie anzugeben, als dass sie mit einem Kapital van *f* 75,000 arbeitet und 1907—1909 11½, 15,16 % Dividende verteilt hat. Sie nimmt ausserdem für Leeuwarden die Funktionen eines Agenten der Creditvereeniging in Amsterdam wahr.

Ausserdem ist die Bank interessiert an der Nederlandsche Spaarkas in Amsterdam, die nicht zu den Banken gezählt werden kann. Ueber die Organisation dieses Instituts wird im Kapitel über die Inlandhypothekenbanken gesprochen werden. Im Jahre 1913 schloss die Bank einen Fussionsvertrag mit der Rotterdamsche Bankvereeniging. Danach ging das Geschäft der Labouchere Oyens & Co's Bank auf die R. B. V. über. Siehe hierüber den Anhang.

Filiale der Banque de Paris et des Pays-Bas in Amsterdam.

Die Eingliederung der Filiale der Banque de Paris et des Pays-Bas in Amsterdam in unser System wird dadurch schwierig, dass sie keine besondere Bilanz veröffentlicht. Daher können über die Grösse dieses Unternehmens keine Angaben gemacht werden. Boissevain, der dem Lokalausschuss der Bank angehört, gibt an, sie sei in der gleichen Weise wie die anderen grossen Banken in Amsterdam tätig, sie beteilige sich an Emissionen und lege ausserdem grosse Beträge in Diskonten und Prolongationen an [1]). In den Bilanzen der Banque de Paris et des Pays-Bas werden die Bestände der Zentrale Paris von denen der drei Filialen (Amsterdam, Brüssel, Genf) getrennt ausgewiesen. Die Bilanz der Zentrale schloss 1911 mit fr. 498 Mill, die der Filialen mit fr. 98 Millionen. Die Filialen hatten in Wechseln angelegt fr. 5,384,000 und in Reports fr. 9,8 Mill.. Wenn sie nicht grössere Beträge an ihre Zentrale weitergegeben hätten, dann würde allerdings das Geschäft der Amsterdamer Niederlassung nicht so sehr gross sein können, da sich in die angeführten Zahlen die drei Niederlassungen teilen müssen.

Die Banque des Paris et des Pays-Bas entstand 1872 aus einer Fusion der Banque de Paris und der Nederlandsche Crediet- en Deposito-Bank [2]). Die Nederlandsche Crediet- en Deposito-Bank war 1863 errichtet worden und zwar hauptsächlich mit ausländischem Gelde [3]). Ueber die eigenartige und bedeutungsvolle Stellung der Banque de Paris et des Pays-Bas am internationalen Geldmarkt informiert Kaufmann a.a. O S. 96 ff.

---

[1]) Eeuw, S. 824.

[2]) Eugen Kaufmann, Das französische Bankwesen Tübingen 1911 S. 96.

[3]) Verloren, Overzigt.... S. 356 gibt an, dass die Majorität der Aktien in Frankreich, Belgien und der Schweiz untergebracht war.

§ 6. Die unabhängigen Mittel- und Kleinbanken.

Nach *Tabelle* 16 waren 1911/12 106 unabhängige Mittel-und Kleinbanken vorhanden. Für 1910/11 und 1909/10 dagegen liessen sich je 84 feststellen. Sie besassen

in Tausend Gulden.

	emittiertes Aktienkapital	eingezahltes Aktienkapital	Reserven	Die Bilanzsumme betrug	bei
1909/10	26,363	20,864	2,032	56,748	30 Banken
1910/11	26,348	22,181	2,384	60,992	30 Banken
1911/12	31,939	27,057	2,642	74,881	37 Banken
Zunahme von 1909/10 — 1911/12	5,576 21,1%	6,193 29,6%	610 30,-%	18,033 31,9%	

Auf eine Bank entfiel im Durchschnitt

1909/10	314	249	24	1,892	30 Banken
1910/11	314	264	28	2,033	30 Banken
1911/12	301	255	25	2,042	37 Banken

Hieraus geht schon hervor, dass es sich überwiegend um kleine und kleinste Banken handelt, deren Einzelbehandlung unmöglich ist, selbst wenn alle diese Banken ihre Bilanzen publizieren. Dies taten aber nur 37 von den erwähnten 106. Unter ihnen sind noch einige Mittelbanken, die kurz erwähnt werden müssen.

Dies sind zunächst vier Unternehmen in Amsterdam: Wiegmans Bank, Buitenlandsche Bankvereeniging, Hollandsche Grondkredietbank, Disconto- en Effectenbank. Sie zählen alle vier zu den Mittelbanken.

Wiegmans Bank wurde 1903 gegründet zur Uebernahme der Firma Gebr. Wiegman. Sie widmet sich vorwiegend dem Effektengeschäft. Das Unternehmen veröffentlicht keine Jahresberichte und statt der Jahresbilanz nur alle drei Monate eine Rohbilanz. Ausserdem werden den Zeitungen die Jahreserträgnisse mitgeteilt. Einige Posten der Bilanz finden sich auch in der Zusammenstellung in den Jaarcijfers. Nach ihnen ist die folgende Aufstellung gemacht (in Tausend Gulden) worden:

	1909	1910	1911	1912
Kasse und Bankguthaben	148	339	229	42
Wechsel	297	393	329	439
Debitoren [1])	10,530	9,670	12,034	10,273
Kapital	2,000	2,000	2,000	2,000
Reserve	650	800	950	1,100
Kreditoren [2])	8,208	8,059	9,235	7,781
Akzepte	144	292	967	945
Reingewinn	208	254	253	253
Dividende	5	5	5	5%

Die Geschichte der *Buitenlandsche Bankvereeniging* ist ein Schulbeispiel dafür, welche Gefahren für ein kleines Unternehmen aus der Beteiligung an der Finanzierung exotischer Werte entstehen können, besonders wenn eine ungeschickte Geschäftsführung hinzukommt. Die Gesellschaft wurde 1897 gegründet und beschäftigte sich vorwiegend mit dem Effektenkommissions- und Beteiligungs- bezw. Gründungsgeschäft. Die ersten Jahre, die in die Zeit der Hochkonjunktur fielen, brachten, wie *Tabelle* 14 zeigt, zunächst ziemlich erhebliche Gewinne. Das Kapital wurde von *f* 100,000 auf *f* 750,000 erhöht und 1901 durch Auszahlung der Dividende von 33 ⅓ % in Aktien auf 1 Mill. *f* gebracht. Seit der Zeit datiert der Rückgang. Das Jahr 1903 wies bereits einen Verlust von *f* 150,000, auf. In den nächsten Jahren erholte sich das Unternehmen noch einmal und verteilte 1906 selbst 13 % Dividende. Das Jahr 1907 brachte grosse Verluste durch die Zahlungsunfähigkeit vieler Debitoren, gegen die infolge der schlecht verfassten Geschäftsbedingungen nur schwer vorgegangen werden konnte[3]), und durch die starken Kursrückgänge des Effektenbestandes, sodass der Reservefonds von *f* 180,000 zu Abschreibungen verwandt werden musste. Die folgenden Jahre erforderten zwar immer noch grosse Abschreibungen, *ermöglichten* aber 1909 die Verteilung einer Dividende

[1]) enthaltend: Debitoren gegen Effektendepot, Handelsdebitoren, gewährte Prolongationen, Bankguthaben.
[2]) enthaltend: Kreditoren, genommene Prolongationen und Effektenvorschüsse.
[3]) Bericht 1907 S. 4.

von 2½ %. Bezeichnend für die damalige Lage der Bank ist es, dass sie auf ihr Grundstück eine Hypothek aufnehmen musste, um sich einige flüssige Mittel zu verschaffen. Trotzdem verteilte sie aber die erwähnte Dividende, durch die ihr ein Teil der eben erhaltenen Mittel wieder entzogen wurde. Als dann in den Jahren 1910 und 1911 der erwartete Aufschwung des Geschäftes nicht kommen wollte, der Rückgang der Kurse weitere Abschreibungen erforderte, und zum Ueberfluss noch einige Prozesse verloren wurden, verschlechterte sich die Lage der Bank so sehr, dass fast das halbe Aktienkapital verloren ging. Daher entschloss sich die Leitung der Bank, ihr Amsterdamer Geschäft, das sich hauptsächlich auf Effektenkommission und Arbitrage erstreckte, einzuschränken und die Haupttätigkeit nach London zu verlegen, wo die Bank seit Jahren eine Agentur besitzt.

Die Verteilung des Risikos auf verschiedene Gebiete des Bankgeschäfts, wie sie die *Disconto- en Effectenbank* in Amsterdam besonders seit den letzten Jahren gewählt hat, hat dieser Bank eine viel ruhigere und gleichmässigere Entwicklung gebracht, als der ebenbesprochenen. *Tabelle* 15 lässt deutlich erkennen, dass nur nach besonders schwierigen Zeiten ein kleiner Rückgang der Erträgnise der Bank eintrat. Seit 1907 sind die „Handelsdebitoren (einschl. Wechsel)" von *f* 500,000 auf *f* 1,606,000 gestiegen, die Prolongationen und Effektenvorschüsse von *f* 1,6 auf *f* 3,1 Mill.

Eines der merkwürdigsten bankartigen Gebilde, die unter dem niederländischen Aktienrecht entstanden sind, ist die „*Hollandsche Grondkredietbank*", die sich nach Art. 1 ihrer Statuten in Deutschland Holländische Bodenkreditanstalt und in Frankreich Crédit Foncier Hollandais nennt. Als Gesellschaftszweck wird angegeben die Ausübung des Bankbetriebes im weitesten Sinn des Wortes, besonders die Darlehensgewährung gegen sachliche Sicherheit, die Ausgabe von Pfandbriefen, Obligationen und Prämienanleihen (Art. 2). Tatsächlich handelt es sich um die Ausgabe von Prämienlosen, die, wie schon der internationale und aufs Verwechseltwerden mit bedeutenden Banken zugeschnittene Name der Unternehmung zeigt, auf den internationalen Vertrieb berechnet sind. Aus den Bilanzen der Gesellschaft, die 1912 zum ersten Male mit einer „Erläuterung" versehen wurden, ist über die Höhe des Losumlaufs nichts zu ersehen. Das einzige, wodurch überhaupt an das Bestehen von Prämienlosen erinnert wird, ist eine „Reserve für die Prämienanleihe" in Höhe von *f* 660,000. Nach dem Amsterd. Effectenblad v. 8.1. 1910 sind für *f* 43,236,000 Prämienobligationen geschaffen worden. Nach der Bilanz bestanden die Anlagen des Kapitals und der Reserve in Tausend Gulden aus

	1911	1912
Bankguthaben	900	804
Debitoren gegen Unterpfand	102	212
Hypotheken und Hypothenpfandbriefen	576	687
Gebäuden	110	110

Infolge der vielen Angriffe in der niederländischen (z. B. Alg. Handelsbl. von 18. und 22. März 1912 und später) und auch der ausländischen Finanzpresse (z. B. Frankfurter Zeitung) fühlte die Leitung der Bank sich zu einer Rechtfertigung ihres Vorgehens verpflichtet.[1]) Die Art der Abfassung dieses Berichtes lässt nicht gerade auf eine hohe Einschätzung der Intelligenz ihrer Aktionäre schliessen, da sie z.B. sagt, sie bliebe mit ihrer Tätigkeit im Rahmen einer Hypothekenbank, wenn sie, statt ihre Gelder in Hypotheken anzulegen, Hypothekenpfandbriefe kaufe. An Dividenden verteilte die Gesellschaft 1905—1912 7, 8, 8, 10, 0, 0, 3, 6, %.

In Rotterdam bestehen an Mittelbanken: Disconto Mij, Marx & Cos Bank und die Maas en Merve Bank.

---

[1]) Anfang 1914 fand eine Umorganisierung der Gesellschaft statt. An die Stelle des Verwaltungsrates trat eine Direktion mit einem Aufsichtsrat. Seitdem sind die Geschäftsberichte etwas ausführlicher geworden, auch werden in den letzten Jahren Angaben über die untergebrachten Prämien-Lose gemacht. Insgesamt sind 3,600,000 Lose geschaffen worden, von diesen waren 1913 110,000 ausgelost, 138,117 befanden sich im Umlauf, sodass 3,351,883 noch der Unterbringung harrten. Darin, dass ein derartig grosser Teil der Lose noch im Besitz der Gesellschaft sich befindet, liegen recht erhebliche Gefahren für die Unternehmung, da die Hauptgewinne von *f* 120,000 auf Lose fallen können, die sich im Verkehr befinden. Dies war z. B. 1913 der Fall. Die Gesellschaft hat ihre Reserve für die Prämien-Anleihe durch den Mathematiker der Universität Utrecht nachprüfen lassen, dieser bestätigte, dass die Rückstellung eine genügende Sicherheit für die umlaufenden Lose bilde. Die oben erwähnte eingehende Beschäftigung der Presse mit der Gesellschaft hat also zweifellos das Gute gehabt, die Gesellschaft zu einer grösseren Publizität zu veranlassen, durch die verschiedene der Bedenken beseitigt worden sind, die infolge der Geheimniskrämerei der früheren Geschäftsleitung entstanden waren. Verwiesen sei auf einen ausführlichen Artikel im Algemeen Weekblad voor het Handels-, Crediet- en Verzekeringswezen vom 10 Juni 1914, der über die Resultate einer Untersuchung berichtet, die der Herausgeber dieser Zeitschrift angestellt hat.

Die *Disconto Maatschappij* entstand 1891 aus der Firma Schaay & Ledeboer, die ihrerseits wieder aus der Firma Schaay & Madry hervorgegangen war. Diese wurde in Rotterdam als Kassier betrachtet [1]). Bis in die letzte Zeit ist das Geschäft der Bank, die mit einem Kapital van *f* 2½ Mill. arbeitet, sehr stabil gewesen, wie folgende Zahlen zeigen (in Tausend Gulden):

	1893	1906	1909	1912
Wechsel	2,220	1,843	2,255	3,300
Debitoren	3,500	3,642	3,357	4,977
Depositen	2,670	2,103	2,316	2,533
Kreditoren	1,000	1,433	1,669	2,557
Akzepte	?	209	379	1,365

Erst seit 1909 lässt sich eine schnellere Entwicklung feststellen, die besonders im Umsatz auf Depositen- und Akzeptkonto hervortritt (in Tausend Gulden)

	1906	1907	1908	1909	1910	1911	1912
Depositenumsatz	2,276	2,117	3,033	3,053	3,899	4,808	5,394
Akzeptumsatz	897	780	1,492	1,358	1,498	1,590	2,074

Die Heranziehung grösserer Depositenbeträge scheint nicht ohne hohe Zinsvergütung möglich gewesen zu sein, wenigstens lässt sich darauf schliessen, da die Bank im Januar 1912 [2]) für *f* 500,000 Deposito-Obligationen ausgab mit Verzinsung von 4½ %, die teilweise zur Einlösung der 4 %igen Obligationen von 1892 dienten. Hierauf wird bei der Besprechung der Depositenfrage zurückzukommen sein. Die Dividende war sehr ungleichmässig, was sich z. T. wohl aus der verhältnismässig niedrigen Reserve erklärt, die 1906 4 %, 1910 12 % und 1912 16 % des Kapitals betrug.

Die *Marx & Co's Bank in Rotterdam* ist ebenfalls aus einem bereits seit 1896 bestehenden Geschäft, der Firma Marx & Co, hervorgegangen (1906). Ihre Entwicklung stellen folgende Zahlen (in Tausend Gulden) dar

[1]) s. darüber unter Kassiers.

[2]) Anzeige im Alg. Handelsbl. v. 31.1.1912.

	1906	1907	1908	1909	1910	1911	1912
Kapital	1000	1500	1500	1500	1500	2000	2000
Reserve	20	45	65	85	105	160	180
Depositen u. Kreditoren	1264	1288	1384	1962	1869	2049	2824
Gen. Darlehen	1465	837	886	1125	1231	730	1815
Akzepte	—	39	135	212	248	378	576
Wechsel	565	787	1217	1265	1061	1609	1545
Vorschüsse a/Effekten	951	1157	1110	1345	1588	1582	2232
Vorschüsse a/Waren .	255	344	377	594	639	864	1165
Effekten	662	616	476	693	744	876	783
Debitoren	386	721	433	735	882	864	1350
Dividende	7	6	7	7	7	7	7%

Danach ist das Effektengeschäft, wenn man von den Vorschüssen auf Effekten absieht, die in Rotterdam vielfach einen anderen Charakter tragen als im übrigen Niederland, ständig zu Gunsten des regulären Bankgeschäftes zurückgegangen. Dies zeigt sich auch in den Gewinnen, die 1906 *f* 129,400, 1912 *f* 233,500 auf Zinsen, Wechsel und Sorten betrugen.

Die *Maas- en Merwe-Bank* in Rotterdam (gegründet 1898) nimmt eine besondere Stellung ein, da sich ihre Tätigkeit zum grossen Teil auf die Gewährung von Baugeldern erstreckt. Sie steht in Beziehungen zur Levensverzekering Mij „Dordrecht", von der 2 Direktoren und 3 Aufsichtsratsmitglieder in ihrem Aufsichtsrat sitzen. Ausserdem sind die beiden Direktoren der Maas- en Merwebank die Rotterdamer Agenten der Lebensversicherungsgesellschaft. In ihrer Bilanz unterscheidet sie lang- und kurzfristige Darlehen. Die Mittel für die ersteren verschafft sich die Bank durch Ausgabe von 4 %igen Obligationen, die kurzfristigen dagegen mobilisiert sie durch die Rediskontierung von Promessen, da ihre eigenen Mittel nur verhältnismässig gering sind; das Aktienkapital von 2 Mill. *f* ist nur mit 10 % eingezahlt. Nach der Bilanz von 1910 beliefen sich die langfristigen Kredite auf *f* 628,300, gegen die *f* 565,300 Obligationen umliefen, die kurzfristigen auf *f* 788,900, hiervon waren benutzt *f* 688,700 und von dieser Summe rediskontiert *f* 251,700. Ausserdem waren noch *f* 85,000 ohne Ausstellung von Promessen ausgeliehen. Ueber fremde Gelder verfügte die Bank in Höhe von *f* 428,000.

Die Geschäftserträgnisse waren bescheiden; sie schwankten zwischen 4 und 5½ % Dividende.

Die Banken in den Haag haben im allgemeinen eine wesentlich andere Struktur als die Rotterdamer, was sich schon daraus erklärt, dass für den Haag der Handel nicht die Rolle spielt wie für Rotterdam. Statt dessen sitzen im Haag sehr viel Rentner und pensionierte Beamte etc, deren Effektengeschäfte den Haagschen Banken ihren Stempel aufdrücken. So ist der Betrieb der *Haagsche Commissiebank* (gegr. 1903) durchaus auf den Effektenhandel zugeschnitten. Sie betreibt das Effektenkommissionsgeschäft, die Anlage von Geldern in Prolongation und die Vorschussgewährung gegen Effektendepot. Am 31 Dez. 1910 hatte sie *f* 3½ Mill. an Vorschüssen ausstehen, die sie zum grössten Teil aus ihren fremden Geldern gewährt hatte, da sie nur über ein Kapital von *f* 250,000 und Reserven von *f* 50,000 verfügt. Infolge des kleinen Kapitals hat die Bank in den letzten Jahren stets 12 % Dividende verteilen können. Auch bei der *Provincie Bank* (gegr. 1898) überwiegt das Effektengeschäft, wenn auch nicht in dem Masse wie bei der Commissiebank. Die Hauptpositionen der Bilanz waren 1910

gewährte Prolongationen	*f* 2,175,000
Debitoren	2,165,000
Wechsel und Incassi	313,000
Effekten	2,126,000
Kapital	*f* 1,000,000
Reserve	155,000
Depositen	534,000
Prolongationen, etc.	950,000

Ausserdem bestehen im Haag noch eine ganze Anzahl kleiner Banken, die zum grössten Teil keine Bilanzen veröffentlichen. Sie sind vielfach erst in den letzten Jahren errichtet worden, wie nachstehende Zahlen für 1910 (in Tausend Gulden) zeigen:

Die unabhängigen Mittel-und Kleinbanken im Haag.

	Kapital. Emittiert.	Kapital. Eingezahlt.	Reserve.	Bilanzsumme.	gegründet.
a. *Mittelbanken.*					
Provincie Bank	1000	1000	147	4726	1898
Bankiersk. v. Lissa & Kann	1000	1000	?	?	1906 [1])
	2000	2000	147	6472	
b. *Kleinbanken.*					
I. mit Bilanzveröffentlichung.					
Residentie Bank	267	267	47	331	1901
Haagsche Commissiebank ..	250	250	50	3974	1905
Alg. Bankvereeniging	229	139	24	377	1890
Ind. Bank en Handel Mij ..	160	160	5	313	1901
Girobank	200	200	5	959	1907
	1106	1015	131	6354	
Summe von a und b I ...	3106	3015	278	11080	
II. ohne Bilanzveröffentlichung.					
Commercieele Bank	300	300	?	?	1910
Handels en Eff. Bank .	160	160	?	?	1910
Haagsche Inkassobank ..	140	140	?	?	1900
Discontobank	100	100	?	?	1901
Kortenaer Bank	100	100	?	?	1910
Rijswijksche Bank	100	100	?	?	1907
's Gravenhagsche Bank...	80	80	?	?	1909
Nieuwe Bank	76	76	23	?	1903
Bk. v Handel en Nijverheid	50	50	?	?	1909
Eff. en Cred. Bank	50	50	?	?	1910
Obl. My h. witte Kruis....	50	50	?	?	1910
Alg. Ass. Co en Cred. Ver..	36	36	?	?	1907
Fin. Commissie Ktoor ..	30	30	?	?	1908
	1272	1272	23	?	
Summe von a, b I und b II	4378	4287	301	11080	

[1]) Das seit 1806 bestehende Bankgeschäft von Lissa & Kann, das seit 1906 als Aktiengesellschaft betrieben wird, veröffentlicht keine Bilanzen. Nach der erwähnten Zusammenstellung in den Jaarcijfers arbeitete es mit ƒ 1 Mill. Kapital und ƒ 2 Mill. fremden Geldern.

In der Provinz befinden sich nur noch wenige bedeutendere Banken, wie aus *Tabelle* 16 hervorgeht. In den beiden Provinzen Friesland und Groningen haben einige Banken ziemlich viel fremde Gelder heranzuziehen verstanden, wozu sie sich teilweise eines Filialnetzes bedienten.

Ueber die Filialen der niederländischen Banken orientiert folgende Tabelle:

	Nederlandsche Bank		Amsterd. Banken	Provinz- Banken		Amsterd. Bankiers	Provinz- Bankiers
	Fil.	Cor. [1])	Fil.	Fil.	Cor.	Fil.	Fil.
Noordholland	1	10	13	20	28	10	9
Zuidholland	4	11	11	36	33	15	11
Groningen ..	1	10	1	6	1	—	—
Friesland ...	1	8	1	5	1	—	11
Limburg	1	4	1	4	2	—	1
Noordbrabant	2	11	3	7	1	1	5
Overijssel ...	4	6	7	1	1	—	2
Gelderland ..	2	13	2	17	1	6	1
Drenthe	1	3	—	—	1	—	—
Utrecht	1	2	4	—	10	6	1
Zeeland	1	8	1	4	4	—	8
	19	86[2])	44	100	83	38	49

In Friesland standen sie dabei im Wettbewerb mit den Bankiers, die ebenfalls vielfach Filialen unterhalten. Für Groningen erklärt sich das Vorhandensein der Banken zum grossen Teil aus der besonderen Agrarverfassung dieser Provinz, während die friesische Bankorganisation teilweise in engen Beziehungen zum Butter- und Käse-Export steht, der meistens seinen Weg über Harlingen nach England nimmt.

Wie erwähnt, reicht besonders in den kleinen Städten die rein bankgeschäftliche Tätigkeit zum Lebensunterhalt des Unternehmers nicht aus, daher findet sich in der Regel bei den Banken eine Arbeitsvereinigung [3]), bei der an die Stelle der „Stöcke und

[1]) Corr. = Correspondentschappen (entspricht gewöhnlich dem deutschen Ausdruck Agenturen oder Vertretungen).

[2]) Die Differenz mit den Angaben der Nederl. Bank entsteht dadurch, dass Corr. in Nachbarorten von ihr nur einmal gezählt werden.

[3]) Karl Bücher. Entstehung der Volkswirtschaft 6. Aufl. Tübingen 1908 S. 267.

Zigarrenspitzen" etc., mit denen der Kleinhandel seine Läden ertragreicher macht, die Versicherungs- und Hypothekenvermittlung tritt.

Neben den Aktienbanken stehen dann noch einige Kommanditgesellschaften auf Aktien, die gewöhnlich keine Bilanzen veröffentlichen. Für eine von ihnen, die *Haarlemsche Bankvereeniging Teding van Berkhout & de Clercq* in Haarlem, die 1864 gegründet wurde [1]), stehen mir die Bilanzen jedoch zur Verfügung. Die Bilanz für 1865 findet sich bei Verloren (Overzigt) abgedruckt (in Tausend Gulden)

	1865 31. Dez.	1898	1900	1907	1910	1912
		im Durchschnitt der 12 Monatsausweise				
Kapital	20	150	400	1,050	1,050	1,050
Reserve	—	99	90	210	210	210
Depositen u. Kreditoren	344	2,004	2,508	3,888	4,158	4,986
Prolongationen (genommen)	30	133	—	60	321	393
Kasse u. Bankguthaben	—	143	206	358	354	435
Wechsel	23	204	202	382	627	666
Prolongationen (gegeben)	304	1,123	1,390	1,812	1,662	1,798
Debitoren	66	854	1,194	2,678	2,816	3,691
Dividende	8%	12%	8³/₄%	7%	7³/₄%	6¹/₂%

Die Entwicklung der Bank steht in engem Zusammenhang mit dem niederländischen Blumenzwiebelhandel [2]). Als die Bank gegründet wurde, lag das Zentrum der Blumenzwiebelzucht dicht bei Haarlem, verschob sich jedoch im Lauf der Jahre immer mehr in der Richtung nach Leiden. Daher errichtete die Bank zunächst in Hillegom (1900) und darauf in Lisse (1903) Filialen. Ausserdem unterhält die Bank seit 1899 eine Filiale im Fischereihafen Ymuiden, wo sie im Auftrag des Staates den Zahlungsverkehr des Fischhandels vermittelt. Im Jahre 1912 betrug der Wert des umgesetzten Fisches ca. *f* 7 Mill, welcher Betrag durch die Haarl. Bankver. ausgezahlt wurde [3]).

§ 7. Die Bankiers.

In Niederland spielt der Bankier im Bankwesen noch stets eine sehr grosse Rolle. Dies hängt damit zusammen, dass der

[1]) Verloren. „Overzigt" S. 379.
[2]) Stads-Editie Oprechte Haarlemsche Courant v. 30. Apr. 1914.
[3]) Haarlem's Dagblad. v. 29. Apr. 1914.

Niederländer bisher die Beziehungen zu einem ihm persönlich bekannten Bankier, der sein finanzieller Ratgeber ist, denen zu einer grösseren Bank vorzieht. Bis zu einem gewissen Grade liegt dies in der Art der Geschäfte begründet, die der Niederländer mit dem Bankier zu erledigen hat. Es handelt sich in allererster Linie um Effektentransaktionen, bei denen allerdings das persönliche Zutrauen eine grosse Bedeutung hat. Da nun in kleinen Geschäften der Eigentümer selbst mit den Kunden unterhandeln kann, haben diese einen Vorteil gegenüber den grossen Banken, in denen der Leiter einen grossen Teil der Geschäfte seinen Angestellten überlassen muss, die allerdings häufig infolge der besseren Informationsmöglichkeit bessere Auskünfte zu geben in der Lage sind. Wie van Tienhoven angiebt, werden die Banken „in der Provinz noch auf der ganzen Linie von den Privatbankiers geschlagen" [1]). Diese Behauptung dürfte etwas weit gehen, da bereits eine grössere Anzahl von Banken in der Provinz besteht (s. vorigen Abschnitt), die teilweise aus alten Bankgeschäften entstanden sind. Er erwähnt dann, dass Städte wie 's Hertogenbosch und Arnhem noch durchaus in den Händen der Bankiers seien und dass die Banken dort nicht Fuss zu fassen vermochten. Wie weit dieser Zustand auf die Dauer bleiben wird, steht dahin. Die ständig zunehmende Zahl von Bankgründungen (s. *Tabelle* 18) [2]) lässt darauf schliessen, dass die Bankiers auf die Dauer an Terrain verlieren werden, zumal eine ganze Anzahl ehemaliger Privatbankgeschäfte in den

[1]) „Eeuw" S. 832.

[2]) Da in v. Nierops Naamlooze Vennootschappen die Neugründungen von Banken und Administrationskontoren zusammengefasst worden sind, konnten die beiden Gruppen von Aktiengesellschaften nicht getrennt werden. Von den 1911 bestehenden Administrationskontoren konnte allerdings das Gründungsjahr festgestellt werden. Hiernach wurde die letzte Spalte von *Tabelle* 18 angelegt, die also die inzwischen wieder aufgelösten Administrationskontore nicht enthält, wodurch die Zahl der gegründeten Banken etwas zu hoch erscheinen dürfte. Seit 1882 wurden insgesamt 413 Banken und Administrationskontore errichtet, davon entfallen auf die Administrationskontore 57, sodass für die Banken (ohne Hypothekenbanken) ca. 350 übrigbleiben. Unter Administrationskontoren versteht man in Niederland Unternehmen (meist in der Form von Aktiengesellschaften), die bezwecken, den Handel in schwer übertragbaren Werten (z. B. Eintragungen ins niederländische Staatschuldbuch, amerikanischen Namensaktien) dadurch zu erleichtern, dass sie an Stelle der auf ihren Namen gestellten Eintragungen bezw. Aktien Inhaberzertifikate ausgeben. Abgesehen von der leichteren Umsetzbarkeit der Papiere hat dies noch den Vorteil, dass durch das Administrationskontor, auf dessen Namen ein grosser Betrag eingetragen ist, die Interessen der Aktionäre besser vertreten werden können, als durch die einzelnen Aktionäre selbst. Allerdings darf nicht vergessen werden, dass die Aktionäre hinsichtlich der Vertretung ihrer Interessen den Leitern der Administrationskontore (meist Bankiers) bis zu einem gewissen Grade ausgeliefert sind.

letzten Jahren in Aktiengesellschaften umgewandelt wurde. Soweit sich dies aus der Firmenangabe feststellen liess, seien hier einige angeführt [1]):

1912 Schiedamsche Bankvereeniging (D. C. Kok Jr).
1911 Bankierskantoor van Mendes, Gans & Co.
Beers Effecten- en Wisselkantoor.
E. v. Meers Effectenkantoor Amsterdam.
v. Oss & Co's Bank den Haag.
Amsterdamsche Handelsbank (Vriesendorp en Berends).
1910 Kortenaer Bank (voorheen Heldring & Pierson).
Wed. Lakenman & Zoons Bank.
Bank, Commissie en Adm. Kantoor E. M. Ostwalt & Co.
1909 Izaak Boasson & Zonen's Bank.
1908 Meppeler Bank (v. H. Roelink Abrz.).
1907 Bankierskantoor v. Egbert Veen & Co.
Bank van Huydecoper & van Dielen.
Erven B. L. C. de Haans Bank.
W. E. P. Monhemius & Cos Bank.
Simon Zadoks Bank.
1906 Bankierskantoor van Lissa & Kann.
Marx & Cos Bank.
1905 Leendertz & Co. & Carbasius Bank.
1904 A. Bloembergen & Zonens Bank.
Mesdag & Zonens Effectenkantoor.
1903 Julius Oppenheims Bank.
1902 Labouchere Oyens & Co's Bank.

Hierbei muss allerdings bemerkt werden, dass der deutsche Sprachgebrauch vom niederländischen hinsichtlich der Bezeichnung „Bankier" stark abweicht. Viele der Unternehmen, die sich in Deutschland als Bankier bezeichnen würden, nennen sich in Niederland Kommissionäre, was ihren Charakter besser andeutet, da ihre Haupttätigkeit meist in der Effektenvermittlung besteht. Aber auf der andern Seite bringt es die Ausdehung des Kommissionärgeschäftes mit sich, dass auch andere Bankgeschäfte betrieben werden, zumal bei einem lebhaften Effektenkommissionsgeschäft vielfach an die Stelle der Prolongationen der gedeckte Kontokorrentvorschuss tritt. Zu dieser Tätigkeit kommt

[1]) Nach dem Finantieel Adresboek 1912.

dann häufig das Inkassogeschäft für eine der Banken in Amsterdam, Rotterdam und den Haag hinzu, weshalb die Provinzfirmen sich vielfach als Kassiers bezeichnen. Dies geht aus folgender Statistik hervor, die nach dem „Finantieel Adresboek" 1912 angefertigt ist. In diesem Adressbuch befinden sich hinter der grossen Mehrzahl von Geschäften Angaben der speziellen Tätigkeit und zwar wird unterschieden nach Bankiers (= B in nachstehender Tabelle) Kommissionären in Effekten (= C. i. E.), Kommissionären in Wechseln, Maklern in Wechseln und in Effekten, Geldwechslern und Kassiers (= K). Eine genaue Umschreibung, was unter den einzelnen Tätigkeiten zu verstehen sei, fehlt zwar, jedoch sind die Bezeichnungen im niederländischen Bankwesen so verbreitet, dass angenommen werden kann, dass Missverständnisse seitens der die Ausdrücke gebrauchenden Firmen ausgeschlossen sind. Ausserdem erscheint das Adressbuch bereits zum 17. Male. Da die meisten Bankaktiengesellschaften keine speziellen Angaben gemacht haben, beziehen sich die Angaben der nachstehenden Statistik überwiegend auf Einzelfirmen oder offene Handelsgesellschaften. Nach dem Finantieel Adresboek bestanden in 229 Provinzplätzen (mit Ausnahme von Amsterdam, Rotterdam und den Haag) 889 Bankgeschäfte (s. nebenstehende Tabelle). Wenn man die Geschäfte ohne Angaben unberücksichtigt lässt, dann entfallen auf die Geschäfte, die sich nur als C. i. E. bezeichneten, ca. 1/5 aller Geschäfte und auf die C. i. E., K. 1/3, sodass mehr als die Hälfte aller Geschäfte zu diesen beiden Gruppen gehört. Bemerkenswert ist die hohe Zahl der Geschäfte in Groningen, die sich lediglich als C. i. E. bezeichneten. Dies erklärt sich aus dem grossen Kapitalreichtum dieser Provinz und der Konzentration der Bankgeschäfte in der Stadt Groningen, wo sich 33 Geschäfte oder 43,5 % aller Geschäfte in der Provinz befinden, während nur 23,5 % der Bevölkerung der Provinz in der Stadt wohnen. — Ausserdem treten die beiden Provinzen Holland hervor, die beide ohne die grossen Städte aufgeführt sind und schliesslich das besonders betriebsame Gelderland.

Provinz	Geschäfte überhaupt	davon ohne Angabe	K.	C. i. E.	C. i. E. K.	C. i. E. B. K.	C. i. E. B.	alle anderen.
Noordbrabant ..	91	30	1	16	25	6	6	7
Gelderland	120	56	1	14	21	16	1	11
Zuidholland	144	51	5	23	28	21	3	13
Noordholland ...	164	46	5	26	35	12	—	40
Zeeland	59	14	1	7	12	2	3	20
Utrecht	62	29	1	8	10	9	2	3
Friesland	58	30	—	3	18	1	—	6
Overijssel	52	18	1	3	12	3	3	12
Groningen	76	21	—	22	12	2	2	17
Drenthe	25	8	1	1	10	2	—	3
Limburg	38	17	1	1	7	3	—	9
	889	320	17	124	190	77	20	141
in Prozent	—	35,9	1,9	13,9	21,4	8,7	2,3	15,9
in Prozent der Geschäfte mit Angaben	—	—	3,–	21,8	33,3	13,6	3,5	24,8%

Hinsichtlich der grösseren Bankgeschäfte und ihrer Verteilung über das Land sei auf *Tabelle* 19 [1]) verwiesen. Die grössten Geschäfte befinden sich in Amsterdam, wobei nur an die international bekannten Firmen Hope & Co., Lippmann, Rosenthal & Co. und Wertheim & Gompertz erinnert zu werden braucht, die für die internationalen Anleihen als Zahlstellen und Emissionshäuser fungieren. Doch abgesehen hiervon sind die meisten grösseren Bankhäuser auch an einer grossen Anzahl von niederländischen Aktiengesellschaften interessiert, wie aus *Tabelle* 17 hervorgeht, die durchaus keinen Anspruch auf Vollständigkeit erhebt, da immer nur die Inhaber der Firmen und die von ihnen besessenen Aufsichtsratsstellen gezählt worden sind. Dadurch ist keineswegs der Einfluss der betr. Firma erschöpft, da meist auch andere Familienmitglieder in den Aufsichtsräten anderer Gesellschaften für die Firma wirken. Hinsichtlich der Zahl von Aufsichtsratsstellen stehen van Eeghen & Co. Amsterdam und Oppenheim & van Till im Haag an der Spitze, dann folgen Hope & Co. und R. Mees & Zoonen. Hierbei ist aber zu berücksichtigen,

[1]) Die Reihenfolge in der Tabelle bezeichnet die Bedeutung der Unternehmen, doch waren Irrtümer aus der Art der Sache vielleicht nicht ganz unvermeidlich.

dass man Zahl der Gesellschaften und Einfluss durchaus nicht gleichsetzen darf, da unter Umständen ein grosser Aufsichtsratsposten ein Dutzend kleiner aufwiegt hinsichtlich seiner Bedeutung oder des durch ihn erlangten Einflusses. Die grösste Zahl von Aufsichtsratsstellen, die in einer Hand vereinigt sind, beträgt 27, darauf folgen 22, 21 und 20. Insgesamt besitzen 96 Personen 613 Aufsichtsratsstellen, also im Durchschmitt etwa 6 Stellen. Schalten wir aber die Inhaber von weniger als 5 Stellen aus, so bleiben 47 Personen, die in 506 Aufsichtsräten sitzen [1]).

Unter den grossen Bankgeschäften der drei wichtigsten Städte hat sich eine bestimmte Arbeitsteilung herausgebildet, indem einige Geschäfte in enger Beziehung zur Amsterdamer Börse stehen, andere dagegen mehr dem internationalen Geschäft sich widmen oder das „reine" Bankgeschäft betreiben.

In Amsterdam stehen, wie erwähnt, die Firmen Hope & Co., Lippman, Rosenthal & Co. und Wertheim & Gompertz an der Spitze. Sie zählen zur internationalen Hochfinanz und unterscheiden sich in der Art ihrer Geschäfte nicht von den übrigen grossen niederländischen Banken. Das älteste der drei Häuser ist *Hope & Co.*, das seit 1732 besteht. Für Börsengeschäfte bedient Hope sich seines Börsenhauses *van Loon & Co.*, unter dessen Inhabern sich zwei seiner Inhaber befinden. Vermöge der reichen Mittel, die der Firma zur Verfügung stehen, spielt sie am Prolongationsmarkt eine ausschlaggebende Rolle. Bekannt ist Hope & Co. ferner als Emissionshaus, werden doch im Amsterdamer Kurszettel russische Anleihen notiert mit der Bezeichnung „bei Hope & Co.". Wie aus *Tabelle* 17 hervorgeht, ist die Firma im Aufsichtsrat von 30 niederländischen Gesellschaften vertreten, unter denen sich eine Reihe der bedeutendsten befinden, wie Nederlandsche Bank, Associatie-Cassa, Rente-Cassa, Northwestern and Pacific Hypotheekbank, Nederlandsch-Indische Handelsbank, Nederlandsch-Americaansche Land Mij, Westlandsche Hypotheekbank, Algemeene Mij v. Levensverzekering en Lijfrente, Mij v. Gemeente Crediet, Nederl. Stoomboot Mij, Cultuur Mij de Vorstenlanden etc.

Das Bankhaus *Lippmann, Rosenthal & Co.* besteht seit 1857

[1]) Sie erreichen also einen Durchschnitt von etwas über 10 Stellen. Damit stehen sie allerdings noch sehr zurück hinter Herrn C. Boendermaker in Amsterdam, der nach v. Nierops N. V. 1911 S. 1918 im Aufsichtsrat bezw. der Direktion von 50 Gesellschaften sass (Terrain- und Baugesellschaften).

und ist besonders bekannt als Emissionshaus und Zahlstelle für russische Werte, sowie verschiedener anderer Staatsanleihen [1]. Im Gegensatz zu Hope & Co. sind Lippmann, Rosenthal & Co. an niederländischen Gesellschaften nur wenig interessiert (1910 sass einer ihrer Inhaber im Aufsichtsrat van zwei Aktiengesellschaften).

Die Firma *Wertheim & Gompertz* steht den beiden ebenerwähnten Bankiers hinsichtlich internationaler Bedeutung nach. Ihr Geschäftskreis ist ungefähr der gleiche, nur ist sie stärker als Lippmann, Rosenthal & Co. an niederländischen Unternehmen interessiert (s. *Tabelle* 17). Ihre Beziehung zu amerikanischen Werten geht u.A. daraus hervor, dass zwei ihrer Inhaber in der Leitung des Administratiekantoors voor amerikaansche Spoorwegwaarden (Eisenbahnwerte) sitzen.

Die übrigen Amsterdamer Firmen in *Tabelle* 19 widmen sich überwiegend dem Effektengeschäft, sei es durch kleinere Emissionen oder aber durch die Erledigung der Börsengeschäfte ihrer Provinzkundschaft. Sie haben entweder eigene Niederlassungen in der Provinz, wie z.B. H. J. van Ogtrop & Zoon, Lamaison & Bouwer & Co., Jan Kol & Co. oder sind durch Beteiligung bezw. auf andere Weise an provinzialen Häusern interessiert. Wie aus der Tabelle auf S. 104 hervorgeht, bestanden insgesamt 38 Filialen Amsterdamer Bankiers in der Provinz; van diesen entfallen die meisten auf die weitere Umgebung Amsterdams, sowie auf Rotterdam und den Haag.

Die Rotterdamer Bankiers unterscheiden sich von den Amsterdamer Firmen hauptsächlich dadurch, dass bei ihnen, entsprechend der anderen wirtschaftlichen Struktur Rotterdams, das Effektengeschäft eine weniger grosse Rolle spielt. Sie treiben die gleichen Geschäfte wie die anderen Rotterdamer Banken und haben vor ihnen das voraus, dass sie meist seit langer Zeit bestehen und eine alte Kundschaft besitzen, die ihnen auch treu bleibt, obwohl sie vielleicht nicht so ganz mit der Zeit mitgegangen sind. Die drei ersten Firmen der Liste ,unter denen R. Mees & Zoonen die bedeutendste ist, wurden früher vielfach als Kassiers bezeichnet (s. darüber unter Kassiers). *R. Mees & Zoo-*

---

[1]) So fungiert die Firma z. B. als Depotstelle der portugisischen Staatsschuldenverwaltung (s. Anzeige in der Frankfurter Zeitung v. 9. Dec. 1911, noch der am 30. Nov. 1911 *f* 39,455,46 bei Lippmann, Rosenthal & Co. deponiert waren).

nen sind speziell stark an der niederländischen Schiffahrt interessiert, was schon aus *Tabelle* 17 hervorgeht, die zeigt, dass Mitglieder der Firma in 5 Schiffahrtsgesellschaften Aufsichtsratsstellen bekleiden. Unter diesen befinden sich die Nederlandsche Scheepvaarts-Unie, die Paketvaart Mij, die Holland-Amerika-Lijn und der Rotterdamsche Lloyd, also die wichtigsten niederländischen Schiffahrtsgesellschaften. Als ein Ueberbleibsel aus alter Zeit ist die Versicherungsabteilung zu bezeichnen, die bei Mees & Zoonen noch besteht.

Im Gegensatz zu Rotterdam spielt im Haag das Effektengeschäft, wie bereits erwähnt, eine sehr grosse Rolle, daher sind die in *Tabelle* 19 angeführten Firmen fast überwiegend auf das Effektengeschäft angewiesen, zumal das eigentliche Bankgeschäft von den Aktienbanken betrieben wird.

Dieser Abschnitt beabsichtigte lediglich eine ganz oberflächliche Übersicht zu geben und zu eingehenden Untersuchungen besonders über die Geschichte des niederländischen Bankiers anzuregen.

B. Die Spezialbanken.

I. Banken, die prinzipiell Betriebskredit gewähren.

Als Einteilungsprinzip für die Spezialbanken ist der Gegensatz Betriebs- und Anlagekredit gewählt worden. Bei einigen der zu besprechenden Institute wird es zweifelhaft sein können, ob man den von ihnen gewährten Kredit als Anlage- oder als Betriebskredit aufzufassen hat, besonders da eine gleichzeitige Gewährung beider Kreditarten von einigen Unternehmen (Kolonialbanken und Boerenleenbanken) vorgenommen wird. Es muss daher bei der Einteilung der Ton auf das Wort *prinzipiell* gelegt werden, damit die Einteilung durchführbar wird.

Als erste Spezialbank wird die Notenbank behandelt. Dies ist kurz zu rechtfertigen. Gewöhnlich wird die Notenbank wegen ihrer eigenartigen Stellung gesondert von den übrigen Kreditinstituten des Landes behandelt, was sich auf ihre Stellung als „Bank der Banken" und die Zahlungsmittelfunktion der Banknoten zurückführen lässt. Da hier als leitender Gesichtspunkt die Idee der Arbeitsteilung im gesamten Bankwesen benutzt wurde, musste die Notenbank ebenfalls in das *Bank*system eingeordnet werden. Innerhalb der Einteilung ist allerdings dann die Notenbank nicht nur in ihrer Funktion als Kreditinstitut, sondern auch als Emittent von Zahlungsmitteln zu behandeln. Die Bezeichnung als *Spezial*bank musste deshalb auch für die Notenbank gewählt werden, da ihr eine Reihe von Geschäften, die durch die allgemeinen Banken betrieben werden, untersagt ist, sodass sie gezwungen ist, sich auf die ihr gesetzlich erlaubten Geschäfte zu beschränken.

KAPITEL III.

BANKEN, DIE PRINZIPIELL BETRIEBSKREDIT GEWAEHREN.

§ 8. Die Notenbank (Nederlandsche Bank).

Wie zu Beginn des § 1. erwähnt wurde, gehörte die Errichtung einer Notenbank mit zu dem wirtschaftlichen Reorganisationsplänen von Willem I. Die Nederlandsche Bank wurde am 25. März 1814 errichtet. Sie hat sich, wie vieles neue, dem der konservative Niederländer zunächst mit Misstrauen gegenüberstand, nur langsam durchgesetzt. Als die zunächst vielfach vorhandene Abneigung der Kaufleute und Gewerbetreibenden [1]) einmal überwunden war, hat die Nederlandsche Bank auch als kreditgewährende Unternehmung eine grosse Entwicklung gehabt. Bis um die Mitte des 19. Jahrhunderts hielten sich die werbenden Anlagen der Bank („het opereerend Kapitaal") in bescheidenen Grenzen, lange Zeiten hindurch waren kaum die eigenen Mittel der Bank (Kapital und Reservefonds) werbend angelegt. Nach der bei G. M. Boissevain [2]) abgedrukten Tabelle betrugen die am 31. März vorhandenen werbenden Anlagen durchschnittlich

1814/5 —18/9	ƒ 9,58 Millionen	1839/40—43/4	ƒ 26,55 Millionen.
1819/20—23/4	14,65	1844/5 —48/9	23,22
1824/5 —28/9	15,37	1849/50—53/4	19,41
1829/30—33/4	16,24	1854/5 —58/9	33,87
1834/5 —38/9	26,11	1859/60—63/4	52,22.

Erst durch die Errichtung eines Filialnetzes in der Provinz, wie sie das Bankgezetz vom 22. Dez. 1863 in Artikel 5 vorschrieb, nahmen die Geschäfte stark zu. Der Durchschnittsbetrag der werbenden Anlagen betrug im

Jahrfünft	1864/5 —68/9	ƒ 76,10 Millionen
	1869/70—73/4	ƒ 91,59
	1874/5 —78/9	ƒ 100,75

Wegen der Einzelheiten dieser Entwicklung sei auf die *Tabellen* 20, 27 und 30 verwiesen, sowie auf die Darstellung des

[1]) S. Vissering, de Nederlandsche Bank gedurende haar 50-jarig bestaan „Gids" 1863 II. S. 196 ff.

[2]) Prae-Adviez. Beilage B. S. 248.

Wechseldiskont- und Lombardgeschäftes. Für die Ausdehnung des Notenumlaufs war die Münzreform van 1845—1850, durch die Niederland von der unfreiwillig enstandenen Gold- zur Silberwährung zurückkehrte [1]), von Bedeutung, da besonders im Grossverkehr die Noten den schweren Silbermünzen vorgezogen wurden. Die am 31. März umlaufenden Noten betrugen nach Boissevain [2]) durchschnittlich

1839/40—43/4	ƒ 29,02 Mill.	1849/50—53/4	ƒ 67,65 Millionen
1844/5 —48/9	ƒ 36,72 Mill.	1854/5 —58/9	ƒ 85,49 Millionen.

Der Einfluss der zweiten niederländischen Münzreform (vom Jahre 1875) lässt sich weniger deutlich feststellen, da zwar eine Rückkehr zur Goldwährung stattfand, in der Zirkulation sich aber wenig änderte. Die Nederlandsche Bank liess nur einen geringen Betrag von Goldmünzen in den Verkehr gelangen und hielt das Gold im übrigen in ihren Kellern, wo es als Notendeckung diente. Die Zeiten der europäischen Depression von etwa Mitte der 1870er Jahre bis gegen 1890 waren auch auf die Nederlandsche Bank von Einfluss, wie auch die wirtschaftlich bewegten Jahre gegen Ende des 19. Jahrhunderts und seit 1905 sich in den Zahlen der Bank widerspiegeln, (siehe die *Tabellen* 20 bis 33). Die Geschichte der Nederlandsche Bank harrt noch ihres Schreibers, besonders was die Zeit nach 1900 betrifft [3]). Hier sollen nur die Grundzüge der Organisation der Nederlandsche Bank und ihrer Politik dargestellt werden. Einer besonderen Betrachtung ist die Untersuchung über die Stellung der Nederlandsche Bank am niederländischen Geldmarkt vorbehalten.

Die Grundzüge der Organisation der Nederlandsche Bank.

A. *Die Bankverfassung und -Leitung.*

Die Nederlandsche Bank ist ihrer juristischen Form nach eine Aktiengesellschaft, dies wird im Art. 3 des Bankges. v. 31. Dez.

[1]) Siehe darüber die im Literaturverzeichnis angegebenen Schriften van Baert, Ph. Kalkmann, N. G. Pierson, W. P. Schimmel und Vierssen Trip.

[2]) Prae-Adviez. Beilage B. S. 248.

[3]) Durch dies Urteil soll der Wert der Arbeiten van v. d. Borght. Boissevain und Gerritzen nicht geschmälert werden. Eine wirklich brauchbare, entwicklungsgeschichtlich fundierte Darstellung setzt jedoch eine wesentlich tiefere Durchforschung der allgemeinen niederländischen Wirtschaftsgeschichte und speziell auch der Geschichte des Kreditverkehrs voraus, als sie gegenwärtig vorliegt. Vielleicht benutzt die Nederlandsche Bank ihr bevorstehendes Jubiläum zur Herausgabe einer Festschrift nach Art der Festschrift der Deutschen Reichsbank.

1903 (Stbl. n°. 335) ausdrücklich betont. Allerdings wird ihr Charakter in verschiedenen Richtungen etwas verändert, da sie unter einem Spezialgesetz, dem erwähnten Bankgesetz vom 31. Dez. 1903, steht. Ihr Geschäftskreis ist durch Art. 7 des Bankgesetzes auf bestimmte Tätigkeiten beschränkt. Sie darf

1. Noten ausgeben
2. Wechsel, Promessen und ausgeloste Schuldverschreibungen diskontieren
3. Effekten, Waren und Edelmetalle beleihen
5. Gelder im Kontokorrentverkehr entgegennehmen
4. Handel in Gold und Silber treiben
6. Devisen an- und verkaufen
7. Gelder und andere Werte in Depot nehmen
8. Anweisungen auf ihre Niederlassungen ausgeben.

Ausserdem führt sie die Kassengeschäfte der Regierung und ist zur Vorschussgewährung an den Staat bis zur Höhe von *f* 15 Millionen verpflichtet (Art. 10 bis 11ᵃ). Das Aktienkapital der Bank beträgt *f* 20 Millionen, ausserdem verfügt sie über einen Reservefonds von *f* 5 Millionen (Art. 6 u. 6ᴵ). Der Reservefonds und ein Fünftel ihres Kapitals sind in Effekten angelegt (Art. 9).

Das Notenbankprivileg war der Bank früher auf 25 Jahre verliehen, seit 1889 wird es jedoch nur auf 15 Jahre verlängert, sodass das gegenwärtige Gesetz vom 1. April 1904 am 31. März 1919 abläuft, jedoch kann es stillschweigend immer um 1 Jahr verlängert werden (Art. 2). — Das Bankgesetz verpflichtet die Nederlandsche Bank Filialen zu errichten. In jeder Provinz muss mindestens eine Filiale (Agentschap) bestehen, ausserdem die nötigen Agenturen (Correspondentschappen). Am 31. März 1913 bestanden ausser der Zentrale in Amsterdam und einer Niederlassung in Rotterdam (Bijbank) 18 Filialen und 83 Agenturen. Welche Bedeutung die Filialen für die Bank gewonnen haben, zeigen deutlich die Zahlen der durchschnittlichen werbenden Anlagen (in Millionen Gulden).

	in Amsterdam.	in Rotterdam.	in den Filialen.
1872/3	42,35 [1]	16,52	28,07
1882/3	50.02	8,80	44,50

[1]) Da der Devisenankauf sowie die Verbuchung der Geschäfte mit dem Staat überwiegend in Amsterdam erfolgt, sind die Zahlen für Amsterdam, soweit es sich um Kreditgewährung an Handel und Gewerbe handelt, viel zu günstig.

1892/3	33,83	10,99	53,80
1902/3	44,15	10,18	63,63
1912/13	61,19	18,57	86,86

Die Geschäftsleitung liegt in den Händen eines Direktoriums, das aus einem Präsidenten, fünf Direktoren und einem Sekretär besteht. Präsident und Sekretär werden vom Könige auf sieben Jahre ernannt, die Direktoren durch die Aktionäre auf 5 Jahre gewählt (Art. 17 u. 18). Die Führung der laufenden Geschäfte erfolgt durch den Präsidenten und den Sekretär. Die Aufsicht wird durch 15 Kommissare, die durch die Aktionäre gewählt werden, ausgeübt, ausserdem ist die Anstellung eines Königlichen Kommissars vorgeschrieben (Art. 20). — Wie im Abschnitt E dieses § dargestellt wird, ist der Staat seit 1889 in erheblichem Masse an den Erträgnissen der Bank beteiligt, wodurch die Dividende stark zurückgegangen ist [1]).

B. *Die Notenausgabe.* [2])

Die Regelung der Banknotenausgabe findet sich in den §§ 12—16 des Bankgesetzes vom 31. März 1903. Im § 12 wird zunächst bestimmt, dass die Bank keine kleineren Noten als zu 10 *f* ausgeben darf, wobei die Stückelung der auszugebenden Noten im übrigen der Bank überlassen bleibt. Die Noten sind bei Präsentation zahlbar in Amsterdam, Rotterdam und den Filialplätzen. Bei den letzteren kann die Einlösung bis zum Eintreffen der nötigen Barmittel verschoben werden (§ 13). Seit 1904 (Gesetz vom 18. Juli) sind die Noten gesetzliches Zahlungsmittel geworden, während sie früher auch bei den Regierungskassen genommen wurden, ohne dass eine Verpflichtung zur Annahme bestand. Ausserdem geniessen die Noten, was kaum erwähnt zu werden braucht, Stempelfreiheit. Die Deckungsvorschrift ist im Gesetz selbst nicht geregelt, sondern dem König überlassen. Kraft dieser Delegation erging ein Kgl. Beschluss vom 16. April 1864 (Stbl. no. 18), erneuert am 20. Juni 1880 (Stbl. no. 113), in dem die metallische Deckung der Noten, Kontokorrentguthaben und der Bankanweisungen auf mindestens ²/₅ festgesetzt wurde. Ueber

[1]) Die Dividende betrug im Durchschnitt der Jahre 1864/65—1880/89 18,15%
1889/90—1912/13 9.48%

[2]) Siehe hierzu auch meinen Aufsatz über die Noten der Niederländischen Bank im Oktoberheft 1913 von Schmollers Jahrbuch.

die Deckung der restlichen $^3/_5$ bestehen dagegen keine Vorschriften, sodass die Bank nicht gezwungen ist, einen Wechselbestand in dieser Höhe zu halten. Im Gegensatz zu Deutschland ist in Niederland die gesetzliche Deckung auch für die Kontokorrentguthaben und die Bankanweisungen vorgeschrieben, die beide von den gesamten Verbindlichkeiten allerdings nur einen sehr kleinen Teil ausmachen. Im Durchschnitt der Jahrfünfte betrug der Anteil der Noten an den Verbindlichkeiten

1867/8—1871/2	83,6%
1872/3—1876/7	81,7%
1877/8—1881/2	90,1%
1892/3—1896/7	96,1%
1907/8—1911/2	97,1%

Seitdem der Staat nicht mehr die zeitweise sehr hohen Guthaben bei der Bank unterhält, sondern ihr häufig verschuldet ist, haben die Noten einen immer höheren Anteil an den Verbindlichkeiten der Bank erlangt. Die fremden Gelder spielen bei der Nederlandsche Bank also durchaus nicht die Rolle wie bei der deutschen Reichsbank, bei der sie etwa ein Viertel bis ein Drittel der Verbindlichkeiten betragen. Inwieweit dies für die Politik der Nederlandsche Bank von Bedeutung ist, wird noch festzustellen sein.

Die Zusammensetzung des Notenumlaufes hat sich andauernd in der Richtung verschoben, dass die kleineren Stückelungen ihren Anteil auf Kosten der grösseren vermehrten. Zwar haben auch die grösseren Abschnitte absolut zugenommen, aber die Zunahme der kleinen Abschnitte war soviel stärker, dass der Anteil der grossen Abschnitte am Gesamtumlauf doch zurückging. Nachstehende Uebersicht zeigt die Veränderungen der Beteiligung der verschiedenen Grössen für 1865 und 1904. Dieses Jahr wurde gewählt, weil es das letzte vor der Ausgabe der 10-Guldennoten ist. Danach entfielen vom Umlauf auf die Noten von

31.3.	25	40	60	80	100	200	300	500	1000 *f*
1865	6,50	6,—	8,58	—	19,85	16,80	15,60	—	26.67%
1904	16,01	10,89	14,19	—	22,49	7,76	8,00	—	20,66%

Diese Verschiebung innerhalb des Notenumlaufs zeigt, dass die Noten in hohem Masse in den Zahlungsverkehr des Landes eingedrungen sind, und welche Rolle sie dort spielen. Zur Erklärung muss auf die niederländische Münzgeschichte verwiesen werden [1]). Da der Münzumlauf fast völlig aus Silbermünzen bestand, musste der Verkehr für grössere Zahlungen die kleinen Noten der Nederlandsche Bank verwenden, denn die Zahlungen mit Silber wären viel zu umständlich und teuer gewesen. Im Jahr 1865 befanden sich für ƒ 6,694,000 25-Guldennoten im Verkehr und 1904 ƒ 37,800,000. Das entspricht einer Zunahme von 465%, bei einer Steigerung des gesamten Notenumlaufs um 129%. Die Zunahme der kleinen Noten wurde besonders stark nach der Ausgabe der 10-Guldennoten, von denen am 31. März 1913 für 38,36 Mill. im Umlauf waren. Da der gleichzeitige Umlauf an 25-Guldennoten ƒ 46,14 Mill. betrug, waren von diesen beiden Sorten ca. ƒ 84½ Mill. im Verkehr oder 27¼% des gesamten Umlaufs. Selbst wenn man berücksichtigt, dass seit der Ausgabe der 10-Guldennoten die Kassenscheine (Muntbillete) aus dem Verkehr gezogen sind, ist die Steigerung noch sehr stark, da die Kassenscheine nur bis ƒ 15 Mill. ausgegeben werden durften.

Diese Aenderung in der Zusammensetzung des Notenumlaufs ist für die Bank von grosser Bedeutung, da die kleinen Noten ganz andere Funktionen im Verkehr ausüben, als die grossen. Sie haben die Tendenz, im Verkehr zu bleiben, während die grossen bei der Wechseleinlösung und Abdeckung der Lombardvorschüsse zum Teil wieder in die Bank fliessen. Da die Rückströmung der kleinen Noten nicht unter das Prinzip der regelmässigen Notenrückströmung fällt, erfordern sie eine viel höhere Deckung. Die tatsächliche Gestaltung des Deckungsverhältnisses zeigt allerdings eine ständige Abnahme der Deckung, wie aus *Tabelle 22* hervorgeht. Im Durchschnitt der Jahrfünfte betrug die Deckung

	durchschnittlich	höchstens	niedrigstens
1897/8—01/2	55,8%	61,–%	50,3%
1902/3—06/7	54,1%	58,9%	49,9%
1907/8—11/2	52,3%	58,5%	46,3%

Danach hat seit Ausgabe der 10-Guldennoten die prozentuale Deckung sich anhaltend weiter verschlechtert. Zu berücksichtigen ist jedoch, dass der Anteil der Goldes am Metallbestand 1896/7 27,7% 1911/12 88,1% betrug. Hieraus geht hervor, dass

[1]) S. Ph. Kalkmann, Hollands Geldwesen im 19. Jahrh. Schmollers Jahrbuch 1901. S. 1223 ff.

die Position der Nederlandsche Bank jetzt viel stärker ist, obwohl die prozentuale Deckung zurückgegangen ist.

Der ausserordentlich hohe Notenumlauf (*Tabelle 21*) erforderte eine besondere Organisation, besonders da Noten in sehr verschiedenen Grössen umlaufen. Die Nederlandsche Bank errichtete hierzu die „Wechselkassen". Diese befinden sich ausser in den eigentlichen Filialen auch in den Agenturen I. Kl., sodass 1911/12 im Ganzen 94 solcher Kassen bestanden. Der grössere Teil des „Wechsel"-geschäftes findet in den Provinzen statt ($^2/_3$), in Amsterdam und Rotterdam dagegen nur etwa $^1/_3$. In den einzelnen Orten wurden umgewechselt

im Durchschnitt der Jahrfünfte	1892/3—96/7	1907/8—11/12.
Amsterdam	61,6 Mill. = 16,1%	105,7 Mill. = 14,7%
Rotterdam	63,0 „ = 16,4%	134,4 „ = 18,8%
Filialen	170,2 „ = 44,4%	262,1 „ = 36,5%
Agenturen	88,2 „ = 23,1%	214,8 „ = 30,–%

Wie später auszuführen sein wird, versucht die Nederlandsche Bank eine Einschränkung des Notenumlaufs herbeizuführen, indem sie die Einführung des Giro- und Clearingverkehrs propagiert. Bis jetzt ist ihr dies in einem nennenswerten Umfange noch nicht gelungen. Der Notenumlauf nimmt weiter zu, wie *Tabelle 21* zeigt.

C. *Das Diskont- und Devisengeschäft.*

Nach § 7 des Bankgesetzes gehören zu den der Nederlandsche Bank erlaubten Geschäften die Diskontierung von Wechseln, Anweisungen und Promessen, auf denen sich mindestens zwei Unterschriften befinden, und die nicht länger als sechs Monate laufen, ferner die Diskontierung von innerhalb drei Monaten einlösbaren Obligationen der Staatsschuld oder anderer Körperschaften bezw. Gesellschaften und ausserdem das Kaufen und Verkaufen von Devisen mit mindestens zwei Unterschriften. Ueber diese Geschäfte und die Bedingungen im einzelnen enthält die Beschreibung des Geschäftskreises der Nederlandschen Bank (Ausgabe 1909) nähere Angaben. Dort findet sich die Angabe, dass die gezogenen Wechsel mit drei oder mehr Unterschriften zu einem in der Regel um $^1/_2$ % niedrigeren Satze diskontiert werden als die übrigen Wechsel, die gewöhnlich, der grössten Gruppe von Wechseln entsprechend, Promessen genannt werden. Ausser dem Diskont wird bei Wechseln, die am Orte einer Agentur zahlbar sind, eine Gebühr von $^1/_8$ % für Platzverlust abgezogen. Hinsichtlich der Laufzeit bestimmt die Nederlandsche Bank, dass inländische Wechsel und Promessen nicht länger als $3^1/_2$ Monate nach der Diskontierung laufen dürfen. Auf 3 Monate ist diese Frist festgesetzt für Wechsel von Amerika auf Europa. Dem Verkehr mit den Kolonien in Indien und dem Handel mit dem „fernen Osten" macht die Nederlandsche Bank die Konzession, dass die in China, Indien und Australien ausgestellten Wechsel eine Laufzeit bis zu 6 Monaten nach der Akzeptierung haben dürfen bezw. bis zu 6 Monaten nach der Ausstellung laufen dürfen (S. 9). Seit der indischen Krisis von 1884 kauft die Bank das sog. „pig on pork and pork on pig"-Papier [1]) d. h. die von den indischen Niederlassungen auf ihre niederländischen Häuser gezogenen Wechsel nur dann an, wenn sie nicht länger als zwei Monate laufen oder auf höchstens 14 Tage nach Sicht lauten. Da die Diskontierung von Schuldverschreibungen im allgemeinen keine Rolle spielt, können diese hier unbetrachtet bleiben. Devisen dürfen, um bankfähig zu sein, nicht länger als ca. drei Monate laufen und müssen auf einen Bankplatz in Belgien, Deutschland, Frankreich oder auf London lauten bezw. dort zahlbar sein (S. 11). Hinsichtlich der Devisen besteht ausserdem die gesetzliche Vorschrift, dass der Devisenbestand nicht länger als 14 Tage den verfügbaren Metallbestand übertreffen darf [2]). Eine Kritik dieser Bestimmung, die auch für die Javasche Bank galt, findet sich im Bericht 1909/10 [3]). Dort wird darauf hingewiesen, dass bei dieser Bestimmung von der verkehrten Voraussetzung ausgegangen sei, als wolle die Notenbank durch die Anlage eines Devisenportefeuilles der heimischen Volkswirtschaft zu Gunsten des Auslandes Mittel entziehen. Mir scheint allerdings ein etwas grösserer Zusammenhang, wenigstens für die Nederlandsche Bank, zwischen Barbe-

---

[1]) v. d. Berg Munt-, Crediet- en Bankwezen S. 202.

[2]) Verfügbarer Metallbestand = Metallbestand, der über die vorgeschriebene Mindestdeckung van 40% der Verbindlichkeiten vorhanden ist. z. B.

Verbindlichkeiten	ƒ 313.210.930.—
Metallbestand	„ 162.214.818.—
Vorgeschriebener Mindestmetallbestand	„ 125.284.372.—
Verfügbarer Metallbestand	„ 36.930.446.—

[3]) Javasche Bank, Bericht 1909/10. S. 100 ff.

stand und Devisenvorrat zu bestehen, als im Bericht der Javaschen Bank zugegeben wird. Eine Verstärkung des Auslandwechselbestandes kann zu Zeiten eines hohen und verhältnismässig niedrig metallisch gedeckten Notenumlaufs diesen Umlauf noch weiter vermehren und dadurch das Deckungsverhältnis verschlechtern, da die Devisen nicht als Goldbestand gelten. Dabei ist zuzugeben, dass allerdings nach Fälligkeit der Devisen die Nichterneuerung die Möglichkeit gewährt, vom Ausland Gold zu beziehen.

Aus der Massnahme, dass für gezogene Wechsel mit drei Unterschriften ein Vorzugssatz von $^1/_2$ % unter dem anderen Diskontsatz gewährt wird, geht hervor, dass diese Klasse von Wechseln in Niederland verhältnismässig weniger häufig sein wird, als die anderen. Wie später zu untersuchen sein wird, hat sich die Nederlandsche Bank häufig bemüht, die ihr besonders erwünschten Wechsel zu erlangen, jedoch ohne Erfolg, da der Anteil der Promessen (und der ihnen gleichgestellten Wechsel) andauernd stieg, was aus nachstehenden Zahlen hervorgeht.

im Jahrfünft	Anteil der Promessen in Prozent.			
	überhaupt	Amsterdam	Rotterdam	Filialen
1865/6—69/70	36,9	42,5	23,1	54,7
1870/1—74/5	33,7	34,6	20,8	55,1
1875/6—79/80	36,7	34,1	23,4	57,3
1880/1—84/5	36,0	28,3	21,2	57,5
1885/6—89/90	42,1	34,2	28,6	60,5
1890/1—94/5	50,4	45,6	33,8	62,6
1895/6—99/1900	48,8	27,2	32,6	74,8
1900/1—04/5	58,0	46,6	27,8	75,9
1905/6—09/10	56,3	39,2	31,1	78,8
1910/11—12/13 (3 Jahre).	57,7	44,7	27,8	78,-

Selbst in Rotterdam, wo die Laufzeit der Wechsel am kürzesten ist, nahmen die Promessen zu; in Amsterdam schwanken die Zahlen stark, da hier die Diskontierungen der Schatzwechsel die Lage verdunkeln. Ganz besonders stark stiegen die Promessen in den Filialen, in denen in letzter Zeit über $^3/_4$ aller diskontierten Wechsel aus Promessen bestanden. Die kleinen und mit geringen eigenen Mitteln arbeitenden Provinzbanken können ihre Kredite nur gewähren, wenn ihnen die Möglichkeit gegeben ist, ihre Mittel durch Rediskontierung bei der Nederlandsche Bank wieder flüssig zu machen. Dass die Kreditgewährung gegen die Ausstellung von Promessen in grossem Umfange auch von Spezialbanken betrieben wird, wird der folgende Abschnitt zeigen. Die älteste dieser Banken, die Creditvereeniging in Amsterdam, diskontiert, wie *Tabelle* 45 zeigt, noch stets grosse Beträge bei der Nederlandsche Bank. Von 1865 bis 1911 beliefen sich diese Rediskontieerungen auf ca. eine Milliarde Gulden, bei einer Gesamtsumme aller Diskontierungen von ca. *f* $6^1/_2$ Milliarden (wovon *f* 2,18 Milliarden auf Amsterdam entfallen). Diese Bank diskontierte also allein 46,4 % aller Promessen in Amsterdam bezw. 15,3 % aller überhaupt bei der Nederlandsche Bank diskontierten. Wie erwähnt, ist die Nederlandsche Bank nicht verpflichtet, den nicht bar gedeckten Teil ihres Notenumlaufs in Wechseln anzulegen, sondern kann ebensogut den Lombard- oder Devisenbestand zur Notendeckung verwenden. Ein Vergleich von Spalte 9 in *Tabelle* 22 und Spalte 4 in *Tabelle* 27 zeigt, dass der Wechselbestand zu diesem Zweck auch gar nicht ausgereicht hätte, selbst wenn der Devisenbestand hinzugerechnet würde. Der Wechselmarkt ist in Niederland immer sehr klein gewesen, besonders wenn man berücksichtigt dass sich unter den Wechseln bei der Nederlandsche Bank, wie hervorgehoben, über die Hälfte an Promessen befanden. Die Warenwechsel scheinen danach in Niederland eine viel weniger grosse Rolle zu spielen als beispielsweise in Deutschland. Da die Banken im allgemeinen über keine sehr grossen Mittel verfügen, kann der Nederlandsche Bank von dieser Seite keine zu grosse Konkurrenz drohen, denn die Banken müssen, wollen sie im Falle der Rediskontierung ohne Verlust ausgehen, immer einen etwas höheren Satz als die Nederlandsche Bank fordern [1]). Ein Ueberblick über die Diskontierungen der Banken ist nicht zu geben, da nur wenige ihre Umsätze veröffentlichen. Auf Seite 60 und in *Tabelle* 10 sind die Umsätze auf Wechselkonto bei der Twentsche Bankvereeniging (in Amsterdam und Twente) und der Rotterdamsche Bank angegeben. Sie betrugen (in Tausend Gulden)

	1906	1910	1911	1912
Twentsche Bankvereeniging	288,700	358,900	406,900	442.600
Rotterdamsche Bank	226,700	258,300		
Nederlandsche Bank	390,700	362,800	411,700	467,300

[1]) Soweit sie die Wechsel nicht zum Privatsatz weiterbegeben können.

Danach übertraf die Nederlandsche Bank bisher die einzelnen Banken in Wechselankauf und der Laufzeit der Wechsel. Die Twentsche Bankvereeniging setzte, wenn wir in Ermanglung einer Angabe des durchschnittlichen Wechselbestandes den Bestand am 31. Dezember als Durchschnitt annehmen, ihren Wechselbestand 1911 26,2 Mal, 1910 25,1 Mal um, das entspricht einer durchschnittlichen Laufzeit von 14 bezw. $14^1/_2$ Tagen. Die Rotterdamsche Bank hatte nach derselben Berechnungsweise sogar einen 55,2 fachen (1910) bezw. 68,3 fachen (1906) Wechselumsatz, sodass die Laufzeit sich auf durchschnittlich 6,6 bezw. 5,3 Tage stellte. Bei derartig kurzen Durchschnittslaufzeiten wird die Annahme berechtigt sein, dass unter den Wechseln sehr viele vom Ausland und Inland empfangene Inkassowechsel gewesen sein müssen, bezw. dass telegraphische Auszahlungen etc. aus dem Arbitragegeschäft sich darunter befinden. Diese Inkassowechsel haben aber nicht die gleiche Bedeutung für die Banken, wie die langfristigen Wechsel, die sie durch Diskontierung erwerben.

Bei der eben festgestellten Knappheit des erstklassigen Wechselmaterials in Niederland ist es begreiflich, dass die Nederlandsche Bank, wollte sie sich einen Teil dieser Wechsel sichern, mit ihrem Diskontsatz dem Satz am offenen Geldmarkt ziemlich nahe bleiben musste. Dies zeigt sich in *Tabelle* 23. Im Durchschnitt der Jahre seit 1870 betrug der Unterschied etwa $^1/_2$ %. In besonders geldflüssigen Jahren erhöhte sich die Spannung etwas, da die Bank in solchen Zeiten in der Herabsetzung ihres Satzes vorsichtig war und nicht soweit ging, wie sie hätte gehen können. Daher musste sie es aber geschehen lassen, dass in solchen Jahren ihr Wechselbestand sehr zusammenschmolz. Als Beispiele seien hier die Jahre 1880, 1886, 1892, 1894 und 1895 genannt, die einen besonders niedrigen Durchschnittsbestand an Wechseln aufweisen (*Tabelle* 25, Spalte 4). Wenn in den Statistiken der Bank der durchschnittliche Diskontsatz der Nederlandsche Bank mit dem Vorzugssatz der Wechsel mit 3 Unterschriften identifiziert wird, so kann diese Verfahrungsweise zu verkehrten Anschauungen über die Höhe der niederländischen Zinssätze Anlass geben, da dieser Satz nur der kleineren Hälfte der diskontierten Wechsel zu gute kommt. Deshalb ist in *Tabelle* 25. Sp. 13 der Versuch gemacht worden, den tatsächlichen Durchschnitssatz zu bestimmen, indem der Durchschnittssatz im Promessen- und im Wechseldiskontgeschäft berechnet und die beiden Zahlen in Beziehung zu einander gesetzt wurden, sodass als Resultat der wirkliche Durchschnittsdiskont für das gesamte Wechseldiskontgeschäft erhalten wurde. Dieser weicht entsprechend dem schwankenden Anteil der Promessen sehr verschieden von den beiden Sätzen ab. Wenn beide Zweige des Diskontgeschäftes sich in das Geschäft zu gleichen Teilen teilten, müsste das Resultat um ein viertel Prozent über dem Wechsel- bezw. unter dem Promessensatze liegen. In der ersten Zeit nach 1864 erreichten aber die Promessen, wie oben erwähnt, einen Anteil von rund einem Drittel des Geschäftes, dementsprechend betrug die Spannung nur 1/6 %, sie stieg aber mit der Zunahme des Anteils der Promessen bis auf über 1/4 %. Für internationale Vergleiche, bei denen es meist auf die rein mechanische Feststellung von „billigen" und „teueren" Banken hinausläuft, würde also die niederländische Durchschnittszahl um etwa ein viertel Prozent zu erhöhen sein. Dieses viertel Prozent bedeutet aber eine wesentliche Aenderung der Stellung der Nederlandsche Bank hinsichtlich der Billigkeit ihres Diskonts, da für die meisten Jahre der geringere Satz Niederlands sich zu Gunsten von England ändert, wobei allerdings zu bemerken ist, dass die Nederlandsche Bank sich an ihre Sätze gebunden hält, während die Bank von England auch unter ihnen diskontiert [1]. — Die Betrachtung der Diskontsätze führt zur Diskontpolitik.

Wenn wir hierbei scheiden nach privatwirtschaftlichen und volkswirtschaftlichen Gesichtspunkten, die für die Diskontpolitik massgebend sind, so soll damit durchaus nicht etwa gesagt sein, dass diese Gesichtspunkte bei der Durchführung im Einzelfall einander ausschlössen. Sie pflegen vielmehr fast stets gemeinsam aufzutreten. Unter der Diskontpolitik aus privatwirtschaftlichen Gesichtspunkten werden die Massnahmen verstanden, die von der Bank im Interesse ihrer Zahlungsfähigkeit getroffen werden, unter der Diskontpolitik aus volkswirtschaftlichen Gesichtspunkt dagegen diejenigen, welche auf die Beziehung der Bank zur Volkswirtschaft (des In- und Auslandes) einwirken. Bei der Durchführung der Diskontpolitik ist die Bank abhängig von der Geld- und Bankverfassung ihres Landes, indem diese ihr be-

[1] E. Jaffe, das englische Bankwesen S. 36.

stimmte Mittel zur Verfügung stellt oder deren Anwendung unmöglich macht [1]).

Bei der Nederlandsche Bank ist die Fundamentalbestimmung für die Diskontpolitik in privatwirtschaftlicher Hinsicht die Vorschrift, dass mindestens $^2/_5$ ihrer Verbindlichkeiten durch Metall gedeckt sein müssen. Diese Bestimmung zwingt die Bank, Massregeln zu ergreifen, dass sie jederzeit mindestens über diese Deckung verfügt. Als Masstab für die Lage der Bank wird dabei der sog. verfügbare Saldo des Metallbestandes betrachtet, um dessen Zweieinhalbfaches die Verbindlichkeiten der Bank sich bei gleichbleibendem Metallbestand noch erhöhen können, ehe die Bank ihre Tätigkeit einstellen muss. Im Durchschnitt der Jahrfünfte betrug der verfügbare Metallbestand (in Millionen Gulden)

Jahrfünft	Maximum	Minimum	Durchschnitt	höchstes Maximum	niedrigstes Minimum
1867/8—71/2			35,86		
1872/3—6/7	65,46	36,21	50,04	78,24	14,94
1877/8—81/2	64,09	33,80	49,61	78,15	21,55
1882/3—6/7	65,27	39,99	52,30	89,43	16,83
1887/8—91/2	53,05	36,61	47,90	75,27	14,53
1892/3—6/7	48,77	32,52	41,12	54,92	24,52
1897/8—01/2	46,38	23,84	35,71	55,06	13,64
1902/3—6/7	46,70	25,00	36,10	52,60	11,50
1907/8—11/2	51,20	15,90	35,40	58,10	7,90

Danach hat seit Mitte der 1880er Jahre der verfügbare Metallbestand ständig abgenommen und zwar sowohl hinsichtlich des Maximums und Minimums als des Durchschnitts. Seinen Tiefpunkt erreichte dieser im Jahr 1910/11 am 2. Mai mit ƒ 7,9 Mill. Damals war die Bank nur noch ƒ 20 Mill. von der Grenze ihrer Tätigkeit entfernt. In dieser Lage durchbrach die Nederlandsche Bank ihr Prinzip der Zuströmung von Gold nicht durch zinsfreie Vorschüsse etc., nachzuhelfen, zumal die Erhöhung des Diskontsatzes nicht wirkte. Sie hat damals aus Berlin und London 4091 kg. Gold von ihren ausländischen Guthaben bezogen [2]). Dass es

[1]) Siehe hierüber auch die im allgemeinen recht oberflächlichen Ausführungen von Georg Schmidt, Der Einfluss der Bank- und Geldverfassung auf die Diskontopolitik im Deutschen Reich, in England, Frankreich, Oesterreich-Ungarn, Belgien und den Niederlanden. Leipzig 1910.

[2]) Bericht 1910/11 S. 16.

sich bei den niedrigen Minima des verfügbaren Metallbestandes nicht um Erscheinungen in einzelnen Jahren handelt, wie sie früher auch vorkamen, sondern um eine fast regelmässige Erscheinung, geht aus dem starken Sinken des durchschnittlichen Minimums hervor, das von ca. *f* 40 Mill. 1882/3 —6/7 auf *f* 15,9 Mill. 1907/8—11/12 abnahm. Die Gefahr, die in diesem geringen Abstande von der Grenze der Leistungsfähigkeit liegt, liess die Bankverwaltung nach einem Mittel ausschauen, das geeignet wäre, die Lage zu verbessern. Sie glaubte ein solches in der Einführung des Giro- und Abrechnungsverkehrs zu finden. Bisher hat die Propaganda der Bank nicht vermocht, den Notenumlauf einzuschränken. Dabei muss allerdings berücksichtigt werden, dass die letzten Jahre ganz besondere Anforderungen an die Notenbanken, nicht nur in Niederland, stellten. Ferner ist die Aenderung in der Zusammensetzung des Barbestandes, auf die verschiedentlich hingewiesen wurde, von Bedeutung für die Bank. In den letzten Jahren ist fast durchweg die vorgeschriebene Metalldeckung in Gold vorrätig gewesen [1]). Infolge der Abflüsse von Silber nach Indien (s. *Tabelle* 26) ist der grosse Silberbestand, den die Bank seit der letzten Währungsregelung besass, stark zusammengeschmolzen, sodass in allerneuester Zeit zu Silberankäufen für Neuausprägungen und zur Schaffung eines goldenen 5-Guldenstückes übergegangen werden musste. [2]) Dies führt uns zur Goldpolitik der Nederlandsche Bank. Da der gesamte Goldbestand des Landes bei der Bank konzentriert ist, Boissevain schätzt den *Goldumlauf* für 1909 auf nur ca. *f* 15 Mill. [3]) und den Silberumlauf auf ca. *f* 61$\frac{3}{4}$ Mill., musste aller Goldbegehr für Exportzwecke sich an die Bank wenden, da das unterwertige Silber und die Note sich nicht ausführen lassen. Die Nederlandsche Bank hat jederzeit, im Gegensatz zu verschiedenen anderen Notenbanken, bei entsprechendem Stande der Wechselkurse Gold zum Export abgegeben, um die Wechselkurse und damit die Währung auf der Goldparität zu halten.

Diese Politik ist der Nederlandsche Bank zwar nicht durch ihr Gesetz vorgeschrieben, aber seit langer Zeit Grundsatz bei ihr. Auf Wunsch der Regierung gab die Bank im Jahre 1903 eine offi-

[1]) Bericht 1909/10, 1910/11, 1911/12.

[2]) Ueber Silberankäufe in London im Jan. u. Febr. für *f* $4^1/_2$ Mill. cf. Alg. Handelsbl. v. 11.3.13.

[3]) Eeuw, S. 788.

zielle Erklärung ab, dass sie sich verpflichtete, ihre bisher betriebene Goldpolitik fortzusetzen, indem sie bei einem Wechselkurs über der Goldparität ihren Goldvorrat zur Ausfuhr zur Verfügung stellte auf Basis von *f* 1655,44 für das kg. fein [1]). Der von der Bank festgesetzte Ankaufspreis beträgt *f* 1648 für Barren und *f* 1650 für Münze, beidemal berechnet auf das kg. fein [2]). Das Prinzip, den Goldvorrat stets für Zwecke der Ausfuhr zur Verfügung zu stellen, war nur durchführbar bei einer überwiegend günstigen Zahlungsbilanz. Diese besitzt Niederland aber infolge seiner Anlagen in ausländischen Wertpapieren fast durchweg. In Zeiten ungünstiger Wechselkurse hat die Nederlandsche Bank den Goldbegehr der Exporteure durchweg befriedigt. Das bekannteste Beispiel hierfür ist die Zeit 1882/83, in der der Goldbestand bis auf *f* 4,9 Mill. sank, nachdem er im August 1880 noch 80 Mill. betragen hatte. Auch in späteren Jahren hat die Bank verschiedentlich per Saldo Gold an das Ausland abgeben müssen. Sie verlor z. B. im Lauf des Jahres 1891/2 *f* 12,3 Mill., 1895/6 *f* 20 Mill., 1906/7 *f* 10,9 Mill. 1909/10 *f* 13,3 Mill. Als Mittel ihrer Goldpolitik bedient sich die Nederlandsche Bank ausserdem ihres Devisenbestandes.

In der ausserordentlich ruhigen Zeit um die Mitte der 1880er Jahre war die Bank mit ihrem Diskont dem Marktsatze nicht ganz gefolgt, wodurch der Umfang ihres Geschäftes ziemlich zusammengeschrumpft war. Zur besseren Anlage ihrer Mittel begann sie in jener Zeit Devisen zu diskontieren, unter der Bedingung, dass der Einreicher die Papiere vor Verfall zurücknahm. Die Novelle v. 7 Aug. 1888 zum Bankgesetz gestattete dann die Anlage der Mittel auch in diesem Geschäftszweige. Aus diesen ursprünglich nur zu Anlagezwecken vorgenommenen Devisenankäufen entwickelte die Bank seitdem ein Instrument ihrer Diskont- und speziell Goldpolitik. Die Bank ist, wie wir sahen, in dem Ankauf der Devisen gebunden an den verfügbaren Metalbestand, daher kann sie diesem Geschäftszweig nicht eine beliebig grosse Ausdehnung geben. Wie aus *Tabelle* 20, 29 u. 30 hervorgeht, hat die Nederlandsche Bank in den ersten Jahren, nachdem sie das Recht zum Devisenankauf erhalten hatte, ziemlich erhebliche Beträge darin angelegt. In jenen Jahren ging das werbend ange-

---

[1]) Abgedruckt bei Boissevain Eeuw. S. 789/90.
[2]) Werkkring S. 29.

legte Kapital andauernd zurück, obwohl der Diskontsatz sehr niedrig stand. Wie *Tabelle* 23 zeigt, war in diesen Jahren die Spannung zwischen Bank- und Privatdiskont besonders gross und auch der durchschnittliche Prolongationssatz stand zum ersten Male unter dem Banksatz. Gegen Ende des Jahrhunderts begannen die durchschnittlich werbenden Anlagen wieder zuzunehmen, daher wurden die Devisenkäufe eingeschränkt, sodass sie auf weniger als die Hälfte der vordem angekauften Beträge sanken. Erst in den letzten Jahren nahm der Devisenankauf, wenn auch mit einigen Unterbrechungen, wieder mehr zu, diesmal fällt aber die Zunahme in eine Zeit starker Steigerung der werbenden Anlagen, die durchschnittlich seit 1905/6 um $^1/_3$ bis $^2/_3$ höher sind als 1889/90. Da hierfür Rentabilitätsgründe nicht ausschlaggebend sind, muss angenommen werden, dass die Notenbank diesem Geschäftszweige im Interesse ihrer Goldpolitik wieder mehr Aufmerksamkeit schenkt. Im Bericht 1906/7 wird auf S. 12/13 besonders der guten Dienste gedacht, die der Devisenbestand bei der Verteidigung des Goldbestandes geleistet habe. Da die Notenbank bisher dem Prinzip huldigt, ihre Anlagen in Devisen nicht zu erhöhen, solange die inländische Kreditnachfrage die Aufrechterhaltung eines relativ hohen Zinssatzes erfordert [1]), kann von einer regelrechten Devisenpolitik nur in beschränktem Masse gesprochen werden, denn die jeweilige Durchführung ist von der Grösse des zur Zeit vorhandenen Bestandes abhängig. Die Bedeutung der Nederlandsche Bank für den Devisenmarkt liegt somit gegenwärtig weniger in dem bei ihr gehaltenen Devisenbestande als darin, dass sie über den einzigen Goldvorrat des Landes verfügt. In dieser Hinsicht können die anderen Banken sich auf sie stützen, da sie, wie erwähnt, zu Exportzwecken bei entsprechenden Wechselkursen jederzeit Gold abgiebt. Die Grösse des Devisenmarktes wird aber insofern ungünstig beeinflusst, als die Nederlandsche Bank den Ankauf ausländischer Finanzwechsel ablehnt, wodurch die anderen Banken in ihrer Aktionsfähigkeit beschränkt sind, da sie selbst nur geringe Bestände halten können.

Ueber die unmittelbare Wirkung der Diskontveränderungen orientiert *Tabelle* 24, deren Resultat sich so zusammenfassen lässt:

---

[1]) Bericht 1907/8 S. 14.

a. Trotz der *Erhöhungen* trat 13 Mal eine weitere Verschlechterung der Deckung ein, nur 2 Mal eine Besserung, während die Deckung einmal stabil blieb.

b. Trotz der *Herabsetzung* besserte sich die Deckung 17 Mal, nahm nur 5 Mal ab.

c. Trotz der *Erhöhungen* nahmen 12 Mal die Anlagen weiter zu, nur 4 Mal ab.

d. Trotz der *Herabsetzungen* sanken die Anlagen 18 Mal, nahmen nur 4 Mal zu.

Wohlbemerkt handelt es sich hierbei nur um die unmittelbare Wirkung der Diskontänderungen, da die verglichenen Ausweise den Tag der Aenderung einschliessen. Nach Zinssätzen geordnet erfolgen die einzelnen Aenderungen bei folgender Deckung:

Erhöhung auf 3 % bei	55,6	54,8	51,8 %	
	51,9	53,9	51,8 %	
„ „ 3½ % „	54,6	54,2	48,9	48,2 %
	54,5	52,7	46,1	48,4 %
„ „ 4 % „	52,7	51,1	46,7 %	
	50,4	48,7	47,2 %	
„ „ 4½ % „	48,2	46,1 %		
	48,–	45,– %		
„ „ 5 % „	48,–	47,5	47,3 %	
	46,3	46,–	46,2 %	
„ „ 6 % „	49,6 %			
	48,9 %			
Herabsetzung auf 5½ % bei	47,6 %			
	48,1 %			
„ „ 5 % „	48,1	49,8 %		
	47,6	50,4 %		
„ „ 4½ % „	52,1 %			
	52,9 %			
„ „ 4 % „	50,1	50,9	51,9	53,8 %
	50,3	52,9	52,2	58,1 %

Herabsetzung auf $3^1/_2$ % „	51,3	54,3	56,–	58,1	60,– %	
	52,2	54,8	55,7	60,2	59,8 %	
„ „ 3 % „	54,8	58,–	60,1 %			
	55,3	59,6	60,3 %			
„ „ $2^1/_2$ % „	55,9	58,6	62,9	63,3 %		
	56,2	59,3	61,9	62,9 %		

Dabei bedeutet die obere Zahl die Deckung *vor* und die untere Zahl die Deckung *nach* der Aenderung. Den meisten Erhöhungen ist, wie erwähnt, gemeinsam eine weitere Verschlechterung der Deckung, den meisten Herabsetzungen eine Besserung. Dagegen ist die Höhe der Deckung, bei der die Veränderungen vorgenommen wurden, für die einzelnen Sätze durchaus nicht die gleiche. Sie zeigt für einzelne Sätze erhebliche Schwankungen. So erfolgte beispielsweise die Erhöhung auf 4% bei Deckungen zwischen 52,7 und 46,7 %, die Herabsetzung auf 3½ % bei solchen zwischen 51,3 und 60 %. Hier kommt deutlich zum Ausdruck, dass noch andere Faktoren bei der Diskontänderung massgebend sind. Dabei handelt es sich einmal um den inländischen Kreditbegehr und sodann um die Lage der ausländischen „Geldmärkte". Für die Regelung der Inlandsansprüche besitzt die Nederlandsche Bank in ihren acht verschiedenen Zinssätzen ein sehr feines Instrument, das sich von dem der deutschen Reichsbank mit ihren zwei Sätzen hinsichtlich seiner Beweglichkeit sehr unterscheidet. Die Nederlandsche Bank pflegt für folgende Gruppen ihres Geschäfts besondere Zinssätze zu notieren:

1. Wechsel mit 3 Unterschriften.
2. Promessen.
3. Warenlombard.
4. Edelmetalllombard.
5. Effektenlombard.
   a. inländische Effekten.
   b. ausländische Effekten.
6. kurze Lombards.
7. Kontokorrent-Vorschüsse.

Von diesen kommt der Satz für Edelmetall-Lombard nicht in Betracht, da er, gleichgiltig, welchen Stand die übrigen Sätze einnehmen, stets 1 % notiert. Die anderen Sätze pflegen in einem bestimmten Verhältnis zu einander zu stehen, indem gewöhnlich der Promessensatz $^1/_2$ % über dem Wechselsatz steht, ebenso der Warenlombard und der Satz für inländische Effekten. Der Satz für ausländische Effekten dagegen ist meist noch $^1/_2$ % höher und die kurzen Beleihungen und Kontokorrentvorschüsse müssen 1 % über dem Lombardsatz für inländische Effekten verzinst werden [1]. Erforderlichenfalls weicht die Bank jedoch von dieser Regel ab. Hinsichtlich des Promessensatzes ist dies nur in früheren Jahren vorgekommen. So betrug die Spannung zwischen beiden Sätzen in den Jahren 1846—55 1 %, ebenso zeitweilig 1858 und 1872. Bei besonders hohen Sätzen verschwand die Spannung manchmal ganz, so 1864/5 und 1873/4. Seitdem ist die Spannung dauernd auf $^1/_2$ % geblieben. Sehr verschieden ist dagegen auch heute noch die Spannung zwischen Wechseldiskont und Lombardsatz. In einzelnen Jahren hat der Satz für inländische Effekten unter dem für Wechsel (1882/3) gestanden, in anderen dagegen war die Spannung grösser als $^1/_2$ % (z. B. 1867/8, 1870/1). In den letzten Jahren nähern sich, wie *Tabelle 24* zeigt, die Sätze stark, sodass der Unterschied im Jahresdurchschnitt häufig nicht $^1/_4$ % beträgt bezw. ganz verschwindet. Zwischen dem Satz für inländische und dem für ausländische Effekten besteht seit Mitte der 1880er Jahre ein Unterschied von $^1/_2$ %, während vorher die Spannung häufig geschwankt hatte. Der Satz für Warenlombards ist überwiegend identisch mit dem für inländische Effekten, allerdings weist auch er in einigen Jahren eine eigene Bewegung auf (1895/6, 1907/8). Die Zinssätze für kurze Beleihungen und für Kontokorrentvorschüsse werden seit 1886/7 bezw. 1888/9 notiert, sie stimmen überein mit Ausnahme der Jahre 1894/5 bis 1899/1900, in denen der Satz für Kontokorrentvorschüsse $^1/_2$% über dem Satz für kurze Beleihungen stand. Diese Vielgestaltigkeit der Zinssätze gestattet der Nederlandsche Bank, jeweils nur eine partielle Erhöhung oder Herabsetzung eintreten zu lassen und auf die

---

[1] Am 1. April 1913 waren folgende Sätze geltend:

Wechsel mit 3 Unterschriften	4 %
Promessen	$4^1/_2$ %
Lombard gegen inländische Effekten	$4^1/_2$ %
Lombard gegen ausländische Effekten	5 %
Warenlombard	4 %
Kurze Beleihungen	$5^1/_2$ %
Vorschüsse im Kontokorrent	$5^1/_2$ %

siehe auch *Tabelle 24*.

Weise einzelne Geschäftszweige einzuschränken oder auszudehnen, während die anderen unverändert bleiben. Dies im einzelnen zu untersuchen, fällt nicht in den Rahmen dieser Arbeit. Hier galt es nur, die Prinzipien der Diskontpolitik aufzudecken. Auf diese Weise war es der Nederlandsche Bank möglich, sich den Sätzen am offenen Markt einigermassen anzupassen und dadurch ihre Stellung zu befestigen. Ueber einzelne „kleine Mittel" der Diskontpolitik, speziell der Lombardpolitik wird im nächsten Abschnitt noch zu sprechen sein. Hier mag noch erwähnt werden, dass eine Goldprämienpolitik für die Nederlandsche Bank nicht in Betracht kommen konnte, da sie mit dem erwähnten Prinzip der Bank, für den Export Gold abzugeben, im Widerspruch gestanden hätte. Ausserdem setzt eine Goldprämienpolitik einen Goldumlauf im Lande voraus, der in Niederland nicht vorhanden ist, wie mehrfach erwähnt wurde.

Bei der Abwehr von Kreditansprüchen, die durch Wechseleinreichungen geltend gemacht wurden, handelte es sich für die Bank hauptsächlich darum, dem Andrang von solchen Promessen zu wehren, die einen zu deutlichen Finanzwechselcharakter trugen oder von einer noch sehr schwach fundierten Bank stammten. In ihren Berichten weist die Bank verschiedentlich auf diese Probleme hin [1]).

D. *Das Lombard- und Kontokorrentgeschäft.*

In den Auseinandersetzungen über das Diskontgeschäft ist bereits auf die besondere Stellung des Lombardbestandes der Nederlandsche Bank hingewiesen worden, die sich aus der Unmöglichkeit ergiebt, zur Notendeckung die nötigen Wechsel zu erlangen. Bei der Anlage der Mittel in Lombards liegt besonders bei Effektenlombards die Gefahr nahe, dass die Bank auf diese Weise die Spekulation unterstützt [2]). Deshalb geht die Nederlandsche Bank möglichst vorsichtig zu Werke und versucht, durch Bestimmungen über die Beleihbarkeit einzelner Papiere, sowie über die Höhe des Surplus' diese Gefahr zu vermeiden.

Ueber die zur Lombardierung zugelassenen Wertpapiere wird von der Bank für die ausländischen Papiere eine Liste herausgegeben. Hinsichtlich der inländischen Papiere bestehen keine

---

[1]) s. Bericht 1899/00. S. 10. 1901/2 S. 9. 1912/13. S. 3 ff.

[2]) S. u. a. Nieuwe Financier en Kapitalist. 22. Dez. 1912.

allgemeingültigen Bestimmungen, die nach aussen hin bekannt sind, da die Bank auch den Schein einer Klassifizierung dieser Papiere vermeiden möchte. Die Höhe der Beleihung beträgt bei ausländischen Effekten 70 %, bei den meisten inländischen dagegen 75 %. Niederländische Staats-, Gemeinde- und Provinzialanleihen, Hypothekenpfandbriefe, sowie einige bevorzugte Werte werden bis zu 80 % beliehen[1]). Die Dauer eines Darlehens ist auf 3 Monate festgesetzt, jedoch ist eine vorzeitige Ablösung zulässig, wenn der Zins für den laufenden Monat gezahlt wird. Seit 1886 bestehen ausserdem die sog. kurzen Darlehen, bei denen das zu vergütende Zinsminimum 8 Tage beträgt. Von den verschiedenen Lombardsätzen und ihrer Bedeutung für die Diskontpolitik wurde bereits im vorigen Abschnitt gesprochen. Aus *Tabelle 27* ist die Entwicklung des Lombardgeschäftes zu ersehen. Sie zeigt eine anfangs langsame Zunahme, die wieder unterbrochen wird durch Rückgänge. Erst seit 1899/1900 nimmt die Zunahme ein schnelleres Tempo an. Der durchschnittliche Bestand steigt von *f* 40,7 Mill. auf 71,7 Mill. Da die Effektenlombards den grössten Betrag unter den Beleihungen ausmachen, sind sie besonders stark gestiegen. Sie betrugen 1898/9 88,2 % und 1911/12 91,5 % der durchschnittlichen Lombardierungen. Neben ihnen spielen die Waren- und Edelmetallbeleihungen nur eine untergeordnete Rolle. Ueber die Art der beliehenen Effekten und Waren wurden früher Statistiken veröffentlicht, die aber seit 1884 nicht fortgesetzt worden sind. Um die Veränderungen in der Art der Unterpfänder zu charakterisieren, seien die Beträge für den 31. März 1865 und 1884 (in Tausend Gulden) nebeneinander gestellt

Beleihungen gegen Unterpfand von	1865		1884	
Niederländ. Staatsschuld ...	*f* 2,498	= 9,3 %	*f* 3,384	= 7,—%
Niederländ. Aktien u. Oblig.	3,100	= 11,5	26,223	= 54,4
Russischen u. polnischen Fonds	4,143	= 15,4	10,631	= 22,1
Oesterreichischen Fonds ...	11,117	= 41,4	4,646	= 9,7
Spanischen u. Portugiesischen Fonds	2,015	= 7,5	555	= 1,2
anderen europ. Staatspapieren	625	= 2,3	518	= 1,–
Staatsschuld d. Ver. Staaten.	2,932	= 10,8	2,185	= 4,6
anderen nord- u. südamerik. Fonds	493	= 1,8	88	= –,–
	f 26,923	= 100 %	*f* 48,230	= 100 %

---

[1]) Werkkring S. 18.

Unter den Warenlombards standen an der Spitze, in Tausend Gulden.

Drogen u. Farben	*f* 1438	78
Kaffee	1307	2917
Kupfer u. Zinn	1038	167
Getreide u. Saaten	922	1189
Zucker	310	527
Baumwolle	43	2499

Eine neue Statistik über die Unterpfänder im Effektenlombard würde voraussichtlich interessante Schlüsse auf die Veränderungen im Amsterdamer Börsenverkehr zulassen. — Mit dem Lombardgeschäft steht das Kontokorrentgeschäft in enger Beziehung, da die Bank seit 1889/90 gegen Effektenunterpfand Vorschüsse im Kontokorrentgeschäft gewährt (s. *Tabelle* 20). Die Guthaben im Kontokorrentverkehr unterlagen in der ersten Zeit bedeutenden Schwankungen nicht nur von Jahr zu Jahr, sondern auch innerhalb der einzelnen Jahre. Dies erklärt sich zum grossen Teil daraus, dass die Kontokorrentguthaben überwiegend dem Staate gehörten, der bei der Bank die Gelder für seine Zahlungstermine sammelte. Von Privatpersonen wurden der Bank dagegen fast gar keine Gelder anvertraut, nur die Nederlandsche Handel Mij. pflegte ansehnliche Beträge bei der Nederlandsche Bank zu halten [1]. Erst seit 1889/90 wird eine Trennung nach privaten und öffentlichen Guthaben in den Ausweisen vorgenommen. Sie zeigt eine viel stärkere Gleichmässigkeit der privaten Guthaben als der des Staates, besonders seitdem dieser, worüber im nächsten Abschnitt zu sprechen sein wird, das Recht besitzt, bei der Bank Vorschüsse aufzunehmen. Die Ausdehnung des Kontokorrentgeschäftes würde voraussichtlich eine grössere sein, wenn die Führung der Konten nicht auf die Filialen beschränkt wäre, da die Agenturen sich häufig an Orten befinden, in denen der Bankverkehr noch gering entwickelt ist. Eine Ausdehnung des Kontokorrentverkehrs würde allerdings ein Abgehen von dem jetzigen System der Agenturen und die Errichtung eigner Bureaux bedingen, wie dies bei der deutschen Reichsbank mit der Entwicklung des Giroverkehrs der Fall war [2].

Auf die Guthaben bei der Bank wird kein Zins vergütet, dagegen haben die Kontoinhaber für Einzahlungen eine Provision von $^1/_2$ p. mille zu zahlen, mit der Ausnahme, dass Einzahlungen zur

[1]) v. d. Berg, Regeling S. 31.

[2]) Festschrift der Reichsbank S. 59.

Deckung eines Debetsaldos und für andere Kunden der Bank provisionsfrei sind. Ebenso wird der Gegenwert aus Diskontierungen und Lombardierungen franko gutgeschrieben, Für die Zahlbarstellung von Wechseln wird $^1/_{10}$ ‰ berechnet and ausserdem bei telegrafischen Uebertragungen eine Provision van $^1/_8$ ‰.

Die Nederlandsche Bank versucht seit einigen Jahren eine stärkere Benutzung dieses Giroverkehrs zu bewirken, doch war die Aktion bisher wenig erfolgreich, da die alten Zahlungsgewohnheiten zu stark eingewurzelt sind. Zwar ist eine etwas stärker Zunahme der Buchübertragungen in den letzten Jahren wohl zu konstatieren, die Einzahlungen auf andere Konten haben sich jedoch nicht wesentlich vermehrt.

Im Jahre	1902/3	1907/8	1912/13	betrugen
die Uebertragungen	123,6	182,4	294,6	Millionen
die Einzahlungen	91,1	91,3	117,2	„
total	214,7	273,7	411,8	Millionen

Ebenso ist die Entwicklung des Amsterdamer Abrechnungsverkehrs nicht so stark gewesen, wie die Bank erwartet hatte. Nach Boissevain [1]) betrug die abgerechnete Summe

1908 *f* 1,040,977,000 1909 *f* 1,018,352,000 [2]).

In Rotterdam dagegen scheint das Publikum, bezw. die Bankwelt „reifer" für den Abrechnungsverkehr zu sein, da, obwohl im Gegensatz zu Amsterdam, wo bereits vorher ein Scheckaustausch zwischen den drei Kassiers stattfand, bisher keine Abrechnung vorgenommen wurde, der Betrag der Abrechnungen im ersten Jahr (Zeitraum von 8 Monaten) *f* 332,886,000 ausmachte [3]). Der interlokalen Zahlungsvermittlung dienen ausserdem die Bankanweisungen (Assignationen). An Bankanweisungen wurden ausgestellt 1902/3 *f* 340,0, 1907/8 376,7, 1912/13 380,2 Millionen. Diese werden von den Niederlassungen der Bank ohne Maximalbetrag, von den Agenturen dagegen nur auf höchstens *f* 2000 bezw. 5000 ausgeschrieben gegen eine Gebühr von 30 cts. Der Rückgang der

[1]) Eeuw. S. 816.

[2]) 1909 nur für einen Zeitraum von 9 Monaten. Die Angabe weitere Zahlen verweigeren die drei an der Abrechnung beteiligten „Kassiers". S. hierüber auch § 10 Kassiers.

[3]) Lt. Bericht 1913/14 wurden in Rotterdam abgerechnet
1911/12 *f* 554,120,000 oder täglich *f* 1,810,800
1912/13 *f* 595,680,000 oder täglich *f* 1,953,000
1913/14 *f* 683,493,000 oder täglich *f* 2,234,000.

ausgestellten Anweisungen in den letzten Jahren scheint im Zusammenhang zu stehen mit der etwas grösseren Steigerung der Buchübertragungen. Da die ganze Bewegung noch zu neu ist, wird abzuwarten sein, ob das Girosystem in Niederland festen Fuss fassen wird. Die Bank tröstet sich über ihren vorläufigen Misserfolg mit den deutschen Erfahrungen, die im Anfang auch nicht glänzend waren [1]). In neuester Zeit schweben ausserdem Pläne, einen Postgiroverkehr einzuführen, doch ist noch nichts näheres darüber bekannt [2]). An den österreichischen Postgiroverkehr ist Niederland durch einen Vertrag der österreichischenPostsparkasse mit der Amsterdamschen Bank angeschlossen [3]).

Seit 1889/90 gestattet die Nederlandsche Bank ihren Kontokorrentkunden, das Guthaben zu überziehen, wenn sie ein entsprechendes Effektendepot halten. Diese Vorschüsse im Kontokorrent haben sich, wie *Tabelle* 20 und 28 zeigen, sehr schnell eingebürgert. Sie werden besonders von Banken benutzt, die dadurch einen Teil ihrer Mittel verzinslich anlegen und doch als Reserve benutzen können. Das Maximum der Vorschüsse fällt fast immer in den Mai- und Novembertermin. Bemerkenswert ist die rasche Veränderung dieser Darlehen, da sie nicht an ein Zinsminimum gebunden sind. Daher fallen Maximum und Minimum häufig sehr nahe bei einander (z. B. 1896/7, 1901/2, 1902/3, 1904/5). Den Reservecharakter dieser Vorschüsse zeigt *Tabelle 28* besonders deutlich, sie vergleicht die am 31. März eines Jahres *bewilligten* Vorschüsse mit den tatsächlich *in Anspruch genommenen*. Dabei ergiebt sich die interessante Erscheinung, dass durchschnittlich nur etwa 10% der erlangten Kredite benutzt werden und dass die höchste Benutzung auch nur etwa $^1/_3$ der bewilligten Summe ausmacht, während das Minimum nur etwa $^1/_{20}$ beträgt. Wenn man die noch verfügbaren Vorschüsse, hinsichtlich deren die Bank gebunden ist, mit dem verfügbaren Metallbestand vergleicht, so ergiebt sich, dass die starke Vorschussgewährung nicht gerade zu einer Verstärkung der Position der Bank geführt hat. Nach dem durchschnittlichen verfügbaren Metallbestand war die Nederlandsche Bank in der Lage, noch an Noten zu emittieren (A), wäh-

---

1) Bericht 1910/11 S. 22.
2) Frankfurter Zeitung vom 27. 6. 12.
3) Bericht der Amsterd. Bank 1911. S. 13.

rend die nicht benutzten Vorschüsse durchschnittlich betrugen (B) — in Millionen Gulden.

	1907/8	1908/9	1909/10	1910/11	1911/12
A	73,0	91,5	111,7	74,8	92,0
B	53,9	57,2	55,8	50,9	54,1

Ueber die Berufe der Vorschussnehmer macht die Bank selbst keine Angaben, dagegen liess sich aber aus den bei Nierop abgedruckten Bilanzen von verschiedenen Gesellschaften eine Verschuldung an die Nederlandsche Bank feststellen. So schuldeten

	1909	1910	1911
Die Alg. Friesche Hypotheekbank ...	6,000	48,000	
die Mij. voor Hypothecair Crediet ..	712	3,033	
Voorschotbank de Nederlanden	11,579	14,908	
Levensverz. Mij. Neerlandia	5,339	4,664	
Limburgsche Cred. Vereeniging	—	19,000	
Ontvang- en Betaalkas	1,471,291	1,367,515	1,051,537
Cooperatieve Centr. Christ. Boerenleenbank......................	—	102,500	116,000
Cooperatieve Centr. Boerenleenbank .	—	—	55,279

In wesentlichen waren es danach Banken, die diesen Kredit benutzten. Was schliesslich die Verteilung der Vorschüsse auf die einzelnen Niederlassungen betrifft, so haben sich die Vorschüsse in den Filialen sehr gleichmässig erhöht, ebenso in Rotterdam, während in Amsterdam ihr *Reservecharakter* deutlich zum Ausdruck kommt, indem die Vorschüsse in geldknappen Jahren stark zunehmen, in geldflüssigen Zeiten aber stark zurückgehen.

E. *Die Beziehungen zwischen der Nederlandsche Bank und dem Staat.*

Bei der Besprechung der Bankgesetznovellen im § 4 wurde stets darauf hingewiesen, wie die Stellung des Staates zur Bank war. Bei der Gründung wurde die Bank mit allerlei Vorrechten ausgestattet: sie erhielt u. a. ein Gebäude kostenlos zu Benutzung, Stempelfreiheit für verschiedene Geschäfte etc. Hierin kam auch 1838 keine Veränderung; erst 1863 kaufte die Bank ein eigenes Gebäude vom Staat [1]). Erst die Novelle von 1888 brachte eine grundlegende Aenderung in den Beziehungen des Staates zur

[1]) Im Jahr 1863 wurde durch § 10 des Gesetzes v. 22. Dez. bestimmt, dass die Bank mit der Kassenführung für den Staat betraut werden könnte. Im Jahre 1871 wurde die Frage dann so geregelt, dass die Bank sich gegen eine Zahlung von jährl. ƒ 100,000 von dieser Verpflichtung befreite.

Bank hervor. Die Unterhandlungen über die Erneuerung des Privilegs der Nederlandsche Bank wurden bereits 1884 begonnen, mussten aber abgebrochen werden, da vorläufig keine Uebereinstimmung in verschiedenen Fragen zu erzielen war [1]). Es handelte sich diesmal von vornherein darum, den Staat an den Gewinnen der Nederlandsche Bank teilnehmen zu lassen. Das Resultat der Unterhandlungen findet sich in den neuen Bestimmungen des Gesetzes vom 7. Aug. 1888.

Die Bank hatte zu leisten:

1. eine einmalige Zahlung von 1 Mill. Gulden als Honorar für die Verlängerung des Privilegs,
2. die Verwaltung der Staatskasse in Amsterdam, Rotterdam und den Filialen, desgleichen für die Postsparkasse;
3. Vorschüsse bis zu *f* 5 Millionen.
4. einen Gewinnanteil an den Staat.

Die Novelle vom 31. Dez. 1903 brachte weitere Vorteile für den Staat, sodass die Bankleitung es eine Zeitlang in Erwägung zog, das Notenprivileg überhaupt aufzugeben und als gewöhnliche Bank weiter tätig zu sein [2]). Der Gewinnanteil des Staates wurde erhöht, ausserdem der Vorschuss von *f* 5 auf *f* 15 Mill. gebracht und zinsfrei gemacht. Auf die Dividende hat die Aenderung der Gewinnverteilung bedeutenden Einfluss gehabt, da sie seither sich nur in Einzelfällen über 10% erhoben hat, während sie vor 1889/90 nie unter 10% betragen hatte. Von 1889/10 bis 1912/13 erhielten die Aktionäre *f* 45,5 Millionen, der Staat *f* 46,4 Millionen, davon entfielen auf die Zeit 1904/5—1912/13 für die Aktionäre *f* 18,4 Millionen, den Staat *f* 25,2 Millionen.

Wie aus *Tabelle* 20 hervorgeht, hat der Staat von seiner Befugnis, bei der Bank bis zu 15 Mill. *f* zinslos aufzunehmen, reichlichen Gebrauch gemacht. Bis zur Emission der Anleihe von 1911 betrug der durchschnittlich benutzte Vorschuss zwischen 9 und 13 Mill. Gulden. Damit sind allerdings die Geschäftsbeziehungen noch nicht erschöpft, da ausserdem erhebliche Beträge an Schatzwechseln bei der Nederlandsche Bank diskontiert wurden [3]).

---

[1]) Gerritzen a. a. O. S. 180 ff. Boissevain, Prae-Adv. S. 97 ff.

[2]) Bericht 1903/4 S. 4.

[3]) Boissevain in de „Economist" 1911 S. 121 ff. behandelt die Frage, die damals auch in allen Zeitungen diskutiert wurde, ausführlich.

In den letzten Jahren wurden an Schatzwechseln diskontiert
1906/7 für ƒ 48 Mill.
1907/8 für $18^1/_2$ Mill.
1908/9 für 35 Mill.
1909/10 für 99 Mill.

Nach Boissevain [1]) betrugen die Forderungen der Nederlandsche Bank an den Staat am 30. April 9110 ƒ 34,2 Mill. (einschliesslich des Vorschusses), während der verfügbare Metallbestand auf ƒ 8,9 Mill. zusammengeschmolzen war. Der Bank wurde damals etwas Erleichterung verschafft durch die Uebernahme eine Teiles dieser Summe durch die Postsparkasse. Von sehr grosser Finanzkunst zeugt das Vorgehen der niederländischen Finanzverwaltung nicht gerade. Es erinnert an die ähnliche Inanspruchnahme der Reichsbank durch die Reichsfinanzverwaltung vor der Finanzreform.

§ 9. DIE STELLUNG DER NEDERLANDSCHE BANK AM NIEDERLÄNDISCHEN GELDMARKT.

Wie wir sahen, ist in Niederland die Entwicklung des Depositenbestandes bei den Banken im allgemeinen sehr gering. Die Ursachen dieser schwachen Depositenbildung finden wir einmal in der engen Verknüpfung des Sparpublikums mit der Börse, sodann in der Zersplitterung der Banken in sehr viele kleine Institute, und schliesslich in der Entziehung eines Teils der Kapitalien durch die in Indien arbeitenden Banken [2]). Da ausserden die Privatbankiers, über deren Kapitalkraft und fremde Gelder keine Angaben bestehen, noch sehr zahlreich sind, leuchtet es ein, dass eine Zusammenstellung der Bilanzen der grösseren Banken für eine grössere Zeitspanne und Vergleichung dieser Zahlen mit der Entwicklung der Notenbank in Niederland zu keinem Resultat führen kann. Daher kann dieser von Helander [3]) mit so viel Erfolg beschrittene Weg zur Untersuchung der Kräfteverhältnisse am „Geldmarkt" nicht angewandt werden. Es bleibt also nur übrig, zu versuchen, ob sich aus den Zahlen der Nederlandsche Bank selbst eine Veränderung in deren Stellung herauslesen lässt.

---

[1]) Boissevain in „de Economist" 1911. S. 132.
[2]) S. Abschnitt über die Grossbankfrage.
[3]) Conr. Jahrb. 3 Folge Bd. 44. S. 1 ff.

Bei der Besprechung ihrer Devisenankäufe im Bericht für 1888/9 sagt die Bank (S. 12), dass sie es vorgezogen hätte, Inlandwechsel zu kaufen, diese seien ihr aber trotz des niedrigen Diskontsatzes nicht angeboten worden. Die Erklärung für die geringeren Ansprüche im Diskontgeschäft findet die Bank zum Teil darin, dass die Depositen bei verschiedenen Banken zugenommen hätten, wodurch diese weniger häufig zur Rediskontierung ihrer Wechselbestände gezwungen seien. Die geringe Inanspruchnahme der Nederlandsche Bank für Diskontzwecke hielt jedoch nicht an, wie die folgenden Zahlen für den Wechsel-, Lombard- und Devisenbestand im fünfjährigen Durchschnitt zeigen (in Mill. Gulden.).

	Wechsel	Devisen	Lombard	Wechsel (ohne Schatzwechsel)
1864/5 —68/9	45,00		31,10	
1869/70—73/4	56,75		34,84	
1874/5 —78/9	60,48		40,27	
1879/80—83/4	51,62		40,13	
1884/5 —88/9	43,62		41,45	
1889/90—93/4	39,83	22,69	42,41	
1894/5 —98/99	48,68	12,00	42,01	38,62
1899/00—03/4	54,98	9,07	51,56	47,66
1904/5 —08/9	57,40	14,06	56,79	50,70
1909/10—13/14	62,38	14,90	67,90	57,54

Die ersten Jahre zeigen eine anhaltende Steigerung sowohl der durchschnittlichen Wechsel- als auch der Lombardbestände, die sich aus der Ausdehnung der Bank auf die Provinzen erklärt. Gegen Mitte der 1870er Jahre kommt die Steigerung der Wechsel zum Stehen und der Bestand nimmt dann ziemlich rasch ab, so dass im Jahr 1880/1 ein Durchschnittsbestand von ƒ 40½ Mill. vorhanden war. Dann steigt der Bestand wieder, jedoch bedeutet diese Zunahme keine Zunahme an Handelswechseln, sondern beruht auf einer Diskontierung von Schatzwechseln [1]). Da die Diskontierungen der Schatzwechsel nicht auf einem besonderen Konto erscheinen, war es früher nicht möglich, sie bei einer Betrachtung der Handelswechsel auszuscheiden. Erst im Bericht für 1910/11 befinden sich nähere Angaben, nach denen die vorstehenden Zahlen berechnet wurden. Sie ergeben vor allem für

[1]) Da der Durchschnittsbestand der Schatzwechsel in letzter Zeit nicht angegeben wurde, musste er aus den Angaben über diese ungefähr errechnet werden.

[2]) Boissevain a. a. O. S. 86/7, Gerritzen a. a. O. S. 123.

1894/9 und 1899/04 sehr erhebliche Abweichungen. Besonders wichtig ist der Vergleich der beiden Zahlenreihen mit der der Lombardbestände. Nach der ersten Reihe übertraf bis vor kurzem der Wechselbestand den Lombardbestand, allerdings war die Marge immer kleiner geworden. Nach der zweiten dagegen blieb der Wechselbestand seit 1894 hinter dem Lombardbestand zurück (das Gleiche ergiebt sich bei einer Betrachtung für die einzelnen Jahre nach *Tabelle* 20 *und* 30). Mit Ausnahme der Jahre 1891/2, 1896/7, 1900/1, 1903/4, 1904/5, sowie 1907/8 u. 1912/13 überragt der Lombardbestand den Wechselbestand in allen Jahren, wenn man den Bestand an Handelswechseln vergleicht. Diese Verschiebung innerhalb der werbenden Anlagen ist in höchstem Masse bedeutungsvoll für die Bank und ihre Politik, da durch sie der Bank in steigendem Masse die Kontrolle über den Wechselmarkt entzogen wird. Dies geschieht auf zweierlei Weise, einmal dadurch, dass der Zustrom der Wechsel bei der Notenbank sich überhaupt verringert [1]), sodann indem der Bank eine andere Art von Wechseln zufliesst. Diese andere Art sind die Promessen (Eigenwechsel) die hauptsächlich durch die Kreditvereine und ähnliche Unternehmen zur Nederlandsche Bank kommen, da diese Banken sich von ihren Kunden in der Regel Eigenwechsel ausstellen lassen, um die gewährten Kredite jederzeit flüssig machen zu können (Ausführliches darüber s. Abschnitt „Kreditvereine"). Da die Zahlen in *Tabelle* 26 unter den Diskontierungen auch die Diskontierungen von Schatzwechseln enthalten, wodurch die Klarheit der Entwicklung beeinträchtigt wird, ist in den nachstehenden Zahlen die Berechnung für einige Jahrfünfte doppelt vorgenommen worden: einmal (*a.*) einschliesslich der Schatzwechsel und das andere Mal (*b.*) ohne sie.

---

[1]) Ob der Anteil der Nederlandsche Bank sich im Verhältnis zum Wechselumlauf im ganzen Lande verringert hat, lässt sich nicht einwandfrei feststellen, da eine Berechnung des Wechselumlaufes auf Grund der Wechselstempeleinnahmen in Niederland nicht möglich ist infolge der Verwendbarkeit der 5 ct. Stempelmarke als Quittungs- und Wechselstempelmarke. Die Einnahmen für die Wechselstempelmarken über 5 ct. steigen schneller als die Bevölkerung zunimmt. Sie nahmen zu von 1898 bis 1911 um 28,8 % bei einer Bevölkerungsvermehrung von 18,7 % im gleichen Zeitraum. Diese Zahl würde also auf eine Zunahme des Wechselumlaufs hindeuten; sie kann allerdings kompensiert werden durch eine Abnahme der mit 5 ct. zu versteuernden Wechsel (unter *f* 100).

Jahrfünft	in Tausend Gulden.			
	überhaupt diskontiert	durchschnittl. im Jahr	diskontierte Promessen	in %
1864/5 —68/9	1,217,300	243,400	424,400	34,8
1869/70—73/4	1,613,200	322,600	556,400	34,7
1874/5 —78/9	1,826,000	365,200	602,000	32,9
1879/80—83/4	a 1,651,700	330,300	596,400	36,1
	b 1,480,400	296,100	596,400	40,3
1884/5 —88/9	1,339,800	267,900	540,200	40,3
1889/90—93/4	1,277,400	255,500	614,100	45,8
1894/5 —98/9	1,318,100	263,600	649,900	50,8
1899/00—03/4	1,609,300	321,800	918,900	57,1
1904/5 —08/9	a 1,767,600	353,500	1012,000	57,2
	b 1,666,100	333,200	910,500	54,5
1909/10—12/13	a 1,606,900	401,700	895,600	55,7
(vier Jahre)	b 1,505,900	376,500	794,600	52,7

Von 1864/5 ab, in welchem Jahr der Anteil der Promessen ca. 25 % betrug, hat eine Verdoppelung des Promessenanteils stattgefunden. Seit 1892/3 ist der Anteil nur zwei Mal unter 50 % gesunken, seinen Höhepunkt erreichte er 1901/2 mit 63,3 %. An obigen Zahlen lässt sich deutlich der Rückgang der Diskontierungen der von der Nederlandsche Bank am meisten geschätzten und deshalb zu einem Vorzugssatz genommenen Wechsel erkennen. In den ersten Jahrfünften wurden für je ca. 1 Milliarde Wechsel erworben, in den letzteren dagegen nur knapp $^3/_4$ Milliarden. Den Gewinn von dieser Veränderung hatten die Promessen, sie nahmen von ca. $^1/_2$ Milliarde auf fast eine Milliarde im Jahrfünft zu. Da diese Wechsel, theoretisch wenigstens, in unbegrenzter Menge geschaffen werden können, ist selbst bei einem ziemlich grossen Bestand derartiger Papiere nie eine so gute Kontrolle des Geldmarktes möglich, wie beim Besitz von überwiegend „gezogenen" Warenwechseln, die jene Vermehrbarkeit nicht erreichen, sondern an die jeweiligen Warenumsätze gebunden sind. Daher erklären sich auch die verschiedenen Abwehrmassregeln der Nederlandsche Bank gegen die Promessen, die jedoch die Entwicklung nicht zu hemmen vermochten. Mit der Veränderung in der Art des eingereichten Wechselmaterials ging eine Verschiebung im Wechselgeschäft überhaupt parallel, indem Amsterdam und Rotterdam mit dem Erstarken der dortigen Banken sich mehr von der Nederlandsche Bank frei machten oder doch wenigstens das verhältnismässig teure Wechseldiskontgeschäft nach Möglichkeit einschränkten und durch Vorschüsse im Kontokorrent oder kurze Lombarddarlehen ersetzten (Erklärung: Der Wechselsatz ist wohl niedriger, aber bei den Banken sind nicht immer Wechsel mit entsprechenden Fälligkeiten vorhanden, wodurch Zinsverluste entstehen, dagegen ist bei Lombardierungen wohl ein höherer Zinssatz zu zahlen, aber die Möglichkeit vorhanden nach 8 Tagen—bei Kontokorrentvorschüssen jeden Tag—den Vorschuss abzulösen). Der Anteil der Filialen an den Diskontierungen betrug, wenn man von den ersten Jahren nach der Errichtung absieht, etwa $^{1}/_{5}$ (1870), zehn Jahre später belief er sich bereits auf $^{2}/_{5}$, 1890 war er weiter auf die Hälfte gestiegen und ist seitdem nur noch wenig höher gestiegen, in Durchschnitt der letzten Jahre beträgt er etwa $^{3}/_{5}$. Der Anteil Amsterdams zeigt keine so gleichmässige Bewegung, da die Entwicklung durch die zeitweise Diskontierung von Schatzwechseln, die fast immer in Amsterdam geschah [1]), gestört wurde. Immerhin lässt sich aber feststellen, dass Amsterdams Anteil von etwa der Hälfte auf $^{1}/_{3}$ bis $^{1}/_{4}$ gesunken ist. Rotterdam spielte von vornherein nicht die Rolle im Diskontgeschäft der Nederlandsche Bank, aber auch sein Anteil ist sehr stark zurückgegangen (von $^{1}/_{4}$ auf $^{1}/_{10}$). Der Anteil Amsterdams und Rotterdams am Lombardgeschäft ist aus den erwähnten Gründen weniger stark zurückgegangen, besonders wenn man berücksichtigt, dass er bereits Ende der 1870er Jahre für Amsterdam nur noch ein Drittel und für Rotterdam etwa $^{1}/_{6}$ betrug. Die gesamten werbenden Anlagen, das sog. opereerende Kapital, weisen einen etwas günstigeren Anteil Amsterdams auf, da Vorschüsse an den Staat nur in Amsterdam gebucht werden und der Devisenankauf nur in Amsterdam und Rotterdam stattfindet.

Im Jahr 1869/70 betrug der Anteil an den werbenden Anlagen von Amsterdam 53,7 % von Rotterdam 21,2 %, den Filialen 25,1 % im Jahr 1909/10 Amsterdam 41,2 %, von Rotterdam 9,3 %, den Filialen 49,5 %.

Für die verändete Stellung der Amsterdamer Banken kann ein Beispiel angeführt werden in der Credietvereeniging Amsterdam, die zu den grössten Diskontanten der Nederlandsche Bank

---

[1]) Boissevain Prae-Adv. 86/7.

zählte, wie *Tabelle* 45 zeigt. Seit 1904 nehmen bei ihr die Diskontierungen am offenen Markt sehr stark zu, sodass sie zeitweise nur noch die Hälfte bis ein Drittel ihrer Rediskontierungen bei der Nederlandsche Bank tätigte.

Aber abgesehen von diesen Verschiebungen im Geschäft der Nederlandsche Bank, die für Amsterdam und Rotterdam zweifellos einen Rückgang an Bedeutung wenigstens in „normalen" Zeiten [1]) darstellen, lässt sich noch auf andere Weise ein Bild der Stellung der Nederlandsche Bank gewinnen. Wenn man untersucht, in welcher Weise die Nederlandsche Bank in Anspruch genommen wird, so zeigt sich darin ein wesentlicher Unterschied gegen frühere Jahre. Die Inanspruchnahme findet bei der Nederlandsche Bank, da die Guthaben im Kontokorrent nur eine geringe Rolle spielen und für grössere Zahlungen Silbergeld (Gold giebt die Bank bekanntlich nur für Exportzwecke ab) nicht in Betracht kommt, ihren Ausdruck im wesentlichen durch eine Zunahme des Notenumlaufs. Wie *Tabelle* 21 zeigt, ist der Notenumlauf von 1889 bis 1904/5 wohl gestiegen, aber die Zunahme erfolgte weniger rasch als die Bevölkerungszunahme, was sich darin äusserte, dass die Notenmenge auf den Kopf der Bevölkerung zurückging. Seitdem weist diese Zahl eine ziemlich starke Steigerung auf, die sich durch die Ausgabe der 10-Guldennoten erklärt. Im Jahr 1912/13 hatte der Notenumlauf pro Kopf der Bevölkerung mit *f* 50,56 beinahe wieder seinen Höhepunkt erreicht (1877/78 *f* 51,22). Dieser früher teilweise gleich hohe Notenumlauf unterscheidet sich von dem gegenwärtigen dadurch, dass er viel gleichmässiger war, weder nach oben noch nach unten grosse Schwankungen aufwies. Die Spannung zwischen Notenmaximum und -minimum [2]) betrug von 1864 bis gegen 1900 im Durchschnitt 20—25 Mill. Gulden, nämlich

im Jahrfünft	1864/5—1868/9	*f* 21,000,000
	1869/0—1873/4	- 26,100,000
	1874/5—1878/9	- 23,700,000
	1879/1—1883/4	- 25,300,000
	1884/5—1888/9	- 23,400,000

[1]) Ueber die Funktion der Nederlandsche Bank als „Bank der Banken" wird noch zu sprechen sein.

[2]) Siehe für die einzelnen Jahre *Tabelle 21.* bezw. für den metallisch nicht gedeckten Notenauslauf *Tabelle 31.*

	1887/8—1891/2	f 23,800,000
	1892/3—1896/7	- 22,500,000
	1897/8—1901/2	- 26,300,000 in den beiden nächsten
Jahrfünften dagegen	1902/3—1906/7	- 37,700,000
	1907/8—1911/2	- 46,500,000

Hieraus geht hervor, dass die Noten früher mehr dauernd im Verkehr waren, jetzt aber in grösserem Umfang zeitlich gebraucht werden und dann schnell zurückfliessen. Dieser zeitliche Notenbedarf fällt aber überwiegend auf die Quartale und ausserdem auf den Ultimo April und Oktober, die beide für eine Reihe von Zahlungen, wie Mieten, Hypothekenzinsen von grosser Bedeutung sind, sodass demgegenüber der Ultimo März zurücktritt. Beim Ultimo September ist dies nicht so deutlich erkennbar, da im Herbst der Notenumlauf im allgemeinen höher zu sein pflegt. Daher ist es auch erklärlich, dass in *Tabelle* 21 das Notenminimum verschiedentlich auf den Anfang April bezw. die letzten Tage des März fällt, während das Maximum mit geringen Ausnahmen auf November, Mai und Januar sich verteilt. Das häufige Vorkommen des dichten Zusammenfallens von Maximum und Minimum führte dazu, zu untersuchen, ob der Notenumlauf an den anderen Terminen eine ähnliche Bewegung zeigte. Diese Untersuchung ist in *Tabelle* 32 bezw. der *graphischen Darstellung* 33 vorgenommen.

Zur Anlage der Tabelle sei bemerkt, dass die Beobachtung jedesmal den Zeitraum zwischen 5 Ausweisen umfasst, in dessen Mitte der erste Ausweis *nach* dem Ultimo liegt. Da die Ausweise der Nederlandsche Bank jedesmal auf den Dienstag abgeschlossen werden, liess sich kein bestimmter Tag als Mittelpunkt annehmen, wie das bei der deutschen Reichsbank möglich wäre, deren Ausweise jeden 7. 15. 23. und letzten des Monats abgeschlossen werden. — Sehr deutlich zeigt *Tabelle* 31, auf welche Weise die Nederlandsche Bank den starken Kreditbegehr am Ultimo befriedigt. Während zu Anfang der 1890er Jahre der metallisch nicht gedeckte Notenumlauf etwas über $^1/_3$ des gesamten Notenumlaufs betrug, stieg er fast bis auf die Hälfte (1906/7 49.9 %). Hierbei ist zu berücksichtigen, dass für diese Berechnung der gesamte Barbestand auf den Notenumlauf bezogen wurde d. h. ohne Berücksichtigung der anderen Verbindlichkeiten, die ebenfalls der Deckungsvorschrift unterliegen. Aber nicht nur die starke Steigerung des „ungedeckten" Notenumlaufs von *f* 71 Mill. auf 136 Mill. ist bemerkenswert, sondern auch die stärkere Spannung zwischen dem höchsten und dem niedrigsten ungedeckten Notenumlauf, die sich von *f* 21,5 auf 56,8 Mill. erhöhte, was, auf den durchschnittlichen ungedeckten Umlauf bezogen, einer Spannung von 30,3 bezw, 41,8 % entspricht.

Die niederländische Methode beeinträchtigt das Resultat etwas, da verschiedentlich der erste Ausweis nach dem Ultimo auf den 7. des folgenden Monats fällt, an dem die Inanspruchnahme vom Ultimo grösstenteils verschwunden ist. Dies liess sich nicht vermeiden, wenn nach einer festen Regel verfahren werden sollte. Der Fehler ist auch nicht so bedeutend, dass er die Darstellung störte. Zur Orientierung ist das Datum des betr. Ausweises stets angegeben worden, z.B. 1888/9 März 7. heisst also 7. April; April 5 bedeutet 5. Mai etc. Die verhältnismässig grosse Frist von 28 Tagen musste gewählt werden, damit die etwaigen Abdeckungen auf Lombardkonto, für die bei den kurzen Darlehen für mindestens 8 Tage Zinsen zu zahlen sind, noch zum Ausbruch kommen konnten [1]). Wenden wir uns nunmehr zur Besprechung der *graphischen Darstellung* 33, aus der deutlicher als aus der *Tabelle* 32 die grossen Züge der Entwicklung zu erkennen sind. In den ersten Jahren findet für die Termine März, Juni, September und Dezember ein weiteres Steigen des Notenumlaufs vom 1. bis 3. Ausweis *nach* dem betreffenden Ultimo statt, nach dem April- und Oktober-Termin dagegen ein, wenn auch zunächst geringes Abnehmen der Zirkulation. Dieses Steigen an den ersten 4 Terminen wird allmählich und verschieden schnell verdrängt durch ein Abnehmen des Umlaufs auch nach diesen Terminen. Zuerst erscheint dieser Umschwung im Dezember (1897/8) darauf im Juni (1901/2) im März (1905/6) und allerneuestens auch im September (1911/12). Für den September wurde bereits auf das regelmässige Steigen des Notenumlaufs zum Herbst hingewiesen, er eignet sich zum Vergleich daher am wenigsten. Wichtig ist die Feststellung, dass auch der März seit einer Reihe von Jahren die den anderen 4 Terminen gemeinsame Richtung aufweist, da er kurz vor dem Hauptzahlungstermin liegt, dass also zwischen Ultimo März und

[1]) Die Beschränkung auf die Zeit nach 1888 erklärt sich rein äusserlich daraus, dass mir keine älteren Berichte zur Verfügung standen, sie lässt sich aber auch damit rechtfertigen, dass die für die Darstellung wichtigen Jahre erst in die Zeit zwischen 1890 und 1900 fallen.

April ein Sinken des Notenumlaufs fällt. Aus dieser grösseren Beweglichkeit des Notenumlaufs geht hervor, dass die Nederlandsche Bank in gewöhnlichen Zeiten d. h. im Lauf der Monate nicht besonders stark in Anspruch genommen wird, und dass die Tage vor dem betr. Termin dann plötzlich eine starke Nachfrage nach Noten bringen, bei der es sich einerseits um einen Bedarf an Zahlungsmitteln infolge der auf diese Tage zusammengedrängten vielen Zahlungen, andererseits aber auch um ein mangelhaftes Gerüstetsein der Banken handelt, die mit ihren gewöhnlichen Mitteln die laufenden Zahlungen wohl bestreiten können, dagegen bei einem Andrang von Zahlungsverpflichtungen auf die Nederlandsche Bank zurückgreifen müssen. Es sind also die gleichen Erscheinungen wie in Deutschland. Die Noten weisen seit etwa 1905 teilweise sehr starke Erhöhungen des Umlaufs an den 6 Terminen auf, vorher war die Regel eine Steigerung von *f* 5—10 Millionen, seitdem von *f* 10—20 Millionen. Da aber die Abnahmen ebenfalls bedeutender geworden sind, ist die Erhöhung, die am dritten Ausweis nach dem Ultimo übrig bleibt, entweder nur unwesentlich höher oder sogar niedriger. Sie betrug

im Jahrfünft	März	April	Juni	Sept.	Okt.	Dez.	
1892/3—1896/7	5,2	4,2	8,6	9,3	1,9	11,6	Mill. *f*
1897/8—01/2	7,2	4,8	8,8	11,9	2,4	7,2	„
1902/3—06/7	7,8	3,3	8,9	13,1	3,4	9,6	„
1907/8—11/12	9,8	5,6	11,9	17,2	4,5	3,9	„

Die Veränderungen auf den anderen Konten der Passivseite sind im Vergleich mit den Veränderungen der Noten nur von untergeordneter Bedeutung. Der Verkehr mit dem Staat zeigt, seitdem der Staat bei der Nederlandsche Bank über einen zinsfreien Kredit von *f* 15 Millionen verfügen kann, bedeutend grössere Schwankungen, die sich auch im allgemeinen in der gleichen Richtung wie vorher bewegen. Von 1904/5 ab war der Staat nur an den 3 letzten Ausweisen des Jahres 1911/12 nicht an die Bank verschuldet. Die Veränderungen auf der Passivseite der Bilanz der Nederlandsche Bank müssen auf der Aktivseite irgendwie zum Ausdruck kommen. Da die Veränderungen des Barbestandes und der Devisen nur ganz geringfügig waren, bleiben nur die Wechsel und Lombards übrig. Diese folgen in ihren Bewegungen denen des Notenumlaufs, jedoch in der Weise, dass der Lombardbestand sich schneller entwickelt und ein gleichmässigeres Steigen bezw. Fallen aufweist als der Wechselbestand, wie nachstehende Zahlen zeigen: Der Wechselbestand stieg (+) bezw. fiel (—) an den Quartalen und den beiden Hauptzahlungsterminen

(in Millionen Gulden)

im Durchschnitt der Jahre	März a [1]	März b [1]	April a	April b	Juni a	Juni b
1888/9—91/2		—0,9	+ 2,9	—1,5	+0,9	—1,2
1892/3—96/7	+0,5	+0,2	+ 5,2	—0,3	+1,4	—1,5
1897/8—01/2	+1,7	—0,1	+ 5,6	—1,6	+2,9	—1,5
1902/3—06/7	+0,8	+2,1	+ 9,5	—3,9	+3,5	—3,9
1907/8—11/12	+6,4	—2,6	+10,6	—5,1	+4,8	—4,5
	September		Oktober		Dezember	
1888/9—91/2	+2,6	+0,2	+3,1	—1,3	+3,0	+0,3
1892/3—96/7	+2,1	+0,1	+2,9	—0,3	+2,9	—0,4
1897/8—01/2	+2,6	+0,7	+5,6	—1,2	+2,6	—1,9
1902/3—06/7	+4,2	—0,5	—0,5	—1,3	+4,4	—3,5
1907/8—11/12	+4,6	—1,8	+8,8	—2,4	+2,4	—7,0

Für den Lombardbestand beliefen sich die Aenderungen auf

	März		April		Juni	
1888/9—91/2		—1,4	+7,6	+0,4	+2,7	—1,2
1892/3—96/7	+1,3	—0,7	+3,7	—0,9	+2,7	—0,1
1897/8—01/2	+4,1	+2,6	+7,4	—2,2	+7,2	—2,7
1902/3—06/7	+2,2	+0,8	+5,4	—5,0	+4,5	+1,6
1907/8—11/12	+6,0	+2,2	+6,6	—7,1	+5,7	—3,3
	September		Oktober		Dezember	
1888/9—91/2	+6,7	+5,4	+4,6	—1,7	+4,8	—2,4
1892/3—96/7	+2,5	+3,1	+3,2	—0,6	+6,1	—2,7
1897/8—01/2	+5,2	+2,6	+5,8	—1,0	+2,0	—4,3
1902/3—06/7	+5,5	+2,0	+4,7	—2,2	+5,8	—3,1
1907/8—11/12	+8,0	+4,2	+6,1	—0,3	+5,0	—7,3

Die grössere Beweglichkeit erklärt sich daraus, dass einmal die Kontokorrentdarlehen in den Zahlen enthalten sind und ausserdem in der steigenden Beliebtheit der kurzen Darlehen. Auf beides wurde bereits hingewiesen. Bei den Wechseln lässt sich feststellen, dass die Laufzeit im allgemeinen kürzer geworden ist. Leider sind auch hier wieder die Einflüsse der Schatzwechseldiskontierungen erkennbar, die besonders für Amsterdam die

[1] *a*. Veränderung vom vorletzten Ausweis *vor* bis ersten *nach* dem Ultimo.
b. Veränderung von ersten bis dritten Ausweis nach dem Ultimo.

Ziffer verschiedentlich ganz plötzlich zum Steigen brachten. Besonders auffallend ist das Rückgang der durchschnittlichen Laufzeit in Rotterdam, wo sie ziemlich gleichmässig von ca. 40 auf 25 Tage sank. Die Zahl der durchschnittlichen Tage in Rotterdam beträg ungefähr $^1/_3$ der Tage bei den Filialen. Daraus geht deutlich hervor, welche Rolle die Nederlandsche Bank in Rotterdam und welche sie in den Provinzstädten spielt. In Rotterdam bedienen sich die Banken der Nederlandsche Bank hauptsächlich auf kurze Zeit, indem sie überwiegend kurzfristiges Wechselmaterial zum Diskont einreichen, während in den Provinzen die Nederlandsche Bank noch viel lange Wechsel erhält.

Dass die Nederlandsche Bank die Veränderung ihrer Lage erkannt hat, geht aus den wiederholt erwähnten Bestrebungen hervor, den Giro- und Abrechnungsverkehr in Niederland wieder einzuführen, worüber noch an anderer Stelle zu sprechen ist (s. unter § 10. „Kassiers"). Hier ist nur hervorzuheben, dass die Bank durch den Giroverkehr den grossen Notenumlauf einzuschränken und sich doch einen massgebenden Einfluss auf den Zahlungsverkehr zu sichern hofft, indem sie ihn möglichst durch ihre Hände leitet. Das Interessante an diesem Vorgang ist, dass eine Bank selbst daran mitarbeitet ,einen Teil (und zwar den ursprünglichen Teil) ihrer Geschäfte einzuschränken zu Gunsten eines neuen Geschäftszweiges, dessen Ausdehnung immer nur auf Kosten des ersten geschieht [1]).

§ 10. Die Kassiers.

Eine Besonderheit des niederländischen Bankwesens ist etwas näher zu betrachten: der „Kassier". Inwieweit er heute noch eine grosse Rolle spielt, ist eine andere Frage. In der Vergangenheit Niederlands war sie jedenfalls bedeutend, was schon darin zum Ausdruck kommt, dass der Gesetzgeber sich mit der Materie wiederholt befasst hat. Nicht nur zur Zeit der „Amsterdamsche Wisselbank" ergingen zahlreiche Erlasse zur Regelung des Kassiersgeschäfts, sondern auch das Handelsgesetzbuch von 1838 enthält im 1. Buch Titel IV. Abt. III besondere Bestimmungen in §§ 74 und 75. Der erste Paragraf versucht eine Definition zu geben, indem er sagt: „Kassiers sind Personen, denen gegen

[1]) s. Helander a. a. O. S. 207 ff.

Vergütung eines bestimmten Lohnes oder von Provision Gelder zur Aufbewahrung und Auszahlung anvertraut werden". Im § 75 findet sich eine höchst merkwürdige und im ersten Augenblick gar nicht verständliche Bestimmung folgender Art: „Von einem Kassier, der seine Zahlungen einstellt oder falliert, wird vermutet, dass er die Zerrüttung seiner Geschäfte durch eigene Schuld verursacht hat."

Zur Erläuterung dieser beiden Sätze ist ein kurzer historischer Rückblick notwendig.

Zunächst, um was handelt es sich eigentlich, was versteht man in Niederland unter einem Kassier? Wie bereits gesagt, hat man nicht immer dasselbe darunter verstanden. Zum ersten Male wird das Kassiersgeschäft (de kassierderij) erwähnt in einer Verordnung (plakaat) der Generalstaaten vom 21. März 1606 [1]) und in einer Verordnung (keur) des Rates von Amsterdam vom 5. Juni 1604[2]). In beiden Urkunden handelt es sich um Versuche zur Abstellung von Misständen, die im Zusammenhang mit dem Kassiersgeschäft entstanden waren. Daraus geht hervor, dass die Kassiers bereits seit längerer Zeit bestehen mussten und dass ihr Geschäft eine gewisse Ausdehnung erfahren hatte. Die Kassiers nahmen damals Gelder von Kaufleuten in Verwahrung und leisteten gegen deren Anweisungen Zahlungen. Nach einer Angabe Luzac's [3]) soll dieser Geschäftszweig dadurch entstanden sein, dass Zaandamsche Kaufleute, die in Amsterdam viel zu tun hatten, ihre Gelder Amsterdamschen Geschäftsfreunden übergaben, um sie nicht fortwährend hin und herschaffen zu müssen. Ob dieses „man sagt" zutrifft, ist nicht von Wichtigkeit, jedenfalls illustriert es die Art der Entstehung gut. Inwieweit das Vorgehen der Generalstaaten bezw. der Amsterdamer Stadtverwaltung wirklich zum Schutze des Publikums geschah, steht dahin. Ganz frei von eigennützigen Motiven dürfte es nicht gewesen sein, da zu jener Zeit bereits die Pläne wegen Errichtung einer städtischen „Wisselbank" festere Formen annahmen [4]). Diese Bank wurde durch Verordnung vom 31. Jan. 1609 errichtet; es war die *Amsterdamsche Wisselbank*. Ihre Geschichte hier zu verfolgen, würde zu weit führen. Sie wurde errichtet, um in das Münzwesen wieder Ordnung zu bringen

[1]) Eveking, de Kassier S. 7.
[2]) Eveking a. a. O. S. 81.
[3]) Hollands Rijkdom Bd. III S. 394.
[4]) Mees, Proeve S. 32.

und ausserdem — gewissermassen als Hilfsfunktion — das Kassiersgeschäft bei sich zu konzentrieren. Hinsichtlich des Geldwechselgeschäfts ist ihr dies auch gelungen, nicht aber mit der „kassierderij". Bereits im Jahr 1621 gab die Stadt- und zugleich Bankverwaltung ihre Monopolbestrebungen auf und regelte, da sie es doch nicht unterdrücken konnte, das private Kassiersgeschäft durch zwei Verordnungen vom 4. und 19. Juni 1621 [1]). Seitdem entwickelte sich das Kassiersgeschäft ganz bedeutend. So gibt Mees an, dass zwischen 1770 und 1780 in Amsterdam 54 Kassiers bestanden haben [2]). Das Zahlungssystem Amsterdams jener Zeit war durchaus „modern" organisiert. Da die meisten Kaufleute bei einem Kassier ein Konto besassen, erfolgten die hauptsächlichen Zahlungen zwischen den Kassiers. Um auch diese Zahlungen nach Möglichkeit einzuschränken, richteten die Kassiers ein Clearing ein, lange bevor das Londoner Clearinghouse bestand (1775). Ursprünglich handelte es sich beim Kassiersvertrage lediglich um ein Aufbewahrungsgeschäft [3]). Der Kassier durfte die ihm anvertrauten Gelder nicht im Geschäft gebrauchen, sondern musste sie vorrätig halten. Genau das gleiche galt auch für die Amsterdamsche Wisselbank. Diese ist bekanntlich dadurch zugrunde gegangen, dass sie sich in Geschäfte einliess, die ihr nach ihren Statuten verboten waren. Sie lieh, wie später beim Zusammenbruch der Bank (1790) festgestellt wurde, bereits um die Mitte des 17. Jahrhunderts Gelder aus. Mees, der die Geschichte der Bank eingehend untersucht hat, stellt fest, dass bereits vor 1657 einigen Personen Vorschüsse gegeben worden waren. Um diese Zeit begann auch der Geschäftsverkehr mit der Ostindischen Compagnie, der sich so rasch steigerte, dass die Ostindische Compagnie nach 20 Jahren (1676) ein durch Pfand sichergestelltes Darlehen von *f* 2 Millionen besass. Anfangs hatte es jedesmal einer besonderen Erlaubnis der Stadtverwaltung bedurft, wenn die Ostindische Compagnie Gelder bei der Bank aufnehmen wollte. Seit 1682 stand ihr ein Kredit bis zur Höhe von *f* 1,700,000 zur Verfügung. Im Lauf der Zeit stieg dieser Vor-

[1]) abgedruckt bei Eveking a. a. O. S. 97 ff.

[2]) Mees a. a. O. S. 250. Siehe darüber auch die Encyclopédie Méthodique Abt. Commerce II, IIe Partie S. 555. Les caissiers sont aujourd'hui en tout cinquante-quatre, dont un seul est juif.

[3]) An der erwähnten Stelle in der Encyclopédie wird angegeben, dass der übliche Provisionssatz $^1/_8$ % betragen habe, jedoch seien die Sätze für grössere Kunden bis auf $^1/_{10}$ und $^1/_{16}$ % ermässigt worden (a. a. O. S. 555).

schuss dann beträchtlich. Dieses ganze Geschäftsgebaren wird begreiflich, wenn man berücksichtigt, dass eine gewisse Personalunion zwischen den Verwaltungen der Stadt, der Bank und der Ostindischen Compagnie bestand. Ausser der Ostindischen Compagnie hat auch die Stadt selbst verschiedentlich Darlehen bei der Bank aufgenommen. Der durch diese verschiedenen Inanspruchnahmen geschwächte Zustand der Bank konnte nicht ohne Einfluss auf die Geschäftsführung der Bank bleiben, besonders in so bewegten Zeiten wie den letzten Jahrzehnten des 18. Jahrhunderts. Das Agio des Bankgeldes, das sich lange auf ca. 3% gehalten hatte, sank seit Ende 1789 anhaltend und machte schliesslich, als die sonst üblichen Interventionskäufe der Bank ausblieben, einem Disagio Platz. Hierdurch wurde man auf den Zustand der Bank aufmerksam. Mancherlei Versuche, den Kurs des Bankgeldes zu halten, wurden unternommen, jedoch ohne Erfolg, besonders seitdem die Verwaltung versucht hatte, die Forderungen an die Bank um 10% zu reduzieren (1790). Nach den politischen Umwälzungen des Jahres 1795, durch die die Herrschaft der Geschlechter in den Stadtverwaltungen gebrochen wurde, setzte die neue Stadtverwaltung eine Kommission ein, die den Zustand der Bank untersuchen sollte. Aus deren Bericht ging hervor, dass, was lange vermutet wurde, die Mittel der Bank tatsächlich zum grossen Teil in Vorschüssen festgelegt waren. Die Schuld der Stadt Amsterdam betrug zu dieser Zeit ca. ƒ 9 1/4 Mill., wofür zum grössten Teil Obligationen verpfändet waren. Etwa 2/3 dieser Summe waren nur nominal städtische Schuld, tatsächlich aber von der Ostindischen Compagnie geliehen, was schon daraus hervorgeht, dass als Unterpfand für diesen Betrag Obligationen der Ostindischen Compagnie gegeben waren. Die Vorschüsse an die Ostindische Comp. müssen zu Zeiten einen sehr grossen Umfang angenommen haben, wenigstens gibt Mees an, dass um 1760 bei einem Sollkassenbestand von ca. 30 Millionen nur ca. 10 Mill. Gulden vorrätig gewesen seien [1]. Nachdem verschiedene Versuche, die Bank zu reorganisieren, gescheitert waren, wurde sie, als inzwischen wieder geregeltere Zustände eingetreten waren und ausserdem auch seit 1814 die Nederlandsche Bank bestand, im Jahr 1819 aufgehoben. In den letzten Jahren hatte sie nur noch ein Scheindasein geführt.

[1] Mees a. a. O. S. 197.

Inzwischen hatten auch Privatgesellschaften sich die Lücke im Amsterdamer Zahlungswesen zunutze gemacht. Im Jahr 1806 wurde die Associatie-Cassa errichtet und 1813 die Ontvang- en Betaalkas.

Ehe wir uns diesen zuwenden, ist es notwendig, noch einen Blick auf die Kassiers zu werfen. Ihr Geschäft hatte ebenfalls eine andere Gestalt angenommen: sie waren aus Schuldnern ihrer Kunden zu deren Gläubiger geworden, wie Luzac [1]) sagt. Damit sind die Kassiers genau genommen, zu Bankiers geworden, die „Depositen" im Sinne des „depositum irregulare" annahmen und die so empfangenen Gelder nutzbar anlegten, indem sie Wechsel diskontierten, Vorschüsse gegen Unterpfand gaben und schliesslich sogar — was zunächst als sehr gefährlich betrachtet wurde — Blankokredite gewährten [2]). Wenn trotzdem noch heute die Bezeichnung Kassier angewandt wird, so liegt das zum Teil wohl daran, dass diesem Namen eben noch von früher her der Nimbus grosser Solidität anhaftet, zum Teil auch daran, dass die Firmen, die sich diese Bezeichnung beilegen, damit kundtun wollen, dass sie sich mit dem Inkasso von Wechseln etc. befassen.

Ueber den Umfang der Kassiergeschäfte lassen sich ziffermässige Angaben nicht machen, da es fast immer Privatunternehmen sind, die sie betreiben. Soweit Unternehmen in der Form von Aktiengesellschaften in Betracht kommen, werden sie nacher behandelt werden. Nach einer in den Jaarcijfers 1889 (S. 140) abgedruckten Finanzstatistik bestanden in Niederland

1860/1	1878/9	1890/1	
80	216	250	Kassiers.

Hinsichtlich der gegenwärtigen Verbreitung des Kassiergeschäfts kann auf Seite 109 verwiesen werden. Die dort angeführten Zahlen zeigen, dass nur noch 17 Firmen bestanden, die sich lediglich als Kassiers bezeichnen, dagegen besteht eine zahlreiche Gruppe von Kommissionären in Effekten, die gleichzeitig Kassiers sind. Die Bezeichnung Kassier ist also augenscheinlich teilweise im Sinn von Bankier (mit welchem Wort man in Niederland sparsamer als in Deutschland zu sein scheint) gebraucht worden und andererseits im Sinn von Inkassostelle. Kassiers im Sinn des Ge-

[1]) a. a. O. Bd. III S. 392.

[2]) Die Bestimmung in § 75 W. v, K. bezieht sich also nur auf Kassiers, deren Geschäft auf die Entgegennahme von Geldern als „depositum regulare" beschränkt ist.

setzes bestehen ausser in Amsterdam nicht mehr [1]), und auch hier ist es nur die Associatie-Cassa, welche die Bezeichnung wirklich verdient, wie wir sehen werden. In Amsterdam werden als Kassiers bezeichnet die erwähnte Associatie-Cassa und die Ontvang- en Betaalkas, ausserdem die Kasvereeniging. Die *Associatie-Cassa* wurde im Jahr 1806 mit einem Kapital von *f* 1 Mill. errichtet. Nach ihren Statuten kann sie folgende Geschäfte betreiben [2]):

1. Depositenannahme.
2. Wechseldiskontierung.
3. Waren- und Effektenbeleihungen.
4. Bevorschussung von Waren und Effekten.
5. Münz- und Bankgeldhandel.
6. Die Aufbewahrung von Wertgegenständen (nach Nierop. N.V. 1911 S. 675).

Die ihr anvertrauten Gelder darf sie nicht anlegen, sondern muss sie in bar vorrätig halten. Daher ist sie nicht in der Lage, für die Guthaben Zinsen zu vergüten. Ihre Gewinne erzielt sie aus der Anlage ihres Kapitals und Reservefonds, sowie aus den Provisionen, die sie für Inkassi und auf Ein- und Auszahlungen erhält [3]). Da der Associatie-Cassa verboten ist, ihre Bilanzen zu veröffentlichen, kann nichts weiter über sie angegeben werden, als dass sie noch immer mit einem Kapital von *f* 1 Mill. und einem Reservefonds arbeitet. Ihre Dividende ist auf 5 % festgesetzt. Ausserdem finden von Zeit zu Zeit sog. Extraausteilungen statt, die mindestens 10 % betragen. Solche Austeilungen geschahen 1872 in Höhe von 50 %, 1855 20 % und in folgenden Jahren je 10 %: 1818, 1826, 1828, 1831, 1832, 1834, 1836, 1837, 1840, 1843, 1848, 1859, 1862, 1865, 1871, 1874, 1879, 1881, 1884, 1886, 1888, 1890, 1891, 1893, 1894, 1896, 1898, 1900, 1902, 1904, 1906, 1908, 1910 [4]).

---

[1]) Daher ist die Aeusserung von Molengraff (Leidraad bij de beoefening v. h. Nederlandsch Handelsrecht 2. Aufl. Haarlem 1912 S. 108) „in der Praxis besteht zwischen dem Betrieb des Kassiers, Bankiers und Kommissionärs in Effekten kein scharfer Unterschied. Kassiers im Sinn des Gesetzes bestehen nicht", dahin einzuschränken, dass die Associatie-Cassa in Amsterdam der einzige zur Zeit noch bestehende Kassier im Sinn des Gesetzes ist. Siehe darüber auch Pierson, Leerboek der Staathuishoudkunde 1896, Bd. I S. 551 und R. W. Boissevain, de toekomst van den Cheque in Nederland, Amsterdam 1908 S. 8, sowie G. Vissering, het oude en het moderne Giroverkeer, Amsterdam 1908 S. 64.

[2]) Verloren, Overzigt, S. 341.

[3]) Vissering, Giroverkeer, S. 64. Boissevain, Eeuw, S. 813, Verloren, Overzigt, S. 341, Pierson, Leerboek, I. S. 551.

[4]) Danach ergiebt sich für die Aktionäre eine Durchschnittsdividende von ca. 8,8 % im Jahr.

Als in den 1860er Jahren in Niederland verschiedene Kreditinstitute errichtet wurden, die für bei ihnen deponierte Gelder Zinsen vergüteten, entschloss sich die Associatie-Cassa, eine Tochtergesellschaft zu errichten, da sie an ihrer eigenen Verfassung, unter der sie gross geworden war [1]), nicht rütteln wollte. Sie schuf deshalb 1864 die *Rente-Cassa*, mit der sie in engen Beziehungen blieb und bei der ihre Kunden ihre Gelder zinsbar anlegen können. Die ihr zugeflossenen Beträge legt diese in Wechseln oder Vorschüssen (Prolongationen) an. Ausserdem darf sie höchstens $^1/_4$ ihrer fremden Gelder zeitlich in Wertpapieren anlegen. Auch die *Rente-Cassa* veröffentlicht ihre Bilanzen nicht, daher war bis vor kurzem nur der Betrag ihres Kapitals (*f* 1 Mill.) und des Reservefonds (1912 *f* 1,145,000) sowie der Reingewinn bekannt. In seinem Aufsatz über die Amsterdamer Banken gibt Boissevain [2]) zum ersten Male eine vollständige Bilanz für 1908, die hier Platz finden möge (in Tausend Gulden).

Kasse	940	Kapital	1,000
Prolongationen	14,955	Reserve	1,072
Wechsel	885	Kursreserve für Effekten	192
Effekten	5,559	Depositen	19,753
Zinsen	43	Zinsen	161
		verschiedene Passiva	204
	22,382		22,382

Wie wir nachher sehen werden, übertrifft die Rente-Cassa an fremden Geldern die beiden anderen Kassiers bedeutend. Die Dividende betrug 1865/6—1880/1 7,53; 8,9; 8,17; 9,37; 7,57; 7,67; 7,91; 9,21; 7,83; 10,—; 9,95; 8,23; 11,3; 11,2; 13,4; 11,5. 1881 (1. Febr. bis 31. Dez.). 9,55; 1882 bis 1912: 10,13; 13,5; 11,8; 10,1; 11,7; 11,32; 11,1; 11,—; 10,65; 12,5; 11,1; 10,65; 12,—; 14,25; 12,4; 11,1; 13,—; 5,2; 8,2; 12,7; 16,8; 10,761; 10,6; 11,48; 12,—; 6,31; 13,5; 13,7; 14,68; 13,7; 14,—.

Unter den Kunden der beiden Institute befinden sich zahlreiche Gesellschaften, deren Zahlstelle die Associatie-Cassa ist. Nach v. Nierops N.V. 1910 bezw. 1911 hatten u. a. folgende Gesellschaften Guthaben bei einer der beiden Gesellschaften:

[1]) Verloren, Overzigt, S. 342.
[2]) Eeuw. S. 815.

	1909	1910
Nationale Hypotheekbank	1,205,800	1,202,100
Mij t. Expl. v. Staatsspoorwegen	2,795,000	3,043,000
Nederl. Centraal Spoorweg Mij	383,400	108,400
Geld. Overijss. Locaal Spoorweg	80,250	2,150
Mij t. Expl. v. Rijstlanden	76,300	24,600
Amstel Hotel Mij	76,100	300
Holl. Elektr. Spoorweg Mij	38,300	38,300
Nederl. Westf. Spoorweg Mij	22,100	21,100
Nederl. Lloyd	16,100	16,500
Mij t. Expl. van onroerende goederen	14,800	15,400
Mij t. Expl. v. Bouwterrein. Potgieter	14,200	12,200
Ned. Locaal Spoorweg Mij	12,000	—
Ned. Buurtspoorweg Mij	12,900	14,200
Oostind. Zee- en Brand Assurantie Mij	10,300	10,400
Utrechtsche Hypotheekbank	1,400	29,500
Locaalspoorweg Enschede	2,200	2,300

Aus dieser Aufstellung ist ersichtlich, dass die Kundschaft der Associatie-Cassa und Rente-Cassa teilweise sehr grosse Beträge deponiert hat und dass sie sich nicht lediglich auf die Banken beschränkt. Die Haupttätigkeit üben die Kassiers allerdings für die Banken und Effektenkommissionäre aus, die sich ihrer alle für die Inkassi bedienen und bei ihnen Effektendepots halten, um eventuell ihre Kasse verstärken zu können.

Die *Ontvang- en Betaalkas* wurde 1874 reorganisiert und dabei in eine Aktiengesellschaft umgewandelt. Durch Art. 2 der Statuten ist ihr Geschäftskreis dahin abgegrenzt, dass sie das Kassiersgeschäft im Sinne des Gesetzes (W. v. K. § 75) ausüben, ausserdem Wechsel diskontieren, Lombarddarlehen auf Waren und Effekten geben, Depositen annehmen und Wertgegenstände aufbewahren darf. Blankokredite dürfen nicht gewährt werden, Vorschüsse gegen Bürgschaft nur ausnahmsweise. Wie aus den Bilanzen hervorgeht, hat die Bank sich aber nicht an die Gesetzesbestimmung gehalten, sondern ihre Gelder als Depositum irregulare betrachtet und angelegt. Eine Betrachtung dieser Bilanzen zeigt das eigentümliche Resultat, dass eine Bank mit derartig beschränktem Betätigungskreis, der alle einigermassen riskanten Geschäfte ausschliesst, kaum soviel Depositen heranziehen konnte, als sie eigene Mittel besitzt. Das Kapital betrug bis 1879 *f* 1 Mill. bis 1887 *f* 2 Mill. sodann bis 1899 *f* 3 Mill. von 1900 bis 1906 *f* 4 Mill. und seitdem *f* 5 Mill.. Die Reserve stieg von *f* 7000 1877 auf rund ƒ 500,000. Die Depositen erreichten zum ersten Mal 1905 die Höhe von Kapital und Reserve [1]). Neben den Kreditoren, die zwischen ƒ 1¹/₄ und 1¹/₂ Mill. schwanken, findet sich dann noch ein bei der Nederlandsche Bank aufgenommener Kontokorrentvorschuss, meist von etwas über einer Million Gulden. Da der Anteil der eigenen Mittel an der Gesamtsumme des werbenden Kapitals zwischen ¹/₃ und ²/₃ schwankt, ist es nicht verwunderlich, dass die finanziellen Resultate ziemlich mässig waren. Was die Anlagen betrifft, so weist der Wechselbestand ziemliche Schwankungen von Jahr zu Jahr auf, nicht nur nach den Bilanzen, in denen er durch Rediskontierungen meist etwas niedriger stand, sondern auch im Durchschnitt (*Tabelle 36*). Diese Anlageart ist seit 1888 etwas mehr zurückgetreten gegenüber den Anlagen im Prolongationsgeschäft. Doch als durch die neuen Bestimmungen des Vereins für den Effektenhandel die Rückvergütung eines Teils der Provision an die Kassiers verboten wurde, nahmen die Prolongationen wieder ab. Die grösste Bedeutung für die Bank haben die Vorschüsse gegen Effektenunterpfand, die sich 1906 auf 266 Konten verteilten [2]). Wie *Tabelle 36* zeigt, sind die Vorschüsse im Durchschnitt des Jahres teilweise niedriger, da die Bankkundschaft des Unternehmens an den Zahlungsterminen naturgemäss einen grösseren Kreditbedarf hat, als in der gewöhnlichen Zeit. Dementsprechend dürfte auch die Verschuldung der Bank an die Nederlandsche Bank durchschnittlich bedeutend niedriger sein, wenigstens wäre es unrentabel, einen Teil des Kapitals in knapp 4 % Zinsen bringenden Wertpapieren anzulegen und dagegen einen Vorschuss bei der Nederlandsche Bank aufzunehmen, der mindestens ebenso teuer sein wird. Ueber die Entwicklung des Inkassoverkehrs unterrichten die Zahlen der *Tabelle 36*, sie zeigen den Umsatz der Kasse und des Kontokorrentkontos. Diese beiden Umsätze sind seit 1879 bis 1904 von ca. ƒ 300 Mill. auf fast ƒ 1,200 Mill. gestiegen. Sie bieten ein gutes Bild der Entwicklung des Amsterdamer Zahlungsverkehrs.

Infolge des Entgegenkommens der Leitung der Ontvang- en

---

[1]) Im Depositengeschäft lässt sich aber insofern eine Veränderung feststellen, als in den letzten Jahren ein besonders hoher Umsatz stattfand, die Beträge der Bank aber nur kurze Zeit zur Verfügung standen, da der durchschnittliche Bestand sich nur unwesentlich erhöhte. Der Bestand wurde umgesetzt 1884 4,2 mal, 1901 4,4 mal, 1904 6,6 mal, 1912 7,3 mal.

[2]) Bericht 1906, S. 7.

Betaalkas [1]) bin ich in der Lage, auch für die Jahre seit 1904, in denen keine Umsatzzahlen mehr veröffentlicht wurden, die Zahlen zu geben. Nach *Tabelle 36* sind die Umsätze auf Kassa- und Kontokorrentkonto weiter bis auf fast *f* 2 Milliarden gestiegen. Auch die Umsätze der anderen Konten (*Tabelle 36*) haben sich seit 1904 stark erhöht mit Ausnahme der Prolongationen, die stabil blieben.

Nach Mitteilung der Bankleitung betragen die Provisionen

a. für Ablieferung von Effektenposten
- 1/8 ‰ bei einem Umsatz unter *f* 1 Million.
- 1/10 ‰ für den weiteren Umsatz bis *f* 12 Millionen
- 1/12 ‰ für Umsätze über *f* 12 Millionen.

b. für das Inkasso von Coupons 1/2 ‰

c. für Wechselinkassi in der Regel 1/2 ‰.

Für das Inkasso in der Provinz besteht ein besonderer Tarif, in dem 172 Orte aufgezählt sind. Davon beträgt der Platzverlust bei

1	Ort	0 ‰	(Rotterdam).
14	Orten	1 ‰	
14	„	1 1/4 ‰	
25	„	1 1/2 ‰	
36	„	2 ‰	
22	„	2 1/2 ‰	
25	„	3 ‰	
23	„	3 1/2 ‰	
10	„	4 ‰	
1	Ort	5 ‰	
1	Ort	6 ‰	

Da die Gewinne nur in Provisionen und Zinsen spezialisiert werden, lässt sich aus ihnen nicht viel ersehen. Immerhin ist bemerkenswert, dass die Provisionen im allgemeinen gerade die Unkosten decken, sodass als verteilbarer Gewinn das Erträgnis des Zinsenkontos in Betracht kommt, wenn nicht, wie 1912 ein grosser Teil dieses Gewinnes zu Abschreibungen verwendet werden muss. Durch die bei der A. Bloembergen & Zonens Bank erwähnten Wechselfälschungen des Amsterdamer Kommissionärs Hidding wurde die Bank um ca. *f* 440,000 [2]) geschädigt, von welchem Betrage sie teilweise Regress auf die erwähnte Bank hatte.

---

[1]) Für die ausserordentlich bereitwillige Auskunfterteilung und Unterstützung sei der Direktion der Ontvang- en Betaalkas auch an dieser Stelle gedankt.

[2]) Frankfurter Zeitung v. 26. 9. 12.

Nach dem Bericht [1]) musste sie darauf endgiltig abschreiben *f* 252,000 — einschliesslich anderer Forderungen —, sodass die Dividende auf $2^1/_2$ % sank.

Die *Kasvereeniging* entstand 1865 aus der Kassiersfirma Di Gazar, Franken & Co. An ihrer Gründung waren beteiligt die Herren N. G. Pierson (der nachmalige Nationalökonom, Finanzminister und Präsident der Nederlandsche Bank) und G. M. Boissevain als eigentliche Urheber des Planes, ausserdem P. N. Muller, C. Fellinger, J. Kooy Jr., J. F. Burdet Jr. und A. A. Bienfait, die alle in den Aufsichtsrat traten [2]). Es sollte sich nach der Absicht der Gründer um eine durchaus „moderne" Bank handeln, die die brachliegenden Kapitalien der Kaufleute und Privaten sammeln und deren Kassenführung übernehmen sollte [3]). Ihr Vorbild waren die englischen Jointstockbanks. Sie brach von vornherein mit dem Prinzip der alten Kassiers, die Gelder unbenutzt liegen zu lassen. Allerdings wurde durch die Beschränkung des Geschäftskreises auf die Wechseldiskontierung und die Bevorschussung von Waren und Effekten der Bank eine vom Effektenmarkt ferne, ruhige Existenz geschaffen (Nach Art. 12 Ziff. *b.* der Statuten war ihr jeder Effektenhandel und durch Ziff. *d.* die Anleihe-Emittierung untersagt.). Da die Kundschaft der Kassiersfirma auf sie überging [4]), hatte die Kasvereeniging sofort einen ziemlich grossen Geschäftskreis, wie aus folgender Bilanz vom 8. Januar 1866 hervorgeht [5])

Kasse	*f* 916,024	Kapital	*f* 1,000,000
Wechsel	771,848	Depositen	763,800
Prolongationen	418,000	Kreditoren	1,306,031
Vorschüsse	921,205		

Die Kontokorrentguthaben verzinste die Kasvereenigung nicht, dagegen nahm sie verzinsliche Depositen an, die je nach der Kündigungsfrist und der Lage des Geldmarktes verschieden hoch verzinst wurden. Für das Jahr 1865 illustrieren folgende Angaben sehr gut, wie die Kasvereeniging mit ihrem Zinssatz den Veränderungen der Rate der Nederlandsche Bank folgte [6]):

---

[1]) Alg. Handelsblad, v. 18. 3. 13.
[2]) Verloren, Overzigt, S. 387.
[3]) Boissevain, Eeuw, S. 814.
[4]) Mit einer Ausnahme, Verloren, Overzigt, S. 389.
[5]) Verloren, Overzigt, S. 392.
[6]) Verloren, Overzigt, S. 388.

1865	Kasvereeniging.		Nederlandsche Bank	
	mit 1 Tag	mit 10 Tagen	Diskontsatz	seit
	Kündigung			
1. Juni	2 %	$2^1/_2$ %	$3^1/_2$ %	24. März
4. Aug.	$2^1/_4$	$2^3/_4$	3	8. Juni
17. Aug.	$2^1/_2$	3	3	8. Juni
5. Okt.	3	$3^1/_2$	$3^1/_2$	29. Sept.
11. Okt.	$3^1/_2$	4	4	7. Okt.
1. Nov.	4	$4^1/_2$	$4^1/_2$	31. Okt.
22. Nov.	$4^1/_2$	5	6	17. Nov.

Wie *Tabelle 37* zeigt, übertrifft die Kasvereeniging hinsichtlich ihrer Mittel die Ontvang- en Betaalkas beträchtlich. Es ist ihr vor allem gelungen, bei gleichgrossem Kapital mehr als das Doppelte an Depositen heranzuziehen und diese Depositen durchschnittlich längere Zeit zu halten. Sie empfing (in Tausend Gulden) an

	1905	1906	1907	1908	1909	1910	1911	1912
Depositen	28.685	24,571	33.324	26,969	27,469	30,094	32,461	35.304
Davon mit 1 tägiger Kündigung	54,1	49,3	60,3	63,5	74,2	76,0	82,8	81,9%

Die verschieden grosse Bedeutung der kurzfristigen Depositen zeigt folgende Zusammenstellung (in Tausend Gulden):

Bei der Kasvereeniging waren die Depositen am 31 Dez. fällig mit folgender Kündigung:

	1906	1907	1908	1909	1910	1911	1912
1 tägig	9,1	21.3	20,3	13,4	10,4	14,6	19,2 %
10 tägig	19,1	22,2	21,7	21,1	17,–	16,7	14,9 %
länger	71,8	56,5	58,–	65,5	72,6	68,7	65,9 %

Bei der Ontvang- en Betaalkas dagegen betrug der Anteil der Depositen mit eintägiger Kündigungsfrist am gleichen Tage

1904	1905	1906	1907	1908	1909	1910	1911	1912
36,2	34,8	33,1	37,4	36,6	29,2	32,6	25,9	30,2 %

Da auch die Kreditoren bedeutend höher sind als bei der Ontvang- en Betaalkas und schliesslich der Reservefonds doppelt so gross ist, ergiebt sich aus allem eine höhere Gewinnmöglichkeit, die sich in grösseren Dividenden äusserte. Die Dividenden betrugen:

1865/6—1882: 7,86; 5,35; 6,—; $5^{3}/_{4}$; 6,—; 6,—; 7,—; 6,—; 4,—; $5^{3}/_{4}$; 5,—; 6,—; $5^{1}/_{2}$; 5,65; 6,—; 6,—; 6,4; 7,2; $7^{1}/_{2}$ %;
1883—1898: 6,9; 5,35; 4,9; 4,9; 5,1; 5,2; 5,6; 6,—; 6,—; 5,45; 5,55; 5,4; 6,—; $6^{1}/_{2}$; 6,8; 6,8 %
1899—1912: 6,4; 6,65; 6,65; 6,55; 6,45; 6,—; 6,3; 7,—; 6,9; 6,3; 6,1; 7,—; 6,25; 6,8 %.

Hinsichtlich ihrer Anlagepolitik unterscheiden sich die beiden Gesellschaften dadurch, dass bei der Kasvereeniging die Vorschüsse an ihre Kunden eine weniger grosse Rolle spielen und dafür grössere Wechselbestände gehalten und grössere Beträge auf Prolongation gegeben werden.

Ueber das Wechselgeschäft orientieren folgende Zahlen (in Tausend Gulden).

	1906	1907	1908	1909	1910	1911	1912	
angekaufte Wechsel	20,829	20,782	18,086	16,948	14,665	22,485	21,739	
durchschnittl. Bestand	2,382	2,497	2,748	3,040	2,475	3,833	3,402	
der durchschn. Bestand wurde umgesetzt	8,75	8,35	6,58	5,57	5,94	5,87	6,39	mal
die Wechsel blieben durchschn. im Portefeuille	$41^{3}/_{4}$	$43^{3}/_{4}$	$55^{3}/_{4}$	$65^{1}/_{2}$	$61^{1}/_{4}$	$62^{1}/_{4}$	$57^{1}/_{4}$	Tage

Die Diskontierungen der Ontvang- en Betaalkas bleiben also stark hinter denen der Kasvereeniging zurück (vergl. *Tabelle* 36).

Da sich aus den Monatsausweisen der Kasvereeniging ein Durchschnitt auf den einzelnen Konten errechnen liess, sind interessante Vergleiche möglich, die zeigen, dass die Vorschüsse im Durchschnitt viel niedriger sind als am 31. Dez.. Die Ausweise werden jeweils am 20. des Monats abgeschlossen, also vor dem Beginn der Ultimovorbereitungen. Dagegen ist sowohl ein höherer Bestand der Kasse als auch der Wechsel und Prolongationen vorhanden und andererseits zeigen die Depositen am 31. Dezember einen besonders niedrigen Stand. Mit welchen Schwankungen die Kasvereeniging zu rechnen hat, ergiebt sich aus nachstehender Vergleichung der Maxima und Minima auf einigen Konten (in Tausend Gulden).

	Vorschüsse im Kontokorrent.				Kontokorrent-Kreditoren.			
	Maximum		Minimum		Maximum		Minimum	
1905	1.11.	6,812	31,5	2,435	18.5.	7.997	25.11.	3,175
1906	2.7	7,946	16.6.	3,576	2.7.	9,536	30.11.	2,654
1907	2.4.	8,154	20.11.	3,381	26.6.	7,445	30.11.	2,434
1908	31.12.	6,829	22.8.	2,581	2,7.	12,060	24.1.	2,511
1909	1.5.	6,919	27.8.	2,586	28.6.	14,905	2.12.	3,120
1910	4.7.	11,735	25.3.	2,748	4.7.	11,298	5.12.	2,834
1911	2.1.	8,311	24.5.	3,089	3.7.	11,351	7.4.	2,886
1912	1.7.	10,109	27.1.	3,976	29.6.	7,135	31.1.	3,170

Die sehr gute Statistik der Kasvereeniging (sie erkannte den Wert der Publizität schon bei ihrer Gründung, denn in ihren Statuten befindet sich ein „Publizität" überschriebener Artikel, der die Veröffentlichung von Monatsausweisen vorschreibt) ermöglicht noch eine andere interessante Vergleichung, nämlich die Feststellung der Inanspruchnahme am Ultimo Dezember. Sie zeigt einmal, wie die Abnahme der Depositen gewöhnlich durch die Zunahme der Kreditoren mehr als ausgeglichen wird, sodass die Annahme naheliegt, dass von einer Anzahl von Kreditoren während des Monats ein Teil ihres Guthabens auf Depositenkonto übertragen wird, der dann am Ultimo auf die laufende Rechnung zurückfliesst. Die starke Zunahme der Vorschüsse in den letzten 10 Tagen zwingt die Bank zu Wechselrediskontierungen und Verringerung des Kassenbestandes sowie zur Kündigung von Prolongationen. Wie sich die Lage in den einzelnen Jahren gestaltet hat, zeigen die Zahlen van *Tabelle* 38.

Was die Betriebskosten und Abschreibungen betrifft, so beanspruchen die Kosten bei der Ontvang- en Betaalkas eine geringere Quote des Rohgewinnes. Da der Rohgewinn selbst aber niedriger ist, so ergiebt sich bei ihr eine niedrigere Dividende für das bei beiden Gesellschaften gleichhohe Kapital. In Prozent des Rohgewinnes betrugen die Unkosten und Abschreibungen bei der

	1906	1907	1908	1909	1910	1911
Kasvereeniging	32,8	30,2	37,8	39,6	35,7	37,1
Ontvang- en Betaalkas	33,2	31,6	32,3	34,5	31,9	31,9

Die Grösse des Kontokorrentumsatzes gestattet einen ungefähren Schluss auf die Bedeutung der beiden Institute für den Amsterdamer Inkassoverkehr. Die Umsätze betrugen bei der

	Ontvang- en Betaalkas		Kasvereeniging.	
1905	/ 755	Millionen.	/ 1.489	Millionen.
1906	827	„	1,660	„
1907	699	„	1,459	„
1908	712	„	1,414	„
1909	920	„	1,757	„
1910	895	„	1,833	„
1911	805	„	1,679	„
1912	898	„	1,807	„

Die Zahlen gewähren gleichzeitig einen interessanten Blick auf die Lage des Amsterdamer Börsenverkehrs, dessen Inkassi und Effektenlieferungen die Kassiers besorgen [1]). Bereits im Jahr 1909 war der Umsatz bedeutend höher als 1906 und 1907. Dies bestätigen die Auseinandersetzungen an anderer Stelle (s. unter Amsterdamer Börse). Der Umsatz der Kasvereeniging ist auf ungefähr das Doppelte des Umsatzes der Ontvang- en Betaalkas anzusetzen, was auch der Provisionsgewinn bestätigt. Derselbe betrug (in Tausend Gulden.)

	1906	1907	1908	1909	1910	1911
bei der Kasvereeniging	282	290	278	310	353	351
Ontvang- en Betaalkas	134	128	133	151	157	155

Die drei Kassiers haben, wie erwähnt, den Amsterdamer Zahlungsverkehr überwiegend bei sich konzentriert [2]), was schon daraus hervorgeht, dass alle Banken, Bankiers, Kommissionäre bei einem Kassier, teilweise sogar bei zwei Kassiers ein Konto unterhalten [3]). Bezeichnend für die Einschätzung der Kassiers in Amsterdam durch die Banken ist der halb scherzhafte Ausdruck: sie sind unsere „Kruiers" (Karrenschieber, Lastträger, Dienstmänner). Auf die Weise erleichtern sie die Abwicklung der Zahlungen und finden dabei die Unterstützung der Nederlandsche Bank, die ihnen provisionsfreie Rechnungen eröffnet und ausserdem die auf sie gezogenen Schecks, die Kassiersbriefjes, in Zahlung nimmt, was sie bei den Schecks auf andere Banken nicht tut. Aus einer

[1]) Vissering, Giroverkeer, S. 66.
[2]) Vissering, Giroverkeer, S. 173.
[3]) Mitteilung der Ontvang- en Betaalkas.

Statistik aus dem Jahr 1884 [1]) ist erkennbar, wie die Zahlungen bei zwei der drei Kassiersgesellschaften erfolgen:

	Kassier A	Kassier B
Schecks auf Kassiers zu	62,5 %	64,– %
Banknoten	34,5	35,4
Münze	3,–	0,6

Diese Zahlen zeigen einmal die grosse Bedeutung der Kassierbriefjes, in denen fast $^2/_3$ aller Zahlungen geleistet werden und sodann die der Banknoten mit $^1/_3$ der Zahlungen. Schaltet man die Zahlungen durch Schecks aus, so setzten sich die Barzahlungen zusammen bei

	Kassier A	Kassier B
aus Banknoten zu	92,– %	98,33 %
aus Münze	8,–	1,67

Eine Bestätigung dieser Situation findet sich in der Mitteilung der Kasvereeniging, dass bei ihr die Inkassi zu $^2/_3$ in Schecks und zu $^1/_3$ in Noten und Münze eingingen (Mitteilung aus dem Jahr 1909). Bei der Ontvang- en Betaalkas bestand der Kontokorrentumsatz 1908 zu, 48,86 % aus Bareingängen und zu 51,14 % aus Kompensationen. Der Unterschied dürfte sich daraus erklären, dass unter den Bareingängen sich nicht nur einkassierte Beträge befinden, sondern auch Neueinzahlungen auf die Konten.

Unter den Schecks auf Kassiers befinden sich zu einem erheblichen Teil solche, die auf die Gesellschafft selbst gezogen sind, die also durch Umbuchungen erledigt werden. Der Rest dagegen wird unter den Kassiers ausgetauscht und die endgiltige Schuldsumme über die Nederlandsche Bank ausgeglichen [2]). Diese Abrechnung wurde im Jahr 1911 dahin ausgebaut, dass an sie ein Giroverkehr angeschlossen wurde, der aber noch nicht viel Erfolg gehabt hat. Nach Vissering [3]) bezw. Boissevain [4]) betrugen die verrechneten Beträge:

1905 fast *f* 700 Mill.
1908 - 1041 Mill.
1909 - 1018 Mill. für 9 Monate) [5]).

Eine Funktion, die ursprünglich mit dem Begriff „Kassier" ver-

[1]) De Economist, 1885, I. S. 181.
[2]) Vissering, Giroverkeer, S. 66.
[3]) Giroverkeer, S. 66.
[4]) Eeuw, S. 816.
[5]) s. auch § 8. D.

bunden war, haben die Amsterdamer Kassiers nur noch in geringem Masse; nämlich die, als Reserve für andere Banken und für Handel und Industrie zu dienen. Nur von der Associatie-Cassa kann noch behauptet werden, dass sie wirklich in der Lage sei, in schwierigen Zeiten die Betriebsreserven ihrer Kunden ohne Schwierigkeiten zur Verfügung zu stellen, da sie die ihr anvertrauten Gelder aufbewahrt und nicht anlegt. Die anderen beiden Kassiers dagegen würden auf die Nederlandsche Bank zurückgreifen müssen, wenn ihnen plötzlich erhebliche Beträge entzogen würden. Die Ontvang- en Betaalkas pflegt bereits in gewöhnlichen Zeiten einen Kredit bei der Nederlandsche Bank in Anspruch zu nehmen, der, wie *Tabelle* 34 zeigt, am Jahresschluss gewöhnlich über *f* 1 Mill. beträgt. Trotzdem betrachten die Banken die Kassiers vielfach als Reserve. So pflegt die Incassobank in ihren Berichten anzugeben, dass sie bei der Nederlandsche Bank und bei Amsterdamer Kassiers gegen Effektendepot einen grösseren (angegebenen) Betrag zur Verfügung habe (z. B. Bericht 1912 S. 7).

Wie sehr man in Niederland an der Bezeichnung Kassier festhält, geht aus folgendem hervor: Als der jetzige Präsident der Nederlandsche Bank, Mr. G. Vissering, ernannt worden war, befand sich im Alg. Handelsblad[1]) ein Lebensabriss, auf den hin die Redaktion folgenden Brief eines Direktors der Kasvereeniging erhielt:

> „Gestatten Sie mir eine kleine Berichtigung Ihrer Lebensbeschreibung von Mr. G. Vissering im Abendblatt von gestern vorzuschlagen. Sie teilen mit, dass Herr Vissering als „Direktor der Kasvereeniging seinen Eintritt (hielt) in die Praxis des Bankbetriebes". Dies ist nicht ganz zutreffend. Der Eintritt fand statt, als er Direktor der Amsterdamschen Bank wurde. Die Kasvereeniging ist kein Bankinstitut sondern ein „Kassierskontor"."

Hieraus geht nicht recht hervor, was der betreffende Direktor der Kasvereeniging selbst unter einem Kassier versteht, da die Kasvereeniging rechtlich jedenfalls kein Kassier ist, denn sie pflegt ihre fremden Gelder wieder anzulegen. Er will vermutlich den Unterschied betonen, der zwischen den drei Kassiers und den

---

[1]) Nummer vom 27. 9. 12.

anderen Banken besteht, indem jene sich vom Effekten- und einer Reihe anderer Geschäfte statutengemäss fernhalten müssen.

In Rotterdam hat eine durchaus andere Entwicklung stattgefunden. Hier kannte man früher vier Kassiers

R. Mees & Zoonen,
Jan Havelaar & Zoon,
Gebrs. Chabot,
Schaay & Madry.

Von ihnen bestehen die ersten drei noch heute, die letzte Firma dagegen ist, wie wir sahen, in die Disconto Maatschappij aufgegangen.

Diese Firmen pflegten früher sog. Kassiers-Promessen (Eigen-Wechsel) auszugeben, die wie Noten umliefen [1]). Gegenwärtig besteht jedoch zwischen den Kassiers und den anderen Banken kein Unterschied mehr. Da also der Rotterdamer Zahlungsverkehr noch weniger ausgebaut ist, als der zu Amsterdam, ist es begreiflich, dass sich die Einführung des Abrechnungssystems in Rotterdam besser durchführen lässt als in Amsterdam, Der Rotterdamer Zahlungsverkehr bediente sich bis jetzt vorwiegend der Noten, wie aus einer Statistik des Bankhauses R. Mees & Zoonen hervorgeht [2]), nach der bei dieser Firma der Kasseneingang sich zusammensetzte:

1840 zu 55 % aus Banknoten und zu 45 % aus Münze.
1860 zu 88 % aus Banknoten und zu 12 % aus Münze.
1885 zu 97 % aus Banknoten und zu 3 % aus Münze.

Diese Zahlen weisen, abgesehen von der Bezahlung in Kassiersbriefjes, eine ziemliche Uebereinstimmung mit den erwähnten Amsterdamer Zahlen auf, wo ebenfalls die Banknote das Hauptmittel für Barzahlungen ist.

§ 11. Die Kreditvereine (Credietvereenigingen).

Als um die Mitte des 19. Jahrhunderts fast in allen Ländern Kreditinstitute gegründet wurden, da die vorhandene Kreditorganisation nicht ausreichte, entstand in Niederland das Institut des Kreditvereins. Es handelte sich dabei durchaus nicht um eine

---

[1]) Aehnliches versuchten in Deutschland die Hamburger Banken durch Ausgabe von Eigenwechseln zu 10 und 25 Thaler, Festschrift der Norddeutschen Bank, S. 11.

[2]) De Economist, 1888, S. 759.

neue Idee, sondern, wie auch in anderen Ländern, um eine mehr oder minder modifizierte Anwendung des Gedankens der Gegenseitigkeit nach dem Vorbild der 1848 gegründeten Union de Crédit in Brüssel [1]). Die meisten dieser Institute entwickelten sich später in ganz anderer Richtung, wie die 1851 als Kreditverein gegründete Direktion der Discontogesellschaft oder die Niederösterreichische Escompte-Gesellschaft [2]) (gegr. 1852). In Niederland zeigte diese Art des Bankgeschäftes mehr Lebensfähigkeit, wenngleich auch hier nicht alle Institute bestehen blieben, die um die Mitte des vorigen Jahrhunderts gegründet wurden. Als Typ der niederländischen Kreditvereine ist die *Credietvereeniging in Amsterdam* zu betrachten, die 1853 errichtet wurde.

Die Credietvereeniging beabsichtigte, den von der direkten Beziehung zur Notenbank bezw. zum „offenen Geldmarkt" ausgeschlossenen Geschäftskreisen diesen Kredit zu verschaffen, indem sie den Wechseln ihrer Mitglieder durch ihr Giro eine grössere Umlaufsfähigkeit verschaffte. Zu diesem Zwecke wurde folgende Organisation geschaffen.

Jeder Kunde hatte sich am Kapital der Credietvereeniging in Höhe seines Kredites zu beteiligen. Von dieser Beteiligung wurden 10 % beim Eintritt eingezahlt, ausserdem ein Anteil am Reservefonds. Die Zulassung als „kreditgeniessendes Mitglied" hing ab von der Entscheidung einer besonderen Kommission. Ausser diesen Mitgliedern waren noch andere vorhanden, die keinen Kredit in Anspruch nahmen. Die Credietvereeniging begann ihre Geschäfte mit 114 Mitgliedern, die sich mit einem Kapital von *f* 688,000 beteiligten. Die Gesellschaft wurde als Aktiengesellschaft errichtet. Sie besass entsprechend dem niederländischen Handelsrecht eine Direktion und einen Aufsichtsrat, sowie eine Vertretung der Beteiligten in der Generalversammlung. Ausserdem war eine Zulassungskommission vorhanden, die gebildet wurde aus der Direktion, dem Aufsichtsrat und einer Anzahl von Teilnehmern.

Die Mittel zur Ausübung des Geschäftes verschaffte sich die

[1]) Ueber die Entwicklung dieses Institutes vergl. Meynen, das belgische Bankwesen, Berlin 1911 S. 123 ff.

[2]) Bei ihr besteht auch heute noch ein „Kredit-Verein", aber seine Bedeutung geht stark zurück. Nach den Geschäftsberichten sank der Reservefonds der Kreditinhaber in den Jahren 1905 bis 1911 von K. 738,000 auf K. 408,000 und der Sicherstellungsfond von K. 2 568,000 auf K. 1,468,000.

Credietvereeniging zunächst durch die Einzahlungen der Teilnehmer und durch Rediskontierung der Promessen ihrer Mitglieder bei der Nederlandsche Bank, sowie am offenen Markt, schliesslich auch in immer steigendem Masse durch die Annahme von Depositen. Verloren [1]) bezeichnet die Credietvereeniging als die erste niederländische Bank, die auf die bei ihr deponierten Beträge Zinsen vergütet habe. Nach dem im Staatkundig en Staathuishoudkundig Jaarboekje v. 1855 S. 343 abgedruckten ersten Geschäftsbericht vergütete sie 3 % Zinsen auf Depositen.

Die Sicherheiten, gegen die die Credietvereeniging Kredit gewährt, waren folgende: 1. Bürgschaft;
2. Inkassowechsel;
3. Effekten;
4. Hypothek.

Ausserdem gewährt sie auch Blankokredit. Das Kreditmaximum war auf *f* 30,000, das Minimum auf *f* 300 festgesetzt, der Zinsfuss auf durchschnittlich 1½ % über dem Promessendiskontsatz der Nederlandsche Bank. Diese Bestimmung war notwendig, da die Credietvereeniging ihre Kunden Promessen (Eigenwechsel) aufstellen liess, die sie in grossen Beträgen bei der Nederlandsche Bank diskontierte, wie dies aus *Tabelle* 45 ersichtlich ist [2]). Die Tabelle beginnt mit dem Jahre 1864, da erst seit diesem Jahre die Bilanzen der Nederlandsche Bank veröffentlicht werden. Die rasche Entwicklung der Credietvereeniging ist ein Zeichen dafür, dass sie einem Bedürfnis entsprach. Daher ist es nicht verwunderlich, dass auch an anderen Orten ähnliche Institute entstanden. Zunächst wurden in Rotterdam drei Banken errichtet:

1862 die Kommandietkas.

1864 das Onderling Crediet und im gleichen Jahr bei der Rotterdamsche Bank (gegr. 1863) die sog. Commanditaire Deelneming (Kommanditbeteiligung) [3]). Es folgten (nur die noch heute bestehenden Banken sind berücksichtigt):

1866 die Geldersche Credietvereeniging zu Arnhem.

1868 die Crediet- en Depositokas zu Utrecht.

---

[1]) Verloren, Overzigt, S. 343.

[2]) Zu dieser Tabelle ist zu bemerken, dass die Zahlen nicht genau vergleichbar sind, da die Geschäftsjahre sich nicht decken (Ned. Bank 1.4/31.3. C. V. Kalenderjahr). Die Angabe 1864 bedeutet also für die Nederlandsche Bank 1864/5.

[3]) S. unter Rotterdamsche Bankvereeniging.

1871 die Dordrechtsche Onderlinge Credietvereeniging zu Dordrecht.
1871 Die Credietvereeniging der Twentsche Bankvereeniging zu Amsterdam.
1872 die Limburgsche Credietvereeniging zu Maastricht.
1876 die Zuidhollandsche Credietvereeniging zu 's Gravenhage.
1881 die 's Gravenhagsche Credietvereeniging en Depositokas im Haag.
1883 die Utrechtsche Credietbank zu Utrecht. [1])
1894 die Nederlandsche Credietvereeniging zu Utrecht.
1897 die Landbouwbank zu Utrecht.
1902 die Hilversumsche Crediet- en Depositokas zu Hilversum.
1903 das Onderling Crediet zu Arnhem.
1910 die Betuwsche Credietvereeniging zu Elst [2]).

Die Banken blieben nicht auf den Ort ihrer Niederlassung beschränkt. Verschiedene errichteten Niederlassungen oder stellten wenigstens Korrespondenten an. Die Credietvereeniging zu Amsterdam besass bereits im Jahre 1870 5 Agenturen (Tilburg, Rotterdam, Alkmaar, Utrecht und Groningen) [3]).

Im Laufe der Jahre veränderte sich der Charakter einiger Kreditvereine, indem sie sich aus Gegenseitigkeitsgesellschaften in reine Aktienunternehmen verwandelten, wie die Creditvereeniging in Amsterdam 1895 und die Geldersche Credietvereeniging in Arnhem 1911 [4]). Einige andere verschwanden, so die Kommandietkas und die Kommanditbeteiligung bei der Rotterdamsche Bank (1891) [5]). Die Tätigkeit der Kreditvereine ist bald enger bald weiter geregelt. Gemeinsam ist ihnen allen das Prinzip der Kreditgewährung gegen Sicherheit oder in Blanco [6]) unter dem

---

[1]) Dies Institut ging 1913 an die Bank van Huydecoper & van Dielen über.

[2]) Dieses Institut wurde 1913 van der Credietvereeniging Amsterdam übernommen.

[3]) Rede des Aufsichtsratsvorsitzenden anlässlich des 60 jähr. Bestehens, S. 9.

[4]) Nach einer Notiz im Alg. Handelsblad v. 25. Sept. 1912 beabsichtigt auch das Onderling Crediet in Rotterdam, sich in eine reine Aktiengesellschaft umzuwandeln. (Dies ist inzwischen geschehen).

[5]) Nach Nierops N.V. seien einige Angaben über die Commanditaire Deelneming gemacht, die zeigen, wie die Geschäfte allmählich immer geringer wurden:

1. Jan.	1882	1886	1891
Mitglieder	188	122	59
Bewilligte Kredite	ƒ 8,063,000	ƒ 5,042,000	ƒ 2,260,000
benutzte Kredite	ƒ 3,505,000	ƒ 1,841,000	ƒ 399,000
in % der bewilligten	43,47	36,52	17,65

[6]) Einigen Kreditvereinen ist die Gewährung von Blankokredit verboten z. B. der Landbouwbank in Utrecht.

Vorbehalt, diesen Kredit eventuell zu mobilisieren, indem sie die von ihren Schuldnern erhaltenen Promessen bei der Nederlandsche Bank oder am offenen Markte rediskontieren.. Leider kann über die Diskontierungen eine genaue Statistik nicht gegeben werden, da nicht alle Institute den Betrag der Rediskontierungen veröffentlichen. Im Laufe der letzten Jahre rediskontierten (in Tausend Gulden)

	1910	1911	1912
Geldersche Credietvereeniging	5,861	8,794	12,619
Credietvereeniging Amsterdam	31,529	32,807	33,646
Onderling Crediet Rotterdam	5,547	3,324	2,616
	42,937	44,925	48,881

Nach den Bilanzen vom 31. Dez. waren rediskontiert und noch nicht abgelaufen

	1909	1910	1911
bei der Dordrechtsche Onderlinge Cred. Ver.	f 1,371,000	1,561,000	1,857,000
Landbouwbank Utrecht	852,000	844,000	879,000
Onderling Crediet Arnhem.......	108,000	108,000	125,000
Onderling Crediet Rotterdam ...	392,000	605,000	92,000
Cred. Ver. der Twentschen Bankvereeniging	970,000	1,000,000	703,000
Credietvereeniging Amsterdam ...	5,464,000	5,844,000	6,366,000
	f 9,157,000	9,962,000	10,022,000

Die grösseren Kreditvereine beschränken sich gewöhnlich auf ihr Hauptgeschäft, während die kleineren noch eine Reihe anderer Bankgeschäfte hinzunehmen. So gibt z. B. Art. 2 der Statuten der Credietvereeniging in Amsterdam als Gesellschaftszweck an „die Kreditgewährung, sei es gegen persönliche oder sachliche Sicherheit, sei es in Blanko". Die Summe der Kredite darf das Achtfache von Kapital und Reservefonds nicht übersteigen. An anderen Geschäften sind erlaubt die Annahme von Depositen und Kontokorrentgeldern, das Inkasso von Wechseln, die Rediskontierung des Portefeuilles und die Anlage verfügbarer Gelder in Prolongationen. Aehnlich lauten die Statuten der Geldersche Credietvereeniging, des Onderling Crediet in Rotterdam, der Limburgsche Credietvereeniging, der Crediet- en Depositokas, des Onderling Crediet Arnhem, der Zuidhollandsche Credietvereeniging, der Hilversumsche Crediet- en Depositokas und der Dordrechtsche Onderlinge Credietvereeniging. Die Tätigkeit der 's Gravenhagsche Credietvereeniging en Depositokas und der Utrechtsche Credietbank erstreckt sich ausserdem auf den Kommissionshandel in Wertpapieren, die der Nederlandsche Credietvereeniging auf die Gewährung von Hypothekendarlehen, die Ausgabe von Pfandbriefen und die Beteiligung an anderen Unternehmen, während der Landbouwbank in Utrecht die Vermittlung von Hypotheken, Versicherungen und Anleihen gestattet ist [1]. Verschiedene Kreditvereine suchen sich ausserdem noch besonders gegen Verluste zu sichern, indem sie ein Kreditmaximum für den einzelnen Kunden festsetzen oder aber vorschreiben, dass die Summe der gewährten Kredite ein bestimmtes Vielfaches des Kapitals nicht überschreiten darf [2]. Ueber die Höhe der Kredite bei den einzelnen Kreditvereinen orientiert *Tabelle 43*. Aus ihr ergiebt sich, dass die drei grössten Vereine 1906 ca. 78½ und 1907 ca. 80½ % aller Kredite gewährten. Die drei Vereine hatten am 31. Dez. bewilligt (in Tausend Gulden):

	1906	1907	1908	1909	1910	1911
Kredite	62,898	67,877	69,515	71,101	73,087	79,433
davon wurden benutzt	39,593	48,288	46,715	45,529	49,845	53,817
oder...............	62,9%	71%	67,7%	64,1%	68,3%	68,1%

Aus diesen Zahlen wird der Einfluss des Jahres 1907 besonders deutlich. Der Betrag der benutzten Kredite stieg von 62,9 % auf 71%. Bei den einzelnen Instituten war die Zunahme verschieden, am stärksten bei der Geldersche Credietvereeniging (von 69,5

[1]) Der Kreis der hierhergehörigen Banken wird hier weiter gefasst als bei v. Tienhoven (Eeuw. 833). Dieser schliesst einige Banken aus, da bei ihnen das allgemeine Bankgeschäft nach den Bilanzen überwöge. Mir scheint es richtiger, hier die Institute zusammenzufassen, die nach dem Prinzip der Gegenseitigkeit eingerichtet sind oder waren und die ihre Betriebsmittel in grossem Umfange durch Rediskontierungen wieder flüssig machen.

[2]) Das Kreditmaximum beträgt bei der
Credietver. Amsterdam *f* 20,000 für Blankokredite,
Onderling Crediet Rotterdam *f* 60,000, bei Blankokredit *f* 10,000,
bei Bürgschaft und zweiter Hypothek *f* 30,000,
Limburgsche Cred. Ver. *f* 50,000,
Dordr. Onderl. Cr. Ver. bei Blanko- *f* 15,000, bei Bürgschafts-Kredit *f* 30,000,
Hilversumsche Crediet- en Deposito Kas *f* 20,000,
Zuidhollandsche Credietvereeniging *f* 50,000,
Landbouwbank *f* 25,000, bezw. *f* 50,000.
Die Summe der gewährten Kredite ist festgesetzt
auf ²/₃ der Beteiligungen bei dem Onderling Crediet in Rotterdam und der Zuidholl. Cred. Ver., d. h. es dürfen von den gesamten bewilligten Krediten nicht mehr als ²/₃ benützt sein,
auf das Achtfache des eingezahlten Gesellschaftskapitals bei der Gelderschen Credietvereeniging,
auf das Achtfache von Kapital und Reserve bei der Credietvereeniging Amsterdam.

auf 85,3%). Die Möglichkeit, dass die bewilligten Kredite in Anspruch genommen werden, birgt zweifellos eine gewisse Gefahr für die Kreditvereine in sich, da sie kaum nennenswerte Bar-Reserven halten und daher gezwungen sind, wenn es ihnen nicht gelingt, Depositen heranzuziehen, zu Rediskontierungen zu schreiten, die in finanziell bewegten Zeiten nicht immer glatt durchführbar sind. Die Credietvereeniging der *Twentsche Bankvereeniging* befindet sich in dieser Hinsicht allerdings in einer guten Lage, da hinter ihr die starke Kapitalmacht der Twentsche Bankvereeniging steht.

Die Deckung der Kredite ist sehr verschieden, die meisten Vereine geben auch ungedeckte Kredite. Bei der Credietvereeniging Amsterdam spielten sie früher sogar eine grosse Rolle. Sie betrugen um 1890 ca. 25 % der bewilligten Beträge. Im Laufe der Jahre gingen sie ziemlich regelmässig zurück und betrugen 1911 nur noch 4½ % (in absoluten Beträgen sanken sie von ca. *f* 3 Millionen auf ca. 1 Mill.). Bei der Deckung der Kredite spielt die Art des Kundenkreises eine grosse Rolle. Relativ selten sind die Kredite durch ein Effektendepot gedeckt, da sich für den Besitzer von Wertpapieren günstigere Gelegenheiten bieten. Sehr vielfach dient dagegen eine Hypothek als Sicherheit oder wird der Kredit auf Grund einer Bürgschaft gewährt [1]). Hieraus lässt sich ein ungefährer Schluss auf die Kundschaft der Kreditvereine ziehen. Sie setzt sich im wesentlichen zusammen aus dem gewerblichen,

[1]) Beim Onderling Crediet in Rotterdam waren die am 31. Dez. 1911 laufenden Kredite wie folgt gedeckt:

f 1,101,600	durch erste Hypothek,
- 739,400	durch Bürgschaft
- 225,100	durch erste Hypothek und Bürgschaft
- 249,000	durch zweite Hypothek
- 99,500	durch erste und zweite Hypothek
- 91,500	durch Effektendepot
- 46,600	durch zweite Hypothek und Bürgschaft
- 53,300	waren ungedeckt.
f 2,606,000.	

Seit ihrer Umwandlung in eine reine Aktiengesellschaft veröffentlicht die Credietvereeniging Amsterdam keine detaillierte Deckungsstatistik mehr. Am 30. Juni 1895 betrugen die

Kredite	*f* 10,394,000
davon waren gedeckt durch Bürgschaft	- 3,692,000
davon waren gedeckt durch Hypothek	- 1,699,000
davon waren gedeckt durch Hypothek und Bürgschaft	- 1,149,000
davon waren ungedeckt	- 2,130,000
der Rest von	- 1,724,000

war durch verschiedene Sicherheiten gedeckt.

kaufmännischen und landwirtschaftlichen Mittelstand. Zwei Banken unterzogen sich auf meine Bitte der Mühe, ihre Kundschaft nach Berufsgruppen zu gliedern.

Die Geldersche Credietvereeniging hatte 1912 ca. *f* 25 Mill. Kredite bewilligt. Davon entfielen auf

Landwirte	ca. 20 %	oder *f*	5 Mill.
auf Industrielle	40 %	oder -	10 Mill.
Kaufleute	40 %	oder -	10 Mill.

Die Credietvereeniging in Amsterdam, der ein besonderes Wort des Dankes für die Unterstützung meiner Arbeit gebührt, hat ihre Kunden vom 31. Dez. 1912 nach folgenden Gruppen zerlegt:

	Kunden		bewilligte Kredite		durchschnittlich
Landwirte	294 =	11,5%	*f* 1,162,000 =	4,8%	*f* 3,950
Bauunternehmer	136 =	6,3	2,693,000 =	11,2	19,790
Industrielle ...	275 =	12,6	8,839,000 =	36,5	32,140
Kaufleute	1039 =	46,9	8,766,000 =	36,3	8,440
gewerbl. u. and. Unternehmen .	453 =	20,7	2,707,000 =	11,2	5,970
	2197 =	100 %	*f* 24,167,000 =	100 %	*f* 11,000

In der verschieden starken Beteiligung der Landwirte kommt der verschiedene Charakter der beiden Institute zum Ausdruck. Die Credietvereeniging Amsterdam arbeitet mehr in den grösseren Städten, während die Geldersche Credietvereeniging ihren Haupttätigkeitskreis in Gelderland und den anliegenden Provinzen findet. Bemerkenswert erscheint die Höhe des durchschnittlichen Kredites mit über *f* 10,000 und besonders bei den Industriellen mit über *f* 30,000. Danach ist die Kreditgewährung von Beträgen unter *f* 1000, wie sie für den Kleinhandel vielfach in Betracht kommt, nur gering ausgebildet. Die Ausfüllung dieser Lücke wird neuerdings durch die Genossenschaftsbanken des gewerblichen Mittelstandes versucht.

Da das gesamte Geschäft der Kreditvereine auf der Rediskontierung ihrer Promessen bei der Nederlandsche Bank beruht, pflegen sie den Diskontsatz der Nederlandsche Bank als Basis ihrer Zinsberechnung zu benutzen. Nach der Art der Sicherheit stufen sie die einzelnen Zinssätze ab. So berechnet z. B. das Onderling Crediet Rotterdam

bei Deponierung von Effekten	$^1/_2$ %	über dem Promessendiskontsatz der Nederlandsche Bank.
bei erster Hypothek	$^1/_2$—1 %	
bei zweiter Hypothek u. Bürgschaft ...	1 %	
bei Blankokrediten	1$^1/_2$ %	

ausserdem $^1/_8$ % Provision (auf 3 Monate).

Die Credietvereeniging Amsterdam berechnet keine Provision, dafür aber etwas höhere Zinssätze, nämlich 1 % bei Effektendepot und leicht realisierbarer erster Hypothek, 1$^1/_2$ % bei Bürgschaft und erster Hypothek auf Betriebsgebäude, und 2% bei Deckung durch Inkassi und Blankokredit, ebenfalls auf Basis des Prommessensatzes der Nederlandsche Bank. Diese Zahlen sind nicht ohne weiteres vergleichbar, da der Kunde des Onderling Crediet sich mit 15 % seines Kredites bei der Gesellschaft beteiligen muss, bei der Credietvereeniging Amsterdam dagegen nicht. Ein Beispiel wird dies deutlich machen:

Jemand braucht einen Betrag von *f* 16,000. Er wendet sich

1. an das *Onderling Crediet* Rotterdam. Hier muss er 15 % seines Kredites einzahlen. Da er aber *f* 16,000 braucht, muss er einen Kredit von *f* 20,000 in Anspruch nehmen. Von diesem Betrage bleiben also *f* 3000 bei der Bank. Ausserdem hat er an Kosten zu zahlen:

$^1/_2$ % als Beitrag zum Reservefonds und zu den Kosten	*f* 100,—
5 % Zinsen (bei 4 % Promessendiskont der Nederl. Bank) + $^1/_8$ % Provision auf 3 Monate	*f* 1100,—
Wechselstempel (4 mal p. a. $^1/_2$ Mille)	*f* 40,—
	f 1240,—
Er erhält als Dividende auf die Einzahlung 5$^1/_2$ % ..	*f* 165,—
bleiben	*f* 1075.—

Er erhält also netto *f* 15,925, die ihn *f* 1075 oder 6$^3/_4$ % kosten. Im zweiten Jahr fallen die Beiträge für den Reservefonds weg. Der Kredit stellt sich dann auf 6$^1/_8$ %. Wenn der Zinssatz sich um 1 % auf 6 % erhöht, kostet der Kredit 8$^1/_8$ bezw. 7$^1/_2$ %.

2. an die *Credietvereeniging in Amsterdam*. Hier hat er keine Einzahlung zu leisten. Es genügen also ca. 17,000 Gulden. Er hat zu zahlen

$5^1/_2$ % Zinsen (bei 4 % Prom. Disk. der Nederlandschen Bank)	ƒ 935,—
Wechselstempel	ƒ 40.—
	ƒ 975,—

Der Kredit von ƒ 16,025 kostet ihn also 6,08 %, bei einem Zinssatz von 6 % würden die Kosten auf 6,63 % steigen.

Die Kosten stellen sich also in diesem Falle bei dem Kredit unter Ziffer 2. billiger, trotzdem der Zinssatz $^1/_2$ % höher ist, sie würden einen noch grösseren Unterschied zeigen, wenn die Dividende im Fall 1. geringer wäre.

Von Bedeutung für die Entwicklung des Geschäftes der Kreditvereine ist ihr zum Teil sehr ausgedehntes Filial- bezw. Korrespondentennetz geworden. Im Jahre 1911 besassen:

die Credietvereeniging Amsterdam	13	Agenturen
die Geldersche Credietvereeniging	13	Agenturen
die Landbouwbank Utrecht	27	Korrespondenten
Betuwsche Credietvereeniging	1	Filiale
die Nederlandsche Credietvereeniging	1	Filiale
die Zuidhollandsche Creditvereeniging	1	Korrespondenten.

Die Leiter dieser Niederlassungen bezw. die Agenten üben gewöhnlich einen Teil der Geschäfte privatim aus, die dem Kreditverein durch die Statuten verboten sind. [1])

Bei einigen Kreditvereinen ist es aus dem Namen ersichtlich, dass sie als vorwiegend agrarische Kreditinstitute gedacht sind, wie die *Landbouwbank* in Utrecht, deren Geschäft trotz der 27 Korrespondenten allerdings nicht sehr umfangreich ist. In *Tabelle* 44 findet sich eine Darstellung der Kapitalkraft der verschiedenen Kreditvereine, bei der zu beachten ist, dass die Zahlen nicht ohne weiteres vergleichbar sind, da die Vereine, welche die Kapitalbeteiligung ihrer Kunden fordern, mit viel höheren Kapitalsummen erscheinen, als die reinen Aktiengesellschaften. Die Bedeutung der einzelnen Gesellschaften lässt sich vielleicht besser aus der Höhe der fremden Gelder und der Bilanzsumme ablesen.

[1]) Tienhoven „Eeuw", S. 834 berichtet, dass die Agenten der Gelderschen Kreditvereeniging unter bestimmten Bedingungen das Effektenkommissionsgeschäft ausüben dürfen. Der Amsterdamer Korrespondent von „The Economist" schiebt den Kreditvereinen einen grossen Teil der Schuld an der massenhaften Unterbringung von amerikanischen Werten in der Provinz zu. Er meint vermutlich aber die Agenten der Kreditvereine, die, wie angegeben, vielfach eigene Bankgeschäfte betreiben, (The Economist 1907 II S. 1814).

Aber auch hier ist zu berücksichtigen, dass die Bilanzaufstellung nicht nach einheitlichen Grundsätzen erfolgt. Verschiedene Gesellschaften nehmen die rediskontierten Wechsel mit in die Bilanz auf, andere wieder nicht etc.

Was schliesslich die Bedeutung der Kreditvereine in der niederländischen Bankorganisation überhaupt betrifft, so ist diese gegen früher zurückgegangen, da inzwischen eine grössere Zahl verschiedener Banken entstanden ist, die den Kreditvereinen einen Teil der Geschäfte abgenommen haben. Dies trifft besonders für die grossen Städte zu. Die Kreditvereine haben sich teilweise dadurch geholfen, dass sie ihre Geschäfte in der Provinz ausdehnten, wie vorher gezeigt wurde. Aus der sehr ausführlichen Statistik der Credietvereeniging Amsterdam lässt sich diese Verschiebung des Schwerpunktes der Gesellschaft besonders deutlich erkennen (s. *Tabelle 39*). Im Jahr 1900 wurden bei der Zentrale in Amsterdam noch 43 % aller Kredite in Anspruch genommen, 1913 nur 27 %. Aehnlich ist es mit den Depositen, von denen 1900 noch 71 % in Amsterdam eingezahlt wurden, 1913 dagegen nur 40 %. Die Depositen haben, wenigstens was die Summe der im Jahr eingezahlten Beträge betrifft, abgenommen. Im Jahre 1900 betrugen die Einzahlungen ca. ƒ 27,5 Millionen, 1913 ƒ 28,4 Mill. [1]) Dagegen sind die Beträge der Bank länger verblieben, wie nachstehende Zahlen zeigen, nach denen der Durchschnittsbestand besonders in den letzten Jahren gestiegen ist.

Depositenbestand (in Tausend Gulden).

A. im Durchschnitt der 12 Ausweise. B. am 31. Dezember.

	1901	1902	1903	1904	1905	1906	1907	1908	1909	1910	1911	1912
A	2867	2954	2579	2941	2839	2938	3179	3024	2588	3642	4096	4390
B	3041	2468	2453	2317	2424	2726	3008	2904	3371	3649	3649	4233

Die starke Zunahme der Geschäfte der Agenturen führte zu einer allmählichen Aenderung des Charakters dieser Agenturen. Während früher vielfach ein am betreffenden Orte bestehendes Bankhaus mit der Vertretung der Kreditvereine beauftragt wurde, wird jetzt immer häufiger ein Beamter der Kreditvereine nach dem Ort als Vertreter entsandt. Diese Aenderung zeigt sich u. A. auch darin, dass die Credietvereeniging in den letzten Jahren für verschiedene ihrer Filialen eigene Gebäude ankaufte, wodurch die

[1]) Im Jahr 1907 betrugen sie nur ca. ƒ 17 Mill. 1908 nur ƒ $15\,^{3}/_{4}$ Mill.

Gebäuderrechnung von *f* 88,000, (1900) auf *f* 330,000 (1912) stieg.

Schliesslich sei noch verwiesen auf die *Tabellen* 40 u. 41,, die den Zustand der Credietvereeniging Amsterdam für die Zeit seit 1900 darstellen, sowie auf *Tabelle* 42, die das gleiche für die Geldersche Credietvereeniging tut.

Die Stellung der Nederlandsche Bank den Kreditvereinen gegenüber war zunächst durchaus freundlich. Die Credietvereeniging Amsterdam erfreute sich des Protektorats des Präsidenten *Mees* von der Nederlandsche Bank [1]). Doch als dann immer mehr Kreditvereine entstanden, wehrte sich die Nederlandsche Bank gegen den reichlichen Zufluss von Promessen. Dadurch wurde den jüngeren und kapitalschwächeren Instituten die Tätigkeit sehr erschwert. Die grösseren Institute dagegen versuchten ihre Promessen immer mehr am offenen Geldmarkt unterzubringen.

Obwohl eine geschichtliche Darstellung im einzelnen nicht in den Rahmen der Arbeit gehört, seien doch nach v. d. Borght [2]) die Zahlen für 1883 und 1894 gegeben, die für jene Zeit eine ziemlich langsame Entwicklung zeigen, und mit den Zahlen für 1910 (*Tabelle 43 und 44*) verglichen (in Tausend Gulden)

Jahr	Zahl der Kredit-vereine	einge-zahltes Kapital	Reserven	Kredito-ren und Depositen	bewilligte Kredite	benutzte Kredite
1883	10	6,102	1,161	9,750	43,902	25,742
1894	13	7,526	1,755	16,600	47,481	29,908
1910	10	12,058	4,851	29,547	81,729 [3])	58,389 [3])

Die Entwicklung ist hauptsächlich den drei grössten Instituten (der Credietvereeniging Amsterdam, der Geldersche Creditvereeniging, der Twentsche Bankvereeniging) zu danken, deren Anteil an obigen Zahlen betrug

	eingez. Kapital	Reserven	Kreditoren u. Depositen	bewilligte Kredite	benutzte Kredite
1894	50,9	73,9	58,5	66,2	62,6%
1910	72,4	73,-	62,2	89,4	86,7%

[1]) A. v. Assen, Nederlandsche Bank 1881, S. 13 und Rede des Aufsichtsratsvorsitzenden, S. 4.

[2]) „History", S. 360.

[3]) Bezieht sich auf nur 7 Banken.

Einige der besprochenen Kreditvereine stehen in Beziehungen zu anderen Banken, worüber, soweit es sich um Hypothekenbanken handelt, bei diesen gesprochen werden wird. Die Crediet- en Depositokas in Utrecht wird von zwei Inhabern der alten Utrechtschen Bankfirma Vlaer & Kol (gegr. 1748) geleitet und befindet sich in gleichem Hause mit dieser.

§ 12. Landwirtschaftliche Darlehenskassen (Boerenleenbanken).

Die Berichterstatter über Ackerbau und Viehzucht in dem 1898 erschienenen Werke „Eene halve Eeuw 1848—1898" konnten hervorheben, dass die Kreditgenossenschaften „endlich in Niederland Wurzel zu fassen scheinen". Ein Jahr vorher (Ende 1896) war die erste landwirtschaftliche Kreditgenossenschaft errichtet worden: die Boerenleenbank zu Geldrop (Noordbrabant) [1]. Die Initiative hierzu ging von dem 1896 gegründeten Nederlandschen Boerenbond aus, der dabei von der katholischen Geistlichkeit eifrig unterstützt wurde. Meijers sagt darüber in seinem Buche „Landbouwcoöperatie in Nederland" (S. 109):

> „Dass die Boerenleenbanken sich in so kurzer Zeit derartig entwickelt haben, ist nicht zuletzt der römisch-katholischen Geistlichkeit zu danken. Nur eine Organisation wie die katholische Kirche war imstande, im Süden unseres Landes ein vollständiges System des Agrarkredites gewissermassen hervorzuzaubern und damit dem Norden den Nutzen der Boerenleenbanken zu lehren".

Als Vorbild für die niederländischen Boerenleenbanken dienten die Raiffeisengenossensschaften Deutschlands. Die Boerenleenbanken wurden anfangs auf Grund des niederländischen Genossenschaftsgesetzes von 1876 errichtet. Da diese Art der Gründung den Limburger und Noordbrabanter Bauern zu teuer erschien, versuchten sie, ihre Banken nach dem Vereinsgesetz von 1855 zu errichten, das weniger kostspielig ist. Da aber die in Utrecht errichtete Zentralkasse (Coöperatieve Centrale Raiffeisenbank) sich weigerte, Banken, die nach den Bestimmungen des Gesetzes

---

[1] V. d. Marck, Gedenkschrift bij het 12½-jarig bestaan der Coöp. Centrale Boerenleenbank te Eindhoven, S. 13 und De l'organisation du Crédit Rural aux Pays-Bas, S. 6. Gand o. Jahresangabe.

v. 1855 gegründet waren, als Mitglied aufzunehmen, kam es zur Trennung. Die abgewiesenen Banken errichteten in Eindhoven (Noordbrabant) eine zweite Zentralkasse, die sich zunächst schneller entwickelte als die ältere in Utrecht. Seit 1904 besteht noch eine dritte Zentrale in Alkmaar. Ende des Jahres waren angeschlossen

bei	1898	1899	1900	1901	1902	1903	1904	1905
Utrecht.........	4	13	21	35	55	77	129	170
Eindhoven	—	33	46	62	80	104	132	154
Alkmaar	—	—	—	—	—	—	—	18

	1906	1907	1908	1909	1910	1911	1912	
Utrecht.....	209	234	267	288	316	385	439	Boerenleenbanken
Eindhoven .	190	216	237	263	283	310	346	"
Alkmaar ...	25	28	29	30	32	34	36	"

Da nur ganz wenige Boerenleenbanken keiner Zentrale angehören, kann man die Ende 1912 vorhandenen Boerenleenbanken auf etwa 850 schätzen.

a. die örtlichen Darlehenskassen (Boerenleenbanken).

Zunächst seien die Boerenleenbanken selbst etwas näher betrachtet. Wie erwähnt, ist ihre juristische Struktur nicht einheitlich. Zum grösseren Teile sind es Genossenschaften nach dem Gesetz v. 1876, zum kleineren Teil Gesellschaften nach dem Vereinsgesetz von 1855. Die juristischen Einzelheiten interressieren hier nicht, zumal sie die wirtschaftliche Funktion der Boerenleenbanken nicht beeinflusst haben. Ursprünglich wurden nur Banken mit unbeschränkter Haftpflicht errichtet. Seit verschiedenen Jahren verlangt die Zentrale Utrecht nur unbeschränkte Nachschusspflicht [1]). Jedes Mitglied zahlt ein Eintrittsgeld von *f* 0,10 bei den Eindhovenschen Banken und von *f* 0,50 bei den Utrechtschen und Alkmaarschen Banken. Die Organe der Banken sind Generalversammlung, Vorstand und Aufsichtsrat. Unter Leitung des Vorstandes werden die eigentlichen Geschäfte durch einen Kassierer geführt. Der Gewinn wird nicht verteilt, sondern fliesst in einen Reservefonds. Hinsichtlich der Vorschüsse bestehen bei den Banken der verschiedenen Zentralen von einander

[1]) Die einzelnen Bestimmungen sind den Musterstatuten entnommen, die durch die Zentralkassen verfasst sind.

abweichende Prinzipien. Die Utrechtschen Banken geben sie nur auf höchstens ein Jahr unter dem Vorbehalt, jederzeit mit dreimonatlicher Frist kündigen zu können (Probestatuten Art. 35). Die Eindhovenschen und Alkmaarschen Banken kennen ausserdem auch langfristige Vorschüsse bis zu 10 Jahren. Diese müssen amortisiert werden. Als Sicherheit für die Vorschüsse dienen Bürgschaften und Hypotheken. Eine grosse Zahl von Banken hat durch die Statuten ein Kreditmaximum festgestellt. Diese Maxima schwanken zwischen *f* 250 und *f* 30,000. In der Regel bewegen sie sich zwischen 5000 und 10000 Gulden. [1])

Die Mittel zur Vorschussgewährung verschaffen sich die Banken durch die Annahme von "Spargeldern". Soweit diese nicht ausreichen, nehmen die Banken Kredit bei ihrer Zentrale in Anspruch, bei der sie auch einen Teil der nicht gebrauchten Summen deponieren müssen. Bei der Annahme von Spargeldern sind die Banken nicht auf ihre Mitglieder beschränkt, dagegen wohl bei der Vorschussgewährung.

Wie die Boerenleenbanken sich entwickelt haben, ist aus *Tabelle* 46 zu ersehen. Die Zahlen dieser Tabelle zeigen die starke Zunahme der Bedeutung der Boerenleenbanken für den landwirtschaftlichen Betriebskredit. Innerhalb 10 Jahren stiegen die Vorschüsse von $^1/_2$ Million auf *f* 20$^1/_2$ Mill. und andererseits gelang es den Banken, rund *f* 37$^1/_2$ Mill. Depositen heranzuziehen. Dies konnte nicht ohne Einfluss auf die anderen Banken bleiben, wenn auch den Boerenleenbanken vielfach brachliegende Gelder zugeflossen sein mögen, da von verschiedenen Seiten behauptet wird, dass der Strumpf noch häufig als Sparkasse funktioniere. [2])

Zunächst bestand ein gewisses Mistrauen gegen die neuen Einrichtungen, da mit der Aufnahme des Darlehens eine dem Bauern unangenehme Oeffentlichkeit verbunden ist. Doch seitdem die Banken sich mehr eingebürgert haben, steigen die Vorschüsse in stärkerem Masse als die Depositen. Auf dies Problem wird bei der Besprechung der Zentralkassen zurückzukommen sein.

Ausser dem Vorschussgeschäft pflegen die Boerenleenbanken auch den Kontokorrentverkehr, durch den sie eine Anzahl anderer landwirtschaftlicher Genossenschaften als Kunden erhalten

---

[1]) Statistiek der Spaar- en Leenbanken. 1909.

[2]) Frost a. a. O. S. 480.

haben. Bei den Utrechtschen Banken betrug der Umsatz im Kontokorrent 1910 ca. ƒ 8 Mill., bei den Eindhovenschen ca. 2 Mill.

Hinsichtlich der Zinspolitik sind die Boerenleenbanken von ihren Zentralen unabhängig, soweit sie nicht den Kredit der Zentrale in Anspruch nehmen und dadurch gezwungen sind, mindestens die ihnen selbst berechneten Zinsen von ihren Schuldnern zu erheben. Nach der Statistiek der Spaar- en Leenbanken 1909/10 bewegten sich die für Depositen vergüteten Sätze zwischen 2,75 und 4%, die meisten Banken geben 3%. Da die Postsparkasse 2,64% Zinsen vergütet, müssen die Boerenleenbanken wenigstens um eine Kleinigkeit höhere Zinssätze vergüten, wenn sie Depositen heranziehen wollen.

Die Mitgliedschaft bei Boerenleenbanken ist nur Landwirten gestattet. Die Eindhovenschen und Alkmaarschen Banken verlangen ausserdem die Anerkennung von Gottesdienst, Familie und Eigentum als Grundlage der Gesellschaft von ihren Mitgliedern [1]).

Welche Folgen die einseitige Beschränkung auf Landwirte für den Geschäftsgang der Banken hat, wird bei der Besprechung der Zentralen gezeigt werden.

Auf die einzelnen Provinzen sind die Boerenleenbanken sehr ungleich verteilt (*s. Tabellen* 48 *und* 49). In Noordbrabant und Limburg, dem Hauptgebiet der Eindhovenschen Zentrale, befinden sich dank der eifrigen Tätigkeit der katholischen Geistlichkeit [2]) ausserordentlich viele Banken. Die Utrechter Zentrale dagegen hat ihr Hauptgebiet in den beiden Provinzen Holland. Dieses sind die einzigen Provinzen, in denen alle drei Zentralen, ihre Tätigkeit ausüben. Die Zentrale in Alkmaar war zwar speziell für Noordholland gegründet worden, ist aber auch berechtigt, solange in Zuidholland keine besondere Zentrale besteht, dort zu arbeiten. Die Zahl der Banken und die der Mitglieder entsprechen einander in den Provinzen ungefähr. Im Durchschnitt gehören etwa 60—80 Bauern einer Darlehenskasse an. Ueber die Ausdehungsmöglichkeiten der Boerenleenbanken orientiert *Tabelle* 49, in der die Zahl der Mitglieder der Banken in Beziehung gesetzt ist zu den selbständigen Landwirten nach der Berufszählung von 1909. Dabei zeigt sich, dass in Noordholland über

[1]) Alkmaar Statuten Art. 3.
[2]) V. d. Marck, a. a. O. S. 13.

40% aller Selbständigen den Boerenleenbanken angehören. In Limburg sind fast $^1/_3$ der Landwirte Mitglieder und in Zuidholland etwa $^1/_4$. In den beiden Holland wird diese Entwicklung auf die Konkurrenz der Zentralen zurückzuführen sein, während sie in Limburg eine Folge der hier besonders starken Organisation des Nederlandschen Boerenbond ist, der hier ca. 14000 Mitglieder besitzt [1]). Die übrigen Provinzen entsprechen etwa dem Reichsdurchschnitt. Nur in Friesland und Groningen waren Boerenleenbanken sehr spärlich vertreten. Dies hat verschiedene Gründe. Einmal ist der Boerenbond, der hauptsächlich Katholiken zu seinen Mitgliedern zählt, in den vorwiegend protestantischen Provinzen nicht vertreten und dann besteht der groninger Bauernstand, wie wir sahen, viel mehr aus grösseren Bauern als im übrigen Niederland. Die Bauern waren hier schon lange an den Verkehr mit Banken und Bankiers gewöhnt. Die im Anfang meist sehr kleinen und wenig kapitalkräftigen Boerenleenbanken waren ausserdem auch nicht recht geeignet, die notwendigen grossen Kredite zu gewähren. Es war ein sehr geschickter Schachzug der Utrechter Zentrale, dass sie sich sehr bald vom Boerenbond löste und in religiösen Fragen einen neutralen Standpunkt einnahm, denn auf diese Weise konnte sie hoffen, auch die protestantischen Landesteile zu gewinnen. In den letzten Jahren ist es ihr denn auch gelungen, in Groningen und Friesland festen Fuss zu fassen [2]).

b. die Zentralkassen.

Bald nach Errichtung der ersten Boerenleenbanken zeigten sich Schwierigkeiten in der Anlage der nicht im Betriebe gebrauchten Gelder. Sie wurden zunächst in sehr primitiver Weise behoben, indem die Kassierer sich auf dem Wochenmarkt trafen und dort Gelder an benachbarte Banken ausliehen bezw. von ihnen liehen. [3]) Sehr früh entstand also das Bedürfnis nach einer Geldaustauschstelle. Wie erwähnt, wurde zuerst die Zentrale in Utrecht errichtet und bald darauf infolge der Meinungsverschiedenheiten über die juristische Form der Boerenleenbanken die zu Eindhoven. Zunächst blieben beide Zentralen mit dem Boerenbond in Verbindung. Im Jahr 1899 entschloss sich die U-

---

[1]) Meijers, a. a. O. S. 8.
[2]) Ende 1912 besass sie in beiden Provinzen 104 Banken gegen 31 an 1909.
[3]) V. d. Marck, a. a. O. S. 14.

trechter Zentrale zur Aufgabe des konfessionellen Charakters und brach mit dem Bunde. Dies hatte 1904 das Ausscheiden einer Minderheit zur Folge, die mit dem Vorgehen Utrechts nicht einverstanden war. Damals bildeten 15 nordholländische Banken eine neue Zentrale auf konfessioneller Basis in Alkmaar.

Im Anfang waren die Boerenleenbanken mit ihrem vollen Vermögen haftbar für die Zentralen; die gegenwärtigen Statuten von Eindhoven beschränken die Haftung jedoch auf den Betrag der Beteiligung der einzelnen Banken und die Utrechter Statuten sehen für jeden Anteil von ƒ 500 eine Haftung von ƒ 2500 vor. Die Zahl der Anteile, welche von den einzelnen Banken genommen werden, ist verschieden, da je nach Höhe des beanspruchten Kredites ein entsprechender Anteilsbesitz verlangt wird. Die Utrechter Zentrale darf bis zu ƒ 70,000 an eine Bank ausleihen, die zu Eindhoven ist durch Vorschriften nicht beschränkt, gewährt gewöhnlich höchstens ƒ 60,000. Da die Unkosten der Zentralen sehr hoch sind, müssen die Boerenleenbanken einen jährlichen Unkostenbeitrag leisten, der auf verschiedene Arten berechnet wird.

Die Anlagepolitik der Zentralen weicht einigermassen von einander ab. Utrecht pflegt den grössten Teil der nicht für Vorschüsse an Boerenleenbanken verwandten Gelder am Prolongationsmarkt, einen kleineren Betrag in Effekten anzulegen. Eindhoven und Alkmaar wählen hauptsächlich Effekten als Anlage und in geringerem Masse auch Hypotheken. Ende 1911 betrugen

(in Tausend Gulden) bei	Utrecht	Eindhoven	Alkmaar
Prolongationen	4,210	715	—
Effekten	517	3,065	482
Hypotheken	—	455	10
Vorschüsse an Boerenleenbanken	1,190	1,034	93
Bilanzsumme	6,610	6,695	611

Die Eigenkapitalien und die Reserven sind verhältnismässig gering. Utrecht besass 1911 ein Kapital von ƒ 358,500, worauf ƒ 23,000 eingezahlt waren, und eine Reserve von ƒ 50,000. Die Eindhovensche Zentrale hatte 1911 ein Kapital von ƒ 620,000 mit einer Einzahlung von ƒ 7,333 und eine Reserve von ƒ 51,000. Die Alkmaarsche Zentrale endlich arbeitete mit einem eingezahlten Betrag von ƒ 1700 und ƒ 7200 Reserve.

Die Tragkraft der Zentralen wird in jedem Frühjahr einer

starken Probe ausgesetzt [1]), da die Depositen im April und Mai stark zurückgehen, während die Vorschüsse sehr zunehmen. Bei der Zentrale in Utrecht und besonders in Alkmaar überschritten in diesen Monaten die Vorschüsse die Depositen gewöhnlich bedeutend. Die Zentralen gerieten dadurch in eine missliche Lage und mussten den Kredit der Nederlandsche Bank in Anspruch nehmen. Da dies bei der Zentrale Alkmaar in den ersten Jahren nicht möglich war, wandte sie sich nach Eindhoven um Unterstützung, weil bei dieser Zentrale der Bedarf an Vorschüssen nicht so gross war. In den letzten Jahren ist sowohl bei Utrecht als bei Alkmaar eine Besserung der Lage eingetreten, da die Depositen stark zugenommen haben. Die staatliche „Landbouwcommissie" von 1906 hat sich mit dieser Frage eingehend befasst und schlägt den Zentralen Zusammenarbeit in irgendeiner Form vor.

Eine Vergleichung der Spargelder bei den Boerenleenbanken mit den Spargeldern bei der Postsparkasse und den privaten oder kommunalen Sparkassen, wie sie für das Jahr 1909 vorgenommen wurde, zeigt, dass die Boerenleenbanken nur über 8% der Gesamtsumme verfügen. (s. *Tabelle* 47).[2]) Ihr Anteil ist regional sehr verschieden, am stärksten in Drenthe (21,9%) am geringsten in Groningen (0,6%). In Groningen haben die teilweise ziemlich kleinen örtlichen Sparkassen fast vier Fünftel der Gelder an sich gezogen. Da die Boerenleenbanken jetzt auch in Groningen stark zunehmen, wird es voraussichtlich zu einem ziemlich scharfen Wettbewerbe um die Spargelder zwischen beiden kommen. Allerdings ist zu berücksichtigen, dass die Spargelder bei den Boerenleenbanken teilweise einen anderen Charakter besitzen als die bei den anderen Instituten, da sie zu einem erheblichen Teil im Frühjahr abgehoben werden, während es sich bei den anderen Spargelegenheiten vielfach um wirkliche Ersparnisse handelt, die den Unternehmen jahrelang verbleiben.

§ 13. Die Mittelstandsbanken.

Bis vor einigen Jahren war der gewerbliche Mittelstand und ebenso der Kleinhandel ohne eigene Kreditinstitute. Sein Kredit-

[1]) Van Tienhoven, Eeuw, S. 843.

[2]) Im Jahre 1911 hatte sich der Anteil der Boerenleenbanken auf 11,5% erhöht, im Jahre 1913 betrug er bereits 14.27%.

bedürfnis musste er grossenteils bei seinen Lieferanten befriedigen. Ausserdem kamen für grössere Kredite die Kreditvereine in Betracht, für kleinere die Vorschussbanken und jene eigenartige Gruppe von Wohltätigkeitsanstalten, die der Niederländer "Hulpbanken" (Unterstützungskassen) nennt. Ueber die letzten besteht sogar eine, allerdings wertlose Statistik. Wertlos ist die Statistik insofern, als in ihr alle möglichen Sorten von kleinen Banken enthalten sind, die nichts miteinander zu tun haben. Neben einer grösseren Anzahl Vorschussbanken mit Erwerbscharakter befinden sich etwa 20 Unterstützungskassen der Mij. tot Nut van 't Algemeen (Gesellschaft zum allgemeinen Nutzen), konfessionelle und neutrale Wohltätigkeitsgesellschaften [1]). Von den Vorschussbanken fehlen in der Statistik etwa dreissig. Auf eine Anfrage beim Statistischen Bureau im Haag wurde mir dies bestätigt und gleichzeitig eine Definition von "Hulpbanken" gegeben, indem gesagt wurde, "dass im allgemeinen unter Hulpbanken Banken verstanden werden sollen, welche zur Armutsvorbeugung Vorschüsse geben, entweder gegen sachliche oder persönliche Gewährleistung". Diese Begriffsbestimmung ist so verschwommen, dass mit ihr nichts anzufangen ist. Hier musste nur darauf eingegangen werden, damit nicht der Gedanke aufkommen konnte, diese Gruppe von "Banken" sei übersehen worden. Soweit Unternehmen in ihr vorhanden sind, die für die vorliegende Untersuchung in Betracht kommen, sind sie unter Vorschussbanken behandelt worden oder werden hier besprochen werden.

Als die Boerenleenbanken innerhalb weniger Jahre sich sehr stark entwickelten und die Vorteile zeigten, die sich aus der Selbsthilfe ergeben können, wurde auch im kaufmännischen und gewerblichen Mittelstand das Interesse am Genossenschaftswesen in stärkerem Masse rege. Die zahlreichen jungen Mittelstandsvereine, die im Süden des Landes teilweise wieder durch Unterstützung der katholischen Geistlichkeit zustande kamen, bemächtigten sich der Sache, sodass die Frage gegenwärtig im Fluss ist. Wenn zunächst auch die Schwierigkeiten grösser sind als bei der Errichtung der Boerenleenbanken, da die Konkurrenzverhältnisse im Handel und Handwerk andere sind als unter den Bauern eines Dorfes, so sind doch bereits an einer Reihe von Orten Kreditgenossenschaften errichtet worden. Im Haag besteht bereits

[1]) S. hierüber L. F. A. M. v. Ogtrop, Belegging v. Spaarbankgelden, S. 318 f.

seit 1875 eine Coöperatieve Voorschotvereeniging, die bis 1899 für *f* 4,869,000 Vorschüsse gewährt hatte, von denen *f* 4,403,000 zurückgezahlt waren, sodass noch ausstanden *f* 460,000 [1]). Die meisten der Genossenschaftsbanken blicken noch auf eine sehr kurze Lebensdauer zurück und veröffentlichen ihre Bilanzen nicht. Von einigen waren allerdings Angaben zu erlangen, so von der 1896 errichteten *Credietbank der Algemeene Winkeliervereeniging* in Amsterdam. Diese Bank führt kein selbständiges Dasein, sondern ist eine Unterabteilung des erwähnten Vereins. Ihre Betriebsmittel verschafft sie sich einmal durch einen Kredit bei der Incassobank, für den einige Mitglieder eine Bürgschaft übernommen haben, und ausserdem durch die Ausgabe einer Obligationsanleihe. Die von ihr gewährten Kredite schwanken der Grösse nach zwischen *f* 2000 und *f* 40. Seit ihrer Gründung hat sie 334 Kredite über einen Betrag von *f* 152,500 gewährt. Im Haag wurde 1911 von den Vorständen von 20 Mittelstandsvereinen eine Kreditgenossenschaft errichtet, die *Coöperatieve Credietbank*, die Ende 1912 159 Mitglieder zählte mit einer Haftsumme von *f* 41,600, wovon *f* 14,100 eingezahlt waren. Die Genossenschaft empfing 1912 *f* 240,000 im Kontokorrent, *f* 26,000 Depositen und *f* 7,500 Spargelder. Ausserdem wurden für *f* 84,000 Wechsel und Quittungen eingezogen und waren für *f* 258,000 Wechsel etc. bei ihr zahlbar gestellt.

In Groningen hat sich im Anschluss an die Coöp. Middenstandscredietbank eine Zentralkasse gebildet, der sich 1912 14 Banken angeschlossen hatten, die sich auf folgende Provinzen verteilen

Noordholland	3	Friesland	2	Overijssel	2
Zuidholland	2	Groningen	1	Drenthe	3
Zeeland	1				

Alle drei Monate wird ein Status der Banken veröffentlicht, dem folgende Angaben entnommen seien:

		am 31. Dez. 1912
Mitglieder der 14 Banken		1082
Untergebrachte Anteile		1122
Eingezahlt auf die Anteile	*f*	68,785
Einzahlungsverpflichtung	*f*	43,415
Haftsumme über die Anteile hinaus	*f*	112,200

[1]) Ogtrop, a. a. O. S. 320.

	am 31. Dez. 1912
Gewährte Kredite	*f* 366,503
Anzahl der gewährten Kredite	600
Kreditoren und Depositen	*f* 243,238
Umsatz im Jahr	*f* 2,628,003

Unter katholischem Einfluss steht die Credietvereeniging de *Hanzebank* in 's Hertogenbosch, die 1908 errichtet wurde. Die Genossenschaft hat sich mit Hilfe eines Netzes von 15 Agenturen (Correspondentschappen) sehr rasch entwickelt, wie einige Zahlen verdeutlichen mögen:

	1910	1911	1912 (1. I.—1. XI.)
eingezahltes Kapital	*f* 36,500	*f* 48,800	*f* 64,000
Zahl der Genossen	404	598	751
gewährter Kredit	66,340	141,050	206,030
Depositenbestand	52,800	86,500	181,500
Kontokorrentumsatz	304,300	1,545,900	2,809,400
Wechselumsatz	180,400	364,400	408,200
Gesamtumsatz	1,941,200	4,707,100	7,542,100
Guthaben der Sparkassenabteilung	28,500	71,200	92,300

Eine ähnliche Einrichtung ist die "Coöp. Centrale Middenstands Credietbank in het bisdom Haarlem" zu Delft, die 3 Filialen und 10 Vertretungen besitzt. Von ihr waren trotz mehrfacher Versuche keine näheren Angaben zu erlangen.

Diese kurze Darstellung beabsichtigt durchaus nicht, erschöpfend zu sein. Sie sollte nur an einigen Beispielen zeigen, wie die Kreditgenossenschaft auch im Handwerk und Kleinhandel Niederlands ihren Einzug hält, nachdem sie für die Landwirtschaft in der kurzen Zeit ihres Bestehens sehr viel Nützliches geleistet hat. Noch haftet der Bewegung viel Tastendes, niederländisch Schwerblütiges an, das eine rege Propaganda durch Zeitschriften und Vorträge zu überwinden sucht (s. z. B. die Zeitschrift "De Middenstandsbond").

§ 14. Die Kolonialbanken.

Die Kolonial- (und Ausland-)banken Niederlands werden hier nur mit Rücksicht auf ihre Bedeutung für das niederländische Bankwesen behandelt werden. Dabei ist zu scheiden zwischen Banken, die in den niederländischen Kolonien tätig sind und solchen, die im Ausland arbeiten. Die erste Gruppe zerfällt wieder in Notenbanken, allgemeine Banken und die "Cultuur" banken. Bei der letzten Gruppe, den Cultuurbanken könnte es zweifelhaft sein, ob sie nicht den Anlagekreditinstituten zuzurechnen wären, da sie, wie wir sehen werden, an einer ganzen Anzahl von Kolonialunternehmen durch Aktien- oder Obligationsbesitz interessiert sind. Da sie jedoch in grossem Umfange Betriebskredit an ihre indischen Kunden gewähren, sind sie zu den Banken, die prinzipiell Betriebskredit gewähren, gerechnet worden, zumal ihre Kreditgewährung in Niederland sich der Art nach als Betriebskredit darstellt.

DIE KOLONIALBANKEN.

I. *Die Notenbanken.*

Hierher gehören die 1827 errichtete Javasche Bank zu Batavia und die Surinaamsche Bank in Amsterdam.

Die *Javasche Bank* hat eine lange und bewegte Geschichte, über die N. P. van den Berg, ihr früherer Präsident, ausführlich berichtet [1]). Die Geschichte interessiert hier nicht, da die Darstellung auf Niederland beschränkt ist. Bis zum Jahre 1891 bediente sich die Javasche Bank für ihre europäischen Geschäfte der Vermittlung der Nederlandsche Handel Mij.; seitdem besitzt sie eine eigene Niederlassung in Amsterdam. Die Aenderung erschien notwendig, da die Nederl. Handel Mij. sich immer stärker zu einem reinen Bankinstitut entwickelte und daraus eventuell Interessenkollisionen entstehen konnten [2]). Die Amsterdamer Filiale hat für die Javasche Bank besondere Bedeutung, seitdem sie das Devisengeschäft auf grösserem Fusse betreibt und ausserdem einen Teil ihrer verfügbaren Mittel in Amsterdam in Prolongationen anlegt, um das Hin- und Hersenden von Münzen möglichst einzuschränken. Die interessanten Einzelheiten dieser Politik finden sich in den sehr ausführlichen Geschäftsberichten der Javasche Bank, die vor allem auch deshalb bemerkenswert sind, weil sie eine Beschreibung der Einführung des Giro- und Abrechnungsverkehrs in Niederländisch Indien nach deutschem Muster enthalten.

[1]) N. P. v. d. Berg, Munt-, Crediet- en Bankwezen, S. 125 ff.

[2]) Bericht 1909/10, S. 100.

Für die Amsterdamer Filiale der Javasche Bank wird keine besondere Bilanz veröffentlicht, jedoch lassen sich einige Zahlen aus den Geschäftsberichten entnehmen. *Tabelle* 50 zeigt zunächst die Zunahme des Prolongations- und Devisenbestandes in den letzten Jahren. Seit 1901/02 haben die Devisen sich verdreifacht, die Prolongationen sogar vervierfacht. Die Anlage in Prolongationen geschieht lediglich in Amsterdam, der Devisenankauf zum Teil, während die in Indien angekauften Devisen über Amsterdam eingezogen werden. Diese Remittierungen beliefen sich

1906/07	1907/08	1908/09	1909/10	1910/11	1911/12	auf
f 6,2	18,3	23,5	13,0	15,7	14,2	Millionen.

Bei den Prolongationen lässt sich eine gewisse Regelmässigkeit in der Zu- und Abnahme feststellen. Sie steigen im Frühjahr erheblich an und nehmen nach dem Herbst zu wieder ab, wie nachstehende Zahlen (nach den Wochenausweisen) zeigen.

Danach fielen (in Tausend Gulden).

		die Maxima		die Minima	
1908/9	auf den	20. Mai 08	13,000	4. Nov. 08	1,858
1909/10		30. März 10	20,000	15. Sept. 09	11,190
1910/11		2. April 10 [1])	20,000	12. Nov. 10	1,900
1911/12		30. März 12	17,651	25. Nov. 11	6,000

Infolge dieser ausgedehnten Tätigkeit wünschte die Javasche Bank Mitglied der Amsterdamer Börse zu werden, um die Prolongationen ohne Vermittlung der Makler abschliessen zu können. Wie erwähnt, wurde jedoch ihr Gesuch und auch das der Nederl. Indische Handelsbank abgelehnt. Unter den in Prolongation angelegten Summen befinden sich stets erhebliche Beträge "on call", die gehalten werden müssen, da die Amsterdamer Niederlassung mit ihnen die in Indien verkauften TT's ausführen und die Anweisungen einlösen muss, die von Indien auf Amsterdam gezogen werden. Die Bank spielt in diesem Verkehr eine sehr grosse Rolle, besonders seitdem sie im Jahre 1900/1 sich durch die "Pari-Uebereinkunft" der Regierung gegenüber verpflichtet hat, die TT's für die Regierung zu pari vorzunehmen [2]). Ueber die von

---

[1]) Vom 2. April bis 4. Juni 1910.

[2]) v. d. Berg, a. a. O. S. 146. Bericht 1909/10, S. 40.

Indien auf Amsterdam und umgekehrt gezogenen Anweisungen bezw. TT's orientieren folgende Zahlen (in Millionen Gulden)

	Indien auf Amsterdam	davon für die Regierung	Amsterdam auf Indien	davon für die Regierung
1906/7	18,9	11,5	1,9	0,5
1907/8	17,4	14,0	2,2	0,5
1908/9	21,5	17,5	4,6	2,8
1909/10	17,2	14,5	4,7	2,0
1910/11	20,0	17,0	9,2	1,0
1911/12	7,7	5,0	13,4	8,0
1912/13	24,1	20,7	7,7	3,0

Zur Aufrechterhaltung des Kurses kauft die Javasche Bank in Indien von den Privatbanken etc. TT Niederland zu ca. 100 1/2 an, damit die Banken nicht, wie früher, Silber aus Niederland kommen lassen, das nach einiger Zeit eventuell wieder dorthin zurückkehrt. Daher erklärt es sich, dass im Jahre 1909/10 z. B. die Prolongationen in Amsterdam durchschnittlich ƒ 13 3/4 Mill. betrugen gegen ƒ 8 Mill. im Jahr vorher.

Eine Spezialisierung des Devisenbestandes wird nicht gegeben. Immerhin ist anzunehmen, dass sich unter ihnen auch erhebliche Beträge niederländischer Wechsel befinden [1]).

Schliesslich sei noch erwähnt, dass die Javasche Bank bei der Nederlandsche Bank ein Kontokorrentguthaben unterhält, das am 31. März 1910 ƒ 1,182,000 betrug [2]) (von ƒ 7,183,000 Guthaben überhaupt) und dass die Nederlandsche Bank verschiedentlich grössere Barbeträge für die Javasche Bank aufbewahrt hat, da nach Art. 20[II] der Statuten nicht der volle Barvorrat in Indien gehalten zu werden braucht, sondern höchstens ein Viertel sich auch ausserhalb befinden kann [3]).

Die Javasche Bank hat besonders in den letzten Jahren für den Amsterdamer Geldmarkt eine gewisse Bedeutung erhalten durch ihre Münzpolitik, durch ihre Prolongationen und durch die Zahlungsvermittlung mit Indien.

Die *Surinaamsche Bank* wurde im Jahr 1864 errichtet [4]). Sie

[1]) Nieuwe Financier en Kapitalist, v. 20. 12. 1911.
[2]) Bericht, 1909/10. S. 23.
[3] 1909/10 lagen bei der Nederlandschen Bank ƒ 1.6 Mill. in Silber, 1911/12 ƒ 1,5 Mill.
[4]) Verloren, Overzigt, S. 384.

spielt, entsprechend ihrem bedeutend kleineren Wirkungskreis, nur eine unbedeutende Rolle. Im Kleinen erfüllt sie dieselben Funktionen wie die Javasche Bank. Sie gibt Wechsel auf Europa bezw. Amerika ab und kauft Wechsel an, die sie nach Europa remittiert, ausserdem hält sie in Amsterdam einen Prolongationsbestand und den in Effekten angelegten Teil des Kapitals.

II. *Die allgemeinen und die Cultuurbanken.*

Unter den anderen Banken, deren Arbeitsgebiet die niederländischen Kolonien sind, nehmen zwei eine besondere Stellung ein: die Nederl. Indische Escompto Mij. und die Nederlandsche Handel Mij. Beide sind als allgemeine Banken zu bezeichnen, da sie alle Sparten des Bankgeschäfts ausüben. Dabei ist allerdings zu beachten, dass die Escompto Mij. von vornherein auf das Bankgeschäft beschränkt war, während die Handel Mij. anfangs eine Anzahl anderer Funktionen ausübte.

Die *Nederl. Indische Escompto Mij.* hat ihren Sitz in Batavia, wo sie 1857 mit einem Kapital van *f* 500,000 errichtet wurde. Nachdem sie sich zunächst auf Indien beschränkt hatte und sich in Amsterdam durch andere Gesellschaften und seit 1893 durch einen Delegierten hatte vertreten lassen, errichtete sie 1896 in Amsterdam selbst eine Niederlassung [1]). Eine gesonderte Bilanz dieser Niederlassung wird nicht veröffentlicht. Aus der Gesamtbilanz sind nur die Prolongationen zu ersehen, die in Amsterdam gewährt wurden. Sie beliefen sich (in Tausend Gulden)

	1908	1909	1910	1911	1912
auf	566	1,338	2,393	4,305	2,250.

Ausserdem betrugen die Vorschüsse auf Verschiffungen nach Indien (in Tausend Gulden)

1,564	1,450	1,353	1,491	1,302,

die sich allerdings nicht nur auf Amsterdam beschränken [2]). Insgesamt wurden an solchen Vorschüssen gewährt (in Tausend Gulden):

5,055	6,382	10,134	10,432	8,273.

Da die Bank in Amsterdamer Blättern stets ihre Depositenzinssätze veröffentlicht, ist anzunehmen, dass ein Teil der ausgewiesenen Depositen aus Niederland stammt. Die am 31. Dez. vorhan-

[1]) V. d. Berg, Munt-, Crediet- en Bankwezen, S. 166.
[2]) Bericht 1908, S. 10.

denen Depositen (in Tausend Gulden) gliederten sich nach dem Zinssatze

	1908	1909	1910	1911	1912
zu 2%	822	946	866	42	89
„ 2½%	8	63	8	7	—
„ 3%	505	540	440	586	610
„ 3½%	106	464	533	988	946
„ 4%	5,764	8,012	9,899	12,016	15,122
	7,205	10,025	11,746	13,639	16,768

Wegen des Umsatzes auf Depositenkonto sei auf *Tabelle* 51 verwiesen, die auch die Umsätze auf verschiedenen anderen Konten zeigt, aus denen auf die Tätigkeit der Bank geschlossen werden kann. So zeigt besonders der Umsatz auf Kassiersrechnung (Kassenführung für die Kundschaft) die starke Entwicklung des indischen Bankgeschäftes, die bei allen Banken eingetreten ist und die ihren Ausdruck in der Durchführbarkeit des Giro- und Abrechnungsverkehrs bei der Javasche Bank findet. Im Zahlungsvermittlungsgeschäft bedient die Escompto Mij. sich ebenfalls ihrer Amsterdamer Filiale für das Rimesseninkasso etc. *Tabelle* 52 gibt die Umsätze in den verschiedenen Devisen und zwar sowohl der von Indien auf Europa gezogenen Wechsel, als auch der nach Europa remittierten Papiere. Bemerkenswert ist dabei, dass die nach Niederland remittierten Wechsel bei weitem hinter den auf Niederland gezogenen Wechseln zurückbleiben, während es sich hinsichtlich der Papiere auf England und Frankreich umgekehrt verhält. Der Wechselverkehr nach Deutschland dagegen entspricht bei der Bank ungefähr dem von Deutschland. Die Geschäftsführung in Amsterdam scheint nicht immer ganz im Geist der Zentrale in Batavia erfolgt zu sein; wenigstens lässt eine Aeusserung im Geschäftsbericht 1908 darauf schliessen, in der es heisst: "Um mehr Uebereinstimmung zu bekommen in der Geschäftsauffassung zu Amsterdam mit der in Niederl. Indien, wurde der Herr X, Prokurist von Amsterdam, zeitweise nach Indien versetzt." [1])

Nachstehend sind für die letzten Jahre die finanziellen Resul-

[1]) In Beginn des Jahres 1914 ist der Konflikt zum Ausbruch gekommen, indem die Amsterdamsche Geschäftsleitung sowie der dortige Aufsichtrat in corpore zurücktraten und eine neue Bank gründeten.

tate der Bank zusammengestellt, zu denen zu bemerken ist, dass das Aktienkapital 1900 *f* 3 Mill. 1905 *f* 5 Mill. 1906 *f* 6 Mill. und 1909 *f* 7½ Mill. betrug.

Die Gewinne der Nederlandsch-Indische Escompto-Maatschappij (in Tausend Gulden)

Jahr	Zinsen	Provision	Agio auf Wechsel, Effekten etc.	Unkosten	Dividende
1900	447	114	327	235	7½%
1902	605	121	233	348	8%
1904	670	136	336	350	8%
1906	1,155	144	443	453	8%
1908	1,064	175	546	483	8%
1910	1,387	196	706	502	8%
1911	1,363	241	668	534	8%
1912	1,621	242	669	576	8½

Die *Nederlandsche Handel Maatschappij* wurde, wie erwähnt, 1824 errichtet. Ihre Gründung gehörte mit zu dem wirtschaftspolitischen Programm von Willem I. Auch hier beteiligte der König sich durch Kapital an dem Unternehmen, dem er eine Zinsgarantie für die ersten Jahre gewährte [1]). Hier kann nicht dargestellt werden, wie die Handel Mij. sich von einer Handelsgesellschaft allmählich in eine sogen. Cultuurbank und von dieser zu einer allgemeinen Bank entwickelte. Es wurde bereits früher darüber gesprochen, dass die Handel Mij. im ersten Drittel des 19. Jahrhunderts für die Entwicklung der Twentschen Baumwollindustrie von grosser Bedeutung gewesen ist, indem sie Webschulen einrichtete und den Fabrikanten ihre Bestellungen für Indien gab, die sie vor 1830 hauptsächlich in Belgien gemacht hatte. Damals trieb die Handel Mij. noch in ausgedehnten Masse Eigenhandel. Seit Ende der 1860er Jahre hat sie diesen Handel eingehen lassen. Allmählich ging die Gesellschaft dazu über, sich an indischen Gesellschaften zu interessieren, indem sie ihnen Betriebskapital lieh unter der Bedingung, dass ihr dafür der Verkauf der Produkte in Niederland übertragen werde ("Konsignationskontrakt"). Dies führte dann dazu, dass die Handel Mij. sich an einer Reihe von Gesellschaften beteiligte. Im Jahr 1875 betrugen bei der Nie-

---

[1]) V. d. Berg, Munt-, Crediet- en Bankwezen, S. 170 ff.

derlassung in Batavia (altmodisch "Faktorij" genannt) nach N. P. v. d. Berg [1]) (in Millionen Gulden) die

		1875	1905	1912
Anteile von Cultuur- und landwirtschaftlichen Unternehmen	*f*	2,3	6,2	9,4
Vorschüsse gegen Hypotheken an dito		3,0	0,9	10,6
Vorschüsse gegen Waren		4,0	4,6	
	f	9,3	11,7	20,0

Wenn man damit die übrige Entwicklung der Handel Mij. in dieser Zeit vergleicht, so ergiebt sich, dass dieser Geschäftszweig, so ertragreich er auch noch ist [2]), doch heute nicht mehr die Bedeutung wie früher für die Gesellschaft hat, da sich ihr Schwerpunkt allmählich ganz nach dem Bankgeschäft verschoben hat, das sie sowohl in Indien als auch in Niederland in grossem Umfange betreibt. Trotzdem bringt es die Gesellschaft fertig, über dieses Bankgeschäft ungefähr alles zu verschweigen und die Oeffentlichkeit mit ein paar Phrasen im Bericht abzuspeisen, während sie über ihre Tätigkeit als Kommissionär für die Regierungs- und Privatverkäufe, die ja gewiss einen beträchtlichen Teil ihrer Tätigkeit beanspruchen, Seiten füllt. Die Finanzpresse drängt daher auch schon seit Jahren auf eine bessere Publizität [3]). Die Handel Mij. ist ein Beispiel dafür, wie man in dem, seit über 50 Jahren politisch so liberalen Niederland, auf dem Gebiete des Gesellschaftswesens wie des Handels überhaupt einer Anschauung huldigt, für die die Bezeichnung konservativ sehr milde ist. Schon bei Besprechung der rechtlichen Grundlagen sahen wir, dass die "Verfassung" der Handel Mij. durchaus altertümlich ist. Dies wird auch von der Leitung des Unternehmens anerkannt, doch sie stützt sich dabei darauf, dass die Statuten (Gesellschaftsvertrag) es so wollen [4]). Die Möglichkeit einer "Modernisierung" durch Statutenänderung scheint trotz Artikel 18 Ziff. 4. nicht zu bestehen. Vielleicht ist es ausserdem ein Akt

[1]) Munt-, Crediet- en Bankwezen, S. 190.

[2]) Der Gewinn auf Cultuur-Gesellschaften betrug (in Tausend Gulden):

1905	*f* 2,553	1909	*f* 2,782
1906	- 1,388	1910	- 2,200
1907	- 1,927	1911	- 3,214
1908	- 2,377	1912	- 2,515

[3]) z. B. Amsterdamsch Effektenblad, v. 24. 6. 08.

[4]) Amsterdamsch Effektenblad, v. 27. 6. 06.

jener merkwürdigen Pietät, die man in Geschäftskreisen häufiger antrift: man will die „Gesetze", unter denen man gross geworden ist, nicht abändern, selbst wenn man einsieht, dass die „Gesetze" inzwischen veraltet sind. Nach ihren Statuten kann die Handel Mij. mit geringen Ausnahmen (Art. 50) eigentlich alle Tätigkeiten ausüben, die sich zum Bank- oder Warenhandel in Beziehung setzen lassen (Art. 49). Ihr Geschäftskreis umfasst "den Warenhandel für eigene Rechnung und in Kommission, den Geld-, Wechsel- und Edelmetallhandel und alles was zum Bankbetrieb gehört". In ihrer Tätigkeit ist sie nicht auf Niederland und Niederl. Indien beschränkt, wo 1912 20 Niederlassungen bestanden, sie besitzt auch Filialen in Hongkong, Shanghai, Rangoon, Singapore und Surinam. In Niederland unterhält sie in Rotterdam und den Haag Filialen. Das asiatische Geschäft, für das eine besondere Bilanz veröffentlicht wird, hat sich besonders in den letzten Jahren ausserordentlich ausgedehnt, wie folgende Zahlen zeigen (in Millionen Gulden)

	1905	1908	1909	1910	1911	1912
Betriebskapital	14,6	16,0	16,0	16,0	16,0	16,0
Kreditoren	6,6	2,7	5,5	18,5	26,1	31,3
Depositen und Girogelder	34,7	46,5	53,1	62,5	72,0	75,6
Kasse u. Wechsel	10,1	17,7	25,6	43,5	48,6	58,6
Vorschüsse u. Lombards......	26,0	22,8	21,3	24,4	32,5	37,1
Effekten u. Beteiligungen.....	10,0	10,5	11,7	11,6	11,8	13,6
Guthaben in Amsterdam	—	7,0	9,9	12,5	15,1	8,9
Debitoren	9,1	7,1	6,3	5,8	7,4	6,4

Aus *Tabelle* 53 ist die Entwicklung des niederländischen Geschäftes ersichtlich, dessen Bilanzsumme sich seit 1898 beinahe verdreifacht hat. Wenn wir die Zahlen von 1883 mit denen von 1913 vergleichen, dann treten unter den Passiven folgende Veränderungen besonders hervor. Das Kapital ist um *f* 9¹/₄ Mill. von 35³/₄ auf 45 Mill. gestiegen und der Reservefonds hat sich von *f* 250,000 auf *f* 8,2 Mill. erhöht, ausserdem wurde ein Unterstützungsfonds für das Personal in Höhe von *f* 1 Mill. neu angelegt. Depositen wurden 1883 nicht ausgewiesen, sie betrugen 1903 *f* 6,3 Mill. und 1913 *f* 38,0 Mill. Die Kreditoren, von denen die ausländischen und die Guthaben des Staates ihrer Natur nach sehr schwankend sind, stiegen von *f* 7,2 auf *f* 41,5 Mill.

Die ausländischen Kreditoren umfassen die Forderungen von Banken u. a. wegen der Akzeptierung von Tratten. Das Staatsguthaben entsteht aus den Warenverkäufen für den Staat, worüber noch zu sprechen sein wird. Die inländischen Kreditoren allein nahmen um *f* 20 Mill. zu und ausserdem hält die Faktorei in Batavia in den letzten Jahren Guthaben bei der Zentrale, die das ihr zugewiesene Betriebskapital teilweise übersteigen. Diese Zunahme der Mittel findet unter den Aktiven ihren Ausdruck in einer Erhöhung des Effektenbestandes um *f* 30,0 Mill., des Wechsel- und Inlanddebitorenbestandes um *f* 48,4 Mill. und des Lombard- und Prolongationenbestandes um *f* 13,5 Mill., während einige andere kleinere Rechnungen abnahmen.

Die Guthaben des Staates rühren, wie erwähnt, aus Kommissions-Verkäufen her, die die Handel Mij. für den Staat vornimmt. Sie sind gegen früher stark zurückgegangen, da der Staat unter dem Cultuurstelsel in Nederl. Indien grosse Mengen von Kaffee und Zucker erhielt, die er in Niederland durch die Handel Mij. an den Markt bringen liess. Der Bruttoertrag dieser Verkäufe, die meist in der Form von Auktionen zu Amsterdam und Rotterdam stattfinden, belief sich [1]) auf

1862	1872	1882	1892	1902	1912.	
f 76,6	55,8	35,7	22,9	25,6	42,5	Mill.

Dabei hat insofern eine Verschiebung unter den Produkten stattgefunden, als an die Stelle des Kaffees und Zuckers das Zinn getreten ist. Ausser diesen Verkäufen finden noch grössere Verkäufe von Zucker, Kaffee, Tabak, Tee und Gold statt, die die Gesellschaft grösstenteils in Kommission vornimmt, soweit es sich nicht um Produkte ihrer eigenen Zuckerfabriken handelt. In den letzten Jahren stand sie mit folgenden Gesellschaften in Beziehung

	1908	1909	1910	1911	1912	
Zucker	33	33	33	34	37	Gesellschaften
Tabak	18	17	15	16	13	„
Kaffee	?	?	?	?	?	„
Tee	10	11	9	9	11	„
Gold	4	2	2	2	2	„
Kautschuk	?	?	?	?	14	„

[1]) Nach den Jaarcijfers 1911, S. 206.

Die Verkäufe dieser Gesellschaften und sonstiger Kommittenten finden nicht nur in Niederland sondern zum grossen Teil in Niederl. Indien, ausserdem in Newyork, London und Singapore statt. Von den Bruttoerträgnissen entfielen au Verkäufe (in Tausend Gulden)

	1908	1909	1910	1911	1912
in Niederland	12,221	13,135	17,561	32,731	29,889
„ New York	975	1,172	595	1,259	1,079
„ London	70	—	255	220	435
„ Niederl. Indien	27,478	28,075	10,890	33,890	39,774
	40,744	42,382	49,301	74,100	71,177
ausserdem in Singapore (in 1000 Dollar)	514	506	641	763	1,138

Der grösste Betrag der indischen Verkäufe entfällt auf Zucker, der der niederländischen auf Tabak und Kaffee (Santoskaffee der Valorisation, an der die Handel Mij. beteiligt ist). Da die Gesellschaft der Regierung für den Kaufpreis Sicherheit leisten muss, hält sie erhebliche Effektenbestände, die wie folgt spezifiziert werden, (in Millionen Gulden)

	1908	1909	1910	1911	1912
Staatsanleihen	12,7	13,9	13,6	14,2	13,6
Kommunalanleihen	2,3	1,8	2,0	5,3	2,4
Eisenbahnaktien u. Obligationen	6,6	7,0	7,1	8,8	7,5
Schiffahrts Akt. u. Oblig.	4,0	2,7	2,5	4,0	3,8
Cultuur Akt. u. Oblig.	2,6	2,2	2,5	2,8	2,7
Handel, Industrie u. Bank	3,6	4,2	4,9	5,2	5,8
	f 31,8	31,8	32,6	40,3	35,8

Diese Gliederung zeigt bereits, dass der Effektenbestand nicht lediglich zum erwähnten Zwecke und für die Wechseltransaktionen der indischen Filialen gehalten wird, wie der Bericht (1911 S. 14) angibt, da sich unter ihm Papiere befinden, die für den angegebenen Zweck nicht sehr geeignet sein dürften (Schiffahrtsaktien etc.) Ein Teil des Effektenbestandes steht vielmehr im Zusammenhang mit dem Effektengeschäft und den Emissionen und Beteiligungen der Handel Mij. Dass das Interesse an niederländischen Gesellschaften bei der Handel Mij. nicht gering ist, geht aus *Tabelle* 17 hervor, die 41 Gesellschaften aufweist, in denen die Handel Mij. durch einen ihrer Direktoren vertreten ist. Davon entfallen 3 auf Kolonialgesellschaften und 8 auf Schiffahrtsunternehmen. Ferner kommt es zum Ausdruck dadurch, dass eine Anzahl von Gesellschaften bei der Handel Mij. Guthaben unterhalten oder Kredit in Anspruch nehmen. Für einige Gesellschaften konnte dies aus v. Nierops N. V. festgestellt werden, so hielten Guthaben

	1909	1910
Mij. tot Expl. v. Staatsspoorwegen	ƒ 3,000,000	1,500,000
Nederl. Centraalspoorweg	1,002,800	108,500
Utrechtsche Levensverzek. Mij.	36,300	55,400

Ausserdem eine ganze Reihe von Kolonialgesellschaften, von denen auch verschiedene an die Handel Mij. verschuldet waren, so die Nieuwe Asahan Tabak Mij. mit ƒ 1,700,000 (1909) die Amsterdam Serdang Tabak Co. mit ƒ 421,700 (1910). An der Schiffahrt nach Indien hat die Handel Mij. begreiflicherweise ein besonderes Interesse, daher ist sie in der Nederl. Scheepvaarts Unie, der Vereinigung der nach Indien fahrenden Gesellschaften, vertreten.

Die Mittel zu ihrem ausgedehnten Bankbetrieb verschafft sich die Nederl. Handel Mij., wie wir sahen (*Tabelle* 53), in nicht unerheblichem Masse durch die Annahme von Depositen. Im wesentlichen sind es langfristige Depositen, wie nachstehende Zusammenstellung zeigt, in der die Depositen nach der Kündigungsfrist geordnet sind (in Tausend Gulden)

	1908	1909	1910	1911	1912
1 Jahr	21,979	22,592	25,247	24,535	25,449
6 Monate	37	35	13	32	15
3 Monate	625	9	—	—	9
2 Monate	500	—	—	—	—
1 Monat	—	1	—	—	—
	23,141	22,637	25,260	24,567	25,473
Ausserdem waren vorhanden Depositen					
auf 1 Jahr fest	10,734	12,206	8,648	14,084	10,439
auf 9 Monate	—	—	—	1,000	3
auf 3—6 Monate	329	290	471	30	1,110
	11,063	12,496	9,120	15,114	11,552
zusammen	34,205	35,133	34,380	39,682	37,025

Dieser hohe Betrag zeigt, dass die Handel Mij. sich bei den niederländischen Sparern sehr hoher Wertschätzung erfreut, da dies der grösste Betrag ist, der — abgesehen von den Sparkassen — einer Bank vom Sparpublikum zur Verfügung gestellt wurde.

Dass der Betrieb von Bankgeschäften im "fernen Osten" ziemlich viel Risiko mit sich bringt, zeigt eine Betrachtung der Gewinn- und Verlustrechnung, danach waren auf Debitoren abzuschreiben bezw. zu reservieren

	in Amsterdam	in Indien
1908	ƒ 211,400	ƒ 1,708,000
1909	96,100	719,500
1910	—	253,100
1911	177,600	862,500
1912	—	403,600

Die indischen Niederlassungen allein hatten in der Zeit von 1874/5 bis 1906 ƒ 5¼ Mill. auf Debitoren und 9,6 Mill. auf Beteiligungen abzuschreiben.

Erst im Bericht für 1911 befindet sich eine zahlenmässige Angabe über den Wechselverkehr zwischen Indien und China etc. einerseits und Niederland andererseits. Er betrug 1911 ƒ 331,730,000 für Niederl. Indien und ƒ 266,164,000 für die übrigen Niederlassungen, 1912 ƒ 372,809,000 für Niederl. Indien und ƒ 318,923,000 für die übrigen Niederlassungen. Ausserdem wird mitgeteilt, dass der Depositen- und Giroumsatz in Indien 1911 ƒ 1,570,000,000, 1912 ƒ 1,759,000,000 ausmachte. Und endlich wird die Beteiligung an der niederländischen Staatsanleihe von 1911 erwähnt.

Die *Nederlandsch Indische Handelsbank* (gegr. 1863) gehört zu den Banken, die nach rascher und anfänglich guter Entwicklung in der Zuckerkrisis von 1884 [1]) nahe vor dem Zusammenbruch standen und die nur durch das Eingreifen van Amsterdamer Finanzleuten vor dem Ruin gerettet wurden [2]). Sie wurde durch die Gründung einer neuen Gesellschaft, der Nederl. Indische Landbouw Mij., von ihrem Bestand an Aktien von Zucker- und anderen Unternehmen und von ihren Forderungen an derartige Ge-

[1]) V. d. Berg, Munt-, Crediet- en Bankwezen, S. 206 ff.

[2]) Ueber die Geschichte der Bank unterrichtet die Festschrift anlässig des 50jährigen Bestehens der Nederl. Indischen Handelsbank.

sellschaften entlastet. Dadurch erhielt sie neue Mittel und konnte ihren Akzept- und sonstigen Verbindlichkeiten nachkommen. Seitdem hat die Nederl. Indische Handelsbank sich auf das reine Bankgeschäft beschränkt und der Landbouw Mij., deren Anteile sie fast vollständig besitzt, die Verwaltung der Cultuurgesellschaften und die Bevorschussung der Ernten überlassen. Hier sei erwähnt, dass in Niederl. Indien die Möglichkeit besteht, die noch stehende Ernte zu verpfänden als Sicherheit für Vorschüsse (sog. Oogstverband) [1]). Diese Institution wurde nach der Krise von 1884 zur grösseren Sicherung der Geldgeber geschaffen, da ohne deren Hilfe den meisten Unternehmern die Durchführung ihrer Kulturen nicht möglich wäre. Es handelt sich also hier um eine dem Warrant agricole in Frankreich verwandte Einrichtung. Nach einer Reihe von Jahren, in denen die Landbouw Mij. keine oder nur geringe Dividenden zahlte, hat sich ihre finanzielle Situation so gebessert, dass sie in den letzten Jahren sehr hohe Dividende verteilen konnte (1904—1911 wurden verteilt: 7,61; 6,68; 6, 668; 7,66; 9,15; 11; 29,9; 18,5%). Die Tätigkeit der Nederl. Indische Handelsbank stimmt im wesentlichen überein mit der der Ned. Ind. Escompto Mij., die sie allerdings an Umfang des Geschäftes nicht erreicht. Da die Handelsbank seit 1907 ihre Umsätze nicht mehr bekannt macht, muss die fernere Entwicklung lediglich nach den Bilanzen betrachtet werden. Im Jahr 1904 zogen die indischen Filialen der Bank auf Europa für *f* 19,3 Mill. und remittierten für *f* 22,5 Mill. Wechsel, 1907 betrugen die Zahlen *f* 33,7 an Ziehungen und *f* 37.2 Mill. an Remittierungen. Die Filialen Singapore und Hongkong zogen 1907 7,9 Mill. und remittierten für *f* 7,6 Mill. Von Amsterdam wurde auf Niederl. Indien an Wechseln abgegeben *f* 3,7 Mill. und nach dort remittiert *f* 2,7 Mill. Ausserdem gaben die indischen Filialen *f* 9,593,000 und £ 258,000 an TT's ab.

Die Entwicklung der indischen Niederlassungen ist in den letzten Jahren sehr schnell vor sich gegangen, wie *Tabelle* 54 zeigt Die Zahlen der Amsterdamer Bilanz lassen die Rückwirkungen des indischen Geschäfts dabei deutlich erkennen.

Für die Höhe der Dividende (s. *Tabelle* 54) sind die vorhin erwähnten grossen Gewinne der Nederl. Indischen Landbouw Mij. ausschlaggebend gewesen, da der Gewinn aus dem Bankgeschäft

[1]) Halve Eeuw, I. S. 297.

(einschliesslich des Nettogewinnes in Indien) nur (in Tausend Gulden)

1905	1906	1907	1908	1909	1910	1911	1912
443	491	497	487	863	876	1068	1481

betrug. — Ende 1911 besass die Bank 11 asiatische Niederlassungen, davon zwei ausserhalb von Niederl. Indien und ausserdem im Haag eine Filiale.

Mit der *Kolonialen Bank* in Amsterdam nähern wir uns schon stark den reinen "Cultuurbanken" [1]). Es wird daher notwendig sein, diesen niederländischen Ausdruck etwas näher zu besprechen. Unter einer Cultuur-Unternehmung wird verstanden eine zur Gewinnung von Zucker, Kaffee, Tee, Gummi, Tabak etc. errichtete Gesellschaft oder Firma, die in den niederländischen Kolonien arbeitet. Da diese Gesellschaften gewöhnlich nicht über das für die häufig mehrjährige Produktionsperiode nötige Betriebskapital verfügten, sahen sie sich gezwungen, die Beträge dazu bei anderen unter Erntepfand (Oogstverband) oder gegen Hypothek aufzunehmen. Als Kreditgeber für diese Unternehmen entstanden besondere Institute, die "Cultuurbanken". Diese verfügen gewöhnlich über ein ziemlich grosses Eigenkapital und haben ausserdem vielfach Anleihen aufgenommen. Sie besitzen eigene Unternehmen und verwalten andere gegen Vergütung. Ausserdem schliessen sie mit einer Reihe von Unternehmen Konsignationskontrakte, sie beteiligen sich dann häufig an diesen Gesellschaften, um eine besere Kontrolle ausüben zu können. Einige der "Cultuurbanken" bezeichnen sich selbst als Banken, andere dagegen als Cultuurgesellschaften u. dergl. Es erscheint zweifelhaft, ob die "Cultuurbanken" den Banken zuzurechnen sind, da es sich bei ihnen nicht darum handelt, den von anderen erlangten Kredit weiterzugeben, sondern darum, die verfügbaren eigenen Mittel anzulegen. Wie *Tabelle* 55 zeigt, haben bei der Kolonialen Bank in den letzten Jahren die Anlagen in Wechseln und Prolongationen, sowie die Vorschüsse auf Verschiffungen stark zugenommen und andererseits sind auch die Kreditoren gestiegen, daher lässt sich auf eine Entwicklung der Kolonialen Bank in der Richtung zum allgemeinen Bankgeschäft schliessen. Es kann sich

[1]) Das Buch von E. Helfferich, die Niederländisch-Indischen Kulturbanken. Jena 1914 erschien erst nach Abschluss der Arbeit.

bei den eben erwähnten Anlagen in Amsterdam aber auch um Mittel handeln, die durch die Erhöhung des Aktienkapitals erlangt wurden und die vorläufig flüssig gehalten wurden.

N. P. v. d. Berg[1]) führt einige der bedeutendsten Cultuurbanken unter Angabe der Unternehmen auf, mit denen sie in Verbindung standen. Sie waren interessiert an

	Zucker fabriken	Kaffee-plantagen	anderen Unternehmungen.
Nederl. Ind. Landbouw Mij. ..	21	3	1
Internat. Crediet- en Handelsvereeniging „Rotterdam" ..	10	7	20
Handelsvereeniging Amsterdam	11	1	11
Koloniale Bank	14	59	21
Cultuur Mij. „de Vorstenlanden"	20	3	6
	76	73	59
Nederl. Handel Mij.	30	—	20

Aehnlich wie bei der Kolonialen Bank liegt der Fall mit der Internationalen Crediet- en Handelsvereeniging "Rotterdam". Auch bei ihr kann es zweifelhaft sein, ob die Anlagen in Wechseln, Prolongationen und Vorschüssen, die 1911 ca. *f* 4 Millionen betrugen, einem regelrechten Bankbetrieb entstammen oder nur zur Anlage flüssiger Mittel dienen. Die Gesellschaft übt neben der Vorschussgewährung an befreundete Cultuurunternehmen auch den Warenhandel in grossem Umfange aus. Da die Berichte der Gesellschaft sehr wenig Angaben enthalten, ist nichts genaueres darüber festzustellen. Bei den übrigen "Cultuurbanken" dagegen ist bereits aus den Bilanzen zu ersehen, dass sie sich auf das oben umschriebene Geschäft beschränken, also ohne weiteres aus dem Rahmen unserer Darstellung fallen, zumal in ihren Statuten nichts von Bankgeschäften erwähnt wird. Damit wäre der Kreis der niederländischen Kolonialbanken erledigt. Soweit ich sehen kann, ist das ausserordentlich interessante niederländische Kolonialbankwesen wissenschaftlich noch nicht eingehend untersucht worden, was sich zweifellos sehr lohnen würde, da nur durch eine eingehende Untersuchung Klarheit darüber zu schaffen wäre, wie die einzelnen Banken dort funktionieren und welche der Institute,

[1]) Munt-, Crediet- en Bankwezen, S. 220.

die eben besprochen wurden, noch zu den Banken gerechnet werden müssen, welche dagegen nur Handelsunternehmen oder Finanzgesellschaften sind [1]).

§ 15. Die Auslandsbanken.

An niederländischen Auslandsbanken sind zwei vorhanden, die ihre Tätigkeit in Südafrika ausüben: die Nederlandsche Bank voor Zuidafrika und die Transvaalsche Bank- en Handelsvereeniging voorheen Baerveldt und Heyblom. Beide haben ihren Sitz in Amsterdam, treiben aber dort, wie aus der Bilanz hervorgeht, nur wenig Geschäfte. Infolge der wirtschaftlichen Depression in Südafrika haben beide Unternehmen grosse Verluste erlitten, sodass bei der Nederl. Bank v. Zuidafrika eine Sanierung vorgenommen werden musste. Auch Baerveldt & Heyblom erscheinen nach den Bilanzen recht sanierungsbedürftig, da sie 1907 ihren Reservefonds von *f* 650,000 zu Abschreibungen benutzen mussten und 1912 ihre Bilanz mit einem Verlustsaldo von *f* 2,346,000 schlossen. Die finanziellen Erträgnisse beider Banken sind sehr gering gewesen. Sie verteilten an Dividenden:

Nederl. Bank v. Zuidafrika 1888—1897: 0, 6, 3, 4, 4, 4, 5, 6, $5^1/_2$, $5^1/_2$

dto. 1898—1912: 5, 0, 0, 0, 7, 7, 0, 3, 0, 0, 0, 0, 0, 4, 4.

Baerveldt & Heyblom 1898—1912: 4, 0, 0, 0, 6, 7, 7, 8, 6, 0, 0, 0, 0, 0, 0,

Der Grund für die schlechte Lage der beiden Banken scheint ausser in der Wirtschaftslage in Südafrika auch darin zu suchen zu sein, dass beide sich nicht auf das reine Bankgeschäft beschränken, sondern sich an anderen Unternehmen beteiligt haben, die verlustbringend arbeiteten. Die Transvaalsche Bank en Handelsvereeniging v. Baerveldt & Heyblom beschäftigt sich auch gemeinsam mit anderen mit dem Export südafrikanischer Produkte nach Europa, auf welchem Gebiet sie ebenfalls nicht sehr

---

[1]) Unter den von R. Hauser, die deutschen Ueberseebanken, Jena 1906, S. 92, angeführten niederländischen Kolonialbanken findet sich eine merkwürdige Gesellschaft zusammen, nämlich 6 Hypothekenbanken, die in Nordamerika, Afrika en Indien arbeiten, 1 Hypothekenbank, die in Niederland tätig ist (Overijsselsche), 2 Banken für Südafrika, 1 Handelsgesellschaft für Indien und 6 Kolonialbanken mit einem Kapital von *f* 74,900,000. Daher bleiben nur 6 Banken mit 51 Niederlassungen übrig, statt 16 Banken mit 67 Niederlassungen und einem Kapital von *f* $98^1/_4$ Mill. Ueber die Kulturbanken erschien inzwischen das S. 202 Fussnote [1]) erwähnte Buch von Helfferich.

erfolgreich gewesen ist [1]). Der Export niederländischer Produkte nach Südafrika geschieht überwiegend nicht direkt sondern durch Vermittlung von Londoner und Hamburger Häusern [2]), daher bildet die Finanzierung solcher Warenversendungen für die beiden Amsterdamer Banken nur ein kleines Tätigkeitsgebiet. Deshalb war es vielleicht kein schlechter Schachzug beider Banken, in London Niederlassungen zu errichten.

Nach der Bilanz für 1911 war bei der Nederl. Bank v. Zuidafrika der grösste Teil des Kapitals, das nach der Sanierung ƒ 2,880,000 beträgt, in Südafrika angelegt nämlich ca. ƒ 2,250,000. Danach blieben für die Zentrale in Amsterdam und die Londoner Filiale an Kapital und Reserve als Betriebsfonds ca. ƒ 880,000, ausserdem waren an Kreditoren ƒ 532,000 und an Akzeptverbindlichkeiten ƒ 406,000 vorhanden. Diese Passiva fanden in folgenden Aktiven Anlage

Kasse und Banken ƒ 391,000, Wechsel ƒ 465,000, Effekten ƒ 452,000, Debitoren ƒ 481,000.

Wie wir später sehen werden, stehen beide Banken mit Hypothekenbanken in Verbindung, die unter der Wirtschaftslage in Südafrika nicht weniger zu leiden hatten, und denen neben einigen ertragreichen Jahren lange Zeiten der Dividendenlosigkeit beschieden waren. Es wäre interessant, zu untersuchen, inwieweit die politischen Aenderungen in Südafrika auf die Banken, die noch zu Zeiten der Unabhängigkeit der Burenrepubliken gegründet wurden, gewirkt haben, ob etwa mit dem Fortschreiten der Anglisierung den Banken Schwierigkeiten in der Ausdehnung ihres Geschäftes entstanden sind. Eine solche Untersuchung müsste auf dem Weg des Vergleichs mit den dort arbeitenden englischen Banken vorgenommen werden und liegt schon deshalb ausserhalb der vorliegenden Arbeit.

Ebenso würden bei einer Behandlung des niederländisch-kolonialen Bankwesens die in Niederl. Indien tätigen englischen Banken zu berücksichtigen sein, von denen besonders die Chartered Bank of India Australia and China und die Hongkong and Shanghai Banking Corporation in Betracht kommen.

Zusammenfassend lässt sich für die uns hier interessierende Seite des Kolonial- bezw. Auslandbankgeschäfts sagen, dass die

---

[1]) Bericht 1910, S. 4.
[2]) Bericht der Ned. Bank v. Zuidafr. 1910, S. 6.

indischen Banken für den Amsterdamer Geldmarkt von grosser Bedeutung sind einmal wegen der bedeutenden Summen, die sie in Wechseln und Prolongationen anlegen und sodann wegen ihrer Mitwirkung am niederländischen Export- und Importgeschäft, während den Auslandbanken nur eine sehr geringe Bedeutung zu kommt.

KAPITEL IV.

BANKEN, DIE PRINZIPIELL ANLAGEKREDIT GEWÄHREN.

§ 16. Die Inlandhypothekenbanken.

Die Geschichte der Gündung der niederländischen Hypothekenbanken geht bis in das Jahr 1840 zurück. Seitdem wurde über Wert und Unwert von Hypothekenbanken eifrig diskutirt. Es besteht eine ganze Hypothekenbank-Literatur aus jener Zeit, aber erst im Jahre 1860 wurde die erste Hypothekenbank, die *Nederlandsche Hypotheekbank* in Amsterdam errichtet [1]). Sie blieb nicht lange allein, da schon ein halbes Jahr später (im Mai 1861) die noch heute bestehende "*Nationale Hypotheekbank*" gegründet wurde. Im Jahr 1864 kam dann die *Rotterdamsche Hypotheekbank* hinzu und ihr folgte 13 Jahre später die *Hollandsche Hypotheekbank*. Die drei letzten Banken hatten Ende 1878 *f* 27,980,000 [2]) an Hypotheken ausstehen. Ueber die späteren Gründungen informiert *Tabelle* 56, in der die Banken nach ihrem speziellen Arbeitskreis getrennt sind. Bis zum Jahre 1882 beschränkten sich die niederländischen Hypothekenbanken auf die Darlehensgewährung im Inlande. Im folgenden Jahre wurde die erste Bank errichtet, die sich das Ausland und zwar die Vereinigten Staaten und Kanada als Arbeitsgebiet erkor, die Nederlandsch-Amerikaansche Land Mij. Ueber diese, im folgenden Auslandhypothekenbanken genannten Banken wird in einem besonderen Abschnitt zu sprechen sein, ebenso über die Schiffshypothekenbanken, von denen die beiden ersten im Jahr 1899 errichtet wurden. Hier bleiben also nur die im Gegensatz zu den beiden anderen Gruppen als Inlandhypothekenbanken bezeichneten Banken zu behandeln. Zurzeit bestehen ca. 60 Inlandhypothekenbanken. Von diesen sind 50 in eine sehr ausführliche Statistik aufgenommen, die P. v.

---

[1]) Von ihr sagt Christmann, Inrichting en Werking van Hypotheek-Banken, dass sie sehr bald zur Liquidation gezwungen worden sei „infolge der Gegenarbeit von vielen Seiten". Die Statuten und Geschäftsberichte 1861—1864 sind abgedruckt in der Zeitschrift f. Kapital und Rente, Bd. II, S. 97 und 210.

[2]) V. d. Borght History, S. 368.

Voorst jedes Jahr in der Zeitschrift "Accountancy" veröffentlicht. Diese Banken verfügten Ende 1911 über ein Aktienkapital von *f* 63,801,000, worauf eingezahlt waren *f* 13,610,830 oder 21,3 %, sodass die Aktionäre hafteten für *f* 50,191,170. An Reserven waren vorhanden *f* 7,3 Mill. Auf dieser Basis ruhte ein Pfandbriefumlauf von *f* 460 Mill., dem Hypotheken im Betrage von *f* 462,8 Mill. gegenüberstanden [1]). Bei einem Vergleich der eigenen Mittel mit dem Pfandbriefumlauf ergiebt sich, dass dieser 1911 betrug

	in Deutschland [2])	in Niederland
vom untergebrachten Aktienkapital	—	das 7,2 fache
vom eingezahlten Aktienkapital ..	das 15,3 fache	das 33,8 fache
vom Eigenkapital (eingez. Aktienkapital + Reserven)...........	das 10,9 fache	das 22,0 fache

Man vertraut danach in Niederland der Einzahlungsverpflichtung der Aktionäre sehr. Da in Niederland das System der nur gering eingezahlten Aktien sehr verbreitet ist, scheint es mir zweifelhaft, ob die Aktionäre im Falle einer Krisis, in der nicht nur einzelne Unternehmen zusammenbrechen, allen diesen Einzahlungsverpflichtungen werden nachkommen können. Die vorsichtige Behandlung, die man den Aktionären bei verschiedenen Zusammenbrüchen angedeihen liess, spricht nicht sehr dafür.

Die Organisation der Hypothekenbanken ist ziemlich uniform. Sie beschränken sich auf die Anlage ihrer Mittel in Hypotheken und geben dafür Pfandbriefe aus. Eine den deutschen "gemischten" Hypothekenbanken entsprechende Einrichtung besteht nicht [3]).

Die Gesetzgebung hat sich mit den Hypothekenbanken nicht besonders befasst, sie stehen unter den Vorschriften des Handelsgesetzbuches (Wetboek van Koophandel), dessen wesentlichste Bestimmungen bereits besprochen wurden. Bemerkenswert erscheint mir hinsichtlich der Stellung der Hypothekenbanken diesem Gesetz gegenüber der Bericht einer Kommission des Vereins der Hypothekenbankdirektoren über die Aktiengesetznovelle 1910

---

[1]) Nach den Jaarcijfers 1912, S. 256, betrug der Hypothekenbestand

	1905	1906	1907	1908	1909	1910	1911	1912	
bei	49	51	50	50	51	51	51	51	Banken
f	429.7	426.8	424.8	430.0	441.1	447.3	462.8	476.0	Millionen.

[2]) Frankfurter Zeitung vom 27. 3. 12.

[3]) Finantieel Weekblad, v. 4. 7. 1912.

In diesem Bericht wird hervorgehoben, dass die Vorschläge dieser Novelle in ihren meisten Bestimmungen für die Hypothekenbanken nichts Neues bringen, dagegen bedauert, dass die Frage der "gemeinsamen Rechte der Besitzer von Schuldverschreibungen", wie es das deutsche Gesetz ausdrückt, nicht geregelt sei [1]. Dieser Umschwung in der Ansicht über die gesetzgeberische Wirksamkeit des Staates ist für Niederland erst das Produkt allerneuester Zeit, da die liberalen Anschauungen des Laissez faire den meisten Niederländern zum Dogma geworden waren und zum Teil noch sind. Bis zu einem gewissen Grade wird ein Hypthekenbankgesetz ersetzt durch die von der Postsparkasse normierten Bedingungen über den Ankauf von Hypothekenpfandbriefen durch dies Institut. Sie verlangt von den im Inland arbeitenden Banken, deren Pfandbriefe sie in ihre Liste aufnimmt, die Erfüllung bestimmter Bedingungen in den Statuten, ein mindestens 10jähriges Bestehen und einen Pfandbriefumlauf von wenigstens *f* 10 Mill. [2], sowie einen Reservefonds von mindestens 1% des Pfandbriefumlaufs [3]. Infolge dieser Bedingungen kamen für die Postsparkasse nur die wenigsten Hypothekenbanken in Betracht. So standen auf der Liste Ende 1909 nur 8 Hypothekenbanken [4]. Bei einem Effektenbestand von ca. *f* 147 Mill. entfielen denn auch nur ca. *f* 4½ Mill. auf Hypothekenbankpfandbriefe [5]. Alle übrigen Vorschriften der Statuten, soweit sie nicht durch das W. v. K. oder die Bedingungen der Postsparkasse veranlasst sind, sind als das Resultat einer ca. 50 jährigen Erfahrung im eigenen Lande und der Beobachtung ausländischer Verhältnisse zu betrachten. Von grosser Bedeutung für den Ausbau der Organisation im Hypothekenbankwesen sind die Veruntreuungen bei zwei Banken im Jahre 1905 gewesen, worauf noch zurückzukommen sein wird.

Bei einer Betrachtung der einzelnen Bilanzposten ist zunächst das Aktienkapital zu behandeln. Wie erwähnt, wird dies, da es bei Hypothekenbanken, wie überhaupt bei den Banken mehr die Rolle des Sicherheitsfonds als des Betriebsfonds spielt, in Niederland fast niemals voll eingezahlt, man begnügt sich in der Regel

---

[1]) Rapport S. 90.
[2]) Neuerdings ist der Pfandbriefmindestbetrag auf *f* 6 Mill. festgesetzt worden.
[3]) v. Tienhoven, Eeuw S. 836 f.
[4]) Verslag Rijkspostspaarbank 1909 S. 20.
[5]) Verslag Rijkspostspaarbank 1909 S. 66.

mit 10 oder 20 %. Nur die Nationale Hypotheek-Bank arbeitet mit mit einem voll eingezahlten Kapital. Da bei den Hypothekenbanken meistens eine Bestimmung besteht, dass die ausgegebenen Pfandbriefe ein gewisses Vielfache des Aktienkapitals und der Reserven nicht überschreiten dürfen, haben viele Banken der Bildung von Reserven grosse Beachtung geschenkt. Sie betrugen im Durchschnitt sämtlicher Banken ca. 53¾ % des eingezahlten und ca. 11½ % des untergebrachten Kapitals. Nach einer Statistik im Finantieel Weekblad v. 25. Juli 1912 bestand bei 29 von 49 Banken die Vorschrift, dass der Pfandbriefumlauf das Zehnfache des untergebrachten Kapitals nicht übersteigen darf. Eine Anzahl anderer Banken kennt ausserdem noch die Bestimmung, dass der Pfandbriefumlauf den Hypothekenbestand nicht übersteigen darf. Wenn man einen Vergleich aus der Theorie des Notenbankwesens anwenden will, könnte man die beiden Vorschriften als direkte und indirekte Kontingentierung bezeichnen. Was den Pfandbriefumlauf selbst betrifft, so gliedert er sich nach der Zinshöhe in Papiere zu 3, 3½, 4, 4¼ und 4½ %. Die niedrigen Zinssätze kommen hauptsächlich bei den älteren Unternehmen vor. Nach einer Zusammenstellung aus W. P. de Vries' Hypotheekbanken 1910 in de Nieuwe Financier en Kapitalist v. 11. Febr. 1912 hatten 44 Banken an Pfandbriefen am 31. Dez. 1910 ausstehen

zu 3 %	*f* 235,800	=	0,1%
zu 3½ %	47,454,400	=	15,3%
zu 4 %	241,512,960	=	78,4%
zu 4¼ %	3,720,100	=	1,2%
zu 4½ %	15,556,600	=	5,–%
zus.	308,479,860	=	100,–%

Hieraus ergiebt sich eine durchschnittliche Verzinsung von 3,947%. Da für die gleiche Anzahl Banken der durchschnittliche Zinsfuss der Hypotheken auf 4,342% berechnet wird, ergäbe sich eine Zinsmarge von 0,395%. Im einzelnen schwankt diese Marge zwischen 0,664 und 0,238. Von ihrer Höhe ist der Gewinn des Unternehmens bis zu einem gewissen Grade abhängig. Aber auch nur bis zu einem gewissen Grade, da ausserdem der Umfang des Geschäftes, das Verhältnis von Aktienkapital zum Pfandbriefumlauf und die Grösse der Verluste das Erträgnis erheblich beeinflussen, wie eine Nebeneinanderstellung der besprochenen Marge und der Dividenden zeigen wird. Nach der Höhe der Margen geordnet zahlten Dividenden:

Banken mit einer Marge von ...	0,664	0,598	0,530	0,504	0,502
Dividende in %	8	18	8	11	4
Banken mit einer Marge von ...	0,319	0,310	0,290	0,273	0,238
Dividende in %	4¼	7	8	2	5½

(Berechnung des Finantieel Weekblad v. 25. Juli 1912). Nach der Höhe der Dividenden geordnet hatten eine Marge

Div.	30	18½	18	18	17	—	4	4	4	4	2%
Marge	0,441	0,431	0,364	0,598	0,437	—	0,350	0,471	0,359	0,502	0,273

Wichtiger als diese Verschiedenheit der gleichzeitigen Margen scheint mir ihre Entwicklung zu sein. Leider werden sie nur von wenigen Banken veröffentlicht und meist auch nur für die letzten Jahre. Die Marge betrug bei

	Haarlemsche Hyp. Bk.	Nederl. Hyp. Bk.	Residentie Hyp. Bk.	Noordholl. Grondcred.	Utrecht-Hyp. Bk.
1905	0,392	0,404			
1906	0,395	0,417			
1907	0,435	0,477	0,370		
1908	0,450	0,503	0,300	0,564	0,384
1909	0,417	0,475	0,290	0,519	0,381
1910	0,414	0,482	0,300	0,518	0,376
1911	0,437	0,504	0,290	0,501	0,367
1912	0,460	0,510	0,300	0,505	0,379

Die Bewegung der Marge ist durchaus nicht einheitlich. Während sie bei den drei letzten Gesellschaften seit 1908 andauernd abnimmt, zeigt sie bei den beiden ersten nach der Aufwärtsbewegung bis 1908 für 1909 und 1910 einen Rückgang und seit 1911 ein neues Steigen. Da das Material zu gering ist, lassen sich Schlüsse daraus nicht ziehen.

Aus einer Zusammenstellung von Christmann [1]) liess sich bei 23

[1]) Christmann a. a. O. Tab. 2.

Hypothekenbanken die Stückelung ihres Pfandbriefumlaufs für Ende 1902 feststellen. Aus W. P. de Vries Hypotheekbanken sind für 1910 und 1911 die entsprechenden Zahlen derselben Banken zusammengestellt worden (in Tausend Gulden):

zu	1902	1910	1911
3 %	32 = 0,03%	6 = 0,00%	6 = 0,00%
3½ %	28,227 = 24,38%	15,956 = 11,46%	16,059 = 11,37%
4 %	82,593 = 71,33%	113,659 = 81,65%	110,710 = 78,14%
4¼ %	731 = 0,63%	2,578 = 1,85%	3,116 = 2,22%
4½ %	4,185 = 3,63%	7,000 = 5,04%	11,676 = 8,26%
	115,768 = 100,–%	139,199 = 100,–%	141,569 = 100,–%

Diese Tabelle zeigt überaus deutlich das augenblickliche Problem der niederländischen Hypothekenbanken: die Frage des Pfandbriefzinsfusses. Hier treffen verschiedene Ursachen zusammen, durch die eine Erhöhung des Pfandbriefzinsfusses bewirkt wurde. Sie werden sich am besten an Hand der *Tabellen* 57—58 darstellen lassen. Infolge der guten Erfolge der drei bestehenden Banken begann 1882 die Gründung verschiedener Hypothekenbanken. Ueber die Dividenden der drei Banken orientieren nachstehende Zahlen. Danach verteilte:

	1877	1878	1879	1880	1881
Nationale Hyp. Bank	23	25	27	25	18%
Rotterdamsche Hyp. Bank	18	22½	17	14	18
Hollandsche Hyp. Bank	1¾	3½	7¾	13½	28

Tabelle 56 zeigt, dass die Zahl der Hypothekenbanken bis Ende der 1880er Jahre auf 14 gestiegen war. Die stärkere Konkurrenz unter den Banken und die ruhige Lage des Wirtschaftslebens hatten ein Sinken des Zinsfusses zur Folge, wie aus *Tabelle* 58 hervorgeht. Sie zeigt für den Anteil der Hypotheken zu 5—5½ % von 1871 ab ein anhaltendes Sinken bis 1880. In diesem Jahr wurden noch über die Hälfte aller Hypotheken zu diesem Satz abgeschlossen. Im Jahr 1890 waren es nur noch 10 %. Der Anteil der Hypotheken zu 4½—5 % war ungefähr gleichgeblieben, dagegen aber hatten die Hypotheken zu 4—4½ % ihren Anteil versechsfacht. Im nächsten Jahrzehnt sank dann der Anteil der 5—5½ % igen Hypotheken nur noch wenig. Die weitere Verbilligung des Hypothekarkredites fand ihren Ausdruck in einem Steigen des

Anteils der 4—4$^1/_2$ %igen Hypotheken bis auf fast 50 % im Jahr 1898. Dann folgt der erste Rückschlag. Die 4—4$^1/_2$ %igen Hypotheken sinken auf $^1/_3$, dafür steigt besonders der Anteil der 4$^1/_2$—5 %igen Hypotheken von $^1/_8$ auf $^1/_3$. Trotz der Gründung weiterer Hypothekenbanken (1900 bestanden 41 Banken) stieg der Zinsfuss in diesen Jahren auch in Niederland, nachdem er im Ausland bereits seit einigen Jahren in die Höhe gegangen war (*Tabelle* 57). Die nächsten Jahre bringen dann wieder Rückgänge im Zins bis zum Jahre 1905, in dem 60 % aller Hypotheken zu 4—4$^1/_2$ % abgeschlossen werden. Die Betrügereien bei der *Hollandsche* und der *Zuidhollandsche Hyp. Bank* hatten dann einige heftige Störung auf dem Pfandbrief- und Hypothekenmarkt zur Folge (die in den Tabellen ihren Ausdruck findet), zumal die schwierigen internationalen Verhältnisse des Jahres 1907 hinzukamen. Der Durchschnittssatz für neue Hypotheken stieg 1907 bis auf fast 4$^3/_4$ % (*Tabelle* 57). Infolgedessen sank der Anteil der 4—4$^1/_2$ %igen Hypotheken an den Neuabschlüssen von 60,7% 1905 auf 24,7% 1907. Die darauf eingetretene Erholung hat nicht lange gedauert, denn einmal beeinflussten die unsicheren politischen Verhältnisse den Zinssatz ungünstig und andererseits machten die 4$^1/_2$ und 5 %igen Pfandbriefe der Schiffs- und Auslandhypothekenbanken den überwiegend 4 %igen Pfandbriefen eine so starke Konkurrenz, dass der Absatz zum Teil völlig stockte und vielfach die Rückkäufe der Pfandbriefe, welche entweder satzungsgemäss oder zur Aufrechterhaltung des Kurses erfolgten, den Verkauf überstiegen. Nach v. Voorst [1]) betrug der Pfandbriefumlauf (in Mill. Gulden) am 31. Dez:

1904	1905	1906	1907	1908	1909	1910	1911	1912
390,8	429,2	423,6	422,7	429,1	438,3	445,2	459,8	473,1

Infolgedessen gingen auch verschiedene Inlandhypothekenbanken zur Ausgabe von 4$^1/_4$ bezw. 4$^1/_2$ % igen Pfandbriefen über. Dies war aber nur möglich, wenn es gelang, den Hypothekenzinsfuss zu erhöhen, worauf gleich zurückzukommen sein wird.

Auch an anderen Projekten, den Absatz der Pfandbriefe zu heben, hat es nicht gefehlt. Da durch das Lotteriegesetz von 1905 die Ausgabe von Prämiennanleihen verboten ist, mussten andere

---

[1]) Accountancy 1912 S. 146.

Wege benutzt werden. Verschiedene Banken lassen ihre Pfandbriefbesitzer am Reingewinn teilnehmen, wodurch die Pfandbriefe zu einer Art von Vorzugsaktien werden [1]. Einer der eigentümlichsten Gedanken ist jedoch der der Vaderlandsche Hypotheekbank: die Verbindung von Sparkasse und Hypothekenbank. Die Bank beabsichtigt, jedes Jahr eine "Sparkasse" zu bilden, an der man sich im Lauf des Jahres mit einem oder mehreren "Sparpfandbriefen" von *f* 250 beteiligen kann, die entweder sofort oder in Raten (jährlich *f* 24.— oder monatlich *f* 2.—) innerhalb von 12 Jahren vollzuzahlen sind. Nach Ablauf dieser Zeit wird die Sparkasse unter die noch vorhandenen Mitglieder verteilt. Sie erhalten ausser ihrem Kapital von *f* 250 die Zinsen zu 4 % und den Rest der Sparkasse d. h. die verfallenen Einzahlungen etc. Da anzunehmen ist, dass eine Anzahl Teilnehmer der Sparkasse nicht bis zu Ende angehören wird, ist es wahrscheinlich, dass die Restauszahlung eine mehr als 4 %ige Verzinsung ergeben wird, zumal eine vorzeitige Lösung des Verhältnisses nur unter ungünstigeren Bedingungen möglich ist (einen Teil dieser Nachteile kann man wieder durch eine Art Versicherung ausschalten). Für die Bank liegt der Vorteil dieser Einrichtung darin, dass sie die Gelder zu 4 % erhält, ohne dass ihr Kursverluste entstehen und sodann darin, dass sie keine Kursinterventionen vorzunehmen braucht. Da sie sich ausserdem einen "Verwaltungskostenbeitrag" von *f* 24 für den "Pfandbrief" ausbedungen hat, stellen sich die Kosten nach Abzug der Ausgabeposten etc. auf nicht ganz 4 %. Innerhalb 6 Monaten waren bereits 456 dieser Pfandbriefe untergebracht, d. h. nominal *f* 114,000. Es sei hier noch bemerkt, dass eine ähnliche Idee in Niederland seit einigen Jahren durchgeführt ist bei der Nederlandsche Spaarkas (gegr. 1903) allerdings mit dem Unterschied, dass diese die "Spargelder" zum grössten Teil in Wertpapieren und nur zum geringeren in Hypotheken anlegt. Da auch hier die Dauer einer Sparkasse auf 12 Jahre festgesetzt ist, hat noch keine Auflösung und Austeilung stattgefunden.

Die Bedeutung der Hypothek als Kreditbasis ist abhängig von ihrer Rechtsstruktur. Diese kann hier nicht eingehend behandelt werden, daher mögen folgende Angaben über sie genügen [2]. Das Publizitätsprinzip findet in Niederland seinen Ausdruck in der

[1] z. B. Mij. v. Hyp. Crediet; Algem. Hyp. Bank.
[2] Nach Christman a. a. O. S. 8 ff.

Einrichtung der Hypothekenregister, die lediglich die Eintragung von Hypotheken enthalten, während die Eintragung der Eigentumsveränderungen in anderen Registern erfolgt. Die niederländische Gestaltung des Publizitätsprinzips unterscheidet sich vom deutschen u. a. dadurch, dass dem niederländischen Hypotheken-Register der sog. öffentliche Glaube (B. G. B. § 892) fehlt [1]. Die Spezialität der Hypothek regelt B. W. (Burgerlijk Wetboek) § 1219[1] im Prinzip und ebenso hat das niederländische Recht das Prinzip der Unteilbarkeit angenommen (B. W. 1209.).

Eine Besonderheit des niederländischen Hypothekenrechtes ist noch zu nennen, da sie von Bedeutung für die Beurteilung der Hypothekenstatistik ist. Da beim Erlöschen einer hpyothekaren Forderung die Löschung im Hypothekenregister nicht erforderlich ist, findet sie bei Teilrückzahlungen nur selten und bei völliger Abtragung der Schuld häufig erst nach geraumer Zeit statt [2]. Aus diesem Grunde ist die Verschuldung des niederländischen Bodens nicht genau festzustellen. Unter diesem Vorbehalt muss *Tabelle* 59 betrachtet werden. Der hypothekarische Belastung des Bodens wird also etwas niedriger anzunehmen. sein. Dagegen sind die Angaben über die Neueintragungen zuverlässiger [3]. Sie betrugen im Durchschnitt der Jahrzehnte

1881—1890	*f* 126,760,500
1891—1900	*f* 155,196,300
1901—1910	*f* 229,600,400

Die offenstehenden Eintragungen nahmen von 1880 bis 1911 um ca. *f* 1,400,000,000 oder jährlich um ca. *f* 45 Mill zu. Unter den Eintragungen spielen die Eintragungen zur Sicherung von Darlehen mit 89—95 % aller Eintragungen die grösste Rolle. Der Rest besteht aus Eintragungen zur Sicherung von Leibrenten, aus Restkaufgeldern und sog. eventuellen Schulden, unter die, gegen die Vorschrift, von der Hälfte der Hypothekenregister auch die Kredit- oder Sicherheitshypotheken aufgenommen sind [4].

Die Verteilung der Hypotheken auf die einzelnen Grössenklassen lässt sich für den Hypothekenbestand aus der Statistik nicht

---

1) Christman S. 10.
2) Vergl. Statistiek van het grondcrediet 1909 Vorbericht S. III.
3) Unter ihnen befinden sich allerdings die sogen. Kredit- oder Sicherkeitshypotheken.
4) Stat. v. h. Grondcrediet 1909 S. V.

feststellen. Wir sind deshalb auf die Neueintragungen angewiesen. Nach der Stat. v. h. Grondcrediet S. XXII entfielen auf die Grössenklassen

	1871/75	1901/05	1911 [1]
	im Durchschnitt der Jahre.		
f 1— 200	0,51 %	0,04 %	0,03 %
f 200— 300		0,12	0,08
f 300— 1,000	4,72	2,25	2,02
f 1,000— 5,000	26,72	17,84	19,75
f 5,000— 10,000	19,88	16,31	16,65
f 10,000— 20,000	20,13	20,17	19,45
f 20,000— 30,000	9,53	11,94	11,30
f 30,000— 50,000	7,41	12,12	11,62
f 50,000—100,000	3,95	9,37	9,20
f 100,000 und höher	7,15	9,84	9,90

Diese Zahlen zeigen eine deutliche Verschiebung der Grössen der Hypotheken, Die Hypotheken unter f 10,000 sanken von 51,83 % 1871/5 auf 36.56 %, 1901/5. Die Hypotheken über f 30,000 dagegen stiegen von 18.51 % auf 31,33 %. Dementsprechend stieg die durchschnittliche Grösse der Neueintragungen von f 3,410 1871/5 auf f 5,597 1901/5. In den einzelnen Provinzen vollzog sich die Zunahme verschieden schnell, lediglich Zeeland zeigt eine Abnahme. Am stärksten stieg die Grösse in Zuidholland (von f 4,880 auf f 9,230). Diese Steigerung ist, abgesehen von der Wertsteigerung des Bodens besonders in den Städten, zum Teil auf die Abneigung der Hypothekenbanken gegen kleine Hypotheken zurückzuführen, die ihnen im Vergleich zum Erträgnis zu viel Kosten bereiten [2]).

Für die Verteilung der Hypotheken nach dem Zinsfuss, stehen Angaben für die jeweils vorhandenen Eintragungen und auch für die jährlichen Neueintragungen zur Verfügung. Hinsichtlich der

[1]) Nach der Jaarcijfers 1911.

[2]) Eine sehr interessante Angabe macht die *Hollandsche Hypotheekbank* in ihrem Bericht 1913. (S. 14):

„Der Umstand, dass in den letzten Jahren bei den grossen Hypothekenbanken verschiedentlich Anfragen einliefen, grosse Summen auf umfangreiche Immobilien zu leihen, führte dazu, dass verschiedene Hypothekenbanken es für ratsam hielten, dergleichen Darlehen gemeinsam mit anderen abzuschliessen. Ausser einer Risikobeschränkung ergab sich der grosse Vorteil, dass auf diese Weise für relativ kleine Beteiligungen die gleichen günstigen Bedingungen erzielt werden konnten, wie sonst nur bei grösseren Darlehen. Unsere Bank beteiligte sich in Jahr 1913 an 3 Darlehen mit f 134.000. Der Taxwert der Unterpfänder betrug f 793.493.51 und die Summe der Darlehen f 496.000 oder 62½ % der Taxen."

letzteren sei auf *Tabelle* 58 verwiesen, in der die Veränderung des Anteils der drei hauptsächlichen Sätze, die zusammen über ¾ aller Neueintragungen umfassen, dargestellt sind. Wegen der Einzelheiten kann auf S. 212/13 verwiesen werden, wo die Tabelle näher besprochen worden ist. Die am 31. Dez. vorhandenen Eintragungen verteilen sich prozentual auf die einzelnen Zinssätze wie folgt [1]:

	1880	1890	1900	1905	1907	1911	1912
Zinslos	1,19	2,40	2,04	1,68	1,51	1,25	1,21
1—3 %	0,08	0,10	0,11	0,10	0,10	0,10	0,09
3—3½ %	0,45	0,42	0,75	0,65	0,61	0,62	0,59
3½—4 %	0,34	1,36	6,61	4,45	3,73	2,71	2,45
4—4½ %	6,98	20,22	37,20	45,23	44,34	42,47	40,31
4½—5 %	22,92	24,90	18,61	20,69	22,42	27,05	29,43
5—5½ %	52,88	33,08	13,65	9,10	9,29	8,46	8,42
5½—6 %	2,36	1,25	0,86	0,70	0,69	0,58	0,63
6—7 %	2,31	1,57	1,26	1,03	1,21	1,14	1,20
7 und mehr	0,03	0,08	0,05	0,04	0,07	0,11	0,10
unbestimmt	10,46	14,62	18,86	16,33	16,03	15,51	15,57

Diese Zahlen bestätigen durchaus die Beobachtungen der *Tabelle* 58, nur kommen die Veränderungen nicht so scharf zum Ausdruck, da die bereits länger laufenden Hypotheken mit ihren Zinssätzen zunächst die Oberhand haben. Immerhin zeigt sich die Zinsfusserhöhung der letzten Jahre deutlich. Im bereits erwähnten Aufsatz des Nieuwe Financier en Kapitalist v. 11. 2. 12. ist nach W. P. de Vries Hypotheekbanken 1910 eine Zusammenstellung über die Zinssätse der Hypotheken bei 44 Banken angefertigt, nach der die nachstehende Berechnung vorgenommen wurde. Am 31. Dez. betrugen die Hypotheken zu folgenden Zinssätzen

	bei sämtlichen Eintragungen		bei 44 Hypothekenbanken		% sämtl. Eintragungen
3—3½ %	12,869,000 =	0,7 %	40,300 =	0,0 %	0,3
3½—4 %	62,028,000 =	3,6	8,308,800 =	2,7	13,4
4—4½ %	930,691,000 =	54,1	174,802,300 =	56,2	18,8
4½—5 %	530,525,000 =	30,8	119,480,900 =	38,4	22,5
5—5½ %	185,855,000 =	10,8	8,343,800 =	2,7	4,5
	1721,968,000 =	100,–%	310,976,100 =	100,–%	18,6

Da die amtliche Statistik die Hypotheken nicht nach den einzelnen Sätzen gliedert, sondern immer verschiedene Sätze zusam-

[1]) Statistiek v. h. grondcrediet in Nederland. Seite XXVI.

menfasst, kann kein Durchschnittssatz berechnet, aber ausserdem auch kein Maximal- bezw. Minimalsatz angegeben werden. Bei den Angaben über die Hypothekenbanken ist dies jedoch möglich. Der Durchschnitt betrug 4,342 %, der höchste Satz 5¼ % und der niedrigste 3 %. Die beiden wichtigsten Sätze waren 4¼ % mit 43 und 4½ % mit 34 % aller Hypotheken. Wenn zu diesen Sätzen nicht noch ziemlich erhebliche Verwaltungskostenbeiträge hinzukommen, dann besteht keine Möglichkeit für die Banken, in erheblichem Umfang zur Ausgabe 4½ % iger Pfandbriefe überzugehen. Die Banken werden dann gezwungen sein, ihre Darlehenssätze weiter zu erhöhen, wie das der Bericht der Haarlemsche Hypotheekbank für 1912 bereits zeigt (s. *Tabelle* 57). Dabei entsteht die Gefahr, dass die Qualität der Darlehen sich verschlechtert, indem die Konkurrenz, d. h. im wesentlichen die Versicherungsgesellschaften und in zweiter Linie ein Teil der Sparkassen, die guten Objekte übernimmt, da sie sich mit wesentlich geringeren Sätzen zufrieden stellen kann. Besonders die Versicherungsgesellschaften vergrössern ihren Hypothekenbestand ziemlich rasch, wie aus folgenden Zahlen hervorgeht [1]). Danach hatten eine Anzahl von Versicherungsgesellschaften am 31. Dez. an Hypotheken ausstehen:

1908	*f* 85,7 Mill.
1909	*f* 91,2 Mill.
1910	*f* 100,4 Mill.
1911	*f* 102,3 Mill.

Die Hypotheken im Besitz von Sparkassen beliefen sich 1909 auf ca. 33 Mill. Gulden. Von Wichtigkeit für eine Aenderung des Zinsfusses ist die Dauer der Hypotheken. Sie wird sich, soweit es sich nicht um Annuitätsdarlehen handelt, die in Niederland keine Rolle spielen (ca. *f* 3.3 Mill.), auf ca. 5—10 Jahre bestimmen lassen [2]).

Besonders instruktiv ist die Statistik der Utrechtsche Hyp. Bank, wie sie *Tabelle* 61 zeigt. Darnach wurde der überwiegende

---

[1]) P. de Vries Hypotheekbanken 1910.

[2]) Nach den Berichten liefen die Hypotheken bei der

a. Noordelijke Hyp. Bank nicht länger als 10 Jahre (bei Hypotheken mit Teilrückzahlungen) bezw. 5 Jahre (bei Hypotheken ohne Teilrückzahlung);

b. Vaderlandschen Hyp. Bank	4/5	aller	Hypotheken	bis	zu	5	Jahren.
	1/5	„	„	„	„	10	„
c. I. Nederl. Hyp. Briefbank	1/4	„	„	„	„	5	„
	3/4	„	„	„	„	10	„

Teil der Hypotheken (über 90 %) innerhalb von 10 Jahren getilgt. Abgesehen von dieser vereinbarten Tilgung vermindern sich die Hypotheken zum Teil vor Fälligkeit durch vorzeitige Ablösung. Diese vorzeitigen Ablösungen bilden insofern eine Einnahmequelle der Banken, als meist eine Busse (in der Regel 1 %) dafür erhoben wird [1]). So wurden bei der Nederlandsche Hyp. Bank von 1906—1911 für ca. ƒ 8,5 Mill. vor Fälligkeit abgelöst, wofür ƒ 85,800 an die Bank bezahlt werden mussten. Die Höhe der Beleihungen ist meist statutarisch festgelegt. Gewöhnlich wird nur auf erster Stelle beliehen bis zu 60—75 % des Wertes [2]). Der letzte Satz darf meist nur in Ausnahmsfällen gewährt werden und unter der Bedingung, dass jährlich oder halbjährlich Teilrückzahlungen erfolgen.

Die einzelnen Provinzen sind in sehr verschiedener Weise von den Hypothekenbanken als Arbeitsfeld gewählt worden. Ueber 3/4 aller von 47 Banken gewährten Darlehen entfallen nach *Tabelle* 60 auf Noord- und Zuidholland, in welchen beiden Provinzen überhaupt die meisten Hypotheken ausstehen, da in ihnen die drei grössten Städte liegen. Die Grösse der Städte ist auch für die übrigen Provinzen hinsichtlich der Höhe der Hypothekenverschuldung von Bedeutung. Dies tritt bei den Hypothekenbanken, die überwiegend Kredit auf bebaute städtische Grundstücke gewähren, besonders deutlich hervor. Die Gesamtverschuldung des Bodens in den Städten lässt sich nicht feststellen. Aus nachstehenden Zahlen lässt sich nur der jährliche Zuwachs der Hypotheken in den vier Grosstädten Niederlands und ihrer nächsten Umgebung (soweit sie zum Gebiet des Hypothekenregisters gehört) ersehen:

Neueintragungen in Millionen Gulden.

	Amsterdam		Rotterdam		's Gravenhage		Utrecht	
	Hyp. Bken	andere	Hyp. Bken	andere	Hyp. Bken	andere	Hyp. Bken	andere
1901	23,6	20,9	11,3	23,9	8,3	14,1	2,1	3,7
1902	28,3	20,7	11,8	18,9	7,8	18,0	2,4	3,6
1903	29,3	20,4	13,4	19,2	13,5	18,8	2,9	4,5
1904	27,4	21,5	9,3	20,6	15,8	15,5	2,7	4,7
1905	32,4	19,6	11,3	18,2	26,9	12,6	3,5	4,2
1906	17,5	27,0	4,7	23,9	20,6	15,9	3,0	4,9
1907	11,7	19,1	2,4	20,5	10,6	14,8	1,1	6,2

[1]) Siehe z. B. Geschäftsbedingungen der Nederlandsche, Utrechtsche und Vaderlandsche Hyp. Bank.

[2]) v. Tienhoven Eeuw S. 836.

In den vier Städten ist die Beteiligung der Banken am Hypothekengeschäft sehr verschieden hoch. Am stärksten war sie bis 1905 in Amsterdam (Sie stieg von 52 % auf 62 %) und im Haag (Steigerung von 38 auf 68 %) in den beiden anderen Städten überwogen die Privathypotheken. Interessant ist die Aenderung der Bedeutung dieser vier Städte im Gesamthypothekengeschäft des Landes.

Bis 1905 betrugen die in ihnen eingetragenen Hypotheken ca. 55—57 % aller Eintragungen, dann sanken sie auf 52 und 1907 auf 46 %. Da die Statistik nur bis 1907 reicht, lässt sich über die Entwicklung in den letzten Jahren nichts Bestimmtes sagen. Auf Grund der Zahlen in *Tabelle* 59 wird man aber schliessen können, dass sich die Lage inzwischen wieder günstiger gestaltet hat, zumal der Betrieb der Hypothekenbanken, trotz der besprochenen Schwierigkeiten in der Zinsfussfrage, sich in der letzten Zeit etwas gehoben hat. Bei der Wichtigkeit der vier Städte für die Hypothekenbanken ($^2/_3$ bis $^3/_4$ der von ihnen ausgeliehenen Hypotheken entfallen auf die vier Städte) ist anzunehmen, dass ein erheblicher Teil der neuen Hypotheken ihnen zugeflossen ist, wodurch sich auch das Verhältnis zwischen privaten und Bank-Ausleihungen wieder etwas zu Gunsten der letzteren verschoben haben dürfte. Was schliesslich die Frage des Unterpfandes anbetrifft, so ergibt sich bereits aus dem Gesagten, dass im wesentlichen städtische Grundstücke in Betracht kommen. Nach de Vries Hypotheekbanken 1910 [1]) entfielen von den 1910 ausstehenden Hypotheken ca. ƒ 43 Mill. oder knapp 10 % auf unbebaute Grundstücke und der Rest von über 90 % auf Gebäude. In ihren Berichten trennen die Banken gewöhnlich nach Gebäuden, Landgrundstücken und Bauplätzen. Die letzte Kategorie ist nur von unbedeutendem Umfang, daher wird sich eine Beteiligung der Hypothekenbanken an der ländlichen Bodenkreditgewährung von ca. 35—40 Millionen Gulden ergeben. Da die Landwirtschaft in der Regel die von den Banken verlangten Zinsen nicht tragen kann, kommt besonders in den letzten Jahren der Agrarkredit für die Hypothekenbanken wenig in Betracht. Sofern er noch gewährt wird, sind es

---

[1]) de Vries Veröffentlichung würde übrigens an Wert gewinnen, wenn sie etwas sorgfältiger kontrolliert würde und ausserdem eine Addition der einzelnen Tabellen stattfände, damit der Gebraucher nicht jedesmal unnütze Zeit auf das Suchen der Fehler verwenden muss.

hauptsächlich die Gesellschaften, die Pfandbriefe mit niedrigem Zinsfuss umlaufen haben. Hierfür mögen als Beispiel dienen

	Pfandbriefe zu $3^1/_2$ %	Hypotheken auf unbebaute Grundstücke
Nationale Hyp. Bank	*f* 17,422,000	*f* 11,837,000
Amsterdamsche Hyp. Bank	5,154,000	1,124,000
Utrechtsche Hyp. Bank	3,018,000	2,221,000
Haarlemsche Hyp. Bank	2,061,000	3,025,000

Zwei Einrichtungen müssen noch kurz besprochen werden, da sie sich speziell in den Dienst des landwirtschaftlichen Anlagekredites stellen: die Boeren-Hypotheekbank zu Eindhoven und das Noordhollandsch Grondcrediet. Beide stehen in engen Beziehungen zu Instituten des landwirtschaftlichen Betriebskredites, nämlich der Coöperatieve Centrale Boerenleenbank and dem Noordhollandsch Landbouwcrediet.

Das Noordhollandsch Grondcrediet besteht seit 1898 und hatte am 31 Dez. 1911 für *f* 2,8 Mill. Hypotheken ausgeliehen, wogegen *f* 2,7 Mill. Pfandbriefe umliefen. Die Darlehen waren gegliedert in drei Gruppen

1. Hypotheken auf unbebaute Grundstücke		*f* 175,000
2. „ „ bebaute „	A	1,884,000
3. „ „ „ „	B	775,000

Unter 3. werden solche Grundstücke verstanden, die hauptsächlich aus Wiesen, Gärten oder Ackerland bestehen, auf denen aber ein Betriebsgebäude steht. Die Pfandbriefe sind mit $3^1/_2$ und 4 % verzinslich; im letzten Jahre wurden auch $4^1/_2$ %ige Pfandbriefe emittiert.

Das andere Institut ist die *Boerenhypotheekbank*, die im Herbst 1908 errichtet wurde. Es handelte sich dabei um eine Vorsichtsmassregel der Zentrale Eindhoven, die ziemlich viel Hypotheken besass und die Möglichkeit haben wollte, diese eventuell abzustossen. Ebenso hatten zahlreiche Boerenleenbanken Gelder auf Hypothek gegeben. Da man einsah, dass die langfristige Kreditgewährung gegen Hypothek unter Umständen sehr gefährlich werden könne, wenn die kurzfristigen Spargelder in grösserem Umfang abgehoben würden, wollte man die Kreditgewährung auf lange Fristen einem besonderen Institute zuweisen, das besser dazu geeignet war. Dazu wurde die Boerenhypotheekbank geschaffen. Sie gibt Hypotheken bis zu 50 % des Wertes und unter Bürgschaft einer Boerenleenbank auch bis zu 60 %. Ende 1911 hatte sie für *f* 460,000 Darlehen gegeben und für *f* 434,000 Pfandbriefe emittiert. Hiervon besass die Zentrale ca. *f* 40,000, der Rest dürfte sich grossenteils in Händen der Boerenleenbanken befinden.

Auch die Zentrale in Utrecht trägt sich mit dem Plan, eine Boerenhypotheekbank zu errichten. Seit Beginn des Jahres 1909 unterhandelt sie deshalb mit der Regierung, da ihr eine Gründung ohne Unterstützung der Regierung nicht zweckmässig erscheint. (Stenogramm der Verhandlungen vom Mai 1912 S. 83 ff.)

Dies führt zu der Besprechung der Beziehungen zwischen Hypothekenbanken und anderen Gesellschaften. Dabei sind drei Gruppen von Gesellschaften zu unterscheiden: *a.* Terrain- und Hausgesellschaften, *b.* Banken. *c.* Versicherungsgesellschaften. Was die ersten betrifft, so handelt es sich in Niederland um Beziehungen, die auf zweierlei Weise entstehen. Entweder sind die Leiter der Hypothekenbanken gleichzeitig im Terrain- und Häusergeschäft tätig und infolgedessen bei derartigen Gesellschaften Leiter oder Aufsichtsräte, oder aber die Gesellschaften werden gebildet, um bei Zwangsversteigerungen Grundstücke zu übernehmen, die andernfalls von der Hypothekenbank zur Sicherung ihres Darlehens erworben werden müssten [1]). Die nachstehend angeführten Beziehungen geben durchaus kein erschöpfendes Bild, da nur die Gesellschaften gewählt wurden, in deren Direktion oder Aufsichtsrat ein Direktor der betreffenden Hypothekenbank sass.

Beziehungen zwischen Hypothekenbanken und Terrain- oder Hausgesellschaften,

nach v. Nierop N. V. 1910

Algemeene Hyp. Bank.

durch 1 Direktor vertreten in: Bouw Mij. „Villapark",
„ 1 „ „ „ Mij. t. Expl. v. d. Bouwhoeve „Landlust"

---

[1]) v. Tienhoven Eeuw. S. 836/7.

Amsterdamsche Hyp. Bank.

vertreten durch

2 Dir. u. 1 Commissaris [1]) in	„Amersfoort" Mij. tot Exploitatie van onroerende goederen [2]).
2 „ „ 1 „	Bouw Mij. „Nieuw Amersfoort".
2 „ „ 1 „	Mij. „Bosch en Duin" N.V.
2 „ –	De Toekomst N. V. t. Expl.
2 „ –	Bloemendaalsche Expl. Mij.
2 „ –	De Batavier t. Epl. v. o. g.
1 „ –	Nederl. Mij. v. vaste Goederen.
1 „ –	Mij. Karmel.

Arnhemsche Hyp. Bank.

durch 2 Dir. vertreten in der Hollandsche Huizen Mij.

Bataavsche Hyp. Bank.

vertreten durch

1 Dir. und 1 Comm. in	Mij. „Buiten-Amstel".
1 Dir.	Damkwartier Mij. t. Expl.
1 Dir.	Bouw Mij. „Hugo de Groot".
1 Dir.	Mij. t. Expl. en Adm. v. onr. goederen.

I. Nederlandsche Hyp. Brief-Bank.

vertr. durch 1 Dir. und 1 Comm. in Mij. t. Expl. v. o. g. „Alg. Grondbezit".

's-Gravenhaagsche Hyp. Bank.

vertr. durch 2 Dir. und 1 Comm. in Mij. t. Expl. v. o. g. „Felix".

Intercommunale Hyp. Bank.

vertreten durch 1 Dir. in Mij. t. Expl. v. o. g. „Boschzicht".

Nieuwe Rotterdamsche Hyp. Bank.

vertr. durch 1 Dir. in Mij. t. Expl. v. o. g. „Oranje Nassau".

Noordholl. Grondcrediet.

vertr. durch 1 Dir. und 1 Adviseur in Alkmaarsche Expl. Mij.

Provinciale Hyp. Bank.

vertr. durch 1 Dir. und 2 Comm. in Mij. t. Expl. v. o. g. Witoord.

Residentie Hyp. Bank.

vertr. durch 1 Dir. und 1 Comm. in Onroerend Bezit.

Standaard Hyp. Bank.

vertr. durch 1 Dir. und 1 Comm. in Mij. v. o. g. Rotterdam.

---

[1]) Commissaris = Aufsichtsrat.

[2]) Onroerende goederen = Immobilien.

Stedelijke Hyp. Bank.
vertreten durch
2 Dir. und 1 Comm. in Mij. t. Expl. Regentesselaan.
1 Dir. Mij. t. Expl. v. o. g.

Stichtsche Hyp. Bank.
vertreten durch
1 Dir. und 1 Comm. in Stichtsch Grondbezit.
1 „ 1 „ Mij. Oostbroek
1 „ 1 „ Mij. de Toekomst.
1 „ 1 „ Mij. t. Expl. v. Bouwterr. gel. aan het Station de Bilt.
2 „ – Mij. t. Expl. v. o. g. Prins Hendrik.
1 „ – Mij. Alexanderpark.

Utrechtsche Hyp. Bank.
vertr. durch 2 Dir. in Mij. t. Expl. v. o. g. de 11 Provincien.

Vaderlandsche Hyp. Bank.
vertreten durch
2 Dir. und 1 Comm. in Mij. t. Expl. v. o. g. Den Haag.
1 „ Mij. t. Expl. v. o. g. in aller Belang.

Zuidhollandsche Hyp. Bank.
vertreten durch
1 Dir. und 1 Comm. in Mij. Westelijk Handelsterrein.
1 „ Mij. t. Expl. v. o. g. Prins Hendrik.

Zweifellos bedient man sich auch in Niederland häufig der „Strohmänner" zur Uebernahme zwangsversteigerter Grundstücke. Ueber die Zahl der Zwangsversteigerungen, an denen Hypothekenbanken beteiligt waren, orientieren folgenden Zahlen [1]):

	1904	1905	1906	1907	1908	1909	1910	1911	1912
Zahl der Zwangsversteigerungen	171	150	230	256	312	230	211	234	202
Zahl der Ankäufe ..	19	16	35	37	45	23	20	19	15
ausserdem noch angekauft für (in 1000 *f*) .	173	32	—	427	688	171	297	86	8
Besitz von angekauften Grundstücken (in 1000 *f*)	1217	1281	1614	2400	3221	2927	2980	2702	2259

Diese Zahlen lassen die schwierige Situation des Hypotheken-

---

[1]) Nach v. Voorst a. a. O. S. 146.

marktes besonders in den Jahren 1906 bis 1908 erkennen, die dadurch verschärft wurde, dass sie mit einer besonders ungünstigen Lage des internationalen Geldmarktes zusammenfiel. Die geringe Zahl der Ankäufe von Grundstücken lässt vielleicht darauf schliessen, dass in diesen Jahren mehr Gebrauch gemacht worden ist von den erwähnten Gesellschaften (in Niederland "stroppen"-Maatschappijen genannt). Allerdings sind die Angaben der Gesellschaftsberichte durchaus unvollständig, daher ist es nicht ausgeschlossen, dass die Aenderung nur auf der Unvollkommenheit des statistischen Materials beruht. Auf die Gefahren des Systems der Strohmänner braucht hier nicht eingegangen zu werden.

Beziehungen zwischen Hypothekenbanken und anderen Kreditinstituten bestehen wohl bei allen Hypothekenbanken. Sie ergeben sich schon aus der Art des Betriebes, da die Hypothekenbanken bei der Unterbringung ihrer Pfandbriefe auf die Mitwirkung der Banken angewiesen sind. Fast alle Unternehmen haben deshalb auch im Aufsichtsrat einen oder mehrere Bankiers bezw. Bankdirektoren. Für einige der bedeutendsten Banken und Bankiers giebt *Tabelle* 17 die Zahl der Hypothekenbanken an, in deren Aufsichtsrat sie einen oder mehrere Plätze innehaben (Inland-, Ausland- und Schiffshypothekenbanken). Darnach waren 28 Unternehmen in 67 Hypothekenbanken vertreten. Ausser diesen bestehen aber bei verschiedenen Hypothekenbanken noch engere Beziehungen, indem sie mit anderen Banken unter gemeinsamer Leitung stehen, im gleichen Gebäude ihren Sitz haben und auch ganz oder teilweise denselben Aufsichtsrat besitzen. Als Beispiele hiefür seien genannt:

Dordrechtsche Hyp. Bank Dordrechtsche Onderl. Cred. Ver.	im gleichen Gebäude, mit gleichem Direktor, ausserdem gemeinsam 4 Aufsichtsräte.
Maastrichtsche Hyp. Bank Limburgsche Cred. Vereen.	im gleichen Gebäude, mit gleichem Direktor.
Noordhollandsch Grondcrediet Noordhollandsch Landbouwcredit	im gleichen Gebäude, mit gleichem Direktor, ausserdem gemeinsam 3 Aufsichtsräte.
Onderling Hyp. Bank v. Nederland Onderlinge Crediet Arnhem	im gleichen Gebäude, mit gleichem Direktor, ausserdem gemeinsam 3 Aufsichtsräte.

Eine solche Verbindung kann von Interesse für beide Unternehmen sein, indem z. B. die Bank zunächst Baugelder gewährt, die nach Fertigstellung des Hauses durch eine Hypothek der Hyp. Bank abgelöst werden, oder auch indem die Bank den Pfandbriefverkauf besorgt, für den sie eine Provision erhält. Diese beträgt z. B. bei der Nationale Hyp. Bank, die einen Pfandbriefumlauf von ca. ƒ 40 Mill. hat, 1/4 % [1]). Kleinere Banken dürften danach wohl etwas mehr zu zahlen haben. So wird mir als gebräuchlicher Satz 1/2 % angegeben.

Eine Verbindung von Versicherungsgesellschaften und Banken kommt in Niederland häufiger vor (hier sei nur auf die Vorschussbanken verwiesen). Bei den Hypothekenbanken kann es sich um zwei Zweige des Versicherungsgeschäftes handeln: die Feuer- und die Lebensversicherung. Die Hypothekenbanken sind naturgemäss an einer Versicherung der von ihnen beliehenen Häuser interessiert und ausserdem daran, dass ihnen im Falle eines Brandes kein Schaden erwächst, indem etwa die Versicherungssumme dem Versicherten ausgehändigt wird, der sie ihnen nicht abliefert. Ueber diese und eine Reihe anderer Fragen haben zwischen dem Verein der Hypothekenbankdirektoren und einer Anzahl von Versicherungsgesellschaften Vereinbarungen stattgefunden, die in einem Vertrage niedergelegt sind [2]) und sich auf 29 Hypothekenbanken und 184 Versicherungsunternehmen beziehen. Hierbei kann kurz auf den bereits erwähnten Verein der Hypothekenbankdirektoren eingegangen werden. Er wurde unter dem Eindruck der Veruntreuungen bei der Hollandsche und Zuidhollandsche Hyp. Bank im Januar 1906 errichtet [3]). Er hat sich ausser mit den bereits besprochenen Fragen der Feuerversicherung und der Revision des Aktienrechts auch mit dem Problem der Taxen befasst, indem er ein Register der Taxatoren anlegt, das von 38 Banken mit Material über die Zuverlässigkeit der Taxatoren versehen wird. Ende 1911 befanden sich in ihm Angaben über 1549 Personen in 539 Orten. [4]) Die Mehrzahl der Hypothekenbanken ist dem Verein beigetreten. Er zählte am 30. Sept. 1911 77 Mitglieder (Leiter von 43 Hypothekenbanken).

Für die Verbindung von Lebensversicherungsgesellschaften

---

[1]) Bericht 1911 S. 6.
[2]) Finantieel Weekblad v. 20.6.12.
[3]) v. Tienhoven Eeuw. S. 836.
[4]) Finantieel Weekblad v. 13.6.12.

und Hypothekenbanken lassen sich ebenfalls einige Beispiele geben.

I. Hyp. Bank met of zonder Levensverz. I. Nederl. Verzek. Mij. op het Leven en t. invaliditeit	2 Dir. bezw. Comm. gemeinsam.
Dordrechtsche Hyp. Bank Levensverz. Mij. Dordrecht	4 Dir. bezw. Comm. gemeinsam.
Algemeene Friesche Hyp. Bank Algemeene Friesche Levensverz. Mij.	4 Dir. bezw. Comm. gemeinsam.

Wie bereits der Name der ersten Gesellschaft andeutet, beabsichtigt sie, die Rückzahlung der bei ihr entliehenen Gelder durch eine Lebensversicherung sicherzustellen. Nach Christmann [1]) wurden auch von anderen Hypothekenbanken solche mit einer Lebensversicherung verbundenen Hypothekengeschäfte abgeschlossen. Wie weit dies auf die Dordrechtsche und Algem. Friesche Hyp. Bank zutrifft, liess sich nicht feststellen. Aus dieser Beziehung der beiden Geschäftszweige ziehen beide Vorteile. Da die mit einer Lebensversicherung verbundene Hypothek jedoch hinsichtlich der Zinsen und Prämie an den Darlehensnehmer sehr hohe Anforderungen stellt, wird ein solcher sich nur selten zu einem derartigen Geschäft entschliessen. Das Geschäft der I. Hyp. Bank met of zonder Levensverzekering ist denn auch ziemlich stabil geblieben und die Erträgnisse waren nur gering:

	1906 [2])	1912
Hypothekenbestand	ƒ 1,204,000	1,227,800
Pfandbriefumlauf	1,159,900	1,275,810
Reserve	3,000	23,000
Eingezahltes Kapital	50,000	50,000
Dividende	4 %	5 %

Einen Ueberblick über die Tätigkeit der einzelnen Banken zu geben, liegt nicht im Rahmen dieser Arbeit. Ueber die Entwicklung der bedeutenderen Banken in den letzten 10 Jahren orientieren folgende Zahlen. Der Hypothekenbestand betrug — nach den Jaarcijfers 1912 — in Tausend Gulden bei der

---

[1]) a. a. O S. 141.
[2]) Nach de Vries Hypotheekbanken 1910/11.

	1902	1912
Rotterdamsche Hyp. Bank v. Nederland	38,209	47,064
Nationale Hypotheekbank	29,483	43,214
Nederlandsche Hypotheekbank Veendam	12,836	26,425
Westlandsche Hypotheekbank	12,660	25,844
Friesch-Groningsche Hyp. Bank	13,628	25,483
Utrechtsche Hypotheekbank	20,232	25,025
Zuidhollandsche Hypotheekbank	18,169	20,992
Amsterdamsche Hypotheekbank	16,724	19,694
Hollandsche Hypotheekbank	33,709	17,248
's-Gravenhagsche Hypotheekbank	14,054	18,103

Diese Zahlen zeigen eine durchaus uneinheitliche Entwicklung. Während einige Banken eine starke Zunahme des Hypothekenbestandes aufweisen, hat sich bei anderen der Bestand nur unerheblich verändert. Die Hollandsche Hyp. Bank weist sogar einen fast 50%igen Rückgang auf, was aus den mehrfach erwähnten Gründen nicht verwunderlich ist.

§ 17. Die Auslandhypothekenbanken.

Im Jahre 1883 wurde die erste Hypothekenbank gegründet, die sich zur Aufgabe stellte, im Ausland Gelder auf Hypothek auszuleihen und sich die Mittel dazu durch Pfandbriefausgabe in Niederland zu verschaffen (s. *Tabelle* 56). Es war dies die *Nederlandsch Amerikaansche Land Maatschappij* zu Amsterdam, deren Wirkungskreis sich auf die Vereinigten Staaten und Kanada erstrekt. Da die Resultate in den ersten Jahren nur bescheiden waren, reizte der Versuch zunächst nicht zur Nachahmung [1]). Der Betrieb ist in den letzten Jahren ziemlich stabil geblieben. Erst 1912 mit dem Uebergang zur Ausgabe $4^1/_2$ %iger Pfandbriefe kam etwas mehr Leben in die Unternehmung:

	1906	1912
Die Hypotheken beliefen sich auf	*f* 10,871,200	12,177,700
der Pfandbriefumlauf betrug	*f* 10,338,500	11,537,300

Verglichen mit der Entwicklung der neueren Hypothekenbanken ist diese Ausdehnung nur gering zu nennen. — Im Jahr 1888 folgte dann die *Oostersche Hypothekbank*, die sich als Tätigkeits-

[1]) Die Dividende betrug 1884—1889: 4.—; 4.—; 4.—; $5^1/_2$; $5^1/_2$ %.

gebiet die Straits Settlements erkor. Sie ist ohne Bedeutung; Ende 1911 besass sie an Hypotheken *f* 566,400, zu denen sie sich die Mittel nicht durch Pfandbriefausgabe, sondern durch ihr Aktienkapital von *f* 690,000 verschafft hat. Im Jahr 1889 wurden zwei Hypothekenbanken gegründet, die in Südafrika arbeiten: die *Pretoria Hypothek-Maatschappij* und die *Nederlandsch-Zuidafrikaansche Hypotheekbank*. Beide stehen in Beziehung zu je einer niederländischen Bank, die ebenfalls in Südafrika tätig ist, die Pretoria Hypotheek Mij. zur Nederlandsche Bank voor Zuidafrika und die Nederlandsch-Zuidafrikaansche Hypotheekbank zur Transvaalsche Bank- en Handelsvereeniging v. Baerveldt & Heijblom. Sie werden durch den gleichen Direkter geleitet und bei der zweiten Gesellschaft sind ausserdem 2 Aufsichtsräte gemeinsam. Beide Banken haben unter der ungünstigen wirtschaftlichen Situation Südafrikas und unter starker Konkurrenz zu leiden, was sich in den von ihnen veröffentlichten Zahlen deutlich ausdrückt. Die Hypotheken bezw. der Pfandbriefumlauf betrugen (in Tausend Gulden)

	1906		1911	
	Pretoria	N. Zuidafrika	Pretoria	N. Zuidafrika
Hypothekenbestand	12,493	7,366	9,456	6,332
Pfandbriefumlauf	12,180	6,908	10,536	6,547

Die Lage der Nederl. Zuidafrikaansche Hyp. Bank scheint sich infolge der Ausdehnung ihres Arbeitsfeldes in allerneuester Zeit wieder etwas zu bessern [1]). Aus der Bewegung der Dividenden beider Gesellschaften lässt sich ein gutes Bild der Schwierigkeiten gewinnen, denen Banken in derartigen Ländern ausgesetzt sind: [2])

Ned. Zuidafr. Hyp. Bank 1890—1910: 0, 0, 0, 0, 0, 0, 0, 0, 0, 0, 0, 0, 12, 10, 10, 10, 11, 0, 0, 0, 6.

Pretoria Hyp. Mij. 1889/0—1910/1: 3, 3, 7, 7, 6, 6, 10, 10, 10, 0, 0, 0, 0, 20, 15, 10, $12^1/_2$, 10, 5, 0, 0, 8.

Lange Zeiten der Dividendenlosigkeit wechseln mit verhältnismässig hohen Dividenden ziemlich schroff ab. Zu erwähnen ist noch, dass die Pretoria Hyp. Mij. im Jahr 1905 versuchte, ihren Pfandbriefen einen Markt in Paris zu verschaffen, indem sie fr. 5,000,000 4%ige Pfandbriefe an ein französiches Konsortium

[1]) v. Voorst a. a. O. S. 98.
[2]) v. Nierops N. V. 1910.

unter Führung der Société Générale begab [1]). Infolge von Notierungsschwierigkeiten hat die Gesellschaft den Weg nicht wieder betreten.

Wenn man von einem missglückten Versuche absieht, in Niederländisch-Indien für eine niederländische Hypothekenbank einen Geschäftskreis zu schaffen, haben sich die seitdem gegründeten Auslandhypothekenbanken mit einer Ausnahme auf Amerika beschränkt. Ueber den indischen Versuch berichtet N. P. v. d. Berg [2]). Im Jahr 1896 wurde in Amsterdam die *Javasche Hyp. Bank* gegründet, fand aber in Java so wenig geeignete Beleihungsobjekte, dass sie allmählich ihre Tätigkeit nach Niederland verlegte und heute als Nieuwe Nederlandsche Hypotheekbank keine Beziehungen mehr mit Indien unterhält [3]).

In das Jahr 1889 fällt ausserdem noch die Gründung der *Northwestern and Pacific Hypotheekbank.* Auf deren sehr interessante Geschichte kann hier nicht ausführlich eingegangen werden. Es sei nur bemerkt, dass die Gesellschaft, nachdem es ihr gelungen war, innerhalb von $3^1/_2$ Jahren für *f* 17 Mill. Hypotheken unterzubringen und für *f* 16,7 Mill. Pfandbriefe auszugeben, infolge der amerikanischen Krisis von 1893 in Schwierigkeiten geriet, da sehr viele ihrer Gläubiger die Zinsen nicht mehr zahlen konnten, sodass die Gesellschaft die Grundstücke zur Zwangsversteigerung bringen und übernehmen musste. Dadurch gingen die Hypotheken stark zurück und an ihrer Stelle erschien der erworbene Grundbesitz, wie folgende Zahlen zeigen: (in Tausend Dollar)

	1893	1894	1895	1896	1897
Hypotheken	6,858	5,565	3,738	2,521	1,709
Grundstücke	—	1,190	2,721	3,718	4,240
zus.	6,858	6,755	6,450	6,239	6,049

	1898	1899	1900	1901	1902
Hypotheken	1,577 [4])	1,647 [4])	1,694 [4])	1,544 [4])	1,759 [4])
Grundstücke	3,798	2,957	2,599	2,386	1,383
zus.	5,375	4,604	4,293	3,930	3,042

[1]) Bericht 1905/6 S. 7.

[2]) Munt-, Crediet- en Bankwezen S. 233.

[3]) In Indien besteht nur die *Nederlandsch-Indische Hyp. Bank* zu Batavia gegr. 1892, deren Hypothekenbestand und Pfandbriefumlauf nur wenig über eine halbe Million Gulden betrug. v. Voorst a. a. O. S. 116.

[4]) einschliesslich Restkaufgelder.

	1903	1904	1907	1911	1912
Hypotheken	1,882 [1]	1,951 [1]	2,504 [1]	4,640 [1]	4,510 [1]
Grundstücke	139	—	—	53	24
zus.	2,021	1,951	2,504	4,693	4,534

Die Reorganisation wurde auf die Weise vorgenommen, dass die Aktien voll gezahlt werden mussten (sie waren mit 10 % Einzahlung ausgegeben worden) und dass die nicht vollgezahlten Anteile für verfallen erklärt wurden. Dadurch wurde ein Gewinn von *f* 928,080 erzielt. Ausserdem wurden für nom. *f* 202,800 Aktien mit einem Gewinn von *f* 97,800 eingekauft. Die Pfandbriefinhaber erhielten für einen 5 % Pfandbrief von *f* 1000 entweder eine Abfindung von 50% in bar oder einen Pfandbrief von *f* 500 zu 3½ %, einen Anteil von *f* 100 und einen mit höchstens 6 % verzinsbaren Schuldbrief über *f* 350. Sie mussten ausserdem auf die fälligen, aber nicht eingelösten Coupons verzichten und hatten eine Kapitaleinbusse von 5 % zu tragen. Hieraus entstand ein Sanierungsgewinn von *f* 2,604,548. Zuzüglich oben erwähnter Gewinne an Aktien von *f* 1,025,869 und des Erträgnisses aus verfallenen Zinsen von *f* 264,069 und dem laufenden Geschäft von *f* 1,122,638 stand daher Ende 1898 zur Verfügung ein Betrag von *f* 5,017,125. Davon wurde verwandt zur Deckung des Verlustvortrages *f* 2,484,211, für Unkosten, Verluste etc. im Jahr 1898 *f* 1,996,675 und zur Abschreibung auf den Grundbesitz *f* 636,229. Nachdem bis zum Jahre 1903 aus den Verkäufen des Grundbesitzes die „Schuldbriefe" und die Pfandbriefe verzinst und getilgt worden waren, soweit letztere nicht gegen neue 4%ige umgetauscht wurden, flossen die Gewinne aus den Grundstücksverkäufen den Aktionären d. h. zum grössten Teil den ehemaligen Obligationsinhabern zu. Sie betrugen von 1904 bis 1911 *f* 5,117,000 d. h. ungefähr ebensoviel, wie seinerzeit die Reorganisation erforderte. Der noch vorhandene Grundbesitz steht mit ca. *f* 135,000 zu Buch, er wird geschätzt auf ca. *f* 1,1 Mill.

Im Jahr 1893 wurde die *Nederlandsch Amerikaansche Hypotheekbank* zu Uithuizen errichtet, die bis 1900 nur wenig Bedeutung hatte, sich aber dann sehr schnell entwickelte (in Tausend Gulden)

	1900	1905	1910	1911	1912
Hypothekenbestand	1,448	7,076	18,533	22,650	24,846
Pfandbriefumlauf	1,338	6,556	16,712	20,744	23,220
Reserve	42	273	1,238	1,636	2,040

[1]) einschliesslich Restkaufgelder.

Die Bank hat ihr Arbeitsgebiet in den Staaten Washington und Minnesota. Sehr viel weniger glänzend ist die Zunahme des Geschäfts bei der 1896 gegründeten *Holland Bank*, in die die Aktiva der American National Trust Company eingebracht wurden [1]. Ende 1911 besass sie für ƒ 3,1 Mill. Hypotheken und hatte dagegen für ƒ 4,1 Mill. Pfandbriefe ausgegeben [2].

Im Jahr 1905 dehnten die niederländischen Hypothekenbanken ihr Geschäft auch auf Südamerika aus, indem die *Holland-La Plata Hypotheekbank* errichtet wurde. Ihr gelang es in 7 Jahren fast ƒ 14 Mill. an Hypotheken zu belegen und ƒ 11,7 Mill. Pfandbriefe auszugeben [3].

Die besprochenen 8 Banken arbeiteten Ende 1908 mit einem untergebrachten Kapital von ƒ 13¾ Mill., von dem ƒ 8 Mill. eingezahlt waren und einer Reserve von ca. ƒ 2¾ Mill. Sie hatten einen Hypothekenbestand von ƒ 51 Mill. und einen Pfandbriefumlauf von ca. ƒ 50 Mill. [4] Der Umfang ihrer Geschäfte betrug somit etwa ⅙ des Geschäftes der Inlandhypothekenbanken. Das Jahr 1909 bedeutet den Beginn eines neuen Abschnitts in der Geschichte der niederländischen Auslandhypothekenbanken, denn mit ihm setzt ein Gründungsfieber ein, dem bis jetzt wie *Tabelle* 56 zeigt, 17 neue Banken ihr Entstehen verdanken. Von diesen neuen Gesellschaften haben ihr Arbeitsfeld 8 in den Vereinigten Staaten, 5 in Kanada, 2 in Mexiko, 1 in Argentinien und 1 in Ungarn. Da gleichzeitig auch verschiedene ältere Auslandhypothekenbanken ihre Geschäfte stark ausdehnten, wurde der niederländische Markt in den letzten Jahren mit Hypothekenpfandbriefen überflutet. Nach einer Zusammenstellung des Nieuwe Financier en Kapitalist v. 12.1.12 (No. 5569) hatten z.B. die 4 in Kanada arbeitenden Banken in Umlauf am

	31.12.1911	31.12.1912
Holland-Canada H. B. gegr. 21.1.10	5,633,000	8,705,300
Nederl. Canadeesche gegr. 18.5.10	3.013.000	4,414,900
Nederl. Transatlant. gegr. 9.3.11	2,100,000	5,500,000
Rotterdam—Canada gegr. 11.5.11	2,618,000	6,464,150
zus.	13,364,000	25,084,350
	= Steigerung um 87½%	

[1] Nierop N. V. 1910 S. 276.
[2] v. Voorst S. 116.
[3] Finantieel Weekblad 21.3.12.
[4] v. Voorst a. a. O. S. 147.

Die Zeichnungen bei den Aktien- und Pfandbriefemissionen der Jahre 1910 und 1911 waren derartig gross, das häufig nur ein geringer Prozentsatz zugeteilt werden konnte. So erhielten die Zeichner auf *f* 500,000 5 % Pfandbriefe der Holl. Canada im Frühjahr 1910 nur 14 % zugeteilt, auf *f* 2,000,000 4½ % der Nordwestern sogar nur 7 %[1]).

Trotzdem musste aber dem Pfandbriefabsatz doch durch Provisionen an die Banken nachgeholfen werden, zumal ein grosser Teil der Pfandbriefe nicht zur Emission aufgelegt, sondern unter der Hand verkauft wurde. Nach einer Umfrage des „Mentor"[2]) gewährten zwei Auslandhypothekenbanken ¼ %, sieben ½ % und eine ¾ %. Vier Banken wünschten keine Veröffentlichung des Satzes, was auf keinen sehr niedrigen Satz schliessen lässt. Ueber die Verteilung der ausgegebenen Pfandbriefe Ende 1911 orientieren folgende Zahlen[3]), die sich auf 15 Banken beziehen

Pfandbriefe zu	4 %	*f* 21,676,980	=	22,99 %
„ „	4½ %	33,892,700	=	35,95 %
„ „	5 %	38,718,500	=	41,06 %
		94,288,180	=	100 %

Diese Zahlen zeigen den grossen Anteil der 5 %igen Pfandbriefe, der sich 1912 noch erhöht hat, da fast nur 5 %ige Pfandbriefe emittiert wurden.

In den Jahren 1909 bis 1912 haben sich Hypothekenbestand und Pfandbriefumlauf der Auslandhypothekenbanken mehr als verdoppelt[4]). Aus der Fülle der Probleme, die sich bei einer eingehenderen Betrachtung dieser Banken bieten, sollen nur einige herausgegriffen werden, die für den Zweck der Arbeit am wichtigsten erscheinen.

Es wäre erwünscht, zu untersuchen, ob zwischen der niederländischen Auswanderung und der Errichtung von Ausland-

[1]) Die Frankfurter Zeitung berichtet unterm 18. Juli 1912, dass die Zeichnungen auf die Emission der Holland La Plata H.B., deren Emissionen sonst immer überzeichnet wurden, voll zugeteilt wurden, und folgert daraus, dass der Markt etwas gesättigt zu werden beginne.

[2]) Abgedruckt im Algem. Handelsblad v. 10.1.13.

[3]) Nach W. P. de Vries, Hypotheekbanken 1911.

[4]) Nach den Jaarcijfers 1912 S. 256. betrug der Hypothekenbestand.

	1905	1907	1909	1910	1911	1912	
bei	5	9	9	11	18	22	Banken.
f	39.7	50,–	61.4	72,4	100.2	130.1	Millionen.

Hypothekenbanken ein Zusammenhang zu konstatieren ist. Bestimmtes darüber anzugeben, ist nicht möglich. Inmerhin lässt z.B. das Vertretensein der Canada Pacific Railway Co im Aufsichtsrat der Rotterdam Canada Hypotheekbank darauf schliessen, dass die Canada Pacific in ihrer zwiefachen Stellung als Eisenbahn and als Landbesitzerin an der Einwanderung und auch daran, dass den Eingewanderten möglichst billiger Kredit zur Verfügung gestellt wird, in hohem Masse interessiert ist. Nach der Kanadischen Statistik betrug die Einwanderung aus Niederland [1])

1903/4	1904/5	1908/9	1909/10,	1910/11	1911/12	1912/13
169	281	495	741	931	1077	1524 Per-

sonen. Die letzten beiden Jahre weisen also eine sehr schnelle Steigerung auf. Da die Hypothekenbanken in Kanada bis jetzt überwiegend durch die Vermittlung der dortigen Trust Co's ihre Geschäfte machen, hatten sie nur ein kleines niederländisches Personal in Kanada. Die meisten Einwanderer niederländischer Nationalität müssen also als Farmer, Handwerker etc kommen.

Die Gefahren der Konjunktur- und Ernteschwankungen pflegen in halbbesiedelten Ländern weit stärker zu sein, als etwa in den europäischen oder ostamerikanischen Gebieten, wo die Volkswirtschaft sich nicht mehr auf die Produktion eines oder weniger Rohprodukte stützt. Hier sei nur an die Ereignisse bei der Northwestern and Pacific Hypotheekbank erinnert, bei der es sich um ein Gebiet handelte, das Kanada benachbart ist, also eine grosse Anzahl Uebereinstimmungen aufweist. Dass bei den Auslandhypothekenbanken viel grössere Risiken in Betracht kommen, als bei den in Niederland arbeitenden, geht schon aus der Höhe des Zinses hervor, den sie für die Hypotheken bedingen können. So beliefen sich die durchschnittlichen Zinsen bei der

	1907/8	1908/9	1909/10	1910/11
Holl. La Plata Hyp. Bank auf....	8,435 %	8,59 %	8,11 %	7,94 %

	1905	1906	1907	1908	1909	1910	1911
Northwestern & Pacific auf...............	7,23	7,21	7,37	7,58	7,71	7,82	7,91 %
Pretoria Hyp. Mij. auf.	7,33	7,17	7,14	6,98	6,91	6,91 %	

[1]) Stat. Jahr Buch f. d. Deutsche Reich 1912 S. 7.

Im Jahr 1911 betrug der Durchschnittssatz bei der Holland Argentinië 8.15 %, Holland Canada 7,717 %, Nederlandsch Canadeesche ca. 8 %, Holland Mexiko 8,066 %, Holland Washington 7—8 %, Noordamerikaansche 7—9 %, II. Northwestern and Pacific Hypotheekbank 8,09 %. Selbst wenn man berücksichtigt, dass von diesen Sätzen erhebliche Teile für Unkosten abgehen, und dass einige Banken die Beschaffung der Hypotheken besonderen Gesellschaften überlassen, so bleibt doch eine genügende Marge nach Abzug der Pfandbriefzinsen (meist $4^1/_2$, neuestens überwiegend 5 %), die eine Dotierung der Reserven und eine Dividendenzahlung ermöglicht. Nicht alle Unternehmungen befolgen allerdings die Vorsichtsmassregel, zunächst keine oder nur eine kleine Dividende zu zahlen und statt dessen die Reserven zu entwickeln. So hat z. B. die Holland La Plata Hypotheekbank von 1906/7 bis 1910/11 ihren Reserven aus dem Gewinn nur *f* 125,000 zugeführt (ausserdem *f* 210,000 Emissionsagio) dagegen an Dividenden *f* 418,100 und an Tantiemen *f* 91,500 ausgezahlt.

Dem grösseren Risiko entsprechend ist die Organisation des Pfandbriefgeschäftes einigermassen abweichend von dem der Inlandhypothekenbanken gestaltet. Diese dürfen in der Regel den zehnfachen Betrag des emittierten Kapitals an Pfandbriefen ausgeben, die Auslandbanken dagegen in der Regel nur das 5—7 fache. Die Pfandbriefe tragen ausserdem eine höhere Verzinsung, die allerdings von den wenigsten Besitzern als das betrachtet wird, was sie tatsächlich ist: eine Risikoprämie, die zum Teil wieder angelegt und nicht verzehrt werden sollte. Der Sicherheit der Pfandbriefe soll dann ferner die vergleichsweise niedrige Beleihungsgrenze dienen, nach der meist die Hälfte des Wertes nicht überschritten werden darf. So hatten 1911 folgende Banken

Nederl. Transatlantische eine statutarische Beleihungsgrenze von	50%,	aber	nur	37,2%	tatsächlich	beliehen.
Rotterdam Canada eine statutarische Beleihungsgrenze von	50%,	„	„	43,-%	„	„
Holland La Plata eine statutarische Beleihungsgrenze von	60%,	„	„	41,9%	„	„
Holland Mexico eine statutarische Beleihungsgrenze von	50%,	„	„	45,6%	„	„

Diese niedrigen Sätze werden notwendig sein, da es in jenen Ländern noch schwieriger sein dürfte, eine zuverlässige Taxe abzugeben als in Niederland, wo, wie wir sahen, die Frage der Taxierungen ein Gebiet eifrigster Sorge des Vereines der Hypothekenbankdirektoren ist. Von Bedeutung für die Sicherheit der Hypotheken ist es auch, dass sie meist auf sehr viel kürzere Zeit abgeschlossen werden als in Niederland. Bei der Holland-La Plata waren am 30. Juni 1910 die Hypotheken wie folgt, fällig: [1])

1910/11	$	469,200
1911/12	„	532,400
1912/13	„	446,700
1913/14	„	743,400
1914/15	„	869,600
1915/16	„	80,000
zus.	$	3,141,300

Die Holland Canada gibt an, dass ihre Hypotheken in der Regel auf 5 Jahre gegeben werden [2]). Bei der Mij. v. Hyp. Cred. Holland-Mexico waren 72 von 93 Darlehen mit mex. Doll. 1,200,000 (von 1,495,000) auf fünf Jahre abgeschlossen [3]). Dadurch ist die Bank in der Lage, schlechte Hypotheken schneller auszumerzen und ausserdem durch eine neue Taxierung den Wert des Grundstückes nachzuprüfen.

Im Amsterdamsch Effectenblad v. 4. Jan. 1911 wird von der Gründung einer Hollandsch-Egyptische Hypotheekbank gesprochen. Diese Gründung scheint jedoch nicht zustande gekommen zu sein, wenigstens kam ein an die Niederlassung im Haag gerichteter Brief als unbestellbar zurück.

§ 18. Die Schiffshypothekenbanken.

Das Institut der Schiffshypothekenbanken ist in Deutschland besonders in den letzten Jahren bekannt geworden durch die von verschiedenen Seiten erfolgte Propagierung für die Errichtung deutscher Schiffshypothekenbanken, Die Handelskammern von

[1]) Bericht 1910/11 S. 9.
[2]) Bericht 1911 S. 8.
[3]) Bericht 1911 S. 12.

Duisburg und Mannheim haben sich mit der Frage beschäftigt, ebenso Reeder- und Werftorganisationen und vor einiger Zeit auch der Zentralverein für deutsche Binnenschiffahrt in seiner Sitzung vom 11. Dez. 1912. Für diese Interessenvertretungen handelte es sich darum, Stellung zu der Frage zu nehmen, ob es wünschenswert sei, in Deutschland ebenfalls Schiffshypothekenbanken zu errichten bezw. durch eine Aenderung der Gesetzgebung entsprechende Grundlagen für eine eventuelle Errichtung zu schaffen. Hierbei spielt die Konkurrenz ausländischer Gesellschaften eine grosse Rolle und zwar einmal in der Hypothekengewährung und sodann im Schiffsbau. Diese Konkurrenz hat ihren Sitz in Niederland und Belgien. Aus all den verschiedenen Veröffentlichungen, von denen die in der Zeitschrift für Binnenschiffahrt abgedruckte Verhandlung des Zentralvereins die umfassendste ist, ist an Darstellungen über die bestehenden Schiffshypothekenbanken und das Schiffspfandgeschäft der deutschen Banken wenig zu entnehmen. Sie enthalten meistens juristische Auseinandersetzungen oder Reformvorschläge [1]), sodass die ganze Frage nach der tatsächlichen Seite noch zu untersuchen bliebe. Soweit es die niederländischen Schiffshypothekenbanken betrifft, soll dies im folgenden geschehen. Zunächst sei bemerkt, dass der Ausdruck Schiffs*hypotheken*bank unrichtig ist, da es weder nach deutschem noch nach niederländischem Recht das Institut der Schiffshypotheken gibt, dass es sich vielmehr lediglich um ein Schiffs*pfand*recht handelt, weshalb auch verschiedene der Banken sich Schiffspfandbanken nennen [2]). Hinsichtlich der Rechtsgrundlage dieses Geschäftes in beiden Ländern ist es vielleicht nicht uninteressant auf folgendes zu verweisen: Die Hollandsche Scheepsverband Mij. sagt in einem Prospekt anlässlich einer Pfandbriefemission: [3]) „Der Betrieb der Gesellschaft ist nicht auf Niederland beschränkt. Umliegende Länder (also wesentlich wohl Deutschland), deren Gesetzgebung nicht aus der Zeit der Segelschiffahrt stammt (wie das niederländische Bürgerliche und Handelsgesetzbuch von 1838) und deren Arbeitsgebiet soviel ausgedehnter ist, bieten bessere Garantien und einen loh-

---

[1]) Hierher gehören auch die Aufsätze in „der Rhein" v. 29. Juli 1909 und im Plutus v. 28. 8. 1909, von Dr. Heilbrunn in der Monatsschrift für Handelsrecht und Bankwesen v. 9. 4. 1910 und M. Leo im Bankarchiv v. 1. und 15. Januar 1911.

[2]) v. Tienhoven Eeuw S. 839, Leo a. a. O. S. 118.

[3]) Abgedruckt im Finantieel Weekblad v. 13. 6. 12.

nenderen Geschäftskreis". Dem gegenüber betonen die deutschen Schriftsteller, die für die Errichtung deutscher Schiffshypothekenbanken eintreten, dass gerade die deutsche Gesetzgebung geändert und ausgebaut werden müsse [1]). Das niederländische Recht gewährt dem Darlehensgläubiger nur eine Vorzugsforderung, die allerdings erst nach einer ganzen Reihe anderer kommt [2]). Auf dieser, im Vergleich mit dem Hypothekenrecht, schwachen Grundlage ist das niederländische Schiffshypothekengeschäft (wie es infolge der Einbürgerung dieses Namens trotz des eben gemachten Vorbehalts weiter genannt sei) aufgebaut. Es hat sich wie *Tabelle* 62 zeigt, in den 13 Jahren seines Bestehens sehr rasch entwickelt, indem von zuletzt 10 Gesellschaften für ƒ $93^{3}/_{4}$ Millionen Darlehen gewährt wurden, von denen allerdings bereits ƒ $42^{1}/_{2}$ Mill. wieder abgelöst waren, sodass Ende 1911 noch rund ƒ 51,5 Mill. ausstanden [3]). Hiergegen waren ungefähr zum gleichen Betrag Pfandbriefe ausgegeben. Die beiden ältesten und grössten Gesellschaften sind die I. Nederlandsche Scheepsverband Mij. in Dordrecht und die Nederlandsche Scheepshypotheekbank in Rotterdam (beide gegründet 1899). Das zeitliche ungefähre Zusammentreffen dieser Gründungen mit dem Inkrafttreten des deutschen Binnenschiffahrtsgesetzes v. 15. 6. 1895, durch das die Rechtslage der Binnenschifffahrt vereinheitlicht und das Schiffsregister eingeführt wurde, zeigt nach Schwabe [4]) den Zusammenhang zwischen der deutschen Binnenschifffahrt und den niederländischen Schiffshypothekenbanken. Da die Schiffshypothekenbanken mit der Veröffentlichung von Einzelheiten im allgemeinen sehr zurückhaltend sind und ein zu grosses Interesse für ihren Betrieb nicht zu schätzen scheinen [5]), kann der Anteil Deutschlands an den Beleihungen der Banken nicht festgestellt werden. Die Banken

---

[1]) Heilbrunn a. a. O. S. 79.

[2]) W. v. K. Art. 313—315 für Seeschiffe und Art. 750 für Fluss- und Binnenschiffe über 10 Tonnen. Für die Schiffe bestehen Register mit einem Zentralregister (Hoofdkantoor van Bewaring der Scheepsbewysen). Sie werden gemeinsam mit den Hypothekenregistern geführt. Dies Zentralregister wurde 1836 gegründet (Tienhoven a. a. O. S. 839) wohl ein Beweis dafür, dass bereits zu jener Zeit die Darlehensgewährung auf Schiffe eine ziemliche Rolle gespielt haben muss.

[3]) Ende 1912 betrug der Darlehensbestand ƒ 56,2 Mill.

[4]) Zeitschrift für Binnenschiffahrt S. 42.

[5]) Die I. Ned. Scheepsverband Mij. sandte mir auf meine Bitte um Ueberlassung ihrer Berichte, Statuten etc. folgenden Brief: „Antwortlich Ihres Geehrten v. .... teilen wir Ihnen mit, dass wir Ihrer Bitte nur willfahren können, wenn Sie uns dieselbe durch Vermittlung des deutschen Gesandten in Holland beibringen."

sind aber bis nach Ostdeutschland hin tätig [1]). Somit ist wohl anzunehmen, dass nicht unerhebliche Beträge auf Deutschland entfallen. Hier sei eingefügt, dass auch die beiden in Belgien bestehenden 1908 von der Société Générale de Belgique gegründeten Schiffshypothekenbanken, die „Société Belge de Crédit Maritime" in Antwerpen und der „Crédit Maritime et Fluvial de Belgique" in Gent, in Deutschland arbeiten. Dagegen liess sich dies bezüglich der beiden norwegischen Schiffshypothekenbanken nicht feststellen, da sie keine Antwort auf die an sie gerichtete Anfrage gaben [2]). Betrachten wir nun das Darlehen und seine Bedingungen etwas näher. Grundsätzlich wird nur Geld auf neue Schiffe gegeben und meist nicht über die Hälfte des Wertes. Die Zinsen schwanken zwischen 5 und 6 % [3]). Zu ihnen treten aber noch die Abschlussprovision von 2—3 % und ausserdem eine, vielfach Verwaltungskostenbeitrag genannte, Jahresprovision von ca. 1 %. Die einzelnen bei Schwabe [4]) gemachten Angaben über die Verzinsung zum jeweiligen Lombardsatz der Reichsbank scheinen mir nicht sehr glaublich, da eine derartige Festsetzung die Kalkulation des Darlehens auf eine durchaus unsichere Basis stellen würde. Es scheint mir überhaupt ein Nachteil, dass sich mit der Frage der Schiffshypotheken bis jetzt fast nur Juristen oder Schiffahrtssachverständige nicht aber Bankfachleute beschäftigt haben. Dies wird besonders bei der Sammlung des Materials deutlich, das teilweise sehr kritiklos zusammengetragen ist.

Alle Darlehen müssen amortisiert oder doch wenigstens jährlich teilweise zurückgezahlt werden, wodurch die Lasten des Darlehensnehmers sich allerdings bedeutend erhöhen. Dem steht dann aber gegenüber, dass der Schiffseigner nach Ablauf der Frist über das Schiff frei verfügen kann. *Tabelle* 63 gibt für die Nederlandsche Scheepshypotheekbank die Tilgung der Darlehen an. Aus ihr geht hervor, dass nach einem Jahr fast ¼ der Darlehen getilgt war, nach 4 Jahren über die Hälfte und nach 7 Jahren ca. 90 %. Die Tabelle ist insofern nicht genau, als aus ihr nicht die inzwischen vorzeitig abgelösten Beträge ausgeschieden sind. Immerhin zeigt sie, dass nach 10 Jahren nur noch ein ganz unbedeutender Betrag der Darlehen ausstand. Die Banken erhalten

---

[1]) Zeitschrift f. Binnenschiffahrt S. 45; Holl. Scheepsverband Mij. Bericht 1911 S. 5.
[2]) Die Darlehen der belgischen Gesellschaften betrugen 1911 zus. ca. frs. 15 Mill.
[3]) Tienhoven S. 839 und Zeitschrift f. Binnenschiffahrt S. 45.
[4]) Zeitschrift f. Binnenschiffahrt S. 45.

also jährlich wesentliche Beträge an Tilgungsquoten zurückgezahlt, für deren Neubelegung sie sorgen müssen, wenn ihr Geschäft sich nicht verkleinern soll. Diese Zahlungen beliefen sich nach *Tabelle* 62 1905 auf ca. *f* 2¹/₄ Mill. 1908 auf ca. 5¹/₂ Mill. und 1911 auf fast 9 Mill., 1912 betrugen die Tilgungen bei bereits *f* 11,4 Millionen. Daher ist es wohl begreiflich, dass die Gesellschaften ihr Beleihungsgebiet andauernd ausdehnen und in Deutschland bis zur Weichsel vorgerückt sind, andererseits aber auch mit Werften in Beziehung stehen, die ihnen baulustige Schiffer zuweisen [1]). Hier ist auch die Wurzel der Gefahr, von der in den Verhandlungen des Zentralvereins für die deutsche Binnenschifffahrt immer wieder gesprochen wurde, nämlich dass durch das Wiederbelegungsbedürfnis der Banken die Ueberproduktion an Schiffen weiter unterstützt werde, durch die auf den Frachtmarkt gedrückt und die Existenz vieler Schiffer ruiniert werde. Nur erscheint es dem unbefangenen Zuschauer merkwürdig, dass trotz der nach jenen Behauptungen durch die niederländischen Banken bereits hervorgerufenen Ueberproduktion die Errichtung deutscher Schiffshypothekenbanken propagiert wird. Hierdurch würde die Gefahr der Ueberproduktion nicht gerade vermindert werden, was der Regierungsvertreter auf der Tagung des Zentralvereins auch hervorhob [2]). Waren die Schiffshypothekenbanken zunächst hauptsächlich an der Rheinschiffahrt interessiert, so erweiterten sie ihre Tätigkeit bald, indem sie sich auch der Beleihung von Seeschiffen zuwandten [3]). Auf diesem Gebiet traten sie in Konkurrenz mit den niederländischen Banken, die sich teilweise seit langer Zeit mit diesem Geschäft ebenfalls befassen. So liess sich feststellen, dass die Rotterdamsche Bankvereenigung auf drei Schiffe, die je in eine „Einschiffsgesellschaft" eingebracht sind, nämlich die Mij. Stoomschip „Noordwijk", „Katwijk" und „Rijswijk", Darlehen von *f* 135,000 bezw. 140,000 bzw. 49,500 gewährt hatte [4]). Die Banken in den deutschen Seestädten betätigen sich auf diesem Gebiet übrigens auch [5]). Allerdings bestehen darüber keine näheren Angaben. Die

[1]) Es ist wohl nicht ganz zufällig, dass die beiden grössten Schiffshypothekenbanken ihren Sitz in Dordrecht bezw. Rotterdam haben und dass in ihrem Aufsichtsrat Leiter bezw. Inhaber von Schiffswerften sitzen.

[2]) Zeitschrift f. Binnenschiffahrt S. 51.

[3]) Bericht 1911 der I. Nederl. Scheepsverband Mij. S. 3.

[4]) Nierops N. V. 1911. S. 156, 161, 187.

[5]) Leo a. a. O. S. 101.

niederländischen Schiffshypothekenbanken weisen leider die auf Binnen- und auf Seeschiffe gewährten Darlehen nicht getrennt aus, sodass sich nur aus der Grösse der einzelnen Darlehen ein ungefährer Schluss ziehen lässt auf die Ausdehnung der beiden Zweige des Geschäftes [1]. Allerdings ist dabei zu berücksichtigen, dass ein Teil der Darlehen gegen Verpfändung verschiedener Schiffe gewährt worden ist [2].

Bei 6 Banken, die eine Spezialisierung des Darlehenbestandes geben, verteilten sich diese Ende 1910 [3])

	Zahl	Betrag	in %
f 5000 und darunter	1.435	*f* 3.544.300	12,9
- 5001—10.000	590	4.343.900	15,8
- 10,001—20,000	284	3.784.500	13,7
- 20,001—30,000	70	1,685,400	6,2
- 30,001—50,000	56	2,156,900	7,8
- 50,001 und höher	101	11,991,800	43,6
	2,536	27,506,800	100,-

Danach entfallen mehr als ²/₅ auf Darlehen über *f* 50,000; der Durchschnitt in dieser Klasse beträgt sogar über *f* 100,000. Die Nederl. Scheepshypotheekbank hatte an Darlehen über *f* 50,000 ausstehen (in Tausend Gulden)

	1910		1911		1912	
Grösse	Zahl	Betrag	Zahl	Betrag	Zahl	Betrag
f 50,000— 80,000	21	1,313	17	1,036	12	772
- 80,000—100,000	5	444	8	730	14	1,285
- 100,000—150,000	18	2,243	23	2,822	18	2,228
- 150,000—200,000	7	1,206	4	713	4	707
- 200,000 u. höher	7	2,348	11	4,002	11	4.714
Zusammen	58	7.656	63	9.303	59	9.706
in % aller Darlehen	8,9	63,8	9,7	67,6	9,0	67,9

Hier zeigt sich das deutliche Bestreben, die Kreditgewährung auf grössere Objekte zu beschränken, die bedeutend weniger Verwaltungskosten verursachen, dafür aber auch keine derartige

[1]) Nach einer Notiz in der Frankfurter Zeitung vom 4. Sept. 13. waren 3 Dampfer der deutschen Reedereigenossenschaft m. b. H., die von dieser für M. 2,9 Mill. gekauft worden waren, von einer holländischen Bank mit M. 2,7 Mill. beliehen, hierzu kommt als Sicherheit ausserdem die Bürgschaft der Handelsvereinigung A. G.

[2]) So dienten bei der Hollandsche Scheepsverband Mij.
1910 678 Schiffe als Sicherheit für 568 Darlehen.
1911 747 Schiffe als Sicherheit für 626 Darlehen.
1912 838 Schiffe als Sicherheit für 689 Darlehen.

[3]) De Vries, Hypotheekbanken S. 30.

Risikoverteilung wie kleinere Darlehen bieten. Bei der I. Nederl. Scheepsverband Mij. vermehrt sich ebenfalls die Zahl der Darlehen langsamer als ihr Betrag. Von 1909 bis 1911 stiegen die Darlehen im Betrag um $20^1/_4$ %, der Zahl nach um $11^3/_4$ %. Inwieweit diese Risiken durch besondere Versicherungen gedeckt werden, konnte nicht festgestellt werden. Dagegen geht aus den Berichten des National Scheepsverband hervor, dass auch in diesem Geschäftszweig die Kombination von Darlehen und Lebensversicherung vorkommt [1]). Von den 134 Darlehen im Betrage von *f* 935,000 waren 22 im Betrage von *f* 87,000 mit einer Lebensversicherung verbunden, so dass beim Tode des Darlehensnehmers der Rest des Darlehens an die Gesellschaft ausbezahlt wird. Trotz aller Vorsicht waren Verluste bei der Ausleihung jedoch nicht zu vermeiden. Die Zahl der Zwangsversteigerungen war in einigen Jahren ziemlich erheblich, wie aus folgenden Zahlen [2]) hervorgeht. Die Zahl der Zwangsversteigerungen (*A*) bezw. der Ankäufe von Schiffen (*B*) betrug

	1904	1905	1906	1907	1908	1909	1910	1911	1912
A	6	3	9	6	16	22	13	16	18
B	1	1	2	1	—	3	1	—	1

Die beiden Zahlenreihen dürften nicht ganz zuverlässig sein, da auch die Schiffshypothekenbanken zum Teil nach dem Rezept der Hypothekenbanken arbeiten und Gesellschaften zur Uebernahme solcher Schiffe gründen, die sie sonst selbst übernehmen müssten. Analog der Aufstellung bei den Inlandhypothekenbanken sei hier eine Aufstellung über die Beziehungen zwischen Schiffshypothekenbanken und Schiffahrtsgesellschaften gegeben, hinsichtlich deren auf die Ausführungen auf S. 222 verwiesen sei.

Beziehungen zwischen Schiffshypothekenbanken und Schiffahrtsgesellschaften.

nach v. Nierop & Baaks N. V. 1910.

Algemeene Groninger Scheepshypotheekbank.

vertr. durch 1 Dir. u. 1 Comm. Zuidnederl. Stoomvaart Mij.

[1]) Bericht 1911 S. 7.

[2]) v. Voorst a. a. O. S. 147.

vertr. durch 1 Dir. u. 1 Comm. A. C. Lensen's Stoomvaart Mij.

vertr. 1 Dir. u. 1. Comm. Mij. Stoomschip „Jenny".

vertr. durch 1 Dir. u. 1 Comm. Mij. Stoomschip „Harald"

Diese 4 Gesellschaften werden durch den gleichen Direktor geleitet.

I. *Nederlandsche Scheepsverband Mij.*

vertreten durch 1 Direktor in verschiedenen Steamtrawler-Gesellschaften.

Hollandsche Scheepsverband Maatschappij.

vertreten durch 2 Dir. u. 1. Comm. Sleepvaart Mij. Maria Paulina.

vertreten durch 2 Dir. u. 1 Comm. Reederij de halve Maen.

vertreten durch 2 Dir. u. 1 Comm. Nederl. Sleepdienst Mij.

vertreten durch 1 Dir. Visscherij Mij. Pesca.

Gesellschaft 1—3 stehen unter dem gleichen Direktor.

Nationaal Scheepsverband.

Der Direktor und 2 delegierte Comm. sind Gründer einer Gesellschaft „Neptunus", Mij. tot Explotatie en Administratie van schepen en vaartuigen (Nierop S. 1558). Die Angabe der Geschäftsleitung wurde verweigert.

Nederlandsche Scheepshypotheekbank.

vertreten durch 1 Dir. Binnenlandsche Scheepvaart Mij

vertreten durch 1 Dir. Mij t. Expl. v. h. vaartuig „Psyche".

Die beiden Direktoren und die 3 Mitglieder des „Raad van Toezicht" sind Gründer der Rotterdamsche Reederij I, die Angabe der Geschäftsleitung wurde verweigert. (Nierop S. 885).

Scheepshypotheekbank de Nederlanden.

Gleichzeitig mit der Gründung dieser Gesellschaft erfolgte die der „Mij. tot Exploitatie van schepen", in der die gleichen Personen als Leiter und Aufsichtsräte fungieren.

Die Mittel zur Durchführung ihres Betriebes verschaffen sich die Schiffshypothekenbanken ebenfalls durch Ausgabe von

Pfandbriefen und zwar geben sie überwiegend solche mit $4^1/_2$ %iger Verzinsung aus. Ihr Pfandbriefumlauf betrug

		1908 [1]	1911 [2]
zu 4 %	*f*	150,000	—
zu $4^1/_4$ %		445.900	—
zu $4^1/_2$ %		30,613,800	46,515,400
zu 5 %		2,172,300	2,286,500
		33,382,000	48,801,900

Die Sicherheit für diese Obligationen liegt einmal in einer sorgfältigen Geschäftsführung und sodann in ihrer statutenmässigen Gebundenheit an die Grösse des Kapitals, dessen Fünffaches sie nicht überschreiten dürfen. Ausserdem wirken bei der Ausgabe gewöhnlich, wie vielfach auch bei den Hypothekenbanken, Treuhandgesellschaften mit, die den Betrieb kontrollieren.

Was zum Schluss die hohen Dividenden betrifft, die in den deutschen Erörterungen eine grosse Rolle spielen, so sei auf *Tabelle* 64 verwiesen. Hierbei muss daran erinnert werden, dass sie allerdings nicht nach deutschem Masstab zu messen sind, da in Niederland das Aktienkapital fast nie voll eingezahlt ist, sondern meist mit 10 oder 20 %. Die Dividende bezieht sich daher nur auf diesen kleinen Teil des Kapitals. Die Banken arbeiteten

	1904	1908	1911
mit einem Kapital von	*f* 3,800,000	7,378,000	12,066,000
davon war eingezahlt	387,200	757,780	1,232,600
die Reserven betrugen	187,600	853,100	1,517,100

Für die rasche Entwicklung der grössten Schiffshypothekenbank gibt *Tabelle* 65 einige Zahlen. Aus ihnen geht hervor, dass die Konkurrenz der im Jahr 1902 bezw. 1903 entstandenen Banken (*s. Tab.* 56I), die Entwicklung nicht zu hemmen oder zu verlangsamen vermochte. Aus der geographischen Verteilung der Schiffshypothekenbanken lässt sich schliesslich noch deutlich ihre Beziehung zur Binnen- und Seeschiffahrt erkennen. (*s. Tabelle* 56II).

---

[1]) Tienhoven. Eeuw. S. 839.

[2]) De Vries, Hyp. Banken.

§ 19. Kommunalkreditinstitute.

Banken zur Pflege des Kommunalkredites bestehen in Niederland zwei: die im Jahr 1870 gegründete Maatschappij voor Gemeente-Crediet in Amsterdam und die Noord-Brabantsche Maatschappij voor Gemeente-Crediet (gegr. 1882) in 's Hertogenbosch.

Ueber die letztere, deren Bilanz in Nierops Naamloozen Vennootschappen nicht abgedruckt ist, brachte ich nur in Erfahrung, dass ihr Kapital *f* 200,000 beträgt, wovon *f* 20,000 eingezahlt sind. Von 1882 bis 1899 verteilte sie Dividenden zwischen 3 und 6 %, seitdem fehlen die Angaben. Ihr Geschäftskreis wird umschrieben [1]) als Darlehensgewährung an niederländische Gemeinden, Provinzen, Deichgenossenschaften und Ausgabe von Obligationen.

Die Mij. v. Gemeente-Crediet darf nach Art. 1 ihrer Statuten Darlehen an niederländische Gemeinden, Provinzen und Deichgenossenschaften (Waterschappen) gewähren und dagegen Obligationen ausgeben. Von ihrer Gründung bis Ende 1909 hatte die Gesellschaft 1493 Darlehen für *f* 42,3 Mill. gewährt, die sich verteilten: [2])

auf Gemeinden	1063 Darlehen für	*f* 26,190,000
auf Deichgenossenschaften	427 Darlehen für	*f* 14,711,800
auf Provinzen	3 Darlehen für	*f* 1,437,000

Da der Darlehensbestand Ende 1909 nur *f* 20,791,524 betrug, waren in der Zeit an Rückzahlungen eingegangen *f* 21,548,235 oder etwas mehr als die Hälfte des Betrages. Ueber die ersten Jahre der Unternehmung unterrichten folgende Zahlen [3]).

v. 1870—79 wurden	127 Darl. gewährt für	*f* 10,397,200 =	81,900 p. Darl.
1880	14	974,100 =	69,500 „
1881	31	1,835,400 =	59.100 „
1882	29	1,286,700 =	44,300 „
1883	18	1,022,300 =	56,800 „
Dagegen in den letzten Jahren			
1907	85	1,349,900 =	15,900 „
1908	94	1,203,100 =	12,800 „
1909	92	1,615,300 =	17,500 „
1910	106	1,296,500 =	12,200 „
1911	123	2,348,400 =	19,900 „
1912	178	3,129,700 =	17,600 „

[1]) Nierop 1910 S. 1273.
[2]) Bericht 1909.
[3]) Staatkundig en Staathuishoudkundig Jaarb. v. 1884 S. 188.

Während der Betrag der jährlich hinzukommenden Darlehen ungefähr gleichgeblieben ist, hat sich ihre Zahl stark erhöht, wodurch der Durchschnitt der Darlehen sehr herabgedrückt worden ist. Der besonders hohe Durchschnitt für die Jahre 1870 bis 1879 erklärt sich durch ein Darlehen von ƒ 1,350,000 an die Provinz Groningen. Ueber die Höhe der Darlehenzinsen werden in den überhaupt sehr kärglichen Berichten keine Angaben gemacht. Da die durchschnittliche Verzinsung der Obligationen (ohne Berücksichtigung der Prämien) sich auf ca. $3^1/_4$ % stellt, kann man wohl annehmen, dass der Darlehenszinsfuss sich zwischen $3^1/_2$ bis 4 % bewegt. Infolgedessen war es für die meisten Gemeinden besonders die grösseren, vorteilhafter, Anleihen zu emittieren, die sie mit 3 und $3^1/_2$ % Zinsen unterbringen konnten. Der Markt für diese Papiere wurde besonders nach Errichtung der Postsparkasse (1881) aufnahmefähig, da die Postsparkasse sehr erhebliche Beträge Stadtanleihen aufkaufte. Vom Effektenbestand der Sparkasse entfielen 1906 ƒ 36,4 und 1909 ƒ 43,9 Mill. oder ca. 30 % auf Kommunal- und Provinzialanleihen. Hat auch die Bedeutung der Gesellschaft für den Kommunalkredit sich vermindert [1]), so ist ihre finanzielle Stellung und ihr Ansehen ganz besonders gut, dank der in ihrem Aufsichtsrat vertretenen ersten Finanzleute des Landes. Daher konnte sie auch, während die Hypothekenbanken ihre 4 %igen Pfandbriefe nicht oder nur zu sehr niedrigem Kurse unterbringen konnten, weiter Obligationen zu $3^1/_2$ und 4 % ausgeben und auch unterbringen [2]).

Das Kapital der Mij. v. Gemeente-Crediet beträgt ƒ 1,000,000 Anteile A, die mit 20 % eingezahlt sind, und ƒ 1,126,000 Anteile B. Diese sind nicht zu einem bestimmten Betrage emittiert worden, sondern werden jeweils bei der Emission von Obligationen ausgegeben, wenn die Anteile der Serie B unter 5 % des Obligationenumlaufs sinken (Statuten Art. 4 und 16). Die Dividenden der Gesellschaft betrugen von 1899 bis 1908 je 15 % auf Anteile A und je 6,2 %, auf Anteile B, für 1909 16 bezw. 6,4 % und für 1910 17 bezw. 6,6 %.

---

[1]) Von den jährlichen Neuausleihungen entfallen etwa $^1/_2$ auf die Wiederanlegung der empfangenen Darlehenstilgungen, daher nimmt der Darlehensbestand nur langsam zu (1907 ƒ 20,376,000; 1910 ƒ 21,658,000.)

[2]) Erst in Oktober 1913 wurden ƒ 1 Mill. $4^1/_2$ %ige Obligationen ausgegeben.

§ 20. Vorschussbanken.

Unter Vorschussbanken werden solche Unternehmen verstanden, deren Hauptgeschäft in der Gewährung eines einmaligen Vorschusses besteht, die also nicht, wie die meisten bisher besprochenen Banken „in Rechnung" mit ihren Kunden stehen. Die Mittel dazu gewinnen sie durch die Ausgabe von Obligationen, zuweilen auch nur durch ihr Aktienkapital oder durch Depositenannahme. Diese Obligationsausgabe erklärt sich dadurch, dass es sich um einen Spezialbetrieb handelt, den diese Banken ausüben, nämlich die Gewährung von Anlagekredit. Die Vorschüsse werden zum Teil für 10 Jahre und länger gegeben, meitens mit der Bedingung der Amortisation oder doch einer Teilrückzahlung. Bei der Nationalen Voorschotbank betrug die mittlere Dauer der seit Gründung der Bank gewährten Vorschüsse über 11 Jahre [1]). Sie bedingt sich eine 10 jährige Mindestlaufzeit des Vorschusses ausdrücklich in ihren Geschäftsbedingungen aus. Wenn man berücksichtigt, dass die Kreditnehmer der Vorschussbanken meist einen zwischen 5 und 6 % schwankenden Zins zahlen müssen und ausserdem noch verschiedene Abgaben, wie wir sehen werden, zu leisten haben, so ist es durchaus klar, dass diese Banken ihre Obligationen mit einem Zinsfuss von meist $4^1/_2$ % [2]) ausstatten und trotzdem eine teilweise recht gute Dividende zahlen können. Allerdings ist das Kapital der Banken meistens klein und nur zum geringsten Teile eingezahlt. (s. *Tabelle* 66).

Die meisten der Vorschussbanken stehen in naher Beziehung zu einer Lebensversicherungsgesellschaft, vielfach sind sie nichts anderes als Bankabteilungen der Versicherungsgesellschaften. Einige Vorschussbanken machen aus dieser Verbindung auch gar keinen Hehl, sondern bezeichnen sich zum Beispiel als: Spar- und Vorschussbank der I. Niederl. Lebens- und Invaliditätsversicherungsgesellschaft. Bei den meisten ist jedoch der Zusammenhang,

---

[1]) Bericht 1911 S. 6.

[2]) Die meisten Vorschussbanken geben den Zinsfuss der Obligationen an, danach wurde folgende Zusammenstellung angefertigt:

Im Umlauf befanden sich	1909	1910
Obligationen zu 4%	ƒ 3,837,000	ƒ 4,149,800
Obligationen zu $4^1/_2$%	8,597,600	11,168,000
	12,837,600	15,317,800
ohne Angabe	2,579,400	1,500,200
total	15,014,000	16,818,000

wenn sich nicht beide Unternehmen in einem Gebäude befinden, nicht so deutlich. Nachstehend seien einige Beispiele gegeben:

Beziehungen zwischen Vorschussbanken und Versicherungsgesellschaften.

Nach A. H. van Nierop's Naaml. Vennootschappen 1910.

De Hollandsche Voorschotbank.

In enger Verbindung mit der „Tweede Hollandsche Mij. van Levensverzekering" zu Haarlem, in deren Gebäude die Voorschotbank ihren Sitz hat. Es besteht Personalunion des Vorstandes und Aufsichtsrats. Der Direktor ist gleichzeitig Vertreter der Hypotheekbank voor Nederland und Aufsichtsrat des „Centraal Informatie Bureau voor Verzekering-Maatschappijen."

Voorschotbank „de Nederlanden".

in Beziehung zur Assurantie-Mij. tegen Brandschade en op het Leven „de Nederlanden" van 1845 im Haag. Der Direktor der Versicherungsgesellschaft ist Vorsitzender des Aufsichtsrats.

Utrechtsche Voorschotbank.

Im Aufsichtsrat: drei Commissare und ein Direktor der Utrechtschen Levensverzekering Mij.

Credietbank voor Nederland.

Im Aufsichtsrat: ein Direktor der „De Globe" Mij. van Verzekering op het leven, ein Commissar der Levensverzekeringbank „Amsterdam".

Nationale Credietbank.

im Aufsichtsrat: 1 Comm. der 1. Rotterdamsche Mij. v. Verzekering op het leven, 1 Direktor der Nationale Levensverzekeringbank.

Nederlandsche Vorschotbank.

Im Gebäude der Oranje-Nassau Levensverzekering. Die beiden Direktoren gleichzeitig Direktoren der Vers. Ges., ausserdem ein Comm. gemeinsam.

Nederl. Crediet- en Voorschotbank.

Im Aufsichtsrat: 2 Comm. der „Onderlinge Levensverz. Mij. 's-Gravenhage", 1 Direktor der Levensverz. Mij. „Arnhem", 2 Comm. der 1. Hypoth Bank met of zonder Levensverz.

Nederl. Voorschotbank met Winstdeeling.

1 Dir. und 1 Comm. gleichzeitig Dir. und Comm. der Onderlinge Levensverzekering van eigen Hulp, 1 Dir. Comm. der Verz. Mij „Holda". Beziehung zur Kortenaer Bank (ein Dir. und 3 Comm. gemeinsam), im gleichen Gebäude mit ihr. .

Nieuwe Nederl. Crediet Bank.

1 Dir. Comm. der Levensverz. Mij „Neerlandia", im Aufsichtsrat die beiden Direktoren der Levensverz. Mij „Dordrecht", 1 Comm. der Levensverz. Mij. „Arnhem".

Provinciale Crediet- en Spaarbank.

Der Dir. gleichzeitig Dir. der Holl. Algem. Verzekeringbank und der Nederl. Mij. van Verzekering. Alle 3 in einem Gebäude. Von den 9 Comm. der Bank sind 6 auch Comm. der beiden Versicherungsgesellschaften.

Spaar- en Voorschotbank der I. Nederl. Verzekering Mij.

Im Aufsichtsrat ein Dir. und 3 Comm. der I. Nederl. Verz. Mij. Im gleichen Gebäude mit der I. Hyp, Bank met of zonder Levensverz. Die Direktoren gemeinsam, ausserdem 2 Comm.

1 Comm. der Zuid-Holl. Mij v. Verz. op het Leven.

Voorschotbank der I. Rotterdamsche Mij. v. Verz. op het Leven.

im gleichen Gebäude mit dieser. Die Direktoren und 3 Comm. gemeinsam.

Bank voor persoonlijke en zakelijke Zekerheid.

Im Gebäude der Noord- en Zuid-Nederl. Levensverz. Bank. Die beiden Direktoren gemeinsam, ausserdem 2 Comm.

Crediet en Handelsbank.

im Hause der Zuidhollandsche Mij. v. Verz. op het Leven en bij Ziekte.

Der Dir. und 2 Comm. gemeinsam, Im Aufsichtsrat ein Comm. der Verzekering en Herverzekering Bank „Nova".

Credietbank tegen den Woeker.

im Aufsichtsrat 1 Comm. der Oranje Nassau Levensverz.

's Gravenhaagsche Algem. Voorschotbank.

Beziehungen zur: Algemeene Levensverz. Bank (in den Bilanzen 1909 und 1910 Forderungen an diese).

Algemeene Credietbank.
im gleichen Gebäude mit „Vesta" Mij. v. Levensverz.
1 Dir. und 1 Com. gemeinsam.

Algemeene Credietvereeniging.
Beziehungen zur
Levensverz. Mij. Neerlandia, 1 Dir. gemeinsam.
Levensverz. Mij. „Dordrecht" 1 Comm. gemeinsam.

Welches Interesse besteht nun bei den beiden Gesellschaften an einem Zusammenarbeiten? Für die Versicherungegesellschaft bedeutet es die Aussicht auf zahlreiche neue Versicherungen, da die Vorschussbanken überwiegend Lebensversicherungen als Sicherheit für die Vorschüsse verlangen (ausser den anderen Sicherheiten wie Hypothek oder Bürgschaft). Die Vorschussbank dagegen hat einmal durch die von ihr abgeschlossenen Versicherungen eine nicht unbeträchtliche Einnahme und sodann in der Versicherungsgesellschaft eine gute Abnehmerin für ihre Obligationen. So hatte z. B. die Voorschotbank „de Nederlanden" der Versicherungsgesellschaft „de Nederlanden" in 6 Jahren 143 Policen über *f* 351,000 verschafft. Aus dem bisher Gesagten geht schon hervor, dass der Kundenkreis der Vorschussbanken wesentlich anders gestaltet sein wird als der der anderen Banken, denn niemand wird ohne Not einen Kredit so hoch bezahlen, wie dies bei den Vorschussbanken infolge der Versicherungsprämien geschieht. Vielfach wird es sogenanter Konsumtivkredit sein, den diese Banken gewähren oder aber auch Kredit an Handwerker, Ladeninhaber etc. Wie teuer sich dieser Kredit stellt, zeigt folgende Berechnung, bei der die Bedingungen der *Nationalen Voorschotbank* benutzt wurden:

Ein 32jähriger nimmt einen Vorschuss von *f* 2000 auf 12 Jahre, er zahlt

Kontrakt- und Informationskosten (über den Bürgen) . . . . *f*	10.—
12 Jahre Zinsen zu 6 %	1,440.—
1/2 % Abschlussprovision	10.—
Prämie der Lebensversicherung pro Jahr *f* 149,—	1,788.—
in 12 Jahren	3,248.—
in 1 Jahr	270,65 oder 13 1/2 %.[1]

[1] Ohne Berücksichtigung der Zinseszinsen.

Dafür erhält er allerdings nach 12 Jahren die 2000 Gulden von der Versicherungsgesellschaft ausbezahlt bezw. seine Schuld erlischt, da die Versicherungsgesellschaft den Betrag an die Vorschussbank abführt. Abgesehen von der Versicherungsprämie stellt sich der Kredit auf 6,02 %, allerdings unter der Voraussetzung, dass der Darlehensnehmer dem Bürgen keine Vergütung zu zahlen hat.

Die Vorschussbanken befinden sich hauptsächlich in den grossen Städten. Die bereits erwähnte Voorschotbank „de Nederlanden" besitzt daneben in 21 Orten zusammen 31 Vertreter und auch einige andere Vorschussbanken besitzen Filialen und Agenten. Inwieweit von diesen Einrichtungen durch die einzelnen Berufszweige Gebrauch gemacht wird, lässt sich nicht feststellen.

Ausserdem bestehen in kleineren Orten noch einige Vorschussbanken, die meist gleichzeitig Sparkassen sind. Hierher gehören

die Purmerender Voorschot- en Depositobank (Noordholland)

die Credietbank voor West- en Delfland (Zuidholland)

die Spaar-, Inleg- en Voorschotbank Eibergen, Neede en Omstreken (Gelderland)

die Credietvereeniging „de Alblasserwaard" (Zuidholland)

die Boscoopsche Spaar- en Deposito- en Hulpbank (Zuidholland)

die Spaar- en Voorschotbank te Groenlo (Gelderland).

Da keine dieser Banken ihre Bilanzen veröffentlicht, lässt sich kein Bild ihrer Tätigkeit gewinnen. Lediglich ihr Aktienkapital ist bekannt. Es betrug 1909 *f* 310,000, wovon *f* 245,000 eingezahlt waren. Die Eiberger Bank ist nach ihren Statuten besonders für Landwirte bestimmt.

Die Publizität ist bei den Vorschussbanken überhaupt sehr mangelhaft entwickelt. Nur etwa die Hälfte der Banken (18) gibt ihre Bilanzen bekannt. Diese sind für das Jahr 1910 in *Tabelle* 66 zusammengestellt. Im Vergleich mit 1909 weisen sie folgende Aenderungen auf (in Tausend Gulden).

	Kapital emittiert	Kapital eingezahlt	Reserve	Obligationen	Vorschüsse	Dividende
1909	7672	1247	404	15,014	14,011	64,0
1910	7653	1269	460	16,818	15,625	73,6
	— 19	+ 22	+ 54	+ 1,804	+ 1,614	+ 9,6

Ausserdem liessen sich noch 23 Banken feststellen, die zu den Vorschussbanken gerechnet werden können. Davon befanden sich bei 13 Angaben über die Berechtigung zur Ausgabe von Obligationen, bei 10 nicht. Von diesen Banken ist nur das ausgegebene und das eingezahlte Kapital bekannt. Es betrug 1910 (in Tausend Gulden)

	ausgegeben	eingezahlt
23 Banken	1,800	764
18 Banken (s. oben)	7,653	1,269
41 Banken	9,453	2,033

Zum grossen Teil sind die Banken erst in den letzten Jahren errichtet worden. Von den im Jahre 1911 bestehenden wurden gegründet:

1864	1880	1891	1893	1896	1897	1898	1900	1901
1	1	1	1	1	4	1	4	1

1902	1903	1904	1905	1907	1908	1909	1910	1911
2	3	2	4	2	3	4	3	3

In dem Aufsatz von Tienhoven [1]) sind die Zahlen für 22 Vorschussbanken angegeben, die etwas von den oben angeführten abweichen. Da er keine Einzelangaben macht, liess sich nicht feststellen, wie die Abweichung zu erklären ist. Sie ist auch insofern belanglos, als sie das Bild der Vorschussbanken nicht änderte. Das Durchschnittskapital einer Vorschussbank beträgt etwa *f* 230,000, von dem *f* 49,500 eingezahlt sind. Nur einzelne grössere Unternehmen befinden sich unter ihnen, so die *Nationale Voorschotbank*, die bei einem Kapital von *f* 1 Mill., das mit 20 % eingezahlt ist, einen Obligationenumlauf von *f* 5,012,000 besass (1912). Sie hat für ca. 2 Mill. Vorschüsse gewährt und übt ausserdem durch eine Tochtergesellschaft in Deutschland einen ziemlich umfangreichen Betrieb aus. Diese Tochtergesellschaft, die *Deutsche Personalkreditbank* A.G. zu Berlin, arbeitet mit einem Aktienkapital von M. 500,000, das sich im Besitz der Nationale Voorschotbank befindet, und hat ausserdem ein unkündbares Darlehen von M. 4½ Mill. bei dieser aufgenommen. Die Mittel hierzu verschaffte sich die Nationale Voorschotbank durch die

[1]) Eeuw. S. 834.

Obligationsausgabe. Der Betrieb scheint ganz rentabel zu sein, denn die Bank zahlte in den letzten Jahren durchschnittlich 8 % Dividende. Die deutsche Gesellschaft betreibt ausser dem Darlehensgeschäft auch die Stellung von Kautionen (Statuten § 3), welches Geschäft sie in der letzten Zeit mehr ausgedehnt hat, da es ihr vorteilhafter scheint [1]) als die Darlehensgewährung. Ausser der Nationalen Voorschotbank bestehen nur noch 6 Banken, deren Obligationenumlauf *f* 1 Mill. überschreitet (s. *Tabelle* 66).

Wie drückend auch die Bedingungen sein mögen, zu denen die Vorschussbanken Kredit gewähren [2]), so darf doch nicht übersehen werden, dass diese Banken ungefähr die einzige bankmässige Kreditquelle des gewerblichen und kaufmännischen Mittelstandes bildeten, solange dieser noch keine genossenschaftlichen Kreditinstitute besass. Deren Organisation befindet sich aber, wie wir sahen, eben im Anfangsstadium. Tienhoven weist daher darauf hin, dass ohne das Vorhandensein dieser Vorschussbanken ein grosser Teil ihrer Kundschaft Wucherern in die Hände gefallen wäre.

§ 21. Die Banken für belastete Werte.

Aehnlich wie bei den Schiffshypothekenbanken haben die Niederländer das Recht auf die Priorität hinsichtlich der „Banken für belastete Werte." In beiden Fällen handelt es sich nicht um die Einführung eines absolut neuen Geschäftszweiges, sondern um die Errichtung besonderer Institute, die sich lediglich diesem Geschäftszweige widmen [3]). Die Banken für belastete Werte er-

---

[1]) Bericht 1911 S. 3.

[2]) Tienhoven Eeuw, S. 835.

[3]) Zur Illustrierung für die Propaganda, die die Banken machen lassen, dienen folgende Anzeigen:

Frankfurter Zeitung v. 10. Aug. 13.

Kredite. Kapitalien auf Fideikommisse, gesperrte Erbschaften, Rentenbezüge und ähnliches gewährt

Nationale Bank:
Berlin W. 66 Wilhelmstr. 45.

Erbschaftsbeleihungen, Ausw. Bank mit Emissionsrecht beleiht mit Nutzniessung belastete Erbschaften, Vor- und Nacherbschaften, Fideikommisse. Darlehen von M. 10,000 aufwärts. Keine Vorschüsse. Mässige Zinsen. Vertr., Karl Leopold, Köln, Teutoburgerstr. 8.

---

hielten ihren Namen daher, weil sie Wertpapiere etc., die mit Niessbrauch belastet sind, beleihen. Die erste derartige Bank in Niederland war die 1889 gegründete *Grootboekbank zu Amsterdam*, die Staatsschuldbucheintragungen ankaufte, die mit Niessbrauch oder ähnlichen Verpflichtungen behaftet sind. Die Mittel hierzu verschaffte sie sich durch die Ausgabe von Zertifikaten, die den Wert der erworbenen Eintragungen nicht übersteigen dürfen. Im Jahr 1911 besass die Bank

belastete Eintragungen der $2^1/_2$% Niederländischen Schuld für						ƒ 714,000
freie	„	„ $2^1/_2$%	„	„	„	218,000
belastete	„	„ 3%	„	„	„	730,000
freie	„	„ 3%	„	„	„	32,000
dagegen waren ausgegeben.						
Zertifikate der $2^1/_2$% Schuld						ƒ 858,000
Zertifikate der 3% Schuld						718,000

Die Gesellschaft arbeitet mit einem Kapital von ƒ 1 Mill., das mit 10 % eingezahlt ist und besitzt ausserdem einen Garantiefonds von ƒ 160,000, sowie einen Reservefonds von ƒ 11,700. Der Gewinn war sehr schwankend in den einzelnen Jahren, da die Gewinne der Bank zum Teil auf dem früheren Freiwerden der Eintragungen beruhen, deren Niessbraucher nach der Sterbetafel noch länger zu leben hatten. In den letzten 10 Jahren wurden folgende Dividenden bezahlt: 1902—1911: $10^1/_2$, $12^1/_2$, $12^1/_2$, $2^1/_2$, 5, $2^1/_2$, $6^1/_4$, 7, $9^1/_2$, $6^1/_2$, 5 %. Während die Grootboekbank die Schuldbucheintragungen ankauft, also an die Stelle des zur Zahlung des Niessbrauches Verpflichteten tritt und also auch das Risiko läuft, dass die theoretische Lebensdauer der Niessbraucher mit der tatsächlichen nicht übereinstimmt, haben die neueren Gesell-

---

Frankfurter Zeitung vom 4 Sept. 1913.

Ohne Vorspesen beschaffe ich
Kredit auf Buchforderungen an Gross- und Fabrikgeschäfte
Kredit auf grössere Erbschaften
Kredit auf Werte und Effekten
Kredit auf kurante Warenposten
Kredit auf Lebensversicherung
Kredit auf Fideikommishypotheken
Kredit auf Rentenkonvertierungen
Kredit an höhere Staats- und Stadtbeamte
sowie
Finanzierungen, Beteiligungen, Gründungen, An- und Verkäufe.
Siegfried Epstein.
Kronprinzenstr. 8 Frankfurt a. M.

schaften sich vielfach hauptsächlich auf eine Bevorschussung der belasteten Kapitalien oder unverteilten Erbschaften beschränkt und damit dies Risiko ausgeschaltet. Die älteste unter diesen Banken ist die *Nederlandsche Bankinstelling voor waarden belast met vruchtgebruik en periodieke uitkeeringen* (im folgenden Nederl. Bankinstelling genannt). Sie wurde 1903 im Haag errichtet. Ihre Tätigkeit erstreckt sich auf die Beleihung bezw. den Ankauf von mit Eigentumsbeschränkung behafteten Kapitalien. Zum Betrieb dieses Geschäfts verschafft sie sich die Mittel durch Ausgabe von Obligationen, die sie Pfandbriefe nennt. Wie *Tabelle* 67 zeigt, hat sich das Geschäft sehr schnell entwickelt, da sie in den 9 Jahren ihres Bestehens für fast *f* 17 Mill. Darlehen gewährt hat. Da ihr Kapital nur mit 10 % eingezahlt ist, konnte sie sehr bald hohe Dividenden verteilen und ausserdem einen beträchtlichen Reservefonds ansammeln. Es ist begreiflich, dass die guten Resultate der Bankinstelling zur Nachahmung reizten, daher entstanden

1905 die Algem. Mij. tot beleenen en aankoopen van met vruchtgebruik of periodieke uitkeeringen belaste waarden zu Middelburg,

1909 die Algemeene Bank voor zakelijk onderpand in den Haag, die Nationale Bank voor belaste waarden in Amsterdam,

1910 die Internationale Bank voor zakelijken waarborg in Groningen.

Diese Banken haben in der kürzeren Zeit ihres Bestehens noch keine sehr grosse Ausdehnung genommen, da sie zunächst ihr Geschäft zu organisieren hatten. Sie haben sich nicht auf Niederland beschränkt, sondern auch in anderen Ländern Filialen oder Agenturen errichtet. So war die Algem. Bank vertreten in Berlin, Hamburg, München, Brüssel, Paris, Wien und Budapest, die Nationale Bank in Berlin, Brüssel, Wien und England, die Bankinstelling u. a. in Hamburg und München und die Internationale Bank ebenfalls in Deutschland, da sie von *f* 1,360,800 Darlehen nur *f* 16,500 nach Niederland, nach Deutschland aber *f* 1,276,800 gegeben hatte.

Die Algemeene Bank gibt eine Statistik über die Verteilung ihrer Darlehen auf die verschiedenen Länder; danach entfielen 1912 auf

Niederland	5 Darlehen für	ƒ	66,900
Deutschland	22 Darlehen für		1,404,000
Frankreich	19 Darlehen für		1,702,800
Oesterreich-Ungarn	12 Darlehen für		1,815,800
Belgien	6 Darlehen für		13,900
Total		ƒ	5,003,400

Die letztbesprochenen vier Gesellschaften besassen 1911 in Tausend Gulden

	Darlehen	und hatten Obligationen ausgegeben
Algem. Bank	4,933	5,525
Algem. Mij (1910)	1,911	1,904
Internat. Bank	1,048	1,176
Nationale Bank	1,660	1,835
	9,552	10,440

Nach diesen Beständen zu urteilen, scheint es sich um einen Betrieb zu handeln, der unter den nötigen Vorsichtsmassregeln und entsprechender Versicherung der Gefahren (was bei den Gesellschaften geschieht [1])) wohl und mit Gewinn durchführbar ist. Auf welche Sicherheiten die Darlehen gewährt werden, geht aus nachstehender Aufstellung hervor, die dem Bericht der Nederl. Bankinstelling für 1912 entnommen ist. Danach betrugen (in Tausend Gulden)

---

[1]) Ueber die Versicherungen führt der Bericht 1912 (S. 6) der Internationalen Bank voor zakelijken Waarborg in Groningen folgendes an:

a. Feuerversicherung.
Die Unterpfänder, für die Feuersgefahr in Betracht kommt, sind versichert und im Fall eines Brandes wird dafür gesorgt, dass die Versicherungssumme im Interesse der Bank verwandt wird.

b. Lebensversicherung.
Bei Unterpfändern, deren Wert vom Leben des Kreditnehmers abhängig ist, wird das daraus fliessende Risiko durch eine unanfechtbare Lebensversicherungspolice gesichert.

c. Risikoversicherung.
Besondere Versicherungen decken den event. Schaden aus Untreue oder schlechter Verwaltung Dritter, die die Pfänder im Besitz haben, und aus falschen Angaben des Kreditnehmers.
Ausserdem hat die Bank auf Grund eines Vertrags mit einer Risikogesellschaft das Recht, 75 % des Schadens aller unvorhergesehenen Risiken zu decken. Diese Versicherung bezieht sich auf 10 Darlehen der Abteilung A (grosse) und aller Darlehen der Abt. B (kleine) Darlehen.

Zahl	Art der Sicherheit	Wert des gesamten Besitztums	Barwert	Betrag des Darlehens
137	unverteilte Hinterlassenschaften u Erbschaften ..	32,540	20,348	7,499
90	Staatsschuldbucheintragungen	638	376	264
52	Effekten	3,211	1,420	582
22	Immobilien	23,384	13,649	2,902
17	hypothekare Forderungen.	647	545	317
		60,420	36,338	11,564

Die Darlehen betragen auf	vom Barwert	vom gesamten Besitztum
unverteilte Hinterlassenschaften und Erbschaften	36,85%	23,05%
Staatsschuldbucheintragungen	70,08	41,32
Immobilien	21,26	12,41
Effekten	40,96	18,11
Hypothekare Forderungen	58,26	49,07
im Durchschnitt	31,82%	19,14%

Die Sicherheit der Darlehen dürfte im wesentlichen von der juristischen Genauigkeit abhängen, die bei Abfassung der Verträge angewandt worden ist. Da der Geschäftskreis der meisten Banken sich, wie wir sahen, über verschiedene Länder erstreckt, in denen die Rechtsgrundlagen sehr verschieden sind, wird die Wahl der entsprechenden ausländischen Rechtssachverständigen ganz besonders vorsichtig erfolgen müssen.

Im allgemeinen handelt es sich bei den Geschäften der Banken für belastete Werte um grössere Summen. So beliefen sich von den Darlehen der Algemeenen Bank voor zakelijk onderpand eines auf *f* 400,000, eines auf *f* 300,000—400,000, 6 auf *f* 200,000—300,000, 4 auf *f* 150,000—200,000 und 8 auf *f* 100,000 bis 150,000. Diese 18 Darlehen machten $^3/_4$ der Darlehenssumme aus. Die Kosten eines solchen Darlehens sind entsprechend dem Risiko der Bank ziemlich beträchtlich. Bei der Nederl. Bankinstelling betragen sie (nach den auf der Rückseite der Anträge abgedruckten Bedingungen):

Abschlussprovision von 3—4 % vom Bruttobetrage des Darlehens, Vergütung für kleine Unkosten 2‰.

Zinsen 5—6 % und jährliche Risikoprämie $^1/_4$ %. — Die Abschlussprovision dürfte zum grossen Teil dem Agenten zufallen, da eine andere Bank ausdrücklich erklärt, dass an den Agenten keine Vergütung zu zahlen ist (Alg. Bank. Beding unger S. 3).

Einer der regelmässig in deutschen Zeitungen inserierenden Darlehensvermittler gab mir für seine Bank folgende Bedingungen an, wobei er allerdings nicht sagte, dass es sich um eine holländische Bank handelte:

> „Meine Bank gewährt langfristige Darlehen auf sog. gesperrte Erbschaften (Niessbrauch) für die Dauer von 5, 10, 15 Jahren, je nachdem. Die niedrigste Darlehenssumme ist 8000 M. Die Bedingungen sind kulant und reell, Zinsen jetzt ca. $6^1/_2$—7 % p.a.. Meine Vermittlerprovision beträgt 5 % der Darlehenssumme, zahlbar bei Empfang des Darlehenskapitals. Wenn Sie z. B. M. 30,000 Darlehen erhalten, so haben Sie mir davon M. 1500 Provision zu zahlen. Kommt aber das Geschäft nicht zustande, so haben Sie nichts zu vergüten."

KAPITEL V

§ 22. Die niederländische Volkswirtschaft und die Kreditorganisation.

Nachdem im Lauf der Darstellung verschiedentlich darauf hingewiesen worden ist, dass bestimmte Bankarten dem Kreditbedürfnis bestimmter Bevölkerungsgruppen ihre Entstehung verdanken, soll jetzt versucht werden, vom Standpunkt der Volkswirtschaft aus die Beziehungen zwischen den einzelnen wirtschaftlichen Gruppen und den verschiedenen Bankarten zu betrachten.

Einmal soll festgestellt werden, auf welche Kreditquellen die einzelnen Gewerbegruppen sich stützen, und sodann sollen die Dienste des Bankwesens besprochen werden, die unabhängig vom Beruf und Betrieb des Einzelnen sind.

Für die *Industrie und den Handel* Niederlands ist die karakterische Betriebsgrösse, mit Ausnahme einiger Industriezweige, der Mittelbetrieb. Für ihn und den Grossbetrieb kommen bei der Befriedigung des Betriebskredites in erster Linie die Grossbanken und ihre Konzerne, sowie die grossen Bankiers, wie z. B. R. Mees & Zoonen in Rotterdam in Betracht. Zahlenmässige Angaben über die einzelnen Kredite, ihre Grösse und ihre Verteilung auf die verschiedenen Branchen können aus naheliegenden Gründen nicht gemacht werden. Zufällig liessen sich bei einigen Aktiengesellschaften die Bankschulden mit Angabe der Bank feststellen. So schuldete die Werft „de Schelde" in Vlissingen am 31 Dez. 1909 *f* 235.000 an die Rotterdamsche Bank [1]), die Tabakhandelsvereeniging v. C. Enthoven & Co. 1910 *f* 48,083 und die Mij. Amsterdamsch Goederenvervoer 1910 *f* 51,630 an die Incassobank. Ausser den erwähnten Banken sind die grösseren Kreditvereine für diese Kreise der Geschäftswelt als Kreditquellen zu erwähnen. Bei ihnen lässt sich meistens die Durchschnittsgrösse der bewilligten Kredite errechnen. Sie belief sich bei der

---

[1]) v. Nierops N. .V 1910 S. 569.

	Credietver. Amsterdam	Credietver. d. Twentsche B.V.	Geldersche Credietver.	Onderling Crediet Rotterdam
1902	*f* 9.540			
1907	9.990	*f* 32.400		
1908	10,000	33.400		*f* 9,040
1909	10,070	34.200		8,870
1910	10,280	34.600	*f* 7.900	10,350
1911	10,470	37.000	8,400	11,100
1912	11,000	39.300	8,600	

Wie aus *Tabelle* 43 hervorgeht, werden diese Kredite aber nur teilweise benutzt. Besonders bei dem Kreditverein der Twentschen Bankvereeniging muss es sich um teilweise sehr erhebliche Kredite handeln, da die wirklich benutzten Kredite sich durchschnittlich auf etwa *f* 20,000 belaufen. Der Durchschnittsbetrag der Kredite zeigt bei allen vier Gesellschaften im Lauf der Jahre eine Steigerung. Durch diesen allmählichen Uebergang zu grösseren Krediten werden die Kreditvereine ihrer ursprünglichen Aufgabe, dem kleineren Mittelstand zu dienen, immer mehr untreu. Dies zeigt sich noch deutlicher in den Angaben der Kreditvereeniging Amsterdam, auf S. 174 aus denen hervorgeht, dass der Durchschnittskredit an Industrielle ca. *f* 32,000 beträgt. Schliesslich kommt auch die Notenbank als direkte Kreditquelle in Betracht. Zwar bestehen keine Angaben über die Art ihrer Kunden, aber sie sagt gelegentlich eines Rückblickes in ihrem Bericht 1888/9 S. 3;

> „Mit einem Wort, unser Institut ist von einer lokalen Bank zu einer Bank des niederländischen Volkes geworden und sie wurde es nicht nur für die Angesehenen, sondern auch für den Mittelstand."

Bei der Besprechung des Anlagekredits ist zu scheiden zwischen Aktiengesellschaften und Privatfirmen. Die ersteren verschaffen sich ihr Anlagekapital ausser durch Aktienemission, häufig durch Ausgabe von Obligationen. *Tabelle* 68, die durchaus keinen Anspruch auf Vollständigkeit macht, giebt nach v. Nierops Naamlooze Vennootschappen eine Zusammenstellung des Obligationenumlaufs der niederländischen Aktiengesellschaften im Jahr 1909/10, soweit es sich um Gesellschaften handelt, die keine Bankgeschäfte betreiben. Die Tabelle zeigt zunächst den grossen Anteil der Eisenbahn- und Kleinbahngesellschaften, der sich daraus erklärt, dass die niederländischen Eisenbahnen nur zum Teil vom Staat erbaut sind, der sie an zwei grosse Eisenbahnbetriebsgesellschaften verpachtet hat. Im übrigen weisen die verschiedenen Gruppen sehr von einander abweichende Verzinsungen und Darlehensgrössen auf. Abgesehen von den Eisenbahngesellschaften zahlen die übrigen Gesellschaften ungefähr $4^1/_2$ % an Zinsen, einige besonders risikofreie oder gutfundierte Gruppen, wie Wasserleitungs-, Lagerhaus- und grosse Schiffahrtsgesellschaften kommen mit 4 % aus. Hinsichtlich der Bergwerke mag bemerkt sein, dass die besonders hohe Verzinsung der Obligationen sich daraus erklärt, dass es sich um exotische Bergwerke handelt [1]).

Soweit der Anlagekapitalbedarf der erwähnten Gesellschaften nicht durch die Obligationenausgabe gedeckt wird, sind sie, wie auch die anderen Privatunternehmen auf die Hypothekenbanken und privaten Hypothekengeber angewiesen, von denen die Hypothekenbanken Betriebsgebäude als Unterpfand nicht sehr schätzen, da bei einer event. Uebernahme die Verwendung Schwierigkeiten machen kann. Wie mir wiederholt von Fachleuten versichert wurde, ist es für kleinere Unternehmen gegenwärtig beinahe unmöglich, sich Anlagekredit zu verschaffen. Dies scheint mit eine der Ursachen zu sein, dass in den letzten Jahren die Umwandlung van Privatunternehmen in Aktiengesellschaften so ausserordentlich häufig war, wie wiederholt gezeigt wurde. Die kleineren Unternehmen sind daher vielfach

[1]) Wenn wir die Obligationen der verschiedenen Bankgesellschaften zu obiger Summe hinzuzählen, dann ergiebt sich ein Obligationenumlauf von ca. ƒ 1,200,000,000, dessen Verzinsung sich wie folgt gliedert (s. auch Frankfurter Zeitung vom 31.8.13)

Verteilung nach dem Zinsfuss:

$2^1/_2$ %	ƒ 12,966,000	=	1,2 %
3 %	52.584,000	=	4,8 %
$3^1/_2$ %	195.504,000	=	17,5 %
4 %	560,628,000	=	50,0 %
$4^1/_4$ %	4,727,000	=	0,4 %
$4^1/_2$ %	182,615,000	=	16,3 %
$4^3/_4$ %	6,000	=	0,0 %
5 %	99,953,000	=	8,9 %
$5^1/_2$ %	170,000	=	0,0 %
6 %	5,961,000	=	0,6 %
7 %	2,910,000	=	0,3 %
	1,118,021,000	=	100,- %
ohne Angabe der Verzins.	66,393,000		

Total ƒ 1,184,414,000.— durchschnittliche Verzinsung. 4.036 %

darauf angewiesen, sich ihren Anlagekredit durch die Aufnahme meist teurer kurzfristiger Kredite zu verschaffen und diese Kredite dann jahrelang zu prolongieren. Ihren Betriebskredit finden diese Unternehmen ausser bei den kleineren allgemeinen Banken und Kreditvereinen neuerdings auch bei den Mittelstandsbanken und schliesslich bei den Vorschussbanken [1]). Zu der erwähnten Kategorie gehören im wesentlichen die Ladenbesitzer und die Handwerker, die in Deutschland ihren Kredit durch die Genossenschaften decken. Vorläufig erfüllen die Genossenschaftsbanken (Mittelstandsbanken) in Niederland diese Aufgabe erst in geringem Masse, da ihnen noch die dazu nötigen Mittel fehlen und da ihre Organisation noch nicht ausgebaut ist. Immerhin besitzen 14 Mittelstandsbanken bereits eine Zentralkasse, die ihren Geldverkehr zu regeln bestimmt ist. Wie sich die Organisation weiter gestalten wird, ob nach Art der landwirtschaftlichen Genossenschaftsorganisation mehrere Zentralkassen entstehen werden oder ob die einzelnen Zentralkassen auf anderem Wege, etwa über eine Grossbank, Anschluss an den allgemeinen Geldmarkt finden werden, steht noch dahin.

Die niederländische Landwirtschaft kennt im allgemeinen nur Mittel- und Kleinbetriebe. Ausserdem ist für alle Betriebe der Umstand von Bedeutung, dass ein erheblicher Teil der Betriebe von Pächtern bewirtschaftet wird. Für diese kommt der Anlagekredit fast nicht in Frage. In den Gegenden überwiegender Eigenbewirtschaftung, wie Groningen, wird das Anlagekreditbedürfnis zum grossen Teil durch die lokalen Sparkassen oder durck Privatleute (vielfach durch Vermittlung des Notars) gedeckt, da die Hypothekenbanken im allgemeinen zu teuer sind. Beim Betriebskredit ist zwischen den Mittel- und den Kleinbetrieben zu trennen. Die ersteren bedienen sich vielfach der Kreditvereine, wie aus den Mitteilungen von zwei der grössten Kreditvereine hervorgeht. Da der Durchschnittskredit der Crediet-vereeniging Amsterdam für Landwirte etwa *f* 4000 beträgt, kommen diese Institute nur für die grösseren Betriebe in Betracht. Sie haben allerdings deshalb auch vorläufig noch nicht unter der Konkurrenz der Boerenleenbanken zu leiden, da die

[1]) Die Vorschussbanken dienen vielfach dem Anlage- *und* dem Betriebskredit, da sie ausser den langfristigen (10 jährigen) Darlehen häufig auch kurzfristige Darlehen gewähren.

meisten von diesen noch nicht kapitalkräftig genug sind, um die notwendigen grossen Kredite zu gewähren. Unter den Kreditvereinen befindet sich ein Institut, das speziell für Landwirte bestimmt ist, die *Landbouwbank* in Utrecht, die aber trotz ihrer erheblichen Vertreterorganisation noch keine Bedeutung erlangt hat. Ausser den Kreditvereinen kommen die allgemeinen Banken für diese Schichten der landwirtschaftlichen Bevölkerung in Anmerkung. Einzelne Gesellschaften haben sich den landwirtschaftlichen Betriebskredit zum Spezialbetrieb erkoren, ohne allerdings andere Berufe von ihrer Kundschaft auszuschliessen. Einige der wichtigeren seien hier zusammengestellt.

Die gewährten Kredite betrugen (in Tausend Gulden) bei

	1909	1910
Noordhollandsch Landbouwcrediet Alkmaar	5,296	5,948
Geldersche Landbouwbank Tiel	1,378	1,731
Handels en Landbouwbank Gorinchem	851	914
Beemster Bank Middenbeemster	229	256
Algem. Bankvereeniging den Haag	201	207
	7,955	9,056

Für die übrigen Landwirte sind die Boerenleenbanken die Hauptkreditquelle. Wie im entsprechenden Kapitel gezeigt wurde, haben diese Genossenschaften sich in noch nicht 20 Jahren über das ganze Land ausgedehnt und erhebliche Kredite gewährt. Die Organisation der Kreditgenossenschaften, neben der ein ebenfalls sehr schneller Ausbau der übrigen landwirtschaftlichen Genossenschaftsarten herging, ist ein glänzendes Zeichen für die Anwendbarkeit der Selbsthilfe auch im niederländischen Mittelstand [1]). Wie erwähnt, haben diese Vorgänge ihre Wirkung auf den übrigen niederländischen Mittelstand auch nicht verfehlt, denn der gewerbliche und kaufmännische Mittelstand ist augenblicklich damit beschäftigt die Selbsthilfe auf dem Gebiet des Kreditwesens ebenfalls anzuwenden. Die Boerenleenbanken haben im wesentlichen den Händler und den Notar abgelöst, die beide früher für die Gewährung von Betriebskredit auf dem Lande von grosser Bedeutung waren.

Für das in Niederland besonders ausgedehnte Effektengeschäft

[1]) Die Beteiligung des niederländischen Staates erstreckte sich bis jezt lediglich darauf, den einzelnen Genossenschaften Beihilfen zu den Gründungskosten zu gewähren.

ist die Tätigkeit der niederländischen Bankwelt zum überwiegenden Teile von grosser Bedeutung. Dies ist im Lauf der Arbeit wiederholt dargestellt worden, sodass eine Wiederholung überflüssig ist. Durch die Börse, wenn man das Effektengeschäft in seinem Brennpunkt erfassen will, empfängt das niederländische Bankwesen seine besondere Note, daher sagt v. Tienhoven sehr bezeichnend, dass „auch in Niederland drei Faktoren das Bankwesen beherrschen: Börse, Handel, Industrie" [1]). Während aber in den umliegenden Ländern die Reihenfolge: Industrie, Handel, Börse sei, liege es in Niederland umgekehrt.

Die allgemeinen Banken stehen gewöhnlich in ziemlich nahen Beziehungen zur Börse, sei es durch ihr Effektenkommissionsgeschäft, sei es durch ihre Emissionen oder als Geldgeber bezw. -nehmer. Auch die anderen Banken, denen teilweise das Effektengeschäft verboten ist, haben doch auch insofern Fühlung mit der Börse, als sie einen Teil ihrer Kassenbestände in Prolongationen anzulegen pflegen, auf welche Frage später noch einzugehen sein wird. Hier genüge nochmals festzustellen, was sich im Lauf der Arbeit immer wieder gezeigt hat, dass die Verbindung mit der Börse für die meisten niederländischen Banken etwas Selbstverständliches ist. Selbst die Nederlandsche Bank hat sich dem nicht ganz entziehen können, denn, wenn sie auch Wechsel als Deckung für ihre Noten vorzieht, so musste sie doch, aus Mangel an geeignetem Wechselmaterial, einen grossen Teil der Notendeckung in Lombards anlegen. Wenngleich sie auch dafür sorgt, dass die Lombarddarlehen nur gegen sog. Anlagewerte gewährt werden, so kann sie doch nicht verhindern, dass mit den so erlangten Mitteln Spekulationen durchgeführt werden. Besonders die letzten Jahre zeigen (s. *Tabelle* 27) einen ganz besonders hohen Lombardbestand bei der Nederlandschen Bank [2]).

Zum Schluss seien noch die öffentlichen Körperschaften betrachtet. Der Staat kann für seine kurzfristigen Kredite sich verschiedener Wege bedienen. Gegenwärtig ist der billigste und daher auch am häuftigsten benutzte die Inanspruchnahme des unverzinslichen Kredites von *f* 15 Mill. bei der Nederlandsche

---

[1]) Eeuw S. 832.

[2]) Die Nederl. Bank behandelt die Frage des Zusammenhanges zwischen ihren Effektenbeleihungen und der Förderung der Spekulation selbst verschiedentlich in ihren Geschäftsberichten; So z. B. 1864/5. 1909/10. Siehe hierüber den Aufsatze in „Nieuwe Financier en Kapitalist" v. 22. Dez. 1911.

Bank. Ausserdem aber kann der Staat gegen Diskontierung von Schatzwechseln entweder bei der Nederlandsche Bank oder am offenen Markte weitere Mittel aufnehmen und schliesslich steht ihm die Postparkasse zur Verfügung (s. Seite 140). Seinen langfristigen Kredit dagegen deckt der Staat durch die Ausgabe von Anleihen. In ähnlicher Weise geschieht auch seitens der Kommunen und Kreise die Befriedigung des Kreditbedarfes. Nur kommen bei diesen einige Gelegenheiten hinzu. Ausser der Postsparkasse und den allgemeinen Banken und Bankiers dient den Gemeinden als Quelle für kurz- und langfristigen Kredit auch die Mij. v. Gemeentecrediet, wobei allerdings darauf hingewiesen sei, dass dies Institut jetzt hauptsächlich für kleinere Gemeinden in Betracht kommt, da die grösseren entweder mit der Postsparkasse arbeiten oder Anleihen ausgeben. Einige Gemeinden nehmen ausserdem bei der Nederlandsche Bank oder bei anderen Banken zeitweilig kurzfristige Vorschüsse auf.

Einige Gruppen der niederländischen Banken kommen für die Befriedigung des Kreditbedarfs der niederländischen Volkswirtschaft nicht oder nur in geringem Masse in Betracht, dies sind einmal die Auslandhypothekenbanken, die ihre Kapitalien grundsätzlich im Ausland anlegen, sodann die Kolonial- und die Auslandbanken, deren Arbeitsfeld ebenfalls ausserhalb Niederlands liegt und die im allgemeinen nur solche Geschäfte in Niederland erledigen, die man als Hilfsfunktionen für ihren Betrieb bezeichnen könnte. (Hierbei sind allerdings einige wichtige Ausnahmen zu machen z. B. Nederlandsche Handel Mij). Die Schiffshypothekenbanken und die Banken für belastete Werte beschränken sich ebenfalls nicht auf Niederland. Einige von den letzteren haben sogar ihr Hauptgeschäft im Ausland und verschaffen sich in Niederland eigentlich nur Betriebsmittel durch Aktien- und Obligationenausgabe.

Die starke Kapitalausfuhr besonders in den letzten Jahren ist im Zusammenhang mit dem Effektengeschäft nicht ohne Einfluss auf einige Gebiete des inländischen Kreditmarktes geblieben, wie wir bei Besprechung des Hypothekarkredites gesehen haben.

§ 23. Einige Probleme des gegenwärtigen niederländischen Bankwesens.

Hier sollen noch kurz einige der wichtigeren Probleme des gegenwärtigen niederländischen Bankwesens betrachtet werden, die teilweise schon im Lauf der Darstellung gestreift wurden.

a. Die Notenbankfrage.

Da die Frage der Bedeutung der Nederlandsche Bank für die gesamte niederländische Kreditorganisation bereits ausführlich behandelt wurde, genügt es, das Problem hier nur nochmals zu präzisieren. Die Nederlandsche Bank besitzt zweifellos heute nicht mehr den Einfluss wie vor einer Reihe von Jahren. Dies gestehen die niederländischen Schriftsteller auch zu [1]). Ueber die Mittel jedoch, diesen Rückgang aufzuhalten, herrscht keine Einigkeit. Boissevain will u. A. eventuell die Diskontierung zum Privatsatz, ähnlich wie früher bei der Reichsbank, eingeführt wissen.[2]) Bos steht auf dem Standpunkt, dass die Interessen der Allgemeinheit besser gewahrt bleiben bei einer Staatsbank [3]). Einen anderen Weg sucht die Bankleitung selbst, indem sie versucht, die Notenbank gleichzeitig zu einer Girobank zu machen. Gegen diese Ausdehnung des Geschäftsbetriebes wendet sich Boissevain mit dem Einwande, dass die Bankfreiheit, die man bereits zu Gunsten der Notenausgabe hätte einschränken müssen, nicht durch eine weitere Ausbreitung der Funktionen der Notenbank noch mehr durchbrochen werden dürfe.[4]) Seine Motivierung dieser Forderung ist durchaus unhistorisch. Sie berücksichtigt nicht, dass mit einer Aenderung der Zeitumstände auch die anzuwendenden Mittel sich ändern und dass „Freiheit" auf dem Gebiet von Handel und Kreditwesen durchaus nichts Absolutes ist. Ausserdem kommt hinzu, dass Boissevain, als ehemaliger Bankier, die Frage vielleicht ein wenig zu sehr vom Standpunkt der in einer gewissen Stellung gegen die Notenbank befindlichen anderen Banken betrachtet und eine „unehrliche Konkurrenz" gegen die anderen Banken darin sieht, wenn die Notenbank etwa provisionsfreie Kontokorrentkonten eröffnete. Es kommt hier noch der

---

[1]) D. Bos. Prae-adviez. S. 298, Boissevain Prae-Adv. S. 215, Eeuw. S. 812.
[2]) Prae-Adviez S. 214/5.
[3]) Prae-Adviez S. 298 f.
[4]) Prae-Adviez S. 210 ff.

alte Standpunkt des Manchesterliberalen zum Ausdruck, der in der privilegierten Notenbank, trotz aller Einsicht in ihre Vorteile für die Volkswirtschaft, „eigentlich" doch einen Eingriff in die göttliche Freiheit des Einzelnen sieht [1]). Bis jetzt ist ein Erfolg der Arbeiten der Notenbank in der Richtung der Ausdehnung des Giro- und Abrechnungverkehrs noch nicht zu konstatieren. Es bleibt abzuwarten, ob es sich bei den bisher unternommenen Versuchen um Versuche mit untauglichen Mitteln gehandelt hat oder ob tatsächlich so starke Hemmungen im Wesen des Niederländers vorhanden sind, dass die Einrichtung sich nicht durchführen lässt, oder ob schliesslich die niederländische „Bedachtsamkeit" [2]) erst überwunden werden muss, die S. Vissering bereits meinte, als er 1863 sagte, dass „der Amsterdamsche Kaufmann im Grossen und Ganzen nicht sehr erbaut ist von Neuerungen, die seine alten Gewohnheiten zu zerstören drohen" [3]). Vielleicht geht es mit dem Giroverkehr ähnlich wie mit der Nederlandsche Bank, die auch zunächst mit Misstrauen begrüsst und wenig benutzt, schliesslich doch ihren Platz errungen hat. Dies würde einem von Blink [4]) angeführten Charakterzug der Friesen entsprechen: „Er gibt sich nicht sofort und öffnet dem Fremden nicht schnell seine Freundschaft, doch ist er gewonnen, dann bleibt er, was er ist."

b. Die Mittelstandsbanken.

Ueber die Mittelstandsbanken wurde schon gesprochen. Bei ihnen handelt es sich nicht mehr darum, ob sie auch in Niederland einführbar sind, diese Frage scheint entschieden zu sein, sondern in erster Linie um Fragen der Organisation: ihre Eingliederung in das gesamte Kreditsystem, die Verbindung der einzelnen Banken mit einander und die Beziehungen zum allgemeinen Geldmarkt. Bisher liegen Versuche und Bestrebungen nach verschiedenen Richtungen vor. Einige Mittelstandsbanken haben in Groningen eine Zentralkasse errichtet. Die Bank des Amsterdamer Ladenbesitzervereins steht in Beziehung zu einer Gross-

[1]) Bei den Ausführungen von Boissevain und Bos ist zu berücksichtigen, dass ihre Vorschläge sich in einer politischen, also nicht rein wissenschaftlichen Abhandlung befinden.

[2]) Blink Eeuw. S. 72.

[3]) De Nederlandsche Bank gedurende haar 50-jarig bestaan, in de Gids 1863 II S. 196 ff.

[4]) Eeuw. S. 72.

bank (der Incassobank). Andere Pläne versuchen die Nederlandsche Bank und die Postsparkasse den Zwecken der Mittelstandsbanken dienstbar zu machen. Es erscheint zweifelhaft, ob diese Vielheit von Mitteln der ganzen Strömung nicht einen Teil ihrer Stosskraft rauben wird. Die Erfahrungen, die in Deutschland mit dem gewerblichen Genossenschaftswesen gemacht wurden [1]), können den Leitern des niederländischen gewerblichen Genossenschaftswesens in vielen Fällen als ein Leitfaden dienen, sowohl in Bezug darauf, „wie man es machen soll, als auch wie man es nicht machen soll."

c. Die Hypothekenbankfrage.

Die Frage, wie der Stockung des Pfandbriefabsatzes bei den Inlandhypothekenbanken abzuhelfen sei, hat in der Presse eine ganze Anzahl von Federn in Bewegung gesetzt, da diese Frage viel weniger „akademisch" ist, als etwa die Notenbankfrage. Eine genaue Untersuchung ist allerdings noch nicht angestellt worden, sodass hier auch nur die Frage gestellt, aber nicht beantwortet werden kann. Die Auslandhypothekenbanken pflegten bereits seit ihrer Gründung die von ihnen emittierten Pfandbriefe mit einem etwa $^1/_2$ % höheren Zinsfuss als die Inlandhypothekenbanken auszustatten, was auch durchaus dem grösseren Risiko dieser Papiere entspricht. In den letzten Jahren nun (die Schuld darf dabei nicht lediglich auf die Zusammenbrüche der Jahre 1905/06 geschoben werden) stockt der Pfandbriefabsatz beträchtlich, besonders wenn man frühere Jahre zum Vergleich heranzieht. In dieser Verlegenheit halfen sich die Auslandhypothekenbanken, bei denen eine grosse Marge zwischen empfangenen und bezahlten Zinsen dies zulässt, durch den Uebergang zu einer höheren Zinsklasse (von 4—4$^1/_2$ % gingen sie auf 4$^1/_2$ bis 5 %). Die Inlandhypothekenbanken konnten ihnen dabei nicht oder doch nicht ohne weiteres folgen, denn ihre Zinsmarge beträgt nur ca. $^1/_2$ %. Da die Spannung zwischen der Pfandbriefverzinsung der Inland- und Auslandhypothekenbanken auf die Weise noch grösser wurde, verschlechterte sich die Lage des Marktes für inländische Pfandbriefe noch mehr. So gingen endlich einige Inlandhypothekenbanken ebenfalls zur Erhöhung der Pfandbrief-

---

[1]) Sie finden sich jetzt im wesentlichen im Buche von H. Schönitz über den kleingewerblichen Kredit in Deutschland (Karlsruhe 1912) niedergelegt.

zinssätze und zu anderen Mitteln der Absatzförderung über, wie sie besprochen wurden (s. S. 213).

Nun müsste untersucht werden, ob es sich bei der Erhöhung des Pfandbriefzinssatzes um eine vorübergehende Erscheinung handelt, die sich aus der Lage dieses Spezialmarktes erklärt, oder ob der Zinssatz im allgemeinen gestiegen ist und dadurch mit allen anderen festverzinslichen Papieren auch der Kurs der Hypothekenpfandbriefe gesunken ist. Diese Untersuchung wird dadurch erschwert, dass die Jahre seit 1907 aus den verschiedensten Ursachen einen sehr unruhigen wirtschaftlichen Charakter tragen Da ähnliche Erscheinungen wie in Niederland sich auch in den anderen Ländern gezeigt haben (Sinken des Kurses der Staatsanleihen [1])), ist ein hoher Grad von Wahrscheinlichkeit vorhanden, dass es sich hier um eine allgemeine Entwicklung handelt, die sich auf alle europäischen Geldmärkte mehr oder minder stark erstreckt.

d. *Die Grossbankenfrage.*

Ein Problem bleibt nun noch zu untersuchen, nämlich die Frage der Bankenkonzentration. Zwar bestehen, wie wir sahen, einige Institute, die wir als Grossbanken bezeichnen können, da sie sowohl hinsichtlich ihres Kapitals als auch ihres Einflusses auf andere Banken und auf den Geldmarkt aus der Menge der übrigen Banken hervorragen; sie betreiben zwar grundsätzlich alle Geschäfte, haben unter ihnen jedoch meist eines, das ihnen ihre besondere Charakteristik verleiht [2]). Auffallend ist bei ihnen allen, dass die fremden Gelder eine im Vergleich mit ausländischen Banken viel geringere Ausdehnung erfahren haben. Dies ist auch wohl der Kardinalpunkt, warum diese Grossbanken eine so verhältnismässig geringe Bedeutung auf dem internationalen Geldmarkt besitzen. Ihnen fehlt die Verfügung über grosse Kapitalmassen, die in anderen Ländern bei den Grossbanken aufgehäuft sind (s. England, Frankreich Deutschland, aber andererseits auch Schwe-

[1]) Nach den Jaarcijfers (1911 S. 282) sind die $2^{1}/_{2}$ % Certifikate der Nederl. Werkelijke Schuld von 1902 ab stark im Kurse gesunken.

Sie standen	1902	1904	1907	1909	1910	1912
höchstens	$85^{1}/_{4}$	$80^{5}/_{8}$	78	80	$77^{1}/_{4}$	$70^{7}/_{16}$
niedrigstens	$80^{3}/_{4}$	$77^{7}/_{8}$	$72^{1}/_{2}$	$75^{5}/_{8}$	$72^{3}/_{8}$	$65^{1}/_{4}$

[2]) Die Amsterdamsche Bank könnte man cum granu salis als Diamantbank bezeichnen, die Rotterdamsche als Handelsbank etc.

den und Schweiz). Vergleichen wir zur Illustration die beiden grössten Schweizer Banken mit den grössten niederländischen Banken, so ergiebt sich folgendes: Im Jahr 1911 besassen

(in Millionen Gulden) (1 fr. = 48 cts. gerechnet).	Kapital	Reserven	Depositen	Bilanzsumme
Schweiz. Bankverein	36,0	11,7	88,1	257,8
Schweiz. Kreditanstalt....	31,2	9,6	74,1	210,7
	67,2	21,3	162,2	468,5
Nederl. Handel Mij	45	7,1	39,7	154,6
Twentsche Bankver.	15,7	5,6	24,4	112,9
Rotterdamsche Bankver...	14	3,3	6,7	63,6
Amsterdamsche Bank ...	10	5,1	12,8	62,6
Labouchere Oyens & Co. .	6	0,6	?	28,5
Incassobank.............	8	1,2	5,4	21,5
	98,7	22,9	89,0	453,7

Diese „Depositenarmut" der niederländischen Banken [1]) ist eine so merkwürdige Erscheinung, dass es sich wohl verlohnt, ihr etwas mehr nachzugehen. In dem seit Jahrhunderten so reichen Niederland müssten stets grosse Beträge mobilen Kapitales vorhanden sein, die bei den Banken untergebracht sind, so möchte man annehmen, ehe man sich mit dem niederländischen Bankwesen näher beschäftigt hat. Wie gezeigt, ist dies aber durchaus nicht der Fall. Da der Reichtum Niederlands jedoch notorisch ist, ein Irrtum in dieser Richtung also nicht vorliegen kann, muss das flüssige Kapital in Niederland einen anderen Weg nehmen als zu den Banken. — Was das *Vermögen der Privatpersonen* in Niederland betrifft. so hat G. M. Boissevain es für die Zeit von 1888 bis 1890 zu errechnen versucht [2]). Seine Berechnungen stützen sich auf die Zahlen der Nachlassteuerstatistik. Das Resultat der Berechnung ist auf Seite 271 abgedruckt.

Da hiernach das niederländische Volksvermögen zu ca. einen Viertel aus ausländischen Effekten besteht, müssen durch Verkäufe

[1]) Wobei — wie im folgenden überhaupt — das Wort „Depositen" durchaus nicht in dem vielfach sehr engen Sinne gefasst werden soll. Unter Depositen werden die von den Banken selbst so bezeichneten Gelder verstanden.

[2]) De Economist 1891 S. 643 ff. Zur Frage des Vermögens der Privatpersonen vergleiche auch: W. A. Bonger, Vermogen en inkomen in Nederland in „de nieuwe Tijd", Jg. 20. S. 226 ff. u 369 ff.

DAS VERMÖGEN DER PRIVAT-PERSONEN (IN MILLIONEN GULDEN) nach Boissevain (de Economist 1891 S. 654).

Immobilien		4,160,0 = 34,96 %
Zinstragende Forderungen		1,862,4 = 15,65 %
Inländische Staatsanleihen	563,0 = 4,73 %	
Inl. Provinzial- und Kommunalanleihen	160,0 = 1,34 %	
Inl. andere Effekten	709,5 = 5,96 %	
		1,432,5 = 12,03 %
Ausländische Effekten		2,770,2 = 23,27 %
andere Mobilien		1,676,2 = 14,09 %
Totaler Aktivbestand		11,902,0 = 100 %
abzüglich Passiva		1,202,0
bleibt Reinvermögen		10,700,0

und Zins- sowie Dividendeneingänge periodisch grosse Beträge freikommen, die bis zur Wiederanlegung irgendwo untergebracht werden. Diese zeitweise Anlage flüssiger Mittel, sei es nun der aus dem Effektengeschäft freigekommenen Gelder oder der Betriebsreserven von Handel, Industrie und Landwirtschaft, findet in Niederland überwiegend durch die Anlage in Prolongationen statt. Dadurch entgehen diese Summen den Banken zum grossen Teil, indem sie durch Vermittlung der Effektenkommissionäre bezw. der Banken ihren Weg zur Börse finden. Soweit die Banken diese Anlage besorgen [1]), sind sie in der Verfügung über die Summen nicht frei und verdienen an ihnen nur eine Provision. Eine wie verbreitete Gewohnheit [2]) die Anlage in Prolongationen ist, zeigt folgende Zusammenstellung, die nach v. Nierops Naamlooze Vennootschappen gemacht wurde. Danach hatten in Prolongationen angelegt (in Tausend Gulden):

[1]) Dass dies geschieht, geht aus den in den meisten Bankbilanzen wiederkehrenden Angaben: „für Dritte in Prolongationen angelegt" hervor.

Für Dritte in Prolongationen angelegt in Tausend Gulden:

	1910	1912
Twentsche Bankvereeniging	7,971	9,043
Labouchere Oyens & Co.	6,643	10,305
Amsterdamsche Bank	8,897	7,134
Rotterdamsche Bankvereeniging	1,909	3,838
Incassobank	4,159	4,691
	29,579	35,011

[2]) Vgl. auch de Economist 1907 S. 508.

	1909 Gesellschaften	1909 Betrag	1910 Gesellschaften	1910 Betrag
Hypothekenbanken	23	4,588	26	5,008
Kolonialbanken	6	24.256	6	21,104
Kolonialgesellsch.	49	6,916	55	17,039
Eisenbahngesellsch.	8	5,536	8	8,550
Schiffahrtsgesellsch.	8	3,357	5	2,856
Versicherungsgesell.	28	4,001	30	5,506
Industriegesellschaft	6	770	7	1,733
sonstige Gesellsch.	13	1,796	16	5,153
	141	51,420	153	66,949

Hierbei ist zu bemerken, dass eine Anzahl der grössten Gesellschaften nicht in den Zusammenstellungen enthalten ist, da sie die Prolongationen in der Bilanz mit anderen Posten zusammen ausweisen (Kasse, Bank-Guthaben etc.). Am Prolongationsmarkt spielt ausserdem die Postsparkasse eine grosse Rolle, da sie stets erhebliche Beträge in Prolongationen angelegt hat, die ihr als Kassenreserve dienen. Ende 1909 betrugen die Gelder, die von der Postsparkasse am Prolongationsmarkt angelegt waren *f* 20,998,000; 1910, *f* 14,672,000 und 1911 *f* 20,003,000 [1]). In den oben erwähnten Beträgen sind ausserdem noch nicht die Summen enthalten, die von den Banken als Kassenreserve in Prolongation oder on call angelegt sind. Diese Beträge lassen sich jedoch nicht feststellen, da sie meist mit dem an die Kundschaft gegebenen Prolongationen zusammengefasst werden [2]). Wegen des Prolongationssatzes, der, wie nach dem Vorhergesagten nicht verwunderlich ist, von viel grösserer Bedeutung als der Privatdiskontosatz ist, sei auf *Tabelle* 23 verwiesen. Bei den Zahlen ist zu berücksichtigen, dass zu dem Zinssatz für den Nehmer stets noch eine Provision von 1 ‰ bezw. $^3/_4$ ‰ für den Monat hinzukommt. Daher stellt der Satz sich für ihn um ca. 1 % höher im Jahr.

Da das niederländische Volk seiner Jahrhunderte alten Tradition der Effektenspekulation auch gegenwärtig noch treu geblieben ist, sind nicht nur den Banken erhebliche Beträge nicht zu-

[1]) Da die Postsparkasse nur bestimmte Wertpapiere als Unterpfand nimmt, und verschiedene andere Bedingungen stellt, erfreut sie sich am Prolongationsmarkte keiner sehr grossen Beliebtheit.

[2]) Aus den Berichten der Amsterdamschen Bank geht hervor, dass sie am 31. Dez. 1905 *f* 980.000, 1908 *f* 1,415,000, 1909 *f* 860,000 und 1911 *f* 495,000 on call an der Amsterdamer Börse begeben hatte.

geflossen, sondern auch die Sparkassen weisen eine im Vergleich mit anderen Ländern geringe Höhe der Sparkassengelder auf (s. *Tabelle* 47)[1].

Alle diese Beträge kommen für die Banken als Depositen nicht in Betracht, daher erklärt sich zum Teil die geringe Höhe der fremden Gelder, zum anderen Teil ist sie wohl darauf zurückzuführen, dass die Privatbankiers noch eine sehr bedeutende Rolle spielen und dass diesen erhebliche Beträge anvertraut werden, da noch vielfach eine gewisse Scheu vor der mit den Aktiengesellschaften verbundenen Publizität herrscht (obwohl diese, wie wir sahen, vielfach recht bescheiden ist). Die noch vorhandenen Depositen müssen die Banken ausserdem mit den indischen Banken teilen, die teilweise ziemlich erhebliche Beträge herangezogen haben. Bei der Nederlandsche Handel Mij kann man zweifeln, ob man sie den Kolonialbanken zuzuzählen hat, dagegen nicht bei der Nederl. Indischen Escompto Mij und der Nederlandsch-Indischen Handelsbank. Bemerkenswert ist, dass die Depositen der indischen Banken überwiegend langfristig sind (s. S. 199 ff.). Die typische Frist ist 1 Jahr. Die Depositen der indischen Banken betrugen (in Tausend Gulden):

	1908	1911	1912
Nederlandsche Handel Mij	34,205	39,682	37,025
Nederl. Ind. Handelsbank	2,312	3,804	3,990
Nederl. Ind. Escompto Mij	7,205 [2]	13,639 [2]	16,768 [2]

Für 59 niederländische Bankaktiengesellschaften liessen sich aus v. Nierops Naamlooze Vennootschappen die Bilanzen ausziehen, die im folgenden zusammengefasst sind [3]. Diese Banken besassen (in Mill. Gulden):

	1909	1910	Zunahme in %
eingezahltes Kapital	71,44	74,04	3,64
Reserven	15,14	15,87	4,16
Depositen	60,70	68,64	13,08
fremde Gelder überhaupt	187,00	199,00	6,42
Bilanzsumme	341,10	361,30	5,92

[1]) Nach der im Wörterbuch der Volkswirtschaft Bd. 2 S. 904 3. Aufl. 1911 abgedruckten Tabelle waren die Sparkassengelder pro Kopf der Bevölkerung in Oesterreich und Schweden etwa doppelt so hoch wie in Niederland, in Deutschland etwa 3 mal und in Dänemark fast 4 mal so hoch.

[2]) In Niederland und Indien. Die anderen beiden Gesellschaften trennen die Depositen nach Indien und Niederland.

[3]) Die Twentsche Bankvereeniging ist also hier nicht mit berücksichtigt.

Wenn die 6 grössten Aktienbanken (Amsterdamsche, Rotterdamsche, Labouchere, Kasvereeniging, Incassobank und Ontvang en Betaalkas) für sich betrachtet werden, dann entfallen auf diese 6 Banken:

	1909	1910	1911 [1]	1912
an Kapital	37,5	39,5	48,0	56,5
Reserven	9,2	9,3	11,7	15,6
Depositen	29,3	34,6	41,2	44,2
fremde Gelder	85,9	90,5	109,9	118,4
Bilanzsumme	171,2	176,8	222,2	257,7

Diese sechs Institute besassen also ungefähr die Hälfte der fremden Gelder und Eigenkapitalien. Die Depositen erreichten im Durchschnitt nicht einmal die Grösse des Aktienkapitals. Selbst die Heranziehung dieser Beträge war noch mit Schwierigkeiten verbunden und musste teilweise mit ziemlich hohen Zinsen erkauft werden. Eine detaillierte Untersuchung über die Zinspolitik der niederländischen Banken fällt nicht in den Rahmen dieser Arbeit. Zur Illustration sei auf nachstehende Zahlen verwiesen, die aus Anzeigen in den Tageszeitungen und der Finanzpresse zusammengestellt sind. Sie laufen über die Zeit vom 1. April 1911 bis 31. März 1912. Der Jahresdurchschnitt ist aus den 52 Wochenzahlen errechnet worden. An Zinsen wurden vergütet für Gelder

	mit		auf		mit	
	1 Tag	10 Tagen	1 Monat	3 Monate	1 Monat	3 Monaten
	Kündigung		fest		Kündigung	
Twentsche B.V.	2,02	2,35	2,61 [2])	—	—	3,00
Rotterd. B.V.	1,97 [3])	2,30 [3])	2,93 [3])	—	—	—
Amsterd. Bank	2,00	—	2,55	2,57	—	—
Labouchere Oyens Co.	2,02	—	2,50	2,75	—	—
Incassobank	2,15	—	—	—	2,71	3,10
Rente Cassa	1,96	2,46	2,46	—	—	—
Kasvereeniging	1,97	2,47	—	—	—	—
Ontv. en Betaalkas	1,95	2,45	—	—	—	—
Ned. Ind. Esc. Mij	1,97	—	2,27	2,67	—	—
Credietvereeniging	2,56	—	3,05	3,56	—	—

[1]) Fusion Rottd. Bank. — Dep. en Adm. Bank.

[2]) Errechnet auf folgende Weise: für das 1. Halbjahr sind die Zinssätze in der Zeitung angegeben, im 2. Halbjahr steht statt dessen „$^1/_2$ % unter dem durchschnittlichen Prolongationssatz".

[3]) Nicht über den Zeitraum van 1 Jahr, da erst am 1. Juli die Eröffung der Niederlassung Amsterdam stattfand.

Hinsichtlich der kurzfristigen Depositen mit 1 bezw. 10 tägiger Kündigung herrscht danach ziemliche Einheitlichkeit. Die Kassiergesellschaften gewähren eine etwas niedrigere Verzinsung als die anderen Banken, bei diesen beträgt sie ca. 2 %, nur die Incassobank zahlt etwas mehr. Hinsichtlich der anderen Sätze ist das Material zu gering, als dass sich wesentliche Schlüsse aus ihm ziehen liessen. Bemerkt sei noch, dass der durchschnittliche Satz der Nederlandsche Bank in dieser Zeit für Wechsel 3,56 % für Promessen 4,06% für inländische Effekten 3,72% und für ausländische Effekten 4,22 % und der Prolongationssatz an der Amsterdamer Börse 3,3107% betrug.

Ein Teil der Banken bedient sich zur Heranziehung von Geldern der sog. Deposito-Obligationen d. h. einer Art von Inhaberpapieren, die mit einem festen Zinssatz ausgestattet und meist 1 Jahr oder länger unkündbar sind. Die Amsterdamsche Bank hatte z. B. 1911 für *f* 2,416,000 4 %ige Deposito Obligationen im Umlauf, ebenso bietet Labouchere Oyens & Cos. Bank derartige Obligationen an. Die Diskonto Mij in Rotterdam hat sogar 4½ %ige Obligationen ausgegeben, was nicht gerade für den Kredit dieses Unternehmens spricht. Zusammenfassend lässt sich sagen, dass der Mangel an Depositen die Konzentration im Bankgewerbe erschwert, wenn es nicht gelingt, das Publikum zu einer Aenderung seiner Gewohnheiten in der Anlage flüssiger Mittel zu veranlassen. Dies wird schwierig sein, da durch die Anlage im Prolongationsgeschäft höhere Zinsen erzielt werden, wie wir oben gesehen haben. Das Prolongationssystem bewirkt, wie gezeigt wurde, dass die Kassenreserven und sonstigen für kurze Zeit freiwerdenden Kapitalien der niederländischen Gewerbetreibenden der Börse zugeführt werden. Um wie erhebliche Beträge es sich dabei handelt, ist früher ausgeführt worden. Man wird sie auf mindestens *f* 100 Mill. annehmen müssen, zeitweilig dürften sie erheblich höher sein. Der Zustrom dieser Beträge bewirkt an der Börse eine Geldflüssigkeit, die sich in niedrigen Zinssätzen äussert.

Wenn es erlaubt ist, hypothetisch einmal deutsche Gewohnheiten auf Niederland zu übertragen, dann müssten wir annehmen, dass der grösste Teil dieser Summen den Banken zugeführt würde. Ueber die Banken gelangte er zum Teil zweifellos wieder zur Börse, der andere Teil jedoch fände in Wechseldiskontierungen und Kontokorrentvorschüssen Anlage. Was wäre nun der Erfolg dieser Verschiebung? Da die Börse nicht mehr über die bisherigen Summen verfügte, würde die Konkurrenz der Geldsucher den Prolongationssatz steigern. Dagegen ständen für den kaufmännischen und industriellen Darlehenssucher grössere Beträge als bisher zur Verfügung, wodurch die von jenen zu zahlenden Zinssätze sich ermässigen könnten. Diese Zinsermässigung würde ausserdem noch bewirkt werden durch eine grössere Unabhängigkeit der Banken von der Nederlandsche Bank. Infolge des geringen Zuflusses „fremder Gelder" (Depositen und Kreditoren) müssen jetzt die meisten Banken einen verhältnismässig grossen Teil ihres Wechselportefeuilles bei der Nederlandsche Bank rediskontieren. In der Bestimmung ihrer Zinssätze sind sie daher an den Diskontsatz der Bank gebunden, und zwar ist es gewöhnlich der Promessensatz, der für sie als Kalkulationsbasis in Betracht kommt, da die Promesse, wie erwähnt, für Niederland das typische Papier ist (s. z. B. S. 122). So bestimmt beispielsweise die Creditvereeniging Amsterdam, dass der Zinssatz für Kredite einschliesslich der Provision sich nach dem Promessensatz der Nederlandsche Bank richtet und je nach der Sicherheit, die der Schuldner geben kann, 1 bezw. 1½ bezw. 2 % über dem Promessensatz der Nederlandschen Bank steht.

	1890/4	1895/9	1900/4	1905/9	1910/12
betrug der Promessensatz durchschnittlich	3,42	3,50	3,80	4,14	4,39%
Danach zahlten die Schuldner der Credietvereeniging	4,42	4,50	4,80	5,14	5,39
bezw.	4,92	5,—	5,30	5,64	5,89
bezw.	5,42	5,50	5,80	6,14	6,39

Dieser enge Zusammenhang zwischen Promessendiskontsatz der Nederlandsche Bank und Kreditsatz der Credietvereeniging war notwendig, da die Credietvereeniging sehr erhebliche Beträge ihrer Portefeuilles rediskontieren musste. So wurden

	1908	1909	1910	1911	1912	
diskontiert	*f* 35,0	33,1	33,0	35,2	37,4	Mill.
rediskontiert	34,0	29,6	31,5	32,8	33,6	„

Wenn damit noch nichts gesagt ist über die Laufzeit der rediskontierten Papiere, so ist doch immerhin gezeigt, dass die Credietvereeniging in hohem Masse auf den Kredit der Nederlandsche Bank angewiesen ist [1]). Dies wird noch deutlicher, wenn wir den durchschnittlichen Bestand an Depositen und Kreditoren vergleichen mit dem durchschnittlichen Debitorenbestand [2]).

		1909	1909	1910	1911	1912	
Debitoren (benutzte Kredite)	f	13,22	13,27	14,69	15,80	16,91	Mill.
Depositen u. Kreditoren		4,77	5,55	5,52	6,38	6,70	„
Debitoren nicht gedeckt	f	8,45	7,72	9,17	9,42	10,21	„
Eigene Mittel (Kapital u. Reserven)		2,88	3,04	3,18	3,73	3,76	„
Debitoren nicht gedeckt	f	5,57	4,68	5,99	5,69	6,45	„
angenommene Verdoppelung der Depositen und Kreditoren		4,77	5,55	5,52	6,38	6,70	„
Debitoren nicht oder übergedeckt	f	—0,80	+0,87	—0,47	+0,69	+0,25	„

Fingieren wir also, dass die niederländischen Kaufleute und Industriellen zum System der Bankguthaben übergingen, wodurch die Depositen und Kreditoren der Credietvereeniging beispielsweise sich verdoppelten, dann wäre die Credietvereeniging von der Nederlandsche Bank sehr viel weniger abhängig in der Bestimmung ihrer Zinssätze. An die Stelle des Promessensatzes könnte dann als Kalkulationsbasis der Depositensatz treten. Nehmen wir als notwendige Mindestspannung zwischen Depositen- und Debitorensatz $1^1/_2$ % an, dann würden

	1890/4	1895/9	1900/4	1905/9	1910/12
bei einem durchschnittl. Depositensatz von	2,46	2,29	2,92	2,91	3,14 %
die Debitoren zu zahlen gehabt haben	3,96	3,79	4,42	4,41	4,64 %
bezw.	4,46	4,29	4,92	4,91	5,14 %
bezw.	4,96	4,79	5,42	5,41	5,64 %
gegen die tatsächlich gezahlten Sätze ergiebt dies ein Minus von	0,46	0,71	0,33	0,73	0,75 %

Wenn man die durch eine derartige Umgestaltung bedingte Aenderung der Depositenzinssätze berücksichtigt, dann kann

[1]) Die Nederlandsche Bank berechnet bei Platzwechseln und Wechseln auf Amsterdam und Rotterdam mindestens 10 Tage, auf Versandwechsel mindestens 15 Tage Zinsen.

[2]) Da dieser in den statistisch sonst ausgezeichnet redigierten Berichten nicht angegeben ist, wurde er errechnet, indem die Mitte zwischen den Debitoren zu Beginn und zu Ende des Jahres genommen wurde.

man die Verbilligung nach der letzten Art auf ca. 2/5 bis 1/2 % schätzen. Die vorstehende Rechnung ist natürlich als durchaus problematisch zu betrachten, da einmal die Credietvereeniging nicht als typisch für das gesamte niederländische Bankwesen, soweit es sich mit der Gewährung von kurzfristigem Kredit befasst, betrachtet werden kann [1]), und da ausserdem eine so grosse Aenderung in den Geschäftsgewohnheiten eine Revolutionierung der Zinssätze überhaupt herbeigeführt hätte.

Noch nach einer anderen Seite würde diese angenommene Aenderung sich in den Zinssätzen bemerkbar machen. Da die meisten Prolongationsgelder sich in den Händen der Banken befänden und von diesen direkt in Prolongationen angelegt würden, wäre die jetzt zu zahlende Provision für die Vermittlung der Prolongationsgelder überflüssig. Der Prolongationssatz würde sich daher für Prolongationsnehmer nicht mehr um 1,2 % (soweit sie Mitglieder der Vereine für den Effektenhandel sind um 0,9 %) erhöhen. Er könnte also selbst um 1/2 % steigen und trotzdem noch billiger sein als unter gegenwärtigen Verhältnissen. Dies wird deutlich aus folgender Zusammenstellung:

im Durchschnitt der Jahre	Prolongationssatz für Geldnehmer (incl. Provision von 1,2%)	fingierter Prolongationssatz für Geldnehmer (1/2% gegen den tatsächlichen Satz erhöht)
1890/1894	4.10 %	3.40 %
1895/1899	4.17	3.47
1900/1904	4,80	4.10
1905/1909	4,86	4.16
1910/1912	5.05	4.35
1890/1912	4.556	3.856

	mittlerer Kreditsatz der Credietvereeniging nach tatsächlicher	nach fingierter Rechnung
1890/1894	4.92 %	4.46 %
1895/1899	5.—	4.29
1900/1904	5.30	4.92
1905/1909	5.64	4.91
1910/1912	5.89	5.14
1890/1912	5.303	4.71

[1]) Die Credietvereeniging pflegt ihre Kapitalien überhaupt nicht im Prolongationsgeschäft anzulegen, daher flössen bei ihr die neuen Depositen und Kreditoren voll dem Wechsel- und Kontokorrent-Geschäft zu, was bei anderen Banken nicht der Fall wäre. Statutarisch ist ihr allerdings die Anlage verfügbarer Gelder im Prolongationsgeschäft gestattet.

Die Rechnung scheint trotz ihres wiederholt betonten rein hypothetischen Charakters doch das eine zu zeigen, dass das Prolongationssystem der Börse billigen Kredit auf Kosten der übrigen Volkswirtschaft verschafft, ausserdem aber die Kreditnehmer mit einer verhältnismässig hohen Vermittlungsgebühr zu Gunsten der Kommissionäre belastet. Es wäre zweifellos eine sehr lohnende Aufgabe, die hier nur angedeuteten Beziehungen der Zinssätze einmal genauer zu untersuchen.

Wenn in Niederland auch nicht von einer Grossindustrie gesprochen werden kann, etwa im Sinne der deutschen Eisenindustrie, so ist doch bemerkenswert, dass die Industrie, die die grösste Konzentration aufweist, die Textilindustrie, in regen Beziehungen zur Bankwelt steht. Dies wurde bereits bei Besprechung der Twentsche Bankvereeniging betont. Es trifft auch für andere Banken zu [1]. Immerhin handelt es sich bei der Textilindustrie nicht um derartig grosse Unternehmen, dass nicht eine der gegenwärtigen niederländischen Grossbanken zur Kreditbefriedigung ausreichte. Zwar gilt bisher noch in starkem Masse das Wort G. Visserings [2]: „La Hollande n'aime pas à placer son argent dans les industries néerlandaises", doch haben sich in letzter Zeit Ansätze zu einer Aenderung gezeigt. Es scheint also, als ob in den nächsten Jahren das Problem: Banken und Industrie für Niederland etwas aktueller werden wird. Dabei wird besonders die Beobachtung interessant sein, inwieweit die engeren Beziehungen zwischen Banken und Industrie auf beiden Seiten konzentrationsfördernd wirken werden.

Auf einem Gebiet, auf dem auch in Niederland der Grossbetrieb

---

[1] Geschäftsinhaber der Twentsche Bankvereeniging sitzen im Aufsichtsrat von 4 Textilunternehmungen, ausserdem befinden sich in ihrem Aufsichtsrat 2 und im Beirat des Kreditvereins der Twentschen Bankvereeniging verschiedene mit der Textilindustrie in Beziehung stehende Persönlichkeiten. Auch die anderen Banken suchen sich einen Anteil am Geschäft mit der Textilindustrie zu erringen, indem sie in Almelo und Enschede Niederlassungen errichten, wie die Amsterdamsche und die Incassobank. Zwischen kleineren Banken und Textilunternehmen bestehen ebenfalls häufig Beziehungen, indem Textilindustrielle im Aufsichtsrat von Banken und Bankleiter im Aufsichtsrat von Textilgesellschaften sitzen. So ist im Aufsichtsrat der Stichtsche Credietbank, der Leeuwarder Bankvereeniging, der Bank voor Handel en Belegging in Arnhem ein Textilfachmann vorhanden, während je ein Vertreter der Lochemsche Bankvereeniging, der Residentiebank und der Utrechtsche Credietbank im Aufsichtsrat von Textilgesellschaften sitzen. Schliesslich sind eine Reihe Amsterdamer und Provinzbankiers an der Textilindustrie interessiert, wie Lippmann, Rosenthal & Co., Wertheim & Gomperts, Determeyer, Wesslingh & Zoon, Vermeer & Co. Gebrs. Boissevain in Amsterdam, Dikkers & Bergsma in Hengelo, E. C. Engelberts & Co., van Ranzow & Co. in Arnhem.

[2] Giroverkeer S. 77.

herrscht, dem Verkehrswesen (Eisenbahn und Seeschiffahrt) pflegen mehrere Grossbanken und Bankiers die Emissionen gewöhnlich gemeinschaftlich zu machen [1]).

So sind auch im Aufsichtsrat der grossen Schiffahrtgesellschaften gewöhnlich mehrere Banken vertreten, wie nachtehende Angaben zeigen:

Schiffahrtgesellschaft	im Aufsichtsrat vertretene Banken bezw. Bankiers.
Nederl. Scheepvaart Unie	Nederl. Handel My, R. Mees & Zoonen v. Eeghen & Co
kgl. Paketvaart Maatsch.	Nederl. Handel My, R. Mees & Zoonen
Stoomvaart My Nederland	v. Eeghen & Co.
Nederl. amerik. Stoomvaart My „Holland America Lijn"	v. Eeghen & Co., R. Mees & Zoonen Amsterdam. Bank, Jan Havelaar & Zn
Kgl. Ned. Stoomboot My	v. Eeghen & Co., Hope & Co.
Rotterdamsche Lloyd	R. Mees & Zoonen
kgl. Westind. Maildienst	Nederl. Handel My
Java China Japan Lyn	Nederl. Handel My, Ned. Ind. Handelsb.
Kgl. Holl. Lloyd	Nederl. Handel My, Twentsche Bankver.

Aehnlich verhält es sich auch mit anderen Grossunternehmen. Als Beispiel sei die Holding Company des Jurgens'schen Margarinekonzerns gewählt („Anton Jurgens Vereenigte Fabrieken"). In ihrem Aufsichtsrat sitzen ausser Mitgliedern der Familie Jurgens je ein Vertreter der Amsterdamsche Bank und der Labouchere Oyens Cos Bank. In Jahr 1911 wurde ausserdem ein Direktor der Rotterdamsche Bankvereeniging hinzugewählt.

§ 24. Versuch einer Erklärung der gegenwärtigen niederländischen Bankorganisation.

Nachdem besonders im letzten Abschnitt (über die Grossban-

[1]) Bei der Emission von *f* $6^1/_2$ Mill. Obligationen des kgl. Holl. Lloyds im Jahr 1911 meldete die Frankfurter Zeitung v. 15. bezw. 30. Nov., dass das Konsortium unter Führung der Nederlandschen Handel My. und der Twentschen Bankvereeniging stehe und dass ihm „beinahe die ganze niederländische Haute Finance" angehöre.

kenfrage) auf die Gründe für die Gestaltung des gegenwärtigen niederländischen Bankwesens näher eingegangen ist, soll hier kurz noch einmal zusammengefasst werden, was zur Erklärung dieser Erscheinung angeführt werden kann. Entsprechend den in den einleitenden Paragraphen festgestellten „Voraussetzungen" werden vier Gruppen von Gründen unterschieden, nämlich juristische, wirtschaftliche, politische und psychologische.

Der Einfluss der Rechtsstruktur auf das Bankwesen ist im wesentlichen negativer Natur gewesen. Zwar hat die Leichtigkeit der Gründung von Aktiengesellschaften und die grosse Anzahl veralteter Bestimmungen im Handelsrecht die Errichtung zahlreicher, auch kleiner und nicht immer sehr reeller Unternehmen zweifellos befördert, die geringe vorgeschriebene Publizität ihre Geschäftsführung erleichtert, doch wichtiger erscheinen die „Unterlassungen" des Gesetzgebers. Weder Börsen- noch Effektenumsatzstempel-, noch Depot-, noch Hypothekenbankgesetze schränken das niederländische Bankwesen ein oder zwingen es in bestimmte Richtung, wie dies z. B. für Deutschland behauptet wird [1]). Lediglich die Notenbankfrage ist gesetzlich geregelt. Hiermit hat man sich, nachdem die Periode der Bankfreiheit allmählich überwunden ist (Bankfreiheit hier im Sinn von Notenbankfreiheit genommen, wie sich für die Zeit der Entstehung dieses Schlagwortes von selbst versteht), auch in Niederland abgefunden.

Die gleiche Erscheinung der Verteilung in zahlreiche kleine und mittlere Betriebe wie im Bankwesen findet sich auch auf vielen anderen Gebieten des wirtschaftlichen Lebens [2]). Hier sei nur daran erinnert, dass, wenn auch in einzelnen Industrien, wie Textil-, Maschinenbau-, Schiffsbauindustrie die Konzentration ziemlich weit vorgeschritten ist, doch sowohl für die Industrie als auch für den Handel der typische Betrieb in Niederland der Mittel- bezw. Kleinbetrieb ist. Die Spezialisation scheint innerhalb von Industrie

---

[1]) s. darüber u. a. Riesser, Grossbanken 2. Aufl. S. 187 ff.

[2]) s. G. Vissering a. a. O. S. 64. „c'est une des particularités des Pays-Bas que l'on aime à y diviser et subdiviser tout travail...." und S. 69.... Tandisqu'en Allemagne la profession de banquier se concentre de plus en plus entre les mains de quelques grands établissements.... l'envie de diviser et subdiviser a prédominé en Holland comme autrefois...."

Diese Neigung zur Spezialisation erwähnt bereits Sir William Petty in seiner „Political Arithmetick or a Discourse.... London 1699 S. 179, wo er die niedrigeren Seefrachtsätze der Holländer aus dem Vorhandensein der vielen Spezialschiffe erklärt, die in Holland benützt würden.

und Handel ebenfalls teilweise ziemlich ausgebildet zu sein. Immerhin kann hier lediglich gesagt werden „scheint", da Untersuchungen über diese interessante Frage nicht bestehen. Als weiteres Argument für das Vorherrschen der Mittelbetriebe lässt sich anführen, dass seit Mitte der 1890er Jahre das Durchschnittskapital der neugegründeten Aktiengesellschaften anhaltend sinkt, während die Zahl der Gesellschaften stark steigt [1]).

im Jahrfünft	durchschnittlich jährl. gegründete Gesellschaften.	Durchschnittskapital
1883—1887	87	f 169.000
1888—1892	138	279,000
1893—1897	225	195,000
1898—1902	397	165,000
1903—1907	404	152,000
1908—1912	901	90,800

Hieraus geht hervor, dass auch die Mittelbetriebe in immer zunehmendem Masse in Aktiengesellschaften verwandelt werden, ohne dass mit dieser Mobilisierung der Kapitalien gleichzeitig eine Konzentrierung der Betriebe verbunden wäre.

Von einschneidender Bedeutung ist die Art „der Verwaltung des Volksvermögens". Für Deutschland wird z. B. von Lansburgh [2]) behauptet, dass sie durch die Banken geschehe. Für Niederland trifft dies sicher nicht zu. Zum ganz überwiegenden Teile verwalten die niederländischen Kapitalisten ihr Vermögen selbst und geben ihm die Anlage, die sie für geeignet halten. Die Art der Anlage zeigt sich in den Zahlen der Nachlasstatistik, wie sie auf S. 271 gegeben wurden. Auffällig ist der starke Prozentsatz der ausländischen Wertpapiere, der sich auf etwa $^1/_4$ des Reinvermögens beläuft. Für das aus der Art der Vermögensanlage sich ergebende umfangreiche Effektengeschäft, das im einzelnen im Abschnitt über die Amsterdamer Börse behandelt worden ist, war ein enges Vertrauensverhältnis zwischen dem Effektenkäufer und dem Effektenvermittler notwendig, da die Beratung in Fragen der Vermögensanlage durchaus Vertrauenssache ist. Dieses Zutrauen erwarb sich ein ansässiger Bankier leichter als der „junge

---

[1]) Nach v. Nierop's Naamlooze Vennootschappen.
[2]) S. die verschiedenen Aufsätze in der Zeitschrift „*Die Bank*".

Mann" der grossen Bank [1]). In Niederland ist in folgendessen das ganze Land mit einem engen Netz von Effektenkommissionsgeschäften überzogen, wie auf S. 109 gezeigt wurde.

Diese müssen in Amsterdam an der Börse vertreten sein und trugen dadurch teils direkt, teils indirekt zur Errichtung zahlreicher Kommissionsfirmen in Amsterdam bei. Unter den Effektenkommissionären überwiegt der Mittelstand. Als die Amsterdamer Kommissionäre ihre Macht über die Provinz geltend machen wollten, wozu sie durch ihre Organisation die „Vereeniging v. d. Effectenhandel" in der Lage waren, organisierte sich die Provinz. Das Resultat war eine Einigung der beiden Vereine in einem Konditionskartell, dem auch der in Rotterdam entstandene Effektenhändlerverein beitrat. In diesem Schritt kam die Interessengleichheit der Kommissionäre deutlich zum Ausdruck. Ihnen musste daran liegen, die Vermittlungsgebühren so zu gestalten, dass sie dabei bestehen konnten. Zu diesem Zweck war möglichste Ausschaltung der Konkurrenz und in Amsterdam möglichste Beschränkung neuen Zuzugs erforderlich [2]). Dass die Effektenhändler in den grossen Banken ihre Konkurrenz sehen, zeigte sich deutlich bei der auf S. 43 besprochenen Ablehnung des Aufnahmegesuchs der Javaschen Bank und der Nederlandsch-Indische Escompto Mij. Ohne Zweifel hat das Konditionskartell der Effektenhändler bisher konzentrationshemmend gewirkt. Es ist allerdings die Frage, ob mit dem weiteren Erstarken der Grossbanken, besonders der Rotterdamschen Bankvereeniging, die Stellung der Effektenhändler sich halten lassen wird. Für die weitere Entwicklung kommen zwei Wege in Betracht, der eine, den ich den „deutschen" nennen möchte, führt dahin, dass die Grossbanken die Herrschaft über die Börse gewinnen, und der Börsenmittelstand zugrunde geht oder doch stark geschwächt wird. Der andere, den man den „englischen" nennen könnte, führt zur strengen Arbeitsteilung zwischen Bank und Effektenhändler, bei der die Gross-

---

[1]) Dies ist allerdings nicht generell zu nehmen, wie die Ausführungen Kaufmanns — das französische Bankwesen S. 232 ff — zeigen, nach denen die grossen französischen Depositenbanken durch ihre Filialen einen entscheidenden Einfluss auf die Anlagegewohnheiten weiter Kreise ausüben. G. Vissering a. a. O. S. 80 „Les agents particuliers en Holland ont encore toujours pu se maintenir en grande nombre parce que le Hollandais se sent peu attiré vers les grands établissements financiers et aime mieux avoir affaire à son agent à lui, qui lui est bien connu."

[2]) Verschiedentlich sind Versuche gemacht worden, die Mitgliedschaft der Amsterdamer Börse nach Newyorker Vorbild auf eine bestimmte Anzahl zu beschränken.

banken das Börsengeschäft vollständig den Kommissionären überlassen und sich ihrer für ihre Börsengeschäfte bedienen. Wenn man nach den in Amsterdam bestehenden Zuständen auf die Zukunft schliessen darf, so liegt die grössere Wahrscheinlichkeit für den ersten Weg vor, zumal die meisten Banken bereits in enger Beziehung zur Börse stehen[1]). — Das gegenwärtig herrschende Prolongationssystem ist der Konzentration nachteilig, da auch bei ihm der Vorteil auf Seiten des Bankmittelstandes liegt, dem die Vermittlungsgebühren von $^3/_4$ bezw. 1 ‰ für das Ausleihen der Prolongationsgelder zufallen. Für die Entwicklung der Grossbanken dagegen ist, wie ausführlich behandelt, das Prolongationssystem schädlich, da es verhindert, dass ihnen die Betriebsreserven von Handel, Industrie und Verkehr in vollem Masse zufliessen. Eine Aenderung der Gewohnheit würde, wie ebenfalls dargestellt, voraussichtlich eine Ermässigung der Zinssätze im Kontokorrent- und Wechselverkehr und eine ausgleichende Erhöhung des Prolongationszinsfusses herbeiführen, da die Banken die ihnen neu zufliessenden Gelder z. T. anders anlegen würden. Als Beispiel diene die Rotterdamsche Bankvereeniging, deren fremde Gelder überwiegend dem Handel und der Industrie zufliessen.

Die politische Organisation eines Landes ist insofern von Bedeutung für die Erklärung der Organisation des Bankwesens, als aus den Anschauungen der herrschenden Parteien die gesellschaftliche Stimmung gegenüber dem Wirtschaftsleben zum Teil deutlich ablesbar ist [2]). In Niederland war, wie wir sahen, auf die Anschauungen der Gesellschaftsgruppen die lange Herrschaft des Liberalismus von grossem Einfluss. Als Beispiel diene das späte Einsetzen der socialen Arbeiterfürsorge und die Schwierigkeit, eine Zwangsaltersversicherung durchzuführen. In so starker Weise hat die Herrschaft des Liberalismus, dessen Händlerinteresse für Niederland um die Mitte des 19. Jahrhunderts durchaus das gegebene war, das politische Denken beeinflusst, das jetzt mit dem Aufkommen der Industrie und der relativen Abnahme der Bedeutung des Handels für die niederländische Volkswirtschaft noch immer die gleichen Anschaumgen in starkem Masse fortbestehen. Allerdings scheint die Herrschaft des alten Manchester-

[1]) S. auch den Aufsatz „the Amsterdam Bourse" in The Economist 1911 I S. 439 und II S. 836 ff.

[2]) Hier sei ausdrücklich betont, dass *ethische* Wertungen in diesen Ausführungen durchaus nicht ausgesprochen werden sollen.

liberalismus zum Teil erschüttert durch das Eindringen demokratischer, staatssozialistischer Ideen in die liberalen Parteien, wodurch diese gezwungen sind, der Betätigung des Staates auf den verschiedensten Gebieten mehr Spielraum zu gewähren.

Hieraus entsteht die Frage, ob der Liberalismus in der niederländischen Volksart einen besonders günstigen Boden fand, oder ob die Volksart durch den Liberalismus beeinflusst ist. Nach der Geschichte Niederlands wäre man geneigt, das erste zu bejahen, da der jahrzehntelange Kampf um die Unabhängigkeit einen ausserordentlich starken „Freiheitssinn" im niederländischen Volk erzeugt hat. Dieser Freiheitssinn ist allmählich, besonders seit ihn der politische Liberalismus individualistisch wandte, zu einem Sinn für Ungebundenheit geworden, auf den an verschiedenen Stellen als Erklärung für das Zurückbleiben Niederlands auf den verschiedensten Gebieten hingewiesen wird [1]). Dieser Freiheitssinn wird auch im Bankwesen deutlich. So war jene Kartellierung des Effektenhandels nur nach langen Kämpfen möglich. Aus dieser „Freiheitsstimmung" heraus ist auch das Vorgehen der Grossbanken zu erklären, die ihre Interessensphäre meist nicht durch Filialgründung erweiterten, sondern den schonenderen Weg der stillen Beteiligung wählten, der dem Kommanditierten und dem Publikum die Illussion der „Freiheit" des betreffenden Unter-

---

[1]) Eine kleine Blütenlese aus Gebieten, die der Arbeit naheliegen, möge dies illustrieren:

a. So spricht W. Westerman im Aufsatz über „verkehrte Zustände und veraltete Gebräuche im Wechselverkehr" (de Economist 1907 S. 827) von dem „Freiheitssinn der in unserem Vaterlande in 3 Fällen zweimal in Zügellosigkeit („bandeloosheid") ausartet".

b. R. W. Boissevain (de toekomst van den cheque in Nederland, Amsterdam 1908 S. 5) erklärt die geringe Verwendung des Verrechnungsschecks als eine „Folge des edlen Freiheitssinnes des Niederländers, der stets seine volle Zügellosigkeit (bandeloosheid) behalten will — auch in der Art des Einzuges eines empfangenen Schecks".

c. G. Vissering (het oude en het moderne Giroverkeer. Amsterdam 1908 S. 69) „Cette situation (d. h. das Vorhandensein zahlreicher kleiner Bankgeschäfte) ne saurait s'expliquer que par le caractère très remarquable du peuple, qui s'est formé au cours des siècles. Nous retrouvons ici dans la branche financière l'ancien type des Gueux, gens qui veulent faire eux-mêmes leur chemin, sans le secours d'autrui. Ils sont guidés par un sentiment exagéré de la liberté......"

d. Blink (im Eeuw. S. 72) „im allgemeinen kann eine gewisses Phlegma oder Ruhe fast überall beim Niederländer beobachtet werden. Sie charakterisieren sich durch Bedächtigkeit im Ueberlegen, Langsamkeit im Entschliessen, sie stehen selten voran. Diese Eigenschaften führen zu einer gewissen Stabilität in allem, nicht selten auch zu Rückständigkeit, haben aber dem niederländer auch den Ehrennamen von solide und zuverlässig verschafft."

e. C. K. Elout (onze politieke partijen S. 28): Unser Volk ist immer individualistisch veranlagt gewesen, sodass das deutschdisziplinierte Wesen der Marxismus hier nicht leicht eindringen konnte."

nehmens lässt. Leider besteht keine Darstellung niederländischen *Wesens* in Beziehung zu niederländischer *Wirtschaft*, daher kann der Vergleich niederländischer Volksart und niederländischen Bankwesens nicht weiter durchgeführt werden. Nur sei noch erwähnt, dass die niederländische „Bedächtigkeit" sich auch an vielen Stellen im Bankwesen wiederfindet, wo sie zu merkwürdig konservativen Dingen führt, die sehr im Gegensatz zum sonstigen Liberalismus stehen.

ANHANG.

DIE FORTSCHRITTE DER BANKENKONZENTRATION IM JAHRE 1913.

Da durch verschiedene Umstände die Herausgabe des Buches sich verzögerte, erscheint es notwendig, die im allgemeinen mit dem Jahr 1912 abschliessende Darstellung wenigstens teilweise bis in die letzte Zeit vor dem Kriege fortzuführen. Das Jahr 1912 bezeichnet, wie bereits in meinem Aufsatz in der Zeitschrift „Die Bank" [1]) festgestellt, einen Wendepunkt in der niederländischen Bankgeschichte. Wenn meine Arbeit auch das Schicksal *aller* historischen Arbeiten teilt, bei ihrem Erscheinen bereits veraltet zu sein, so wird sie doch einen gewissen Wert dadurch behalten, dass sie sich bemüht, ein möglicht getreues Bild des niederländischen Bankwesens *vor* der Konzentration zu geben. Die Konzentrationsbewegung ist noch zu jung, als dass sich ihre Wirkungen schon im einzeln erkennen liessen. Darum sollen hier nur einige Hauptpunkte der neusten Entwicklung behandelt werden. Teilweise sind die Ereignisse bereits im erwähnten Aufsatz besprochen. Im September 1913 führten die Verhandlungen der Rotterdamsche Bankvereeniging mit der Labouchere Oyens & Co's Bank zum Abschluss. Die R. B. V. übernahm den Betrieb von Labouchere, indem sie für *f* 1000.— Labouchere-Aktien *f* 800 Rott. B. V. Aktien gewährte. Die R. B. V. musste zu diesem Zwecke ihr Kapital um *f* 4.8 Mill. erhöhen. Da ausserdem noch *f* 200,000 neue Aktien der R. B. V. emittiert wurden, stieg das Kapital auf *f* 25,000,000.—. Da die R. B. V. für *f* 4,8 Mill. Aktien von La-

---

[1]) Zur Konzentration im niederländischen Bankwesen. „Die Bank" Okt. 1913 S. 970 ff.

bouchere *f* 6,701,653.74 an Aktienkapital und Reserven erhielt, ergab sich aus der Fusion ein Bruttogewinn van ca *f* 1.9 Millionen. Der Reservefonds von Labouchere wurde den offenen Reserven der R. B. V. hinzugefügt, vom Rest waren die Fusionskosten zu decken, die ca. *f* 286,000 betrugen. Der noch übrige Betrag van *f* 914,000 wurde zur Abschreibung auf die Bankgebäude benützt. Da die R. B. V. von ihren Prinzip, nur in Amsterdam und Rotterdam Niederlassungen zu besitzen [1]), nicht abgehen wollte, ergab sich die Notwendigkeit die Filialen von Labouchere entweder mit bestehenden Instituten zu verschmelzen oder neue Gesellschaften für sie zu bilden. Daher wurden errichtet die

Hollandsche Handelsbank in *Haarlem* mit einem Kapital von *f* 500,000 und die

Zuid-Nederlandsche Handelsbank in *Tilburg* mit einem Kapital von *f* 2,500,000 zur Uebernahme der an beiden Orten bestehenden Filialen [2]).

Die Niederlassungen in Utrecht und Zeist gingen über an die Bank van Huydecoper & van Dielen, deren Aktienkapital von *f* 1 Mill. auf *f* 2$^1/_2$ Mill. erhöht wurde [3]). Ausserdem übernimmt die Bank van Huydecoper & van Dielen die unter „Kreditvereinen" erwähnte Utrechtsche Credietbank. Im Haag fiel die Labouchere-Filiale, deren Leiter allerdings bei Marx & Co's Bank eintraten und deren Niederlassung im Haag leiten, an die Nationale Bank. Die Kundschaft der Filiale Arnhem ging überwiegend an die Firma E. C. Engelberts & Co. über.

Die anderen Banken blieben zum Teil die Antwort auf die Ausdehnung der R. B. V. nicht schuldig. Aus 8. Okt. 1913 erhöhte die Amsterdamsche Bank ihr Kapital um *f* 2$^1/_2$ Mill. auf *f* 15 Mill [4]) und erklärte, eine Filiale in Rotterdam errichten zu wollen [5]). Im November 1913 nahm die Nederlandsche Handel Mij. eine Kapitalserhöhung um *f* 5 Mill. auf *f* 50 Millionen vor und liess sich gleichzeitig ermächtigen ihr Kapital auf *f* 75 Mill. erhöhen, sowie die Reserve bis zur Hälfte des Aktienkapitals

---

[1]) The Economist v. 4. Okt. 1913. S. 646.
[2]) Frankfurter Zeitung v. 6. X. 1913.
[3]) Frankfurter Zeitung v. 10. X. 1913.
[4]) Bericht 1913 S. 12.
[5]) Frankfurter Zeitung v. 24. X. 1913; lt. Bericht 1913 S. 5. wurde die Filiale im Februar 1914 eröffnet.

aufführen zu dürfen [1]). — Es ist wohl begreiflich, dass an der Amsterdamer Börse infolge der raschen Expansion dar R. B. V. allerlei Gerüchte über eine weitere Ausdehnung entstanden. So sagt der Amsterdamer Korrespondent der Frankfurter Zeitung (24 Okt. 1913): „An der Börse zirkulieren fortwährend Gerüchte, wonach eine Uebernahme letzterer Gesellschaft (Nederl. Ind. Handelsbank) sowie der Handelsvereeniging „Amsterdam" von der Rotterdamsche Bankvereeniging geplant sei. Diese Geıüchte entbehren anscheinend der Begründung....". Bisher hat sich denn auch keines dieser Gerüchte als wahr erwiesen. Eine derartige Verschiebung des Geschäftskreises, wie sie die Uebernahme einer „Cultuurbank" für die R. B. V. mit sich bringen würde, scheint auch nicht in der Absicht dar R. B. V. zu liegen. — Bereits anlässig der Uebernahme der Labouchere Oyens & Co's Bank plante die R. B. V. eine weitere Erhöhung ihres Kapitales um 5 Mill. Gegen Ende 1913 übernahm die Société Générale in Paris diesen Betrag zur Emission und schrieb der R. B. V. p. 31. Dez. 1913 den Nettoertrag dieser Transaktion mit *f* 6.5 Mill. gut; wodurch das Aktienkapital auf *f* 30 Mill. und die Reserve auf *f* 7.66 Mill. stiegen [2]). Der Einfluss der verschiedenen Verschiebungen und Kapitalserhöhungen im Laufe des Jahres 1913 zeigt sich am deutlichsten bei einer Vergleichung der Bilanzen (*s. Tabelle* 69). Zu ihnen ist zu bemerken, dass für 1912 die Bilanzen von Labouchere und der R. B. V. der Uebersichtlichkeit halber kombiniert sind und dass in den Zahlen für 1913 die Anteile von Labouchere nicht enthalten sind, weshalb der Fortschritt der R. B. V. grösser ist, als er zahlenmässig zum Ausdruck kommt. Bei der Twentschen Bankver. und der Nederl. Handel Mij. ist nur das niederländische Geschäft berücksichtigt worden, sodass die ausländischen Filialen nur mit dem Schuldsaldo an die Zentrale in der Bilanz erscheinen.

Die erste Bilanz der R. B. V. schloss mit *f* 63,6 Millionen, die dritte mit *f* 123,4 Millionen, das heisst, im Zeitraum von 2 Jahren fand eine Verdoppelung des Geschäftes statt. Es ist anzunehmen, dass die Entwicklung der nächsten Jahre nicht in gleicher Weise weitergehen wird. Das wird auch notwendig sein, damit die innere Organisation ausgebaut und der für niederländi-

---

[1]) Frankfurter Zeitung vom 20. u. 21. November u. 11. Dezember 1913.
[2]) Bericht 1913 Seite 3 und 5.

sche Verhältnisse wenigstens grosse Konzern nach allen Richtungen gekräftigt werde. Da die bisherigen Fusionen der R. B. V. im allgemeinen nicht sehr ertragreich waren, sind die Reserven der R. B. V. nicht dem Kapital entsprechend gestiegen. Immerhin sorgt eine Statutenvorschrift dafür, dass dem Reingewinn jährlich ein bestimmter Anteil für die Reserve entnommen werde. — Bemerkenswert als programmatische Aeusserung ist die Angabe im Bericht dar R. B. V. von 1913 (S. 4): „Nur der Effektenmarkt gibt anhaltend wenig Anlass zur Zufriedenheit, auf diesen Zustand sind sicherlich die Verluste, die unser Anlage-Publikum an zahlreichen ausländischen Effekten erlitten hat, nicht ohne Einfluss gewesen. Ueber die Resultate des Emissionsgeschäftes ist jedoch nicht zu klagen, besonders soweit es inländische Effekten betrifft, auf die gerade infolge der erwähnten Verluste mehr und mehr die Aufmerksamkeit gelenkt wird." Aus der diplomatischen Ausdrucksweise das Bankberichtes in die Sprache des gewöhnlichen Lebens übertragen, heisst dies soviel als, dass die R. B. V. als guter Geschäftsmann sich die Stimmung des niederländischen Publikums zu Nutze machen und sich speziell dem inländischen Emissionsgeschäft widmen wird. Wie bereits erwähnt, wird es ein interessantes Schauspiel werden, zu verfolgen, in wie weit die Bankenkonzentration in Niederland befruchtend auf das heimische Wirtschaftsleben einwirken wird. Wird doch bereits behauptet, dass „die Entwicklung des Verhältnisses zwischen dem niederländischen Bankwesen und den niederländischen Industrie-, Transport- und Kulturunternehmen in derselben Richtung wie in Deutschland geht" [1]). Bedeutungsvoll für die Situation scheint mir die veränderte Stellungnahme der Amsterdamer Börse. Die neuen Statuten der Vereeniging v. d. Effectenhandel vom 20. Januar 1914 enthalten als Voraussetzung für die Erwerbung der Mitgliedschaft nicht mehr die Vorschrift, dass der *Sitz* der betr. Firma oder Gesellschaft Amsterdam sein muss, es genügt, dass „das Effektengeschäft ausgeübt und dort (in Amsterdam) ein Kontor gehalten wird" (Statuten Art. 5*a* und *b*.). Die Frankfurter Zeitung [2]) sagt hierzu: „Diese Entwicklung wäre gerade entge-

---

[1]) F. M. Wibaut, de nieuwste ontwikkeling van het kapitalisme. Amsterdam 1913. Leider stützt der Verf. sich hinsichtlich der *neusten* Entwicklung der Kapitalismus auf das bereits vor fast 10 Jahren erschienene Buch von Jeidels, das Verhältnis der deutschen Grossbanken zur Industrie 1905. (unveränderte 2. Aufl. 1913).

[2]) Frankfurter Zeitung vom 20. 11. 1913.

gengesetzt dem, was hier in den letzten Jahren die Tendenz war. Die Befürchtung, dass es sonst eines Tages mit Unterstützung der jetzt ausgeschlossenen Institute zu einer Art freier Börse kommen könnte, dürfte hierzu beigetragen haben".

Wesentliche Ereignisse auf dem Gebiet des niederländischen Bankwesens haben sich bis zum Ausbruch des Krieges nicht abgespielt. Zu erwähnen ist nur die Gründung der Hollandsche Bank voor Zuid-Amerika in Amsterdam durch die Gruppe der Rotterdamsche Bankvereeniging unter Beteiligung der Nederlandsche Handel Mij. Diese Bank wurde mit einem Kapital von ƒ 4 Mill. gegründet und errichtete in Buenos Aires eine Filiale.

LITERATUR.

Het A. B. C. van den Amsterdamschen Effectenhandel. Amsterdam 1911 (zitiert. „A. B. C.")

J. Ackersdijck, Iets over het ontwerp eener zoogenaamde Giro- of Handelsbank; ... Rotterdam 1839.

A. van Assen, De Nederlandsche Bank tegenover den Staat, den Handel en de Credietinstellingen hier te lande. den Haag 1881.

J. F. B. Baert, Mededeelingen betreffende de Nederlandsche Bank in „Staatskundig en Staathuishoudkundig Jaarboekje" I. 1864. II. 1869. III. 1877, IV. 1882 und in „Bijdragen van het Stat. Instituut". 1886 (zitiert „Mededeelingen")

N. P. v. d. Berg. de Regeling van de Bankbiljetten-emissie hier te lande. 3e Reeks deel XII der Verslagen der kon. Academie van Wetenschappen. Amsterdam 1896 (zitiert „Regeling")

—— Munt- Crediet- en Bankwezen, Handel en Scheepvaart in Nederlandsch Indië. den Haag 1907 (zitiert „Munt- Crediet- en Bankwezen")

G. M. Boissevain, Prae-Advies..... (Bankwet). Amsterdam 1902 (zitiert „Prae-advies")

—— Muntwezen und

—— Bankwezen I in „Nederland in den aanvang der XXe Eeuw." Leiden 1910 (zitiert „Eeuw".)

—— 's Rijkschatkist en de Nederl. Bank. Economist 1911 S. 121 ff.

R. W. Boissevain, de Toekomst van den Cheque in Nederland. Amsterdam 1908.

R. v. d. Borght, Art. Niederländische Bank im Handwörterbuch der Statswissenschaften 3. Aufl. Bd. II.

—— Ueber holländische Notenbankpolitik im Vergleich mit der englischen und deutschen im Jahrbuch f. vergl. Rechtsw. und Volkswirtschaftslehre L. III. Jahrg. 1897 I. Abt.

—— History of Banking in the Netherlands, in „The History of Banking in all the Leading Nations." vol. IV. Newyork 1897 (zitiert „History")

D. Bos. Prae-Advies.... (Bankwet). Amsterdam 1902.
J. Bruinwold Riedel, de Nutsspaarbanken in Nederland 1817—1908. Utrecht 1909.
J. T. Buijs, Voorlezingen over de circulatie-banken, Haarlem 1856.
—— een gevierd monopolie, in „de Gids" 1863 III.
—— De Hypotheekbank. Haarlem 1861.
H. G. F. Christmann, Inrichting en werking van Hypotheekbanken. Diss. Amsterdam 1903.
Encyclopédie Méthodique, Abt. Commerce, Tome II. 2 p. 555 Les caissiers.
Th. Eveking, de Kassier in verband met Art. 74 en 75 W. v. K. Diss. Leiden 1888.
F. Frost, Agrarverfassung und Landwirtschaft in den Niederlanden. Aus „Berichten über Land- und Forstwirtschaft im Ausland" H. 12 Berlin 1906.
C. V. Gerritzen, de Nederlandsche Bank, haar verleden en haar toekomst. Amsterdam 1887.
Eene Halve Eeuw. 1848—1898. (Zitiert: „halve Eeuw") Band I. Aufsätze über
Landbouw en Veeteelt, von C. J. Sickesz van de Cloese und F. B. Löhnis.
Handel en Nijverheid von J. H. H. Hülsmann.
De ontwikkeling der Volkswelvaart, von S. D'Aulnis de Bourouill.
Otto Hübner, Die Banken. Leipzig 1854. 2 Bde.
J. H. H. Hülsmann, Eenige opmerkingen over Staatsbemoeing met den Effectenhandel, Ansterdam 1898.
Internationale Crediet- en Handelsvereeniging „Rotterdam". Gedenkboek 1863—1913 o. J.
Ph. Kalkmann, Hollands Geldwesen im 19. Jahrhundert in Schmollers Jahrbuch 25. Jahrg. 1901 S. 1223—56.
Kamer van Koophandel en Fabrieken te Amsterdam Verslagen 1905 ff.
Kamer van Koophandel en Fabrieken te Rotterdam Verslagen 1905 ff.
Elias Luzac, Hollands Rijkdom, Leiden 1780 4 Bände.
Th. H. A. M. v. d. Marck, Gedenkschrift bij het 12½ jarig bestaan der Coöp. Centr. Boerenleenbank te Eindhoven. Roermond 1911.

— De l'organisation du Crédit Rural aux Pays-Bas, Gand. o. J.
W. C. Mees, Proeve eener geschiedenis van het Bankwezen in Nederland, gedurende de tijd der Republiek. Rotterdam 1838. (Zitiert „Proeve")
—— Mededeelingen omtrent de Nederlandsche Bank im Staatskundig en Staathuishoudkundig Jaarboekje 1852.
E. M. Meijers, Landbouwcoöperatie in Nederland. Amsterdam 1907.
H. E. Moltzer, Bijdrage tot de geschiedenis van de Nederlandsche Bank in cijfers. Im „Staatkundig en Staathuishoudkundig Jaarboekje" 1864.
Gust. H. Müller, Rapport Consulaire sur l'année 1909. Rotterdam 1910.
Nederland in den aanvang der XXe Eeuw. Leiden 1910 (zitiert „Eeuw") Aufsätze über
Nederland uit aardrijkskundig oogpunt von H. Blink.
Staatsbestuur von L. J. Plemp van Duiveland.
Land-, Tuin- en Boschbouw von F. B. Löhnis.
Nijverheid von Ph. J. Ketner.
Handel- en Scheepvaart von A. B. Cohen Stuart.
Spoorwegen von P. Elias.
De Nederlandsche Volkswelvaart, von C. A. Verijn Stuart.
Muntwezen von G. M. Boissevain.
Bankwezen I von G. M. Boissevain.
Bankwezen II von J. P. v. Tienhoven.
Nederlandsch-Indische Handelsbank 1863—1913. Amsterdam o. J.
De Nederlandsche Bank. Verslagen 1888/9—1913/14.
—— Beschrijving van haren werkkring. Amsterdam 1909.
—— Reglement v. d. Bijbank en de Agentschappen. Amsterdam 1905.
—— Wet en Statuten 1863, 1888, 1903.
v. Nierop & Baaks Namlooze Vennootschappen, Jaarg. 1882—1913 (zitiert „v. Nierop N. V.")
van Oss' Effektenboek. Jaargang 1909 ff.
R. H. Inglis Palgrave, Bank rate and the Money Market. London 1902.
N. G. Pierson. Leerboek der Staathuishoudkunde 2. Aufl. Band I. 1902

—— de toekomst der Nederlandsche Bank , Haarlem 1863

Rapport betreffende het Landbouwcrediet in Nederland, uitgebracht door de Staatscommissie voor den Landbouw v. 1906. den Haag 1911 (citiert „Rapport").

M. van Regteren Altena, A. F. van Hall, D. W. H. Patijn, Tijdaffaires aan de Amsterdamsche beurs. Amsterdam 1904.

C. Rozenraad, Prae-Advies.... (Bankwet). Amsterdam 1902.

W. F. Schimmel, Geschiedkundig overzicht v. h. Muntwezen in Nederland. Diss. Amsterdam 1882.

Georg Schmidt, Der Einfluss der Bank-und Geldverfassung auf die Diskontopolitik im deutschen Reich, in England, Frankreich Oesterreich-Ungarn, Belgien und den Niederlanden. Leipzig 1910.

Adam Smith, Wealth of Nations, Buch IV. Kap. 3 „Eine Abschweifung über die Depositenbanken, namentlich diejenige Amsterdams" Stöpelsche Ausgabe. Band 2 S. 263 ff.

J. P. van Tienhoven, Bankwezen II in Nederland in den aanvang der XXe Eeuw. S. 829—842.

H. W. Tijdeman, de Nederlandsche Handel-Maatschappij. Leiden 1867.

Vereeniging v. d. Staathuishoudkunde en de Statistiek, Prae-Adviezen over de vraag, Behoeft onze Bankwet herziening, hetzij in haar stelsel, hetzij in haar onderdeelen? van G. M. Boissevain, Dr. D. Bos en C. Rozenraad. Amsterdam 1902. Verslag over de Algemeene Vergadering, 30 Augustus 1902. Amsterdan 1902.

Vereeniging v. d. Staathuishoudkunde en de Statistiek. Prae-adviezen o. d. vraagen: Welke beteekenis moet worden toegekend aan de coöperatie van kleine ondernemers op het gebied van landbouw, nijverheid en handel? etc. etc. Amsterdam 1907.

P. Verloren, de Verhouding van den Staat tot het Bankwezen. Utrecht 1865.

—— Overzigt der werkzaamheden van eenige Nederlandsche Credietinstellingen, im „Staatskundig en Staathuishoudkundig Jaarboekje" 1866 S. 337 ff. (zitiert „Overzigt").

Verslag over den landbouw in Nederland over 1911. Haag 1912.

G. Vissering, Het oude en het moderne Giroverkeer. Amsterdam 1908 (zitiert „Giroverkeer").

S. Vissering, de Nederlandsche Bank gedurende haar vijftigjarig bestaan. In „de Gids" 1863 II. S. 193 ff.

W. H. Vliegen, Het kapitalisme in Nederland, Soziale Bibliotheek No. 7 Rotterdam, 1906.

P. van Voorst. Hypotheekbanken in „Accountancy" 1911 No. 99—101, 1912 No. 110—113.

W. P. de Vries, Hypotheekbanken. Rotterdam 1911. 1912.

—— Middenstands-Credietbanken. Rotterdam o. J.

W. Westerman, de strijd in den Effectenhandel. de Economist 1905 I. S. 1 ff.

—— Verkeerde toestanden en verouderde gebruiken in het Wisselverkeer. I. de officieele noteering. II. Het uitstel. de Economist 1907 S. 625 ff.

Ontwerpen en Wetten op de Vennootschappen. Deel I. Haag 1910.

Rapport omtrent het wetsontwerp op de N. V. van de Vereeniging van Directeuren v. Hypotheekbanken 1910.

Joh. E. Wolff Ezn, Over het afleveren van fondsen, het prolongatiesystem ter beurze van Amsterdam, en nog wat. Amsterdam 1913.

Statistiken:

Beroepstelling 1909.
Statistiek van het grondcrediet.
Ongevallenstatistiek.
Statistiek der Spaar- en Leenbanken.
Jaarcijfers voor het Koninkrijk der Nederlanden.

Von den Zeitungen und Zeitschriften hauptsächlich:

Algemeen Handelsblad Amsterdam.
Finantieel Weekblad voor den Fondsenhandel.
Amsterdamsch Effectenblad.
Nieuwe Financier en Kapitalist.
Frankfurter Zeitung.
de Economist.
the Economist.
Die Bank.
Volkswirtschaftliche Chronik.
Zeitschrift für Kapital und Rente.

SACHREGISTER.

O.

P.

R.

S.

PERSONENREGISTER.

DIE ERWERBSTAETIGE BEVOELKERUNG (nach der Berufszählung von 1909).

Quellen: J. C.; U. B.

Provinz:	erwerbstätige Bevölkerung. Kl. 1—33	Industrie. Kl. 1—17	Landwirtschaft. Kl. 18	Fischerei. Kl. 19	Handel u. Verkehr. Kl. 20—23	sonstige Erwerbstätige. Kl. 24—33
1.	2.	3.	4.	5.	6.	7.
Noordbrabant ...	261,619	93.496	103,826	837	28,161	35.299
Gelderland	243,097	77.369	92,563	1,212	31,496	40,457
Zuidholland	512,669	189,057	71.575	9,162	126,532	116,343
Noordholland....	428,887	160,477	49.793	5,965	102,145	110,507
Zeeland	88,351	18,913	40,597	2,132	13.737	12,981
Utrecht	108,731	38,143	23,934	795	21,159	24,700
Friesland	136,997	33.503	55.470	1,710	24,667	21,647
Overijssel	161,537	69,039	53,121	1,022	18,578	19.777
Groningen	122,108	36,317	40,154	218	23,274	22,145
Drenthe	63,568	19,266	30,618	43	6,714	6,927
Limburg	134,026	46,802	54.744	95	13,107	19,278
1909	2261,590	782,382	616,395	23,182	409,570	430,061
1899	1923,585	650,574	570,278	22,496	332,225	348,012
1889	1652,729	532,181	524,624	16,650	268,730	310,544

	in % der Gesamtbevölk.	in Prozent der erwerbstätigen Bevölkerung.				
Noordbrabant ...	42,–	35.7	39,8	0,3	10,8	13.4
Gelderland	38,–	31,8	38,1	0,5	13,–	16,6
Zuidholland	36,9	36,9	14,–	1,8	24,6	22,7
Noordholland....	38,7	37.5	11,4	1,4	23,9	25,8
Zeeland	38,–	21,3	46,–	2,4	15,6	14,7
Utrecht	37.7	35.1	22,–	0,8	19,5	22,6
Friesland	38,1	24,5	40,5	1,2	18,–	15,8
Overijssel	42,2	42,8	32,9	0,6	11,5	12,2
Groningen	36,4	29,8	32,9	0,2	19,–	18,1
Drenthe	37.5	30,2	48,2	—	10,6	11,–
Limburg	40,4	34.9	40,9	—	9,8	14,4
1909	38,6	34,6	27,3	1,–	18,1	19,–
1899	37,8	33.7	29,5	1,2	17,2	18,4
1889	36,8	32,1	31,6	1,1	16,2	19,–

TABELLE 2. 2

DER NIEDERLAENDISCHE AUSSENHANDEL.

Quelle: J. C.

Jahr.	Generalhandel		Spezialhandel		Durchfuhr mit Umladung	Durchfuhr ohne Umladung
	Einfuhr	Ausfuhr	Einfuhr	Ausfuhr		
	in Millionen t		in Millionen *f*		in Millionen t	
1.	2.	3.	4.	5.	6.	7.
1872/76 [1])	6,8	3,3	681	516	0,6	0,6
1877/81 [1])	9,1	4,1	834	601	0,3	1,1
1882/86 [1])	11,6	5,8	1,077	823	0,3	1,8
1887/91 [1])	14,1	7,7	1,262	1,086	0,4	2,2
1892/96 [1])	17,6	10,5	1,446	1,177	0,7	3,0
1897/01 [1])	24,8	16,4	1,887	1,601	1,0	4,5
1902	27,8	18,8	2,172	1,828	1,1	5,6
1903	31,7	22,2	2,278	1,951	1,3	6,3
1904	32,0	23,8	2,420	1,986	1,5	6,4
1905	36,4	25,8	2,584	1,994	1,6	7,0
1906	38,5	27,2	2,523	2,084	1,6	7,8
1907	39,7	29,3	2,692	2,212	1,6	7,9
1908	37,7	26,9	2,824	2,181	1,6	7,7
1909	42,1	30,8	3,137	2,455	1,7	9,1
1910	47,6	35,5	3,265	2,632	1,8	10,8
1911	50,9	38,4	3,333	2,732	2,1	11,6
1912	55,9	42,1	3,613	3,113	2,3	12,4
1913	60,5	45,0	3,918	3,083	2,5	13,1

[1]) im Durchschnitt der Jahrfünfte.

DIE BANKGRUPPEN IM JAHRE 1912.

I. Twentsche Bankvereeniging B. W. Blydenstein & Co., Amsterdam.

Filialen: 1 in Amsterdam, Enschede, Almelo, London.

Angegliederte Banken: Wissel- en Effectenbank, Rotterdam.
Bank v. Effecten- en Wisselzaken, den Haag.
Stichtsche Bank, Utrecht.
Sallandsche Bank, Deventer.
Simon Zadoks Bank, Dordrecht.
Rheiner Bankverein, Rheine (Deutschland).
Gronauer Bankverein, Gronau (Deutschland).
Westdeutsche Vereinsbank, Münster (Deutschland).

Freundschaftliche Beziehungen zu:
Hollandsche Crediet- en Depositobank, Mees & Ritsema, Haarlem.
D. A. Wisselink, Alkmaar.
Venlosche Handelsbank, Venlo.
Groninger Bankvereeniging, Schortinghuis & Stikker, Groningen.
Reudink & ten Zeldam, Deventer.
Friesche Handelsbank, Leeuwarden.
Lissesche Bankvereeniging, Lisse.

II. Amsterdamsche Bank, Amsterdam.

Filialen: 2 in Amsterdam, Almelo, Eindhoven, Enschede, Utrecht.

Angegliederte Banken: Noordhollandsch Landbouwcrediet, Alkmaar.
Helmondsche Bank, Helmond.
Heerlener Bank, Heerlen.
Finantieele Mij voor Nijverheidsondernemingen, Amsterdam.

Befreundete Hypothekenbanken: Rotterdamsche Hypotheekbank, Rotterdam.
Noordhollandsch Grondcrediet, Alkmaar.

III. Rotterdamsche Bankvereeniging, Rotterdam.

Niederlassung in Amsterdam.

Beteiligung bei: Determeyer, Wesselingh & Zoon, Amsterdam.

Angegliederte Banken: Nationale Bank, den Haag.
Bank v. Huidecoper & v. Dielen, Utrecht.
A. Bloembergen & Zonens Bank, Leeuwarden.

	Zeeuwsche Landbouwbank, Zierikzee.
Befreundete Hypotheken-Banken etc.:	Nederlandsch-Transatl. Hypotheekbank.
	Nationale Bank voor belaste waarden, Amsterdam.
	Rotterdamsche Scheepshypotheekbank.

IV. INCASSO-BANK, AMSTERDAM.

Filialen in: 1 in Amsterdam, Almelo, Rotterdam.

Befreundete Hypothekenbanken:	Oranje-Nassau Hypotheekbank.
	Holland-Argentinië Hypotheekbank.
	Mij voor Hypothecair Crediet Holland-Mexico.
	Amsterdamsche Scheepshypotheekbank.

Freundschaftliche Beziehungen zu:

T. Goedewaagen & Zonen, Gouda.

V. LABOUCHERE OYENS & CO'S BANK, AMSTERDAM.

Filialen: Arnhem, 's Gravenhage, Haarlem, Tilburg, Utrecht, Zandvoort, Zeist.

Angegliederte Banken: Dordtsche Bank, Rotterdam.

Freundschaftliche Beziehungen zu:

Erven B. L. C. de Haans Bank, Leeuwarden.

Befreundete Hypotheken-Banken etc.:	Nederlandsche Spaarkas, Amsterdam.
	Holland-La Plata-Hypotheekbank.

TABELLE 4.

DIE KAPITALIEN DER KONZERNBANKEN. (1911)
(in Tausend Gulden.)

Quelle: v. N. N. V.

	Kapital		Reserven.	Bilanzsumme.
	emittiert.	eingezahlt.		
TWENTSCHE BANKVEREENIGING.				
angegliederte Banken:				
Wissel- en Effectenbank	2,020	2,020	149	9,783
Bank v. Effecten- en Wisselzaken	750	750	213	7,780
Stichtsche Bank	400	400	66	2,537
Sallandsche Bank	500	500	120	2,423
Simon Zadoks Bank............	200	200	8	1,139
1911	3,870	3,870	556	23,662
1910	3,870	3,870	507	21,301
ROTTERDAMSCHE BANKVEREENIGING.				
angegliederte Banken:				
Bank. v. Huidecoper & v. Dielen ..	500	500	50	3,601
Nationale Bank	750	750	270	6,867
A. Bloembergen & Zonen's Bank	520	520	37	1,836
Zeeuwsche Landbouwbank	20	20	8	?
1911	1,790	1,790	365	12,304
1910	1.774	1,774	324	10,535
AMSTERDAMSCHE BANK.				
angegliederte Banken:				
Noordhollandsch Landbouwcrediet .	1,500	1,500	238	10,554
Heerlener Bank	300	100	34	1,038
Helmondsche Bank.............	200	100	48	751
1911	2,000	1,700	320	12,243
1910	2,000	1,700	301	11,069
LABOUCHERE OYENS & CO'S BANK.				
angegliederte Banken:				
Dordtsche Bank	1,000	1,000	100	5,226
1911	1,000	1,000	100	5,226
1910	1,000	1,000	75	5,204
INCASSOBANK.				
angegliederte Banken	—	—	—	—
Summe aller vier Gruppen:				
1911	8,660	8,360	1,341	53,435
1910	8,644	8,360	1,207	48,108
1909	7,975	7,875	933	43,135

TWENTSCHE BANKVEREENIGING B. W. BLYDENSTEIN & Co, AMSTERDAM.[2])

Quelle: Versl.

	in Tausend Gulden.											
	Kapital	Reserven	Effekt. Depot der Aktionäre	Kasse, Bankguthaben, Wechsel, Report	Effekten und Konsort.	Vorschüsse d. Creditver.	Vorschüsse gedeckt	Vorschüsse blanko	Depositen u. Kreditor.	Akzepte	Reingew.	Dividende in %
1.	2.	3.	4.	5.	6.	7.	8.	9.	10.	11.	12.	13.
1864	[1]) 410			1052	55		822		1031	861	37	
1865	450			1719	38		410		1619	523	26	
1866	460			1599	53		911		1444	1056	62	
1867	530			1338	45		1658		1289	1685	66	10
1868	757			2207	34		1829		2037	1949	59	7
1869	831			2291	32		2404		2260	2334	90	7
1870	953			2674	—		2470	466	2309	3145	155	11
1871	2720	7		5940	—	586	2618	356	3237	4659	280	$7^9/_{20}$
1872	4065	59		7125	290	870	3265	1159	3752	6547	449	$7^3/_4$
1873	5224	159		6964	—	1185	4137	989	3761	6241	344	6
1874	5059	209		7668	—	1007	4632	1118	4456	7194	325	6
1875	5049	250		7988	—	949	4799	872	5343	6427	362	6
1876	4966	306		5986	—	1440	4397	1183	4685	6246	332	$5^7/_8$
1877	4932	358		6292	—	1484	3547	1102	5132	5089	440	$6^1/_2$
1878	4942	442		5588	—	1959	3960	827	5102	5719	375	6
1879	5012	511		5820	—	1868	3347	816	5254	4859	452	$6^1/_2$
1880	5063	606	1352	5732	—	1728	5498	1615	6136	6572	523	$6^3/_4$
1881	8297	983	1943	8531	—	2314	6060	1539	6447	6605	762	8
1882	8412	1201	2033	8466	—	3111	7948	1265	8803	6891	678	$6^1/_2$
1883	8440	1295	2414	8957	—	4112	7870	1264	8531	8408	81	5
1884	8426	889	2553	8384	284	3704	5761	2010	6305	6489	481	5
1885	7532	910	1741	8677	33	3230	5216	2132	6224	6433	546	6
1886	7493	929	1697	7787	90	3690	5072	1819	6170	5556	558	6
1887	7519	954	2079	7381	537	3454	6754	1952	7004	6144	689	$6^1/_4$
1888	7511	1005	2212	9793	526	3078	6962	1331	8064	6562	767	$6^3/_4$
1889	7533	1087	2568	10113	770	3575	8470	1026	8163	8519	831	7
1890	7518	1186	2964	9895	396	3915	10662	734	8911	9911	850	7
1891	7538	1316	2990	11885	388	3201	12759	1243	10158	12145	849	$6^7/_8$
1892	7573	1400	3481	12488	531	3689	10983	734	10925	10098	641	$6^1/_8$
1893	7598	1437	3954	11306	644	3707	11719	744	9604	11038	714	$6^1/_4$
1894	7618	1487	4250	10504	1477	3498	11997	1311	9932	11391	753	$6^5/_8$
1895	7649	1625	5065	14124	1484	4326	10735	896	12622	11547	952	7

[1]) Nichteingezahltes Garantiekapital; als Betriebskapital dienten 1861—1870 die Depositen der Kommanditisten.

[2]) für die Jahre 1861—1863 wurde keine Bilanz veröffentlicht.

	in Tausend Gulden.						Vorschüsse					
	Kapital	Reserven	Effekt. Depot der Aktionäre	Kasse, Bankguthaben, Wechsel, Report	Effekten und Konsort.	Vorschüsse d. Credietver.	gedeckt	blanko	Depositen u. Kreditor.	Akzepte	Reingew.	Dividende in %
1.	2.	3.	4.	5.	6.	7.	8.	9.	10.	11.	12.	13.
1896	7924	1640	6228	10650	3235	4522	10244	1065	12213	9652	740	$6^3/_8$
1897	7946	1694	6731	10539	3159	5586	11117	1094	12987	10780	911	$7^1/_2$
1898	7991	1815	7705	13940	2265	5780	12583	1397	16180	12316	935	7
1899	10854	2390	8590	17852	985	6470	13048	1721	17927	10831	994	$6^3/_4$
1900	11029	2518	9309	20607	1333	8391	15948	1794	23061	13376	1394	$7^3/_8$
1901	11402	2714	9465	22859	1609	8822	19477	2255	26669	15414	1585	$7^3/_4$
1902	11636	2950	10209	22563	1789	8998	21055	2425	30669	13161	1295	$6^3/_4$
1903	12738	3120	11103	25610	1282	10176	17593	1816	26322	16367	1233	$6^3/_8$
1904	12997	3270	11093	30264	1908	11580	15593	1373	30082	15695	1325	$6^3/_8$
1905	13191	3419	12898	27582	1639	12894	17923	1591	30134	15639	1539	7
1906	13387	3657	13577	31251	2240	13532	17227	1785	35250	15427	1484	7
1907	13751	3801	13828	29571	2158	14558	19825	2113	34090	18698	1778	$7^1/_4$
1908	13762	3976	14626	35631	2768	14052	18109	2392	39689	17429	2248	$7^1/_2$
1909	14436	4901	16104	38638	2463	14049	17550	1424	38786	17845	2038	$7^1/_2$
1910	15330	5237	17712	37698	3198	15145	19803	1808	42225	17247	2019	$7^1/_2$
1911	15664	5623	19077	43469	2313	17183	22100	2705	47495	22040	1823	$6^3/_4$
1912	15213	5901	20206	42410	1740	20227	25163	2631	48563	23731	1928	7
1913	15221	6497	22410	41531	4378	22953	28786	3615	52480	27007	2153	$7^1/_2$

TWENTSCHE BANKVEREENIGING.

I. HAUPTNIEDERLASSUNG AMSTERDAM.

Quelle: Versl.

am 31. December.	in Tausend Gulden.				
	1908.	1909.	1910.	1911.	1912.
Kasse	389	651	503	218	1 067
Wechsel, Coupons, Floaters	13,157	10,098	13,681	14,585	14,259
Bankguthaben	3,160	2,374	2,821	2,283	4,493
Prolongationen gegeben	16,056	17,968	16,664	15,788	13,929
Consortialbeteiligungen	358	399	313	400	363
Vorschüsse gegen Unterpfand	7,899	7,507	9,241	11,474	13,546
Vorschlüsse gegen Warenverschiffungen	850	835	1,249	1,349	1,152
Akzeptdebitoren (3 deutsche Banken)	860	816	593	829	797
Kontokorrentdebitoren	810	310	191	871	558
Gebäude	605	ca 600	ca 750	ca 730	ca 700
Bilanzsumme	44,144	41,558	46,006	48,527	50,864
Versicherungsreserve	207	218	229	233	224
Depositen	8,906	9,737	10,175	10,281	11,054
Depositen a/Prolongation	5,727	6,007	7,619	8,642	8,010
Kassiers	1,658	—	3,817	720	—
Kontokorrentkreditoren	12,172	10,342	11,031	13,554	13,409
Akzepte	3,965	4,484	3,758	5,706	5,527
Prolongationen genommen	2,400	800	3,000	4,950	5,150
Betriebskapital	9,109	9,970	6,377	4,441	7,490
Bilanzsumme	44,144	41,558	46,006	48,527	50,864

II. KREDITVEREIN.

am 31. Dezember.	in Tausend Gulden.				
	1908.	1909.	1910.	1911.	1912.
Debitoren	15,647	15,018	16,145	17,886	20,227
Einzahlungen d. Mitglieder	1,361	1,400	1,444	1,589	1,725
Reservefonds	1,429	1,520	1,581	1,683	1,818
Akzepte	6,721	5,433	5,455	7,009	7,916
Diskontierte Promessen	1,595	970	1,000	703	1,745
Kreditoren	832	464	916	882	1,011
Betriebskapital	3,709	5,231	5,749	6,020	6,012
Bilanzsumme	15,647	15,018	16,145	17,886	20,227

III. NIEDERLASSUNG IN LONDON.

am 31. Dezember.	1908.	1909.	1910.	1911.	1912.
Kasse	1,045	1,097	1,189	876	1,222
Wechsel u. Floaters	5,061	5,694	7,840	11,411	9,323
Bankguthaben	299	757	289	393	674
Prolongationen gegeben	2,663	4,447	4,589	3,068	2,602
Consortialbeteiligungen	35	—	—	10	11
Vorschüsse	4,400	4,609	3,920	3,265	3,555
Vorschüsse a/Konsignationen	2,253	2,156	2,167	2,476	2,542
Akzeptdebitoren (3 deutsche Banken)	213	370	362	404	910
Debitoren	200	187	110	123	69
Gebäude	43	42	160	351	395
Bilanzsumme	16,212	19,359	20,626	22,377	21,303
Kreditoren	2,992	2,608	2,457	3,206	3,292
Akzepte	6,143	7,553	7,120	8,455	8,972
Prolongationen genommen	3,993	5,397	5,203	1,936	2,359
Betriebskapital	3,084	3,801	5,846	8,780	6,680
Bilanzsumme	16,212	19,359	20,626	22,377	21,303

(umgerechnet 1 £ = 12 Gulden.)

	1908.	1909.	1910.	1911.	1912.
Weitergegebene Floaters	7,162	14,407	10,875	12,437	63,394
Weitergegebene Wechsel	32,704	36,507	49,569	47,850	
Zusammen	39,866	50,914	60,444	60,287	63,394

IV. NIEDERLASSUNGEN IN TWENTE.

am 31. Dezember.	in Tausend Gulden.				
	1908.	1909.	1910.	1911.	1912.
Kasse	154	154	161	100	214
Wechsel	296	301	670	967	963
Bankguthaben	1,101	1,108	1,063	1,134	1,026
Prolongationen gegeben	301	184	248	252	145
Vorschüsse	2,706	2,443	3,227	3,535	4,368
Debitoren	1,383	927	1,506	1,712	2,005
Gebäude	120	ca 136	ca 181	ca 155	ca 140
Guthaben b/d Zentrale	3,598	4,749	3,885	3,944	4,242
Bilanzsumme	9,659	10,002	10,941	11,799	13,103
Depositen	3,873	4,401	4,680	5,036	5,141
Prolongationen genommen	142	405	352	421	1,033
Kreditoren	5,045	4,821	4,995	5,473	5,612
Akzepte	599	375	914	869	1,317
Bilanzsumme	9,659	10,002	10,941	11,799	13,103

V. DIE FINANZIELLEN BEZIEHUNGEN DER NIEDERLASSUNGEN ZUR ZENTRALE.

am 31. Dezember.	in Tausend Gulden.				
	1908.	1909.	1910.	1911.	1912.
Betriebskapital für Amsterdam	9,109	9,970	6,377	4,441	7,490
Betriebskapital für London	3,084	3,801	5,846	8,780	6,012
Betriebskapital für den Kreditverein	3,709	5,231	5,749	6,020	6,680
Effektendepot d. Aktionäre	1,339	1,339	1,639	1,639	1,639
Beteiligungen	1,008	1,038	1,088	1,280	1,305
Effektenbesitz	2,374	2,064	2,885	1,903	1,366
Saldo d. zu liefernden u. zu empfangenden Effekten	321	—	54	—	—
Bilanzsumme	20 944	23,444	23,638	24,063	24,492
Kapital	12,401	13,036	13,886	14,075	13,488
Reservefonds	2,341	3,162	3,427	3,707	3,858
Pensionsfonds	356	369	421	466	519
Guthaben von Twente	3,598	4,749	3,885	3,944	4,242
Saldo d. zu liefernden u. zu empfangenden Effekten	—	90	—	48	457
Reingewinn	2,248	2,038	2,019	1,823	1,928
Bilanzsumme	20,944	23,444	23,638	24,063	24,492

VI. ZUSAMMENGEZOGENE BILANZ DER GESAMTUNTERNEHMUNG.

am 31. Dezember.	in Tausend Gulden.				
	1908.	1909.	1910.	1911.	1912.
Aktiva in Amsterdam ..	44,144	41,559	46,006	48,528	50,864
Aktiva in London	16,212	19,359	20,626	22,377	20,227
Aktiva in Twente	6,061	5,254	7,056	7,855	8,861
Aktiva d. Kreditvereins .	15,647	15,019	16,145	17,886	21,303
Effektendepot der Aktionäre	1,339	1,339	1,639	1,639	1,639
Beteiligungen	1,008	1,038	1,088	1,280	1,305
Effektenbesitz	2,374	2,064	2,885	1,903	1,366
Saldo d. zu liefernden u. zu empfangenden Effekten	321	—	54	—	—
Bilanzsumme	87,106	85,632	95,499	101,468	105,565
Passiva in Amsterdam .	35,035	31,588	39,629	44,086	43,374
Passiva in London	13,127	15,558	14,780	13,597	14,623
Passiva in Twente	9,658	10,003	10,941	11,799	13,103
Passiva des Kreditvereins	11,937	9,787	10,396	11,867	14,215
Kapital	12,401	13,036	13,886	14,075	13,488
Reservefonds	2,340	3,162	3,427	3,707	3,858
Pensionsfonds..........	356	369	421	466	519
Saldo d. zu liefernden u. zu empfangenden Effekten	—	91	—	48	457
Reingewinn	2,248	2,038	2,019	1,823	1,928
Bilanzsumme	87,106	85,632	95,499	101,468	105,565

EFFEKTENLEIHDEPOT.

am 31. Dezember.	14,626	16,104	17,712	19,077	20,206

I. MONATSAUSWEIS DER AMSTERDAMER NIEDERLASSUNG

Kapital u. Reserven der Londoner Niederlassung	ƒ 6,249,000	
Anteile und Leihdepot Wissel- en Eff. Bank Rotterdam	„ 629,000	
		ƒ 6,878,000
Effektendepot		„ 21,276,000
Kasse, Wechsel und Coupons		„ 13,539,000
Bankguthaben		„ 3,629,000
3 deutsche Tochterinstitute für Akzepte		„ 605,000
Prolongationen		„ 15,219,000
Vorschüsse auf Warenverschiffungen		„ 1,135,000
Vorschüsse gegen Pfand, Bürgschaft und Debitoren		„ 13,617,000
Debitoren des Kreditvereins		„ 17,173,000
Effekten und Consortien		„ 1,436,000
Gebäude		„ 711,000
		ƒ 95,218,000

II. BILANZ DER FIRMA B. W.

am 31 De-

Dr.

Capital Account		£ 500,000,—,—
Reserve Fund		„ 125,000,—,—
Bills Accepted		„ 1,020,573,13, 9
Rebate on Bills not due		„ 44,255,12, 5
Loans against Securities (part of the assets as per Contra) Deposits and Credit Balances including Profit and Loss-account		„ 6,544,281,13, 7
Liabilities on Bills Rediscounted and guarantees		
English	£ 1,537,944,—,—	
Foreign	„ 195,498,—,—	
	£ 1,733,442,—,—	
		£ 8,234,110,19, 9

DER TWENTSCHE BANKVEREENIGING VOM 30. SEPTEMBER 1912.

Kapital	ƒ 12,880,000	
Kapital des Kreditvereins (Einzahlung)	„ 1,705,000	
Reserven	„ 3,758,000	
Reserven des Kreditvereins	„ 1,748,000	
		ƒ 20,091,000
Effektendepot		„ 20,290,000
Pensionsfonds		„ 482,000
Depositen		„ 11,203,000
Depositen auf Prolongationsbedingungen		„ 9,465,000
Saldo der zu liefernden u. zu empfangenden Effekten		„ 967,000
Kreditoren im Kontokorrent		„ 14,539,000
Kreditoren der Kreditvereins		„ 878,000
Saldo der Filialrechnungen		„ 4,681,000
Schulden an Kassiers		„ 302,000
Akzepte		„ 11,634,000
Verschiedene Rechnungen		„ 686,000
		ƒ 95,218,000

BLYDENSTEIN & Co., LONDON.

zember 1913.

Cr.

Balances at Bankers and Cash on Hand		£ 361,183,18, 3
Coupons due		„ 8,256, 8, 4
Bills receivable		
English	£ 4,748,238, 5,10	
Foreign	„ 61,832, 1, 1	
		„ 4,810,070, 6,11
Government Stock, India Bonds, Municipal Stock and India Government Guaranteed Railway Debent		„ 1,792,726,11, 1
Debentures and Shares		„ 86,489,13, 8
Balances to debit in Acc. Curr.		
Secured	£ 377,615,10, 7	
Not secured	„ 39,524,8, 5	
		„ 417,139,19,—
Advances against Stocks		„ 117,350, 1,10
Advances against consignment		„ 249,501,15, 9
Advances for Account of Bankers abroad against shipping documents sent to them for third parties		„ 360,029, 6,11
Premises 52/55/56. Threadneedle street		„ 31,362,18,—
		£ 8,234,110,19, 9

DIE BILANZEN DER AMSTERDAMSCHE BANK.

Quelle: Versl.

	in Tausend Gulden.									
	1872.	1882.	1890.	1895.	1900.	1905.	1910.	1911.	1912.	1913.
Kasse und Kassiers	2,261	654	1,242	1,220	1,142	1,526	1,916	1,806	5,570	5,206
Wechsel	1,725	2,935	6,052	4,512	6,542	6,667	8,141	10,260	11,506	15,750
Prolongationen	2,622	1,671	1,704	9,386	5,389	14,506	15,772	18,896	16,226	22,966
Effekten	1,277	254	1,019	2,469	1,171	3,095	2,821	3,353	2,861	3,661
Beteiligungen	1,963	—	—	200	203	450	326	291	465	490
Konsortien	1,462	498	760	822	362	1,299	407	644	333	835
Immobilien	102	120	50	40	362	275	375	475	450	475
Avale	—	540	280	769	359	302	712	2,716	3,477	5,329
zu liefernde Effekten	—	—	—	—	—	613	449	177	437	282
Diverse Debitoren	5,899	7,794	9,552	8,716	12,820	15,809	20,647	23,974	29,489	31,576
	17,312	14,468	21,023	29,442	28,599	44,602	51,566	62,592	70,816	86,572
Aktienkapital	10,000	6,000	6,000	6,000	6,000	6,000	8,000	10,000	12,500	15,000
Reserven	—	647	1,075	1,415	1,915	2,465	4,215	5,055	7,075	8,895
Akzepte	3,318	3,183	5,853	2,674	4,157	4,362	3,029	6,059	6,415	7,906
Avale	—	540	280	769	359	302	712	2,716	3,477	5,329
zu empfang. Effekten	—	—	—	—	—	300	682	203	314	305
Depositen	}	}	1,779	2,098	3,034	10,033	13,612	12,816	13,799	14,740
Prolongat. f. Dritte	} 3,506	} 3,473	—	4,851	2,560	5,000	5,574	8,897	7,134	8,332
Diverse Kreditoren	}	}	4,650	9,369	9,478	15,216	14,407	15,368	18,403	24,089
Reingewinn	488	625	759	797	766	920	1,323	1,477	1,688	1,975
	17,312	14,468	21,023	29,442	28,599	44,602	51,566	62,592	70,816	86,572

Tabelle 9.

DIE GEWINNE DER AMSTERDAMSCHE BANK.

Quelle: Versl.

	in Tausend Gulden.								
	1905.	1906.	1907.	1908.	1909.	1910.	1911.	1912.	1913.
Zinsenkonto	397	568	854	652	648	998	1,003	1,249	1,487
Provisionskonto	352	373	373	427	488	546	518	611	672
Wechselkonto	}	}	263	188	252	170	199	185	240
Effektenkonto	571	525	—	234	284	168	216	230	162
Konsortialkonto	}	}	5	51	67	120	81	51	—
Rohgewinn einschl. Vortrag	1,347	1,491	1,521	1,579	1,772	2,031	2,124	2,432	2,671
Unkosten u. Abschreibungen	426	440	549	515	566	598	646	744	696
Reingewinn	921	1,051	972	1,064	1,206	1,333	1,478	1,688	1,975
Reingewinn in % des Rohgewinnes	68,22	70,54	63,88	67,34	68,14	65,66	69,72	69,45	62,15
Dividende in %	10,—	11,—	8½	9,—	10,—	10,—	9½	11,—	10½

ROTTERDAMSCHE BANK (-VEREENIGING).

Quelle: Versl.

I. DIE BILANZEN.

	in Tausend Gulden.								
	1905.	1906.	1907.	1908.	1909.	1910.	1911.	1912.	1913.
Kasse u. Bankguthaben	2,355	2,048	2,455	3,085	3,413	4,646	5,425	11,639	17,808
Wechsel	7,603	5,436	6,501	6,594	6,999	7,009	12,401	16,456	18,180
Effekten	—	—	—	—	—	—	1,983	1,995	3,422
Prolongationen und Effektenvorschüsse	1,661	2,771	2.104	868	1,045	2,145	8,296	12,678	31,732
Debitoren	9,684	9,943	12,888	12,460	14,460	15,787	29,681	34,754	42,904
Avale	—	—	—	—	—	—	3,902	3,003	3,361
Konsortialbeteiligung	663	797	770	282	622	735	1,511	2,377	3,368
Gebäude	144	174	172	150	100	100	362	834	1,330
Sonstige Aktiva	—	—	—	—	2,165	23	42	63	1,301
Bilanzsumme	22,111	21,168	24,891	23,438	28,714	30,462	63,604	83,801	123,408
Aktienkapital	6,000	6,000	6,000	6,000	7,500	7,500	14,000	20,000	30,000
Reserven	1,260	1,270	1,270	1,300	1,860	1,900	3,250	5,209	7,664
Akzepte	3,347	2,180	4,362	3,791	4,434	4,068	9,131	12,008	15,933
Prolong. f. Dritte	—	—	—	383	694	1,909	2,532	3,838	10,023
Kreditoren }	10,841	10,976	12,504	11,194	13,431	14,060	22,121	29,626	44,494
Depositen }							6,652	7,380	8,241
Sonstige Passiva	259	273	287	287	299	377	399	432	976
Reingewinn	471	551	544	577	598	813	1,614	2,304	2,715
Dividende in %	6½	7½	7½	7½	7½	8	8	8	8

II. DIE UMSAETZE DER ROTTERDAMSCHE BANK.

Quelle: Versl.

Jahr.	in Tausend Gulden.					
	Kasse.	Wechsel.	Devisen.	Effekten.	Akzepte.	Total.
1890	94,000	101,300	68,800	7,200	39,600	310,900
1891	101,300	113,500	73,300	6,600	47,400	342.000
1892	102,300	116,200	74,500	9,800	50,300	353,100
1893	104,100	114,100	72,600	6,400	52,800	350,000
1894	101,500	115,400	70,000	5,700	50,500	343,100
1895	105,100	126,200	75,500	6,000	47,600	360,400
1896	109,900	129,200	74,900	6,200	54,900	375,100
1897	119,500	131,400	84,700	6,500	57,700	399,800
1898	131,700	141,700	97,700	9,000	64,700	444,800
1899	150,500	159,700	112,300	11,800	73,800	508,100
1900	163,600	213,100	166,800	16,000	82,300	641,800
1901	166,000	219,300	163,200	12,200	82,900	643,600
1902	179,000	241,000	175,700	11,200	84,100	691,000
1903	171,400	224,200	159,500	12,400	79,800	647,300
1904	170,600	203,000	161,700	14,200	74,400	623,900
1905	191,300	212,500	176,200	15,800	85,000	680,800
1906	212,600	226,700	187,500	19,400	92,700	738,900
1907	238,200	218,000	170,700	16,300	102,700	746,000
1908	265,800	229,100	173,900	17,000	99,800	785,700
1909	276,700	243,800	193,200	21,100	107,200	842,400
1910	309,000	258,300	220,900	25,800	110,200	924,200

DIE BILANZEN DER INCASSOBANK.

Quelle: Versl.

	in Tausend Gulden.										
	1895.	1900.	1905.	1906.	1907.	1908.	1909.	1910.	1911.	1912.	1913.
Kasse u. Banken	48	1,357	1,076	1,780	1,552	1,634	1,878	1,889	1,884	2,288	3,472
Wechsel	634	2,100	2,004	2,357	4,251	2,906	1,688	3,005	3,539	4,312	3,886
Prolongationen u. Effektenvorschüsse [1])	—	4,176	5,599	8,352	8,567	8,540	11,374	12,014	10,999	11,358	16,167
Debitoren [1]) ...	233	5,536	11,520	16,147	8,627	7,376	8,754	10,764	13,226	14,127	14,075
Effekten u. Konsortien	50	10	96	157	299	41	239	864	1,122	1,624	1,271
Bilanzsumme ..	966	13,280	20,835	29,379	23,950	22,909	24,752	29,160	31,504	34,757	39,901
Aktienkapital ..	500	4,000	5,000	6,000	8,000	8,000	8,000	8,000	8,000	8,000	8,000
Reserven	21	309	551	709	1,038	1,069	1,069	1,122	1,154	1,184	1,216
Depositen [2]) ...	35	821	2,708	3,375	2,302	2,939	3,096	3,994	5,406	6,334	6,114
Prolongationen f. Dritte	—	—	350	2,079	1,348	893	1,711	4,159	2,390	4,691	9,837
Prolongationen .	—	4,310	5,642	5,960	4,133	2,026	2,635	800	2,155	2,278	410
Akzepte	4	735	2,023	4,218	2,773	1,933	2,048	2,499	3,159	3,995	3,806
Kreditoren	368	2,668	3,297	5,016	3,444	4,444	5,361	6,668	7,230	7,253	7,544
Bilanzsumme ..	966	13,280	20,835	29,379	23,950	22,909	24,752	29,160	31,504	34,757	39,901

[1]) Bis 1906 einschliesslich wurden die Vorschüsse auf Effekten unter Debitoren gebucht.
[2]) Einschliesslich der Depositen gegen Unterpfand.

DIE GEWINNE DER INCASSOBANK.

Quelle: Versl.

Jahr.	in Tausend Gulden.					Divi- dende.
	Inkasso und Provision.	Zinsen.	Effektenkommission, Arbitrage und Emissionen.	Devisen.	Unkosten.	
1891	3,6	4,0			3,3	4 %
1892	7,6	9,8		0,6	7,9	$5\frac{1}{2}$ %
1893	11,4	13,1		1,3	11,7	$5\frac{1}{2}$ %
1894	13,6	17,9		1,6	12,3	6 %
1895	17,2	40,6		1,7	16,2	6 %
1896	24,2	81,4		2,4	23,7	6 %
1897	32,4	90,4	41,4	5,6	58,6	$6\frac{1}{4}$ %
1898	50,7	167,7	53,0	16,0	86,2	$6\frac{1}{2}$ %
1899	60,6	315,2	92,0	24,2	121,5	$6\frac{1}{8}$ %
1900	74,6	341,2	106,6	34,1	142,0	$6\frac{7}{8}$ %
1901	87,0	396,3	183,3	34,9	166,4	7 %
1902	93,9	407,0	125,9	24,6	164,5	$6\frac{1}{4}$ %
1903 [1]	108,3	409,8	92,2	25,7	232,8	$5\frac{1}{2}$ %
1904	140,0	412,1	125,8	28,3	235,5	$6\frac{1}{4}$ %
1905	160,9	447,7	183,5	51,0	263,8	$7\frac{1}{4}$ %
1906	197,4	660,4	184,4	54,5	388,6	8 %
1907 [2]	223,7	864,1	99,5	73,3	431,5	$6\frac{1}{2}$ %
1908	199,9	676,3	129,4	71,2	410,0	$6\frac{1}{4}$ %
1909	205,2	638,0	184,1	86,6	441,6	$6\frac{1}{4}$ %
1910	225,1	788,8	112,2	87,1	480,4	$6\frac{1}{2}$ %
1911 [3]	252,2	771,9	100,9	110,4	501,1	$6\frac{1}{2}$ %
1912	260,3	815,6	88,3	112,4	517,5	$6\frac{1}{2}$ %
1913	264,9	848,9	103,1	115,5	546,2	$6\frac{1}{2}$ %

[1]) Gründung der Niederlassung in Rotterdam.
[2]) „ „ „ „ Almelo.
[3]) „ „ „ Weesperplein.

LABOUCHERE OYENS & Co's BANK.

I. BILANZEN.

Quelle: Versl.

	In Tausend Gulden.									
	1903	1904	1905	1906[1]	1907	1908	1909	1910	1911	1912
Kasse und Kassiers ..	458	1,035	84	877	969	801	959	1,007	1,729	1,075
Wechsel	1,181	474	2,412	1,916	1,794	1,325	2,136	2,090	1,733	1,972
Effekten	328	315	349	1,183	1,424	938	918	992	1,000	1,279
Prolongationen u. Vorschüsse	9,852	8,333	12,405	14,314	13,334	11,215	15,900	15,712	17,076	17,859
Auslandguthaben	411	1,488	1,332	870	926	1,024	1,472	1,574	1,567	1,818
Debitoren	3,964	4,872	4,298	3,351	4,237	4,435	4,033	3,352	3,066	5,643
Avale									328	106
Consortialgeschäfte ...	204	168	678	912	1,293	366	402	619	602	262
zu liefernde Effekten ..		248	462	212	173	394	885	329	419	213
Gebäude u. Möbel	11	10	126	544	722	1,087	1,085	995	950	900
ausstehende Aktieneinzahlung	1,400	1,400								
sonstige Aktiva	5	12	30							
Bilanzsumme	17,814	21,355	25,176	24,179	24,873	21,584	27,792	26,669	28,471	31,128
Kapital	6,000	6,000	6,000	6,000	6,000	6,000	6,000	6,000	6,000	6,000
davon ausgegeben	3,000	3,000	3,000	6,000	6,000	6,000	6,000	6,000	6,000	6,000
Reservefonds		13	30	427	527	527	555	589	622	661
Unterstützungsfonds ..				4	16	17	18	22	26	33
genommene Prolongationen	} 9,288	1,830	1,731	3,232	4,809	2,684	3,059	4,861	5,781	950
Prolongat. für Dritte ..		6,507	7,732	6,232	5,189	5,665	8,167	6,643	6,262	10,305
Tratten	1,191	1,799	923	1,364	2,155	1,092	1,750	1,042	818	1,578
Kreditoren	4,186	4,878	8,091	5,443	5,936	4,988	7,291	6,963	7,902	10,820
zu empfangende Effekten		153	388	192	202	333	607	209	339	239
Sonstige Passiva			1	4	3	3	4	6	5	9
Reingewinn...........	149	175	281	555	36	274	341	333	387	425
Bilanzsumme	17,814	21,355	25,176	24,179	24,873	21,584	27,792	26,669	28,471	31,128

[1]) s. Fussnote auf der folgenden Seite.

II. VERLUST- UND GEWINNRECHNUNG.

	In Tausend Gulden.									
	1903	1904	1905	1906 [1]	1907	1908	1909	1910	1911	1912
Vortrag	16,8	0,2				36,3				
Gewinn auf Wechsel	23,4	42,8	90,7	62,1	58,6	44,6	48,5	45,7	47,7	58,9
Gewinn auf Effekten	32,7	61,5	62,0	74,7		57,4	207,6	124,4	139,2	81,5
Gewinn auf Consort. Geschäfte	21,3	25,7	60,9	241,1		58,8	114,9	100,7	157,1	177,2
Gewinn auf Provisionen	119,0	123,7	151,8	202,3	190,6	188,2	239,6	250,6	220,2	261,9
Gewinn auf Zinsen	90,7	104,4	127,0	368,3	443,3	320,7	232,6	344,1	300,5	351,3
Rohgewinn	304,2	358,5	492,6	948,6	692,7	706,3	843,4	865,7	864,8	930,9
Unkosten u. Steuern	157,0	182,9	176,9	273,6	344,8	356,8	357,8	377,7	390,5	436,5
Abschreibungen auf Gebäude etc.		3,3	35,0	100,0		20,0	114,9	100,0	52,0	54,8
Abschreibungen auf Debitoren				20,0	32,5	25,0	30,0	55,0	35,0	15,0
Abschreibungen auf Consort. Geschäfte					50,0	30,0				
Verlust u. Abschreibung auf Effekten					228,9					
Reingewinn	147,2	172,2	280,7	554,9	36,3	274,4	340,7	333,0	387,2	424,7
Dotierung d. Reserve	12,5	16,5	190,0	100,0		28,0	34,0	33,3	38,70	42,5
Aktionäre	88,0	96,7	151,2	368,9		246,4	278,6	275,8	305,1	325,3
Tantième	17,3	22,1	16,8	53,7			17,9	14,9	27,1	35,6
Gewinn-Anteile	28,9	36,8	8,4	21,4			6,6	5,9	10,8	14,2
Unterstützungsfonds			4,2	10,7			3,3	2,9	5,4	7,1
Dividende in Prozent	5 1/2	6	6	6	—	4	4 1/2	4 1/2	5	5 1/2

[1] Nach Angaben des Berichts 1906 (S. 6) ist die Bilanzierung seit diesem Jahre geändert worden, indem nicht mehr nur die Salden mit den Filialen sondern deren Bilanzen in der Generalbilanz erscheinen.

BUITENLANDSCHE BANKVEREENIGING.

Quelle: Versl.

Jahr.	Kapital. (in Tausend Gulden)	Provisions-gewinne	Zinsen-gewinne	Effekten-gewinne	Rohgewinn.	Reingewinn.	Dividende
1898	100,0	36,2	11,0	44,5	91,7	12,8	9%
1899	250,0	65,8	50,3	29,1	145,2	99,0	12%
1900	500,0	42,3	51,9	78,3	172,6	136,7	12%
1901	750,0	69,2	79,7	98,9	247,9	188,9	33 1/3 % in Aktien.
1902	1000,0	68,5	55,1	92,0	215,7	159,4	9%
1903	1000,0	50,8	36,1	**110,0** [1]	**23,1**	**145,9**	—
1904	100,00	54,1	38,4	49,4	141,9	40,4	4%
1905	1000,0	107,4	62,0	118,3	287,6	188,6	8 1/2 %
1906	1000,0	91,8	72,4	198,3	362,5	289,3	13%
1907	1000,0	50,1	104,6	**56,8**	97,9	**179,8**	—
1908	1000,0	74,5	57,7	**42,7**	89,4	11,3	—
1909	1000,0	28,4	41,0	35,3	104,7	35,3	2 1/2 %
1910	1000,0	13,1	45,9	**119,6**	**60,6**	**184,1**	—
1911	1000,0	9,8	30,2	**251,6**	**211,6**	**450,9**	—

[1]) Die fettgedruckten Zahlen bedeuten Verluste.

DISCONTO- EN EFFECTENBANK.

Quelle: Versl.

	in Tausend Gulden.										
	Kapital	Effekten-Leihdepot	Reserven	Gewinne: Provision u. Inkasso	Gewinne: Zinsen	Gewinne: Effekten	Gewinne: Devisen	Unkosten	Reingewinn	Dividende
1899	360,5	80,0	3,6	18,8	22,3	11,9	2,3	25,8	27,6	$6^{1}/_{2}$%
1900	400,0	95,0	6,3	19,0	31,7	15,5	2,7	30,0	38,1	$6^{3}/_{4}$%
1901	500,0	80,0	14,8	34,2	33,6	34,0	2,8	33,0	70,6	$8^{1}/_{2}$%
1902	554,0	80,0	23,2	28,0	39,6	31,8	2,6	36,1	65,0	$7^{1}/_{2}$%
1903	570,0	125,0	24,9	19,3	35,2	15,9	2,4	33,9	36,2	$5^{1}/_{2}$%
1904	570,0	125,0	29,1	40,8	27,8	16,5	2,6	34,4	50,8	$6^{1}/_{2}$%
1905	604,0	145,0	35,2	50,2	40,4	29,2	2,3	48,5	58,6	$6^{7}/_{8}$%
1906	604,0	145,0	39,3	48,6	48,7	25,5	2,3	62,9	56,7	$6^{3}/_{4}$%
1907	604,0	243,0	43,5	59,9	57,5	14,2	2,8	61,6	59,8	$6^{3}/_{4}$%
1908	604,0	243,0	49,8	90,0	45,7	12,7	2,6	69,1	72,6	$7^{1}/_{2}$%
1909	802,0	253,0	65,5	118,9	50,3	23,3	2,8	84,9	101,2	$7^{3}/_{4}$%
1910	1000,0	270,0	82,4	100,5	86,5	21,6	4,8	87,8	119,8	$7^{1}/_{2}$%
1911	1500,0	270,0	107,5	75,3	106,1	3,9	5,3	100,1	79,7	5 %
1912	1500,0	327,5	115,4	102,4	127,8	22,8	5,4	106,1	143,2	$6^{3}/_{8}$%
1913	1500,0	184,0	133,1	92,4	135,6	9,7	5,8	117,0	126,6	$5^{3}/_{4}$%

DIE UNABHAENGIGEN MITTEL- UND KLEINBANKEN ENDE 1911.

Quelle: v. N. N. V.

	Sitz	in Tausend Gulden.			
		Kapital		Reserve	Bilanz-summe
		emit-tiert	einge-zahlt		
Ad. Ass. Ktoor & Cred. Inst. Het Noorden	R'dam	5	5	—	—
Adm. & Beleeningsbank	A'dam	100	10	—	—
Adm. & Fondsenbank	Haag	65	65	—	—
Alg. Ass. Co & Credietvereeniging	Haag	54	54	—	—
Alg. Bankvereeniging	Haag	229	139	24	359
Alkm. Cred. & Eff. Bank	Alkmaar	200	70	—	—
A'damsch Fondsenkantoor	A'dam	100	55	—	—
Amsterd. Handelsbank	A'dam	300	300	—	—
Bank & Hdlsver. voorh. P. I. Berger	Venlo	600	600	130	—
Bank v. Handel & Belegging	Arnhem	100	100	—	174
Bank v. Handel & Nijverheid	Haag	60	60	—	—
Bank v. Schouwen & Duiveland	Zierikzee	50	50	13	760
Bkierskant. v. Eigbert Veen & Co	Sneek	200	200	23	617
Bkierskant. v. Lissa & Kann	Haag	1,000	1,000	—	—
Bkierskant. v. Mendes Gans & Co	A'dam	500	500	—	—
Bataafsche Cred. Bank	Haag	200	200	—	—
Beemster Bank	Beemster	130	13	25	587
de Beers Eff. & Wisselkantoor	Bodegraven	25	25	—	—
I. Boasson & Zonen's Eff. Kant.	Middelburg	63	63	—	—
Bodegravensche Bank	Bodegraven	100	100	14	1,267
Broekmans Eff. Kantoor	A'dam	25	3	—	—
Buitenlandsche Bankvereeniging	A'dam	1,000	1,000	—	1,766
Commercieele Bank	Haag	300	300	—	1,942
Het Crediet, Bk. v. d. Middenstand	A'dam	6	6	—	—
Credietbank	Alkmaar	165	30	—	—
Discontobank	Haag	100	100	—	246
Disc. & Eff. Bank	A'dam	1,500	1,500	56	6,255
Disconto Maatschappij	R'dam	2,500	2,500	350	7,709
Eff. & Cred. Bank	Haag	100	100	—	—
Eff. & Wisselbk. voorh. Mr. H. M. Wolff	Arnhem	100	100	—	—
Eindhovensche Bankver.	Eindhoven	500	300	—	—
Erven B. L. C. de Haans Bank	Leeuwarden	75	75	8	—
Finantieel Commiss. Ktoor	Haag	30	30	—	—
Uebertrag		10,482	9,653	643	21,682

	Sitz	in Tausend Gulden.			
		Kapital		Reserve	Bilanzsumme
		emittiert	eingezahlt		
Uebertrag		10,482	9,653	643	21,682
Flakkeesche Bank	Sommelsdijk	35	35	—	—
Friesche Handelsbank	Leeuwarden	250	45	123	2,061
Geldersche Bank	Arnhem	311	288	—	—
Geldersche Landbouwbank	Tiel	354	354	19	2,519
Girobank	Haag	500	500	27	2,536
Gorinchemsche Bank	Gorinchem	254	254	—	—
's Gravenhaagsche Bank	Haag	80	80	—	—
Groning. Cred. & Handelsbank	Groningen	1,060	1,060	101	4,631
Haagsche Commissiebank	Haag	250	250	50	3,644
Haagsche Handelsbank	Haag	44	44	—	—
Haagsche Incassobank	Haag	139	139	—	—
Haarlemsche Incassobank	Haarlem	47	47	—	—
Handels & Cred. Vereen.	A'dam	20	20	—	—
Handels & Eff. Bank	Haag	160	160	—	—
Handels & Landbouwbank	Gorinchem	500	251	6	1,450
de Heldersche Bank	Helder	50	10	—	—
Hendrikse & Co. Bkiers & Eff.	Middelburg	600	600	—	—
's Hertogenbossche Bank	's-Hertogenb.	77	56	22	811
Hollandsche Credietbank	A'dam	125	125	—	—
Hollandsche Grondkredietbank	A'dam	1,000	1,000	—	1,708
Holl. Spaar, Dep. &. Com. Bank	Alkmaar	20	2	—	—
Hoornsche Cred. & Eff. Bank	Hoorn	250	250	9	2,395
Industr. &. Handelsbank	Tilburg	100	100	—	—
Industr. Bk. & Hdl. Mij	Haag	160	160	—	—
Internat. en Kol. Handelsbank	A'dam	500	500	—	—
Kanter & Hordijk's Bank	Goes	130	130	—	—
Kortenaer Bank	Haag	200	200	3	1,101
Lakenman & Zoon's Bank, Wed. S.	Enkhuizen	150	150	8	—
Landbouw & Hdlsbank	A'dam	2	2	—	—
Leendertz & Co. & Carbasius Bk.	Nijmegen	175	175	—	—
Leeuwarder Bankvereen.	Leeuwarden	200	101	25	925
Lissesche Bankvereen.	Lisse	190	190	—	1,019
Lochemsche Bankvereen.	Lochem	32	32	—	—
Maastrichtsche Crediethandelsbank	Maastricht	150	150	—	—
Marx & Co's. Bank	R'dam	2,000	2,000	160	6,871
Uebertrag		20,597	19,113	1,196	53,353

	Sitz.	in Tausend Gulden.			
		Kapital		Reserve	Bilanzsumme
		emittiert	eingezahlt		
Uebertrag		20,597	19,113	1,196	53,353
E. v. Meers Eff. Ktoor	A'dam	300	300	—	—
Meppeler Bank	Meppel	200	200	—	—
Mesdag & Zonen's Eff. Ktoor	Groningen	110	110	—	—
W. P. E. Monhemius & Co's Bank	Nijmegen	10	10	—	—
N. V. Cred. Dep. & Eff. Bk. Waal	A'dam	200	200	—	—
N. V. Handelsbank	Arnhem	200	188	—	512
N. V. Spaarnebank	Haarlem	250	250	—	1,072
Maas & Mervebank	R'dam	2,000	200	58	3,764
Ned. Ind. Spaarbank	A'dam	300	30	—	—
Ned. Bank v. Alg. Cred.	A'dam	250	250	—	—
Ned. Credietbank	Haarlem	250	62	18	—
Ned. Spaar- & Incassobank	A'dam	269	27	—	—
Nieuwe Bank	Haag	152	152	35	—
Noorder Bank	Alkmaar	292	91	—	—
Obl. Mij. „Het witte Kruis"	Haag	50	50	—	90
Ontvang- en Betaalkantoor	R'dam	400	240	—	—
J. Oppenheims Bank	Groningen	200	200	41	934
Oranjebank	Utrecht	200	20	—	—
v. Oss & Co's Bank	Haag	600	600	—	1,084
Provinciale Bank	's Hertogenb.	140	138	8	882
Provinciebank	Haag	1,000	1,000	162	5,404
Rentekas	Haag	200	20	—	—
Residentiebank	Haag	267	267	53	540
Rotterd. Credietbank	R'dam	25	25	—	—
Rijswijksche Bank	Haag	100	100	1	1,375
Schiedamsche Bankver.	Schiedam	40	40	—	—
Statenbank	Haag	100	100	—	—
Thoolsche Bank	Tholen	20	20	—	—
Tielsche Wissel & Eff. Bk.	Tiel	25	25	—	—
Utrechtsche Bank	Utrecht	185	185	26	1,030
Utrechtsche Bankvereen.	Utrecht	100	100	24	741
Utrechtsche Provinciebank	Utrecht	35	35	—	—
Westlandsche Cred. Dep. & Eff. Bank	Loosduinen	100	100	7	315
Wiegmans Bank	A'dam	2,000	2,000	950	—
Wijksche Bank	Wijk	50	50	—	—
Zaanl. Spaar- & Voorsch. Bk.	Krommenie	300	300	26	1,737
Zuidlimburgsche Bank	Maastricht	100	100	1	473
Stichtsche Credietbank	Utrecht	322	159	36	1,575
		31,939	27,057	2,642	74,881

DIE AUFSICHTSRATSSTELLEN DER BEDEUTENDEREN NIEDERLAENDISCHEN BANKINSTITUTE IM JAHRE 1911/12.

Quelle: v. N. N. V.

	Banken.	Hypothek. Banken.	Schiffahrt.	Eisenbahnen	Handel.	Industrie.	Kolonial gesell.	Versich.	Petroleum Gesell.	Terrain-Gesell.	andere Ges.	Total.
1.	2.	3.	4.	5.	6.	7.	8.	9.	10.	11.	12.	13.
Amsterdamsche Bank	3	1	1	6	—	3	4	—	—	—	4	22
Rotterdamsche Bankver.	4	3	1	1	4	5	5	—	1	1	3	28
Twentsche Bankvereen.	5	4	1	2	3	11	6	1	2	5	7	47
Incassobank	1	4	—	—	1	2	—	1	—	—	1	10
Labouchere Oyens & Co. ...	2	3	—	8	—	7	6	5	1	4	11	47
Marx & Co's Bank	1	3	1	1	1	6	1	—	—	1	1	16
Wiegmans Bank	—	1	2	—	—	1	—	2	—	—	6	12
Ned. Handelmaatschappij ..	3	1	8	2	2	5	13	—	2	—	5	41
8 Banken	19	20	14	20	11	40	35	9	6	11	38	223
Ad. Boissevain & Co. A. [1])..	1	1	—	—	1	1	1	—	2	—	4	11
Gebrs. Boissevain A.	2	—	1	1	1	1	1	—	—	—	5	12
Determeyer, Weslingh & Zn. A.	2	1	—	—	—	2	—	1	—	—	4	10
van Eeghen & Co. A.	4	2	5	—	—	1	10	6	1	2	4	35
E. C. Engelberts & Co. Arnhem	—	3	—	—	2	3	1	—	—	—	1	10
E. H. & R. Fockema Arnhem	1	—	—	—	—	2	—	1	1	1	2	8
Geertsema, Feith & Co. Gron.	2	4	—	1	1	3	4	1	—	2	5	23
Arnold Gilissen R. [2])	1	2	—	1	—	—	—	—	—	2	3	9
Heldring & Pierson Haag ...	3	1	—	2	—	6	1	2	—	1	2	18
Hope & Co. (u. v. Loon & Co.) A.	7	4	1	1	1	—	4	3	2	1	6	30
de Kock & Uyt den Bogaard A.	2	1	—	—	—	1	1	—	—	—	2	7
Kraemer v.d. Kooy & Co. R.	—	5	5	—	—	1	1	—	—	1	4	17
W. Laane Roozendaal.......	—	—	—	1	—	5	—	—	—	—	1	7
F. van Lanschot 's Bosch ...	2	3	—	—	—	2	—	2	—	1	2	12
R. Mees & Zoonen R.	1	3	5	2	3	4	2	1	—	5	8	34
J. H. van Ogtrop & Zoon A.	1	2	—	1	—	1	3	4	—	1	7	20
H. Oyens & Zonen A.	1	5	—	—	1	2	1	1	—	2	6	19
Oppenheim & v. Till. Haag .	—	1	1	1	—	7	3	1	2	4	8	28
Patijn v. Notten & Co. A. ..	2	3	—	—	—	5	5	—	—	3	4	22
Stoop & Zoon, Dordrecht ...	2	2	—	1	—	2	1	3	2	—	—	13
Vermeer & Co. A.	2	—	—	—	—	3	3	2	—	—	1	11
Wertheim & Gompertz A. ..	1	1	—	—	—	2	1	1	—	4	6	16
Wurfbain & Zoon A.	—	1	—	—	1	2	1	1	—	—	3	9
Jan Kol & Co. (Vlaer & Kol) A.	1	1	—	—	1	3	1	—	—	1	—	8
24 Bankiers	38	46	18	12	12	59	45	30	10	31	88	389
32 Unternehmen	57	66	32	32	23	99	80	39	16	42	126	612

[1]) A = Amsterdam. [2]) R = Rotterdam.

GRUENDUNGEN VON BANKEN (UND ADMINISTRATIEKANTOREN).

Quelle: v. N. N. V.

Jahr.	Zahl.	In Tausend Gulden. Kapital.	davon emittiert	davon eingezahlt	davon Admin. Kant.
1882	1	200	200	20	—
1883	3	1,650	1,150	390	1
1884	4	1,200	721	329	1
1885	1	100	100	10	1
1886	2	140	64	64	—
1887	4	701	341	86	1
1888	3	2,560	710	312	1
1889	1	1,100	1,100	115	1
1890	8	4,165	2,088	584	—
1891	9	4,475	3,187	2,894	1
1892	2	4,800	2,800	2,800	1
1893	5	970	644	589	1
1894	9	4,194	1,194	993	1
1895	5	2,660	940	641	1
1896	17	5,431	3,747	2,546	3
1897	14	4,384	1,623	741	1
1898	10	7,300	4,225	2,014	1
1899	14	6,520	2,574	1,704	3
1900	15	32,309	10,748	9,218	1
1901	26	15,675	5,852	4,721	3
1902	15	22,490	6,568	4,499	1
1903	22	15,005	5,893	3,838	1
1904	24	9,679	4,255	1,869	3
1905	19	6,138	2,709	923	3
1906	10	9,020	3,824	3,748	3
1907	22	6,170	2,730	1,651	6
1908	25	20,325	4,525	4,261	—
1909	19	7,160	2,582	1,882	4
1910	31	15,859	5,654	4,575	7
1911	39	36,840	18,353	16,874	6
1912	34	16,932	6,199	5,417	?

DIE BEDEUTENDEREN PRIVATBANKIERS.

Noordholland	Amsterdam.	Hope & Co. (1732) [1])
		Lippmann, Rosenthal & Co. (1857).
		Wertheim & Gomperts (1834).
		Gebrs. Teixeira de Mattos.
		Gebrs. Boissevain (1836).
		Patyn van Notten & Co. (1905).
		Adolph Boissevain & Co. (1875).
		H. Oyens & Zonen (1800).
		Vermeer & Co.
		Jan Kol & Co. (1871).
		H. J. van Ogtrop & Zoon.
		Praetorius & Zoon.
		De Kock & Uyt den Boogaard.
		Wurfbain & Zoon.
		Lamaison & Bouwer & Co.
	Haarlem.	Guèpin & van der Vlugt.
		Merens & Tieleman.
	Alkmaar.	J. de Lange Corns. Johs.Zn. (1875).
		D. A. Wisselink (1886).
		de Lange & de Moraas (1804).
Zuidholland	Rotterdam.	R. Mees & Zoonen (1720).
		Jan Havelaar & Zoon (1781).
		Gebrs. Chabot.
		Arnold Gilissen (1871).
		S. van Dantzig (1872).
		Jan van der Hoop & Zoon (1810).
		Gebrs. van Buren (1875).
		Kraemer van der Kooy & Co.
	den Haag.	Scheurleer & Zoonen.
		Schill & Capadose (1886).
		Heldring & Pierson (1880).
		P. J. Landry (1842).
		Furneè & Co. (1867).
		de Bas & Co.
		Oppenheim & van Till.
		H. Edersheim (1849).
		Telders & Co. (1891).
		Jarman & Zoonen.
	Leiden.	Lezwyn & Eigeman (1826).
		van Wensen & Co. (1876).
	Dordrecht.	Stoop & Zoon. (1888).
		Hoyer & Zoon.

[1]) Die Zahl hinter dem Namen gibt das Gründungsjahr an.

		Hooghwinkel & Co. (1802).
	Gouda.	Wed. Knox & Dortland (1842).
		M. J. Ogier & Co. (1850).
		T. Goedewaagen & Zonen (1849).
Utrecht	Utrecht.	Vlaer & Kol (1748).
		Jan Blydestein & Zoon (1798).
Gelderland	Arnhem.	F. H. &. R. Fockema.
		E. C. Engelberts & Co. (1806).
		van Ranzow & Co.
		Terwindt, Gründeman & Co (1906).
Overijssel	Zwolle.	Doyer & Kalff (1824).
		Buisman, Gratama & Co. (1870).
		Frowein & Thiebout (1902).
		A. van Deventer & Zonen (1824)
	Deventer.	G. Vermeer Johszn. (1817).
Drenthe	Assen.	Somer & Co. (1899).
		Firma E. A. Smidt (1813).
Groningen	Groningen.	Geertsema Feith & Co. (1876).
		J. van Dam & Zoon (1821).
Friesland	Leeuwarden.	P. Koumans Smeding (1818).
	Harlingen.	P. Posthuma & Zoon.
Noordbrabant	's-Bosch.	F. van Lanschot (1799).
		Victor A. van Ryckevorsel & Tilman.
		Wed. Joh. van Ryckevorsel & Zonen.
Zeeland	Middelburg.	J. A. Tak & Co.
		J. A. Zip & van Teylingen (1865).
	Vlissingen.	C. R. C. Wibaut & Co. (1877).
Limburg	Maastricht.	Hering Vrythoff & Co. (1854).
		L. Philips & Co. (1871).

DURCHSCHNITTSSTATUS DER NEDERLANDSCHE BANK IN DEN JAHREN 1864/5—1913/14.

Quellen: St. I.; B. P.; V. N.;

Geschäfts-Jahr.	In Millionen Gulden.											in % von Sp. 11.
	Diskont. Wechsel.	Lombardierungen.	Vorschüsse an den Staat.	Vorschüsse im Kontokorrent.	Devisen.	WerbendeAnlagen.	Banknoten.	Bankanweisungen.	Kontokorrent.	Verbindlichkeiten total.	Metall-Bestand.	
1.	2.	3.	4.	5.	6.	7.	8.	9.	10.	11.	12.	13.
1864/5	45,08	29,56				74,64	104,86		33,59	138,45	81,62	58,9
1865/6	43,19	33,58				76,77	112,54	0,01	34,20	146,74	87,32	59,5
1866/7	52,59	30,32				83,11	108,94	0,01	33,18	142,12	77,91	54,8
1867/8	44,19	31,49				75,68	119,28	0,01	28,84	148,12	90,55	61,1
1868/9	39,95	30,36				70,31	135,55	0,01	23,23	158,78	105,86	66,7
1869/0	53,48	36,38				89,86	131,65	0,00	24,85	156,50	84,28	53,8
1870/1	59,56	35,64				95,20	142,69	0,01	28,49	171,18	94,54	55,2
1871/2	46,98	32,45				79,43	167,76	0,00	31,03	198,79	137,44	69,1
1872/3	50,47	36,49				86,96	165,02	0,00	34,78	199,80	130,26	65,2
1873/4	73,35	33,24				106,59	166,41	0,00	29,46	195,87	108,18	55,2
1874/5	69,31	30,00				99,31	175,34		40,67	216,01	134,80	62,4
1875/6	66,66	32,95				99,61	183,69		49,33	233,12	151,41	64,9
1876/7	53,16	39,59				92,75	187,27		43,90	231,17	155,97	67,4
1877/8	47,66	44,15				91,81	199,51		15,57	215,08	140,64	65,3
1878/9	65,59	54,65				120,24	188,29		32,19	220,48	118,33	53,6
1879/0	48,06	40,06				88,12	190,77		28,81	219,58	149,27	67,9
1880/1	40,53	40,06				80,59	194,40		19,36	213,76	150,17	71,2
1881/2	58,30	45,86				104,16	194,96		11,75	206,71	119,90	58,–
1882/3	63,48	39,85				103,33	185,80	0,12	4,77	190,69	105,46	55,3
1883/4	47,74	40,87				88,61	186,20	0,53	9,57	196,31	125,32	63,8
1884/5	44,82	44,82				89,64	192,26	0,60	8,65	201,52	128,98	64,–
1885/6	44,39	42,81				87,20	193,79	0,61	18,44	212,85	142,55	67,–
1886/7	35,92	36,70				72,62	204,41	0,69	21,36	226,47	170,33	75,2
1887/8	40,90	45,63				86,53	197,56	0,74	24,86	223,17	153,19	68,6

Geschäfts-Jahr.	In Millionen Gulden.											In % von Sp. 11.
	Diskont. Wechsel.	Lombardierungen.	Vorschüsse an den Staat.	Vorschüsse im Kontokorrent.	Devisen.	Werbende Anlagen.	Banknoten.	Bankanweisungen.	Kontokorrent.	Verbindlichkeiten total.	Metall-Bestand.	
1.	2.	3.	4.	5.	6.	7.	8.	9.	10.	11.	12.	13.
1888/9	52,07	37,29				89,36	207,06	0,77	21,95	229,78	157,09	68,4
1889/0	35,68	39,26		0,55	33,44	108,94	212,48	0,76	17,63	230,88	137,69	59,6
1890/1	49,07	50,52		0,67	20,11	120,38	208,35	0,76	13,33	222,45	119,28	53,6
1891/2	42,60	39,76	0,91	1,05	19,73	104,07	198,44	0,75	6,46	205,66	117,03	56,9
1892/3	35,65	40,08	—	1,27	21,61	98,62	194,24	0,78	11,29	206,31	123,08	59,7
1893/4	36,17	42,44	0,03	1,52	18,56	98,74	197,51	0,84	8,02	206,37	122,85	59,5
1894/5	28,98	37,28	1,16	1,21	24,03	92,69	205,87	0,93	5,87	212,67	135,00	63,5
1895/6	37,34	42,29	0,78	2,68	18,14	101,24	209,00	1,14	6,29	216,43	129,94	60,–
1896/7	52,76	47,73	0,97	1,90	5,57	108,95	201,33	1,01	4,72	207,07	114,29	55,2
1897/8	63,12	42,03	0,84	1,46	6,36	113,82	205,24	1,06	4,92	211,22	114,02	54,–
1898/9	61,19	40,70	0,89	1,52	6,90	111,22	213,09	1,13	9,53	223,77	128,76	57,6
1899/0	58,77	53,27	0,67	1,81	6,51	121,05	215,97	1,23	5,77	222,98	118,00	52,9
1900/1	54,00	52,28	0,37	2,69	10,91	120,28	222,74	1,28	8,06	232,09	128,18	55,2
1901/2	47,54	48,95	0,54	3,57	11,20	111,82	227,84	1,32	7,04	236,22	140,13	59,3
1902/3	49,39	53,65	0,79	4,38	9,73	117,96	230,96	1,47	5,81	238,24	135,97	57,1
1903/4	65,21	49,76	1,29	4,75	7,01	128,03	234,69	1,37	6,36	242,43	129,78	53,6
1904/5	54,42	42,26	11,78	4,52	14,81	116,02 [1]	247,36	1,43	7,73	256,53	143,58	56,–
1905/6	51,13	51,52	9,55	5,09	22,74	130,48 [1]	268,85	1,61	6,40	276,86	152,14	54,9
1906/7	63,08	63,84	11,39	6,81	10,65	144,39 [1]	269,58	1,61	5,64	276,83	135,36	48,9
1907/8	66,14	63,42	8,91	7,52	8,28	145,36 [1]	266,45	1,60	9,32	277,38	140,15	50,5
1908/9	52,25	62,90	10,91	6,36	13,83	135,34 [1]	271,09	1,66	5,59	278,34	147,94	53,2
1909/0	51,13	55,73	12,95	5,43	18,65	130,94 [1]	282,17	1,65	5,93	289,75	160,57	55,4
1910/1	58,54	71,12	11,57	6,19	8,09	143,94 [1]	278,48	1,58	4,20	284,26	143,59	49,5
1911/2	62,73	71,76	3,88	5,84	16,67	157,00 [1]	294,60	1,68	7,75	304,03	158,45	52,1
1912/3	71,37	68,07	4,08	5,63	17,47	162,54 [1]	306,11	1,70	5,40	313,21	162,21	51,9
1913/4	68,13	72,83	11,80	6,61	13,60	161,19 [1]	313,71	1,73	4,79	320,25	161,82	50,5

[1]) seit 1904/5 nur das „produktiv arbeitende Kapital", d.h. ohne die seit 1904/5 zinslosen Vorschüsse an den Staat.

NEDERLANDSCHE BANK. DER NOTENUMLAUF.

Quellen: B. H.; B. M.; B. P.; ST. I.; V. N.

Geschäfts-jahr.	In Tausend Gulden.							in % des durch-schnittl. Umlaufes.
	durchschnittl. Umlauf.		höchster Umlauf		niedrigst. Umlauf		Span-nung zw. Sp. 5 u. 7	
		Gulden p. Kopf d. Bevölk.	am		am			
1.	2.	3.	4.	5.	6.	7.	8.	9.
1864/5	104,859	30,18	4/5. 64	119,854	27/12. 64	97,425	22,400	21,3
1865/6	112,540	32,04	13/10. 65	122,698	19/3. 66	102,143	20,500	18,3
1866/7	108,942	30,76	5/1. 67	117,278	3/4. 66	102,044	15,200	13,9
1867/8	119,282	33,38	6/1. 68	126,113	1/4. 67	111,297	14,800	12,4
1868/9	135,551	37,54	28/11. 68	148,478	1/4. 68	117,667	30,800	22,9
1869/70	131,656	36,55	15/5. 69	141,114	30/3. 70	125,264	15,800	12,–
1870/1	142,687	39,76	27/7. 70	160,227	1/4. 70	125,721	34,500	24,1
1871/2	167,755	46,24	1/2. 72	199,355	1/4. 71	145,911	54,400	32,6
1872/3	165,021	45,13	18/5. 72	175,178	25/3. 73	154,939	20,200	12,2
1873/4	166,411	45,03	15/11. 73	176,972	1/4. 73	155,929	21,000	12,6
1874/5	175,340	46,86	8/1. 75	184,614	30/3. 75	167,518	17,100	9,8
1875/6	183,693	48,48	7/1. 76	196,582	1/4. 75	168,844	27,700	15,1
1876/7	187,271	48,79	3/11. 76	198,512	1/4. 76	177,694	20,800	11,1
1877/8	199,511	51,22	9/5. 77	209,387	3/4. 77	187,789	21,600	10,8
1878/9	188,288	48,21	3/5. 78	204,700	25/3. 79	173,279	31,400	16,7
1879/80	190,769	47,92	7/11. 79	199,430	1/4. 79	174,845	24,600	12,9
1880/1	194,404	48,16	14/1. 81	205,382	27/9. 80	183,610	21,800	11,2
1881/2	194,961	48,03	13/5. 81	212,968	22/3. 82	173,618	39,300	20,2
1882/3	185,804	45,17	3/11. 82	196,476	29/3. 83	174,819	21,600	11,1
1883/4	186,209	44,63	2/5. 83	197,559	25/6. 83	178,304	19,200	10,3
1884/5	192,268	45,49	16/5. 84	204,625	1/4. 84	179,462	25,200	13,1
1885/6	193,796	45,— [1]	14/1. 86	206,641	28/9. 85	183,370	23,300	12,–

[1] bis 1884/5 ist der Durchschnitt nach der Bevölkerung am 31. Dezember berechnet, seit dieser Zeit nach der „mittleren Bevölkerung", wie sie die Jaarcijfers angeben.

Geschäfts-jahr.	In Tausend Gulden. durchschnittl. Umlauf.		höchster Umlauf		niedrigst Umlauf		Spannung zw. Sp. 5 u 7	in % des durchschnittl. Umlaufes.
		Gulden p. Kopf d. Bevölk.	am		am			
1.	2.	3.	4.	5.	6.	7.	8.	9.
1886/7	204,415	46,85	11/1. 87	217,754	24/3. 87	192,296	25,400	12,4
1887/8	197,560	44,71	5/5. 87	208,423	12/12. 87	192,460	15,900	8,1
1888/9	207,060	46,25	9/5. 88	219,626	3/4. 88	194,393	25,200	12,2
1889/90	212,482	46,94	14/1. 90	223,931	22/6. 89	202,855	21,100	9,9
1890/1	208,356	45,92	18/10. 90	224,758	24/3. 91	191,979	32,800	15,8
1891/2	198,449	43,22	31/7. 91	209,813	24/3. 92	185,955	23,900	12,1
1892/3	194,247	41,80	16/1. 93	204,142	25/6. 92	185,269	18,800	9,6
1893/4	197,517	42,01	12/1. 94	210,768	25/9. 93	183,491	27,300	13,8
1894/5	205,872	43,22	2/5. 94	216,555	24/9. 94	195,411	21,200	10,3
1895/6	209,003	43,29	17/1. 96	222,552	28/3. 96	195,471	27,100	13,0
1896/7	201,336	41,13	5/11. 96	211,184	29/6. 96	193,255	17,900	8,9
1897/8	205,240	41,32	2/11. 97	215,092	21/6. 97	195,259	19,800	9,6
1898/9	213,099	42,29	6/1. 99	227,289	29/8. 98	200,078	27,200	12,8
1899/00	215,977	42,29	2/5. 99	232,204	26/8. 99	202,882	29,300	13,5
1900/1	222,743	43,17	10/1. 01	239,054	25/8. 00	208,982	30,100	13,5
1901/2	227,848	43,63	2/5. 01	242,374	24/8. 01	217,276	25,100	11,–
1902/3	230,959	43,54	2/5. 02	248,486	25/8. 02	219,005	29,400	12,7
1903/4	234,695	43,55	2/5. 03	251,798	20/6. 03	219,999	31,800	13,5
1904/5	247,368 [1]	45,23	4/1. 05	269,421	24/6. 04	227,623	41,800	17,–
1905/6	268,850	48,45	4/1. 06	294,896	27/6. 05	249,648	45,200	16,8
1906/7	269,581	47,88	2/5. 06	294,648	25/3. 07	254,260	40,400	15,–
1907/8	266,455	46,68	1/11. 07	301,240	22/6. 07	245,667	55,600	20,9
1908/9	271,090	46,86	3/11. 08	294,417	22/6. 08	252,116	42,300	15,6
1909/10	282,170	47,50	2/11. 09	304,617	23/6. 09	267,930	36,700	13,–
1910/1	278,478	47,80	1/11. 10	304,515	24/8. 10	259,425	45,100	16,2
1911/2	294,598	49,26	2/11. 11	325,993	20/6. 11	273,217	52,800	17,9
1912/3	306,105	50,45	3/1. 13	338,275	22/6. 12	282,244	56,000	18,3
1913/4	313,719	50,85	1/11. 13	341,003	23/2. 14	295,227	45,800	14,6

[1]) Ausgabe der 10-Guldennoten.

NEDERLANDSCHE BANK. DER BARBESTAND UND DIE DECKUNG DER „TAEGLICH FAELLIGEN VERBINDLICHKEITEN".

Quellen: B. H.; B. P.; St. I.; V. N.;

Geschäftsjahr.	In Tausend Gulden. Barbestand am 31. März: holländische Münzen: Gold	Silber.	Münzmaterial.	total	davon Gold	Barbestand: höchster	niedrigster	durchnittlich: Barbestand	davon Gold %	Verbindlichkeiten	gedeckt durch d. Barbest.	Maximum d. Verbindlichk. ged. in %	Minimum d. Verbindlichk. ged. in %	Höchste Bardeckung in % d. Verbindlichk.	Niedrigste Bardeckung in % d. Verbindlichk.
1.	2.	3.	4.	5.	6.	7.	8.	9.	10	11.	12.	13.	14.	15.	16.
1864/5		26,315	63,364	89,679 [1])		91,835	70,001	81,624		138,457	58,9				
1865/6		33,298	45,762	79,060		100,950	76,131	87,317		146,753	59,5				
1866/7		28,324	68,779	97,103		95,086	69,636	77,912		142,133	54,8				
1867/8		28,704	63,471	92,175		95,368	84,937	90,557		148,130	61,1				
1868/9		33,717	72,794	106,511		111,474	89,937	105,863		158,791	66,7				
1869/70		36,115	55,003	91,118		102,767	75,375	84,280		156,508	53,8				
1870/1		32,366	80,843	113,208		110,818	82,790	94,544		171,189	55,2				
1871/2		43,054	118,138	161,192	17,4	171,814	111,058	137,449		198,794	69,1				
1872/3		34,534	57,822	92,356	30,8	157,957	110,280	130,268		199,804	65,2				
1873/4		46,427	83,382	129,809	43,3	130,111	94,709	108,186		195,876	55,2				
1874/5		81,203	58,300	139,503	40,5	139,669	129,852	134,804		216,012	62,4				
1875/6		126,289	32,799	159,089	43,6	160,968	135,964	151,417		233,126	64,9				
1876/7		119,792	33,259	153,051	48,–	162,310	147,575	155,974		231,179	67,4				
1877/8		111,976	12,062	124,038	40,6	153,777	123,897	140,647		215,088	65,3				
1878/9		115,154	7,639	122,793	36,3	124,345	114,011	118,332		220,481	53,6				
1879/80		122,685	37,653	160,339	49,2	160,339	121,534	149,274		219,580	67,9				
1880/1		133,191	5,963	139,154	33,6	162,700	135,600	150,170		213,760	71,2				
1881/2		102,147	43	102,190	8,9	140,800	97,800	119,900		206,710	58,–				
1882/3		102,761	9,206	111,976	14,8	114,600	97,300	105,460		190,690	55,3				
1883/4		114,718	4,706	119,424	20,1	142,400	112,400	125,320		196,310	63,8				
1884/5		114,880	15,528	120,408	27,2	139,700	118,300	128,980		201,520	64,–	55,2	65,6		
1885/6		122,447	42,989	165,436	40,–	164,300	130,400	142,550		212,850	67,1	64,2	63,9		
1886/7		124,290	34,784	159,074	36,4	178,900	156,600	170,330		226,470	75,2	68,1	73,3		

[1]) Einschliesslich Kassenscheine (Muntbiljette) bezw. Scheidemünze.

Geschäfts-jahr.	In Tausend Gulden. Barbestand am 31. März, holländische Münzen: Gold	Silber.	Münzmate-rial	total.	davon Gold	höchster Barbestand	niedrigster Barbestand	durchnittlich: Barbestand	davon Gold %	Verbind-lichkeiten	gedeckt durch d. Barbest.	Maxi-mum d. Verbind-lichk.ged.in%	Mini-mum d. Verbind-lichk.ged.in%	Höch-ste Bardeckung in % d. Ver-bindlichk.	Nie-drigste Bardeckung in % d. Ver-bindlichk.
1.	2.	3.	4.	5.	6.	7.	8.	9.	10.	11.	12.	13.	14.	15.	16.
1887/8	125,980		31,911	157,891	34,8	161,400	145,100	153,190		223,170	68,6	61,6	75,4		
1888/9	23,162	87,652	37,600	148,414	41,–	165,600	144,700	157,090		229,780	68,4	67,1	67,1		
1889/90	23,271	73,502	32,932	129,705	43,2	146,900	124,800	137,686	45,7	230,880	59,7	53,4	64,1		
1890/1	23,373	68,343	27,217	118,933	42,5	129,500	103,400	119,281	44,7	222,450	50,6	53,5	60,–		
1891/2	23,615	82,912	14,573	121,100	31,5	123,600	113,600	117,036	37,4	205,666	56,8	57,1	59,2		
1892/3	23,816	87,083	14,366	125,265	30,5	127,300	117,800	123,085	31,1	206,310	59,7	56,5	60,–	63,2	55,9
1893/4	23,971	85,645	28,112	137,728	37,7	137,400	111,300	122,856	31,4	206,370	59,5	59,4	58,1	66,8	56,2
1894/5	23,941	84,914	27,456	136,311	37,7	139,100	129,700	135,004	38,4	212,675	63,5	59,6	65,4	66,8	59,7
1895/6	23,890	83,960	7,659	115,509	27,3	136,863	114,187	129,944	36,–	216,439	60,–	54,6	57,2	63,6	53,3
1896/7	23,856	83,582	7,695	115,133	27,4	116,339	112,019	114,291	27,7	207,079	55,2	51,2	57,8	57,9	51,2
1897/8	23,816	83,358	9,331	116,505	28,5	117,092	111,293	114,030	27,8	211,224	54,–	51,–	57,2	57,2	50,4
1898/9	23,796	83,079	24,188	131,064	36,6	134,644	166,210	128,768	36,2	223,777	57,6	53,4	55,9	63,3	52,6
1899/00	23,719	71,819	34,844	130,382	44,9	135,795	103,189	118,007	37,3	222,987	52,9	54,–	50,4	62,5	46,1
1900/1	23,605	67,797	37,070	128,474	47,2	131,441	123,951	128,188	45,9	232,099	55,2	50,–	57,–	58,7	50,–
1901/2	24,449	79,384	33,024	136,857	42,–	147,702	127,818	140,133	49,–	236,220	59,3	57,2	62,7	63,6	52,2
1902/3	29,564	80,446	17,719	127,719	37,–	142,483	126,959	135,971	41,6	238,245	57,1	54,2	60,4	60,7	53,6
1903/4	29,561	79,844	35,750	145,156	45,–	146,270	124,002	129,782	39,6	242,429	53,6	51,1	54,7	62,3	48,9
1904/5	29,840	77,165	42,325	149,331	48,3	149,287	138,248	143,586	46,7	256,533	56,–	52,1	60,1	60,3	51,1
1905/6	25,132	72,396	47,536	145,064	50,1	157,332	144,988	152,145	51,5	276,868	54,9	50,8	58,8	59,1	50,8
1906/7	30,371	67,796	31,448	129,615	47,7	145,005	129,527	135,366	49,1	276,835	48,9	45,–	52,–	52,–	45,–
1907/8	30,894	53,404	61,454	145,752	63,3	152,159	129,089	140,147	55,8	277,380	50,5	47,4	51,8	56,–	45,3
1908/9	31,186	48,648	83,769	163,604	70,3	164,585	139,490	147,939	66,4	278,342	53,2	50,–	54,8	60,3	46,9
1909/10	31,186	36,571	70,458	138,675	73,6	172,890	137,687	160,568	75,2	289,751	55,3	50,9	58,5	60,7	50,4
1910/1	31,325	27,942	99,528	159,364	82,3	160,391	130,475	143,591	81,3	284,260	49,5	47,1	52,3	57,6	42,9
1911/2	34,172	13,027	111,492	158,886	91,6	165,922	148,008	158,448	88,1	304,032	52,1	46,1	58,–	58,–	46,1
1912/3	41,333	9,786	120,163	172,155	93,9	175,058	151,655	162,215		313,211	51,9	49,5	54,–	56,7	47,9
1913/4	62,768	10,625	96,410	169,803	94,3	174,855	152,961	161,824		320,252	50,5	44,9	55,4	55,7	44,9

BANKDISKONT, MARKTDISKONT UND PROLONGATIONSSATZ IN AMSTERDAM.

Quellen: M. D.; V. Ch.; H. K. R.; Vivats Encyclopedie XI, S. 592.

Jahr.	Bank-diskont	Marktdiskont in Amsterdam.	Marktdiskont vergli-chen mit Sp. 2.	Prolongationssatz in Amsterdam.	Prolongationssatz vergli-chen mit Sp. 2.
1.	2.	3.	4.	5.	6.
1873	4,84	4,69	—0,15	5,22	+0,38
1874	3,63	3,50	—0,13	3,79	+0,16
1875	3,32	3,19	—0.13	3,60	+0,28
1876	3,—	2,75	—0.25	3,42	+0,42
1877	3.—	2,75	—0,25	3,03	+0,03
1878	3,45	3,31	—0,14	4,19	+0,74
1879	3,17	3,—	—0,17	3,78	+0,61
1880	3,—	2,50	—0,50	3,83	+0,83
1881	3,27	3,07	—0,20	4,26	+0,99
1882	4,49	4,26	—0,23	4,68	+0,19
1873/82 Durchschn.	3,517	3,302	—0,215	3,980	+0,463
1883	4,12	3,81	—0,31	4,28	+0,16
1884	3,18	2,80	—0,38	3,14	—0,04
1885	2,70	2,37	—0,33	2,81	+0,11
1886	2,50	1,92	—0,58	2,63	+0,13
1887	2,50	2,13	—0,37	3,09	+0,59
1888	2,50	2,13	—0,37	2,69	+0,19
1889	2,50	2,18	—0,32	2,62	+0,12
1890	2,79	2,59	—0,20	3,44	+0,65
1891	3,12	2,75	—0,37	3,01	—0,11
1892	2,70	2,—	—0,70	2,64	—0,06
1883/92 Durchschn.	2,861	2,468	—0,393	3,035	+0,174
1893	3,40	2,88	—0,52	3,35	—0,05
1894	2,58	1,75	—0,83	2,05	—0,53
1895	2,50	1,54	—0,96	2,25	—0,25
1896	3,03	2,44	—0,59	3,56	+0,53
1897	3,13	2,32	—0,81	3,03	—0,10
1898	2,83	2,49	—0,34	2,51	—0.32

Jahr.	Bank-diskont	Marktdiskont		Prolongationssatz	
		in Amsterdam.	verglichen mit Sp. 2.	in Amsterdam.	verglichen mit Sp. 2.
1.	2.	3.	4.	5.	6.
1899	3,58	3,24	—0,34	3,52	—0,06
1900	3,61	3,44	—0,17	3,96	+0,35
1901	3,23	3,—	—0,23	3,66	+0,43
1902	3,—	2,47	—0,53	3,70	+0,70
1893/02 Durchschn.	3,089	2,557	—0,532	3,159	+0,070
1903	3,40	3,19	—0,21	3,84	+0,44
1904	3,23	2,77	—0,46	2,82	—0.41
1905	2,68	2,39	—0,29	2,73	+0,05
1906	4,11	3,77	—0,34	4,22	+0,11
1907	5,10	4,86	—0,24	5,61	+0,51
1908	3,38	3,01	—0,37	3,35	—0,03
1909	2,88	2,07	—0,81	2,37	—0,51
1910	4,23	3,64	—0,59	4,26	+0,03
1911	3,45	3,17	—0,28	3,24	—0,21
1912	4,—	3,91	—0,09	4,04	—0,04
1903/12 Durchschn.	3,646	3,278	—0,368	3,648	+0,002

NEDERLANDSCHE BANK. BANKSTATUS UND DISKONTAENDERUNGEN 1896/1914.

Quelle: V. N.;

Tag der Aenderung.	Diskontsatz für Wechsel.	Diskontsatz für Promessen.	Lombardsatz für Waren.	Lombardsatz für Wertpapiere inländische.	Lombardsatz für Wertpapiere ausländische.	Bankausweis vom	Wechselbestand.	Lombardbestand.	Devisenbestand.	Total der Anlagen.	Täglich fällige Verbindlichkeiten.	Barbestand.	in Prozent von Spalte 12.	Verfügbarer Metallbestand.
						in Millioenen Gulden.								
1.	2.	3.	4.	5.	6.	7.	8.	9.	10.	11.	12.	13.	14.	15.
1896 26. Febr.	3	3½	3	3½	4	22. Febr.	39,9	58,7	7,6	106,9	208,4	117,7	56,5	34,4
						29. Febr.	41,8	60,5	6,3	109,7	209,7	116,4	55,5	32,6
15. Oct.	3½	4	4	4	4½	10. Okt.	58,3	47,3	5,2	111,0	207,5	112,3	54,2	29,3
						17. Okt.	62,0	49,5	4,9	116,4	213,1	112,3	52,7	27,0
1897 9. April	3	3½	3½	3½	4	3. April	59,1	42,1	6,1	111,8	206,6	113,4	54,8	30,7
						10. April	60,4	40,6	6,0	109,5	204,3	113,0	55,3	31,2
1898 30. Aug.	2½	3	3	3	3½	27. Aug.	53,4	33,3	6,9	93,7	211,9	134,2	63,3	49,3
						3. Sept.	54,4	32,8	6,3	93,6	212,2	133,5	62,9	48,5
20. Sept.	2½	3	2½	2½	3	17. Sept.	55,0	32,5	7,4	95,1	211,7	133,1	62,9	48,3
						24. Sept.	58,2	33,0	7,4	98,6	215,2	133,3	61,9	47,1
1899 21. Juni	3	3½	3	3½	4	17. Juni	49,8	54,9	6,9	111,8	219,1	121,7	55,6	34,1
						24. Juni	56,6	60,6	6,3	123,5	225,9	117,4	51,9	27,0
4. Juli	3½	4	3	3½	4	1. Juli	66,9	62,8	5,9	135,7	233,6	112,5	48,2	19,1
						8. Juli	64,5	60,9	6,5	134,4	230,3	111,3	48,4	19,2
19. Juli	4½	5	4	4½	5	15. Juli	67,1	60,1	6,6	134,9	230,4	111,0	48,2	18,9
						22. Juli	67,9	60,9	6,6	135,5	225,8	106,2	47,–	15,9
4. Okt.	5	5½	4½	5	5½	30. Sept.	62,5	57,2	6,2	129,1	216,8	104,0	48,–	17,3
						7. Okt.	68,6	57,5	6,2	136,4	223,1	103,3	46,3	14,1
1900 16. Jan.	4½	5	4½	4½	5	13. Jan.	63,7	56,3	5,4	125,8	226,8	118,1	52,1	27,5
						20. Jan.	62,8	55,9	5,6	124,5	229,9	121,7	52,9	29,7
29. Jan.	4	4½	4	4	4½	27. Jan.	61,8	55,6	7,2	124,8	231,4	124,4	53,8	31,9
						3. Febr.	45,9	54,9	9,5	110,3	219,5	127,5	58.1	39,7
6. Febr.	3½	4	4	4	4½	3. Febr.	45,9	54,9	9,5	110,3	219,5	127,5	58,1	39,7
						10. Febr.	43,0	53,1	9,6	106,1	220,1	132,4	60,2	44,3

Tag der Aenderung.	Diskontsatz für Wechsel.	Diskontsatz für Promessen.	Lombardsatz für Waren.	Lombardsatz für Wertpapiere inländische.	Lombardsatz für Wertpapiere ausländische.	Bankausweis vom	Wechselbestand.	Lombardbestand.	Devisenbestand.	Total der Anlagen.	Täglich fällige Verbindlichkeiten.	Barbestand.	in Prozent von Spalte 12.	Verfügbarer Metallbestand.
							in Millionen Gulden.							
1.	2.	3.	4.	5.	6.	7.	8.	9.	10.	11.	12.	13.	14.	15.
1901 14. Juni	3	3½	3½	3½	4	8. Juni	50,4	49,7	12,0	112,2	231,2	134,0	58,–	41,4
						15. Juni	50,0	47,7	11,7	109,5	232,1	138,3	59,6	45,0
1903 16. März	3½	4	4	4	4½	17. März	54,1	57,2	10,4	125,0	234,9	128,3	54,6	35,9
						21. März	55,5	58,8	10,4	124,7	233,1	126,9	54,5	33,7
1904 7. April	3½	4	3½	3½	4	2. April	52,1	40,3	9,3	113,4	240,0	144,2	60,–	48,1
						9. April	51,9	39,8	9,2	114,0	240,2	143,7	59,8	47,5
20. Juni	3	3½	3	3	3½	18. Juni	45,1	43,1	12,9	109,9	241,8	145,3	60,1	48,5
						25. Juni	45,0	43,1	13,0	109,5	241,7	145,6	60,3	48,8
1905 17. März	2½	3	3	3	3½	11. März	55,1	44,5	20,8	133,2	262,0	146,4	55,9	41,5
						18. März	53,9	44,4	21,2	132,7	262,3	147,5	56,2	42,4
7. Nov.	3	3½	3	3	3½	4. Nov.	65,6	59,3	23,7	156,1	290,6	150,5	51,8	34,2
						11. Nov.	68,7	57,7	23,4	155,7	290,5	150,6	51,8	34,3
1906 28. April	3½	4	4	4	4½	21. April	59,3	63,6	23,9	160,6	279,4	136,7	48,9	24,9
						28. April	66,7	71,6	22,5	172,2	286,5	132,2	46,1	17,6
4. Mai	4½	5	4½	4½	5	28. April	66,7	71,6	22,5	172,2	286,5	132,2	46,1	17,6
						5. Mai	81,9	77,1	15,2	182,9	302,5	136,3	45,–	15,3
11. Okt.	5	5½	5	5	5½	6. Okt.	70,1	68,4	11,7	164,4	281,4	133,1	47,3	20,5
						13. Okt.	76,5	69,4	11,7	171,4	288,0	132,9	46,2	17,7
1907 12. März	6	6½	6	6	6½	9. März	55,3	74,0	8,9	151,9	265,3	131,7	49,6	25,5
						16. März	60,2	74,3	8,3	156,4	267,4	130,6	48,9	23,7
15. April	5½	6	5½	6	6½	13. April	63,8	75,5	7,6	160,9	271,3	129,2	47,6	20,7
						20. April	62,3	74,9	7,6	158,8	268,8	129,3	48,1	21,8
23. April	5	5½	5	5½	6	20. April	62,3	74,9	7,6	158,8	268,8	129,3	48,1	21,8
						27. April	66,1	75,1	6,9	161,6	273,7	130,2	47,6	20,7
1908 8. Jan.	5	5½	5	5	5½	4. Jan.	77,3	71,0	7,6	164,9	292,0	145,3	49,8	28,4
						11. Jan.	72,0	69,6	5,8	158,8	286,4	144,4	50,4	29,8
20. Jan.	4	4½	4	4	4½	18. Jan.	66,9	69,3	7,4	152,9	280,2	145,2	51,9	33,0
						25. Jan.	64,4	67,8	6,7	150,0	275,9	143,9	52,2	33,4

23. März	3 1/2	4	3 1/2	3 1/2	4	21. März	51,3	64,0	9,5	136,4	260,6	145,9	56,–	41,6
						28. März	51,7	63,7	9,3	137,4	261,7	145,6	55,7	40,8
5. Juni	3	3 1/2	3	3	3 1/2	30. Mai	53,7	65,3	9,6	139,9	268,6	142,7	53,2	35,2
						6. Juni	52,5	61,1	9,8	132,7	260,7	142,5	54,7	38,1
1909 19. Juli	2 1/2	3	3	3	3 1/2	17. Juli	48,6	54,1	19,6	134,4	291,8	171,0	58,6	54,0
						24. Juli	47,2	53,7	20,0	132,5	288,9	171,3	59,3	55,6
13. Okt.	3	3 1/2	3	3	3 1/2	9. Okt.	60,1	54,7	19,2	147,2	293,7	161,1	54,8	43,4
						16. Okt.	62,7	56,0	19,8	152,1	296,2	159,0	53,9	40,9
1910 19. März	4	4 1/2	4	4	4 1/2	19. März	55,8	62,8	17,8	148,7	277,5	146,0	52,7	35,0
						26. März	58,3	68,1	17,1	157,3	283,9	143,1	50,4	29,5
6. April	5	5 1/2	5	5	5 1/2	2. April	65,0	76,5	13,6	168,8	289,3	137,3	47,5	21,5
						9. April	69,8	75,4	12,6	172,1	288,3	132,5	46,–	17,2
16. Sept.	4	4 1/2	5	5	5 1/2	10. Sept.	50,0	77,2	8,6	149,4	272,5	137,0	50,9	29,9
						17. Sept.	50,0	75,7	8,6	147,7	274,0	142,5	52,–	32,7
29. Nov.	4	4 1/2	4	4	4 1/2	26. Nov.	76,5	71,1	8,7	163,1	291,6	146,0	50,1	29,2
						3. Dez.	71,0	73,4	8,2	161,2	290,0	145,8	50,3	29,7
1911 10. Jan.	3 1/2	4	4	4	4 1/2	7. Jan.	68,3	76,2	7,9	164,8	301,0	153,8	51,3	33,3
						14. Jan.	67,1	72,1	9,4	162,1	299,0	156,1	52,2	36,3
21. Jan.	3 1/2	4	3 1/2	3 1/2	4	21. Jan.	62,4	66,9	9,4	151,9	290,6	157,6	54,3	41,2
						28. Jan.	57,5	68,2	9,7	149,8	288,0	157,9	54,8	42,6
15. Mai	3	3 1/2	3	3	3 1/2	13. Mai	56,3	80,3	14,4	159,9	305,9	162,7	53,2	40,1
						20. Mai	52,6	77,2	18,5	154,2	303,9	164,3	54,1	42,6
30. Sept.	4	4 1/2	4	4	4 1/2	30. Sept.	65,0	80,2	19,3	167,7	309,9	158,3	51,1	34,2
						7. Okt.	72,8	83,5	17,0	179,6	321,5	155,9	48,7	27,1
4. Dez.	4	4 1/2	4	4 1/2	5	2. Dez.	78,2	94,1	17,8	190,2	325,8	152,3	46,7	21,9
						9. Dez.	78,3	90,1	18,0	186,5	320,8	151,6	47,2	23,1
1913 22. Mai	4	4 1/2	4	4	4 1/2	17. Mai	73,7	68,5	18,6	169,7	327,9	171,9	52,4	40,5
						24. Mai	70,9	67,0	18,5	164,1	322,4	172,6	53,6	43,5
25. Juni	5	5 1/2	5	5	5 1/2	21. Juni	64,5	71,3	17,0	158,6	302,1	158,1	52,3	37,2
						28. Juni	77,6	82,0	16,5	187,7	327,0	154,2	47,1	23,3
1914 17. Febr.	4 1/2	5	4 1/2	4 1/2	5	14. Febr.	59,0	73,8	14,6	162,0	304,3	162,7	53,5	40,9
						21. Febr.	59,8	66,2	14,9	155,0	300,9	166,6	55,3	46,2
24. Febr.	4	4 1/2	4	4	4 1/2	21. Febr.	59,8	66,2	14,9	155,0	300,9	166,6	55,3	46,2
						28. Febr.	62,6	69,3	17,6	163,9	311,0	167,7	53,9	43,2
23. März	3 1/2	4	4	4	4 1/2	21. März	49,8	73,6	19,7	158,1	306,5	158,1	51,6	46,8
						28. März	51,7	74,8	19,7	155,6	303,9	155,6	51,2	47,8

TABELLE 25.

DIE VERAENDERUNGEN IM SILBERBESTAND DER NEDERLANDSCHE BANK.

Quelle: V. N.

Geschäftsjahr.	Zur Münze gesandt.	Von der Münze empfangen.	Nach Indien gesandt.	Aus Indien empfangen.
1903/4	f 2,507,250	f 695,900	f —	f 466,458
1904/5	4,751,315	3,143,000	250,000	575,495
1905/6	3,255,575	671,000	2,152,500	248,419
1906/7	4,268,900	1,364,500	1,656,168	295,074
1907/8	11,050,000	6,600,000	11,600,000	269,700
1908/9	4,270,205	1,050,000	2,654,500	249,345
1909/10	4,900,175	2,000,000	9,039,111	100,154
1910/11	5,909,065	30,000	3,012,500	111,313
1911/12	5,817,275	2,020,000	9,712,000	146,400
1912/13	5,712,330	—	2,531,000	4,639,511
	f 52,442,090	f 17,574,400	f 42,607,779	f 7,101,869

Der Bestand betrug am 31. März 1903			f 80,445,288
Der Münze wurden eingeliefert	f 52,442,090		
umgeprägt zurückerhalten	17,574,400		
mehr eingeliefert		f 34,867,690	
Nach Indien wurden gesandt .	f 42,607,779		
von Indien u. Ausland zurückerhalten	f 7,101,869		
mehr versandt..............		f 35,505,910	
Der Bestand nahm also ab am			f 70,373,600
Danach musste der Bestand am 31. März 1913 betragen			f 10,051,688
Tatsächlicher Bestand am 31. März 1913			f 9,785,862
vom Inlandverkehr aufgenommen 1903/4 —12/13		f 3,801,330	
zur Bank zurückgeflossen aus dem Verkehr .		f 3,515,504	
Somit vom Inlandverkehr p. Saldo aufgenommen			f 285,826

NEDERLANDSCHE BANK. DAS WECHSELDISKONTGESCHAFT.

Quellen: B. H.: St. J.; V. N.;

Geschäfts-jahr	in Tausend Gulden. Stück-zahl der diskontierten Wechsel.	Betrag der diskontierten Wechsel.	durch-schnitt-licher Wechsel-bestand	Höchster Wechsel-bestand am	Höchster Wechsel-bestand Betrag.	Niedrigster Wech-selbestand am	Niedrigster Wech-selbestand Betrag.	durch-schnitt. Grösse in Gldn der Wechsel	durch-schnitt. Lauf-zeit der Wechsel	Gewinn auf diskon-tierte Wechsel Betrag	Gewinn auf diskon-tierte Wechsel in % von Spalte 4	Durchschn. Dis-kontsatz. (Wechsel und Promessen)
1.	2.	3.	4.	5.	6.	7.	8.	9.	10.	11.	12.	13.
1864/5	64,615	238,615	45,084	4/10. 64	54,658	27/3. 65	34,321	3,693	68	2,559	5,68	5,30
1865/6	71,168	242,272	43,188	4/12. 65	53,288	27/6. 65	33,753	3,409	64	2,014	4,69	4,58
1866/7	77,761	283,229	52,586	15/5. 66	59,896	30/3. 67	40,849	3,642	65	3,167	6,02	5,48
1867/8	75,802	242,150	44,192	7/1. 68	52,592	13/8. 67	38,195	3,195	66	1,477	3,34	3,13
1868/9	76,243	211,056	39,954	21/12. 68	48,685	24/10. 68	28,939	2,768	69	1,158	2,90	2,71
1869/70	98,382	297,284	53,481	13/11. 69	65,059	1/4. 69	38,708	3,022	65	2,248	4,20	4,18
1870/1	108,469	327,646	59,561	5/8. 70	75,334	5/4. 70	50,562	3,021	$66\frac{1}{3}$	2,655	4,46	4,27
1871/2	90,179	255,768	46,983	6/5. 71	60,881	30/3. 72	28,975	2,836	67	1,679	3,57	3,30
1872/3	98,364	306,230	50,474	8/1. 73	77,484	19/6. 72	25,941	3,115	60	2,057	4,07	3,80
1873/4	119,876	426,276	73,356	12/11. 73	91,864	25/3. 74	56,068	3,556	62	3,779	5,15	4,88
1874/5	118,426	417,322	69,308	16/1. 75	84,964	26/6. 74	59,397	3,524	60	2,649	3,82	3,63
1875/6	113,371	395,526	66,657	11/5. 75	81,358	28/3. 76	50,709	3,495	$61\frac{1}{2}$	2,380	3,57	3,34
1876/7	108 109	317,843	53,160	1/1. 77	64,861	29/3. 77	37,699	2,941	61	1,793	3,37	3,19
1877/8	103,359	293,761	47,665	17/11. 77	65,654	15/8. 77	31,716	2,842	59	1,624	3,40	3,21
1878/9	124,132	401,572	65,590	13/7. 78	79,227	1/4. 78	47,384	3,237	59	2,569	3,92	3,80
1879/80	102,750	285,227	48,056	19/5. 79	68,363	31/3. 80	30,374	2,781	$61\frac{1}{2}$	1,728	3,60	3,28
1880/1	107,070	286,554	40,532	2/11. 80	56,773	31/8. 80	26,955	2,676	$51\frac{3}{5}$	1,367	3,37	3,19
1881/2	120,344	365,050	58,306	4/11. 81	73,541	1/9. 81	39,412	3,036	58	2,162	3,71	3,89
1882/3	114,360	379,279	63,485	6/1. 83	81,286	22/6. 82	51,027	3,317	61	2,944	4,63	4,79
1883/4	113,064	335,647	47,743	7/4. 83	61,289	25/6. 83	38,123	2,969	52	2,021	4,23	3,83
1884/5	106,735	286,248	44,824	10/1. 85	61,265	19/9. 84	29,658	2,684	57	1,566	3,50	3,25
1885/6	107,757	255,306	44,394	13/1. 86	55,786	29/3. 86	33,023	2,371	63	1,339	3,04	2,81
1886/7	97,417	221,638	35,918	4/1. 87	51,929	27/8. 86	25,388	2,287	59	1,009	2,81	2,73

Geschäftsjahr.	Stückzahl der diskontierten Wechsel	Betrag der diskontierten Wechsel	durchschnittlicher Wechselbestand	Höchster Wechelbestand am.	Höchster Wechelbestand Betrag.	Niedrigster Wechselbestand am.	Niedrigster Wechselbestand Betrag.	durchschnitt. Grösse in Gldn der Wechsel	durchschnitt. Laufzeit der Wechsel	Gewinn auf diskontierte Wechsel Betrag	Gewinn auf diskontierte Wechsel in % von Spalte 4	Durchschn. Diskontsatz (Wechsel und Promessen)
	in Tausend Gulden.											
1.	2.	3.	4.	5.	6.	7.	8.	9.	10.	11.	12.	13.
1887/8	110,828	258,023	40,900	31/12. 87	58,354	29/8. 87	28,196	2,330	58	1,152	2,81	2,72
1888/9	105,451	318,578	52,068	22/1. 89	67,572	25/4. 88	37,907	3,021	59	1,282	2,46	2,65
1889/90	111,702	241,557	35,688	4/1. 90	52,575	19/7. 89	25,754	2,172	54	1,022	2,86	2,72
1890/1	123,860	305,080	49,073	22/11. 90	72,271	31/3. 91	35,682	2,470	59	1,643	3,34	3,23
1891/2	127,327	293,750	42,606	7/11. 91	55,049	21/8. 91	34,112	2,329	53	1,459	3,40	3,23
1892/3	107,854	214,601	35,656	5/11. 92	45,786	31/8. 92	28,645	1,992	60	1,089	3,05	2,83
1893/4	108,820	222,381	36,174	7/11. 93	44,998	28/3. 94	26,157	2,046	59	1,436	3,96	3,75
1894/5	89,462	161,468	28,981	5/1. 95	36,656	28/4. 94	24,367	1,819	65	851	2,93	2,79
1895/6	96,414	209,420	37,340	11/1. 96	46,631	27/6. 95	29,026	2,172	65	1,080	2,90	2,28
1896 7	119,102	289,841	52,760	31/10. 96	65,451	19/6. 96	42,266	2,433	66	1,868	3,54	3,47
1897/8	123,158	306,541	63,120	16/11. 97	75,076	18/6. 97	55,306	2,488	75	2,168	3,44	3,27
1898/9	127,339	350,953	61,190	12/11. 98	74,751	28/2. 99	45,228	2,758	63	1,889	3,09	2,92
1899/00	125,602	338,155	58,773	4/11. 99	73,630	28/2. 00	40,337	2,692	63	2,629	4,47	4,19
1901/1	136,591	327,075	54,010	16/11. 00	68,103	2/4. 00	42,096	2,395	60	2,169	4,02	3,80
1901/2	119,840	268,813	47,545	11/5. 01	62,933	3/3. 02	36,779	2,244	64	1,601	3,37	3,42
1902/3	126,484	303,912	49,390	31/3. 03	58,505	26/6. 02	40,442	2,404	63	1,713	3,47	3,32
1903/4	147,255	371,325	65,212	10/11. 03	79,812	1/3. 04	54,696	2,535	63	2,543	3,90	3,77
1904/5	127,105	322,870	54,421	31/12. 04	64,655	22/6. 04	44,523	2,541	61	1,990	3,59	3,35
1905/6	130,155	310,907	51,128	9/11. 05	69,720	25/8. 05	35,665	2,590	60	1,630	3,11	2,99
1906/7	141,073	390,721	63,080	5/5. 06	81,919	26/2. 07	50,841	2,770	60	3,045	4,83	4,93
1907/8	140,582	403,536	66,140	9/11. 07	86,527	25/3. 08	50,082	2,870	60	3,680	5,57	5,14
1908/9	125,726	339,587	52,247	2/5. 08	70,148	26/2. 09	34,760	2,702	56	2,017	3,70	3,38
1909/10	121,927	366,328	51,130	3/11. 09	65,096	27/8. 09	39,394	3,003	51	1,731	3,32	3,16
1910/11	141,279	362,828	58,536	12/11. 10	81,091	28/3. 11	45,417	2,574	59	2,786	4,76	4,66
1911/12	147,200	411,679	62,730	2/1. 12	84,194	26/7. 11	46,857	2,800	56	2,541	4,05	3,84
1912/13	157,273	469,063	71,367	4/1. 13	91,978	25/6. 12	58,877	2,980	56	3,247	4,50	4,27
1913/14	138,378	447,249	68,130	6/11. 13	88,035	25/3. 14	49,002	3,240	56	3,479	5,11	4,92

NEDERLANDSCHE BANK.

DAS LOMBARDGESCHAEFT.

Quellen: B.H.; B.P.; St.I.; V.N.;

Geschäfts-jahr.	in Tausend Gulden.												
	Bestand am 31. März.	neue	prolon-gierte	abge-löste	durchschn. Beleihungen auf			Total (Sp. 6—8).	höchster Bestand		niedrigster Bestand		Gewinn auf Lombards.
		Lombardierungen.			Wert-papiere	Waren	Edel-metalle		am.		am.		
1.	2.	3.	4.	5.	6.	7.	8.	9.	10.	11.	12.	13.	14.
1864/5	26,207	35,469		34,272	23,312	6,064	181	29,560	17/9. 64	36,057	4/4. 64	25,071	1,604
1865/6	31,740	43,470		38,026	27,292	6,189	103	33,580	21/12. 65	42,932	12/6. 65	24,795	1,580
1866/7	29,673	41,384	96,401	43,430	23,598	6,692	233	30,520	3/9. 66	33,691	7/6. 66	28,319	1,807
1867/8	29,509	33,384	104,597	33,324	25,241	5,997	251	31,490	6/1. 68	33,809	11/4. 67	29,240	1,235
1868/9	31,874	31,749	101,597	29,383	24,476	5,739	146	30,360	9/1. 69	33,248	25/7. 68	27,622	1,155
1869/70	32,613	43,970	116,177	43,231	28,793	7,518	68	36,380	24/9. 69	40,495	1/4. 69	31,929	1,787
1870/1	31,274	44,633	111,832	45,973	26,705	8,782	158	35,640	18/8. 70	45,231	2/3. 71	30,901	1,852
1871/2	31,051	39,116	102,929	39,338	24,477	7,737	237	32,450	6/1. 72	35,367	12/6. 71	29,408	1,278
1872/3	34,534	45,335	117,539	41,853	27,167	9,243	76	36,490	20/11. 72	41,501	10/4. 72	30,828	1,600
1873/4	27,151	39,020	106,119	46,403	24,452	8,673	115	33,240	11/7. 73	37,815	23/3. 74	26,443	1,703
1874/5	34,534	36,432	98,662	29,024	20,410	9,186	410	30,000	31/3. 75	34,550	2/4. 74	27,031	1,117
1875/6	37,632	39,490	105,956	36,408	22,687	8,994	1,271	32,950	24/3. 76	37,752	8/9. 75	26,311	1,117
1876/7	39,173	42,369	131,417	40,873	30,980	8,481	128	39,590	20/5. 76	40,910	14/4. 76	37,754	1,287
1877/8	50,958	50,407	148,528	38,622	36,703	7,301	149	44,150	31/3. 78	50,958	4/4. 77	39,001	1,434
1878/9	51,777	50,523	187,544	49,704	46,779	7,766	108	54,650	6/1. 79	58,724	1/4. 78	51,139	2,180
1879/80	36,254	37,391	134,733	52,914	34,694	5,782	189	40,060	3/4. 79	51,897	3/12. 78	34,124	1,607
1880/1	45,252	46,186	132,727	37,188	34,598	5,311	155	40,066	3/2. 81	45,575	30/7. 80	36,047	1,333
1881/2	44,772	47,486	151,004	47,965	41,168	4,519	169	45,860	4/2. 82	49,650	27/6. 81	42,481	1,749
1882/3	32,837	46,324	130,795	58,222	35,343	4,323	185	39,850	20/4. 82	47,626	30/3. 83	32,771	1,890
1883/4	42,656	63,338	126,444	53,556	35,393	5,312	163	40,870	31/12. 83	43,488	12/4. 83	32,456	1,604
1884/5	41,940	56,395	148,018	57,111	37,105	7,615	103	44,820	5/1. 85	54,325	5/6. 84	40,899	1,484
1885/6	37,063	45,324	141,850	50,202	35,069	7,623	117	42,810	9/5. 85	49,710	30/3. 85	37,059	1,375
1886/7	40,729	49,745	120,162	46,079	31,526	5,086	92	36,705	7/1. 87	41,867	23/9. 86	32,899	1,166

Geschäfts-jahr.	in Tausend Gulden. Bestand am 31. März.	neue	prolon-gierte	abge-löste	durchschn. Beleihungen auf Wert-papiere	Waren	Edel-metalle	Total (Sp. 6—8).	höchster Bestand am.		niedrigster Bestand am.		Gewinn auf Lombards.
		Lombardierungen.											
1.	2.	3.	4.	5.	6.	7.	8.	9.	10.	11.	12.	13.	14.
1887/8	44,082	75,033	146,108	71,679	37,098	8,454	77	45,630	3/11. 87	51,270	15/4. 87	40,528	1,445
1888/9	33,031	49,708	120,232	60,761	33,592	3,635	68	37,290	4/5. 88	44,445	28/3. 89	33,165	1,190
1889/90	48,225	64,700	120,115	50,506	36,186	3,022	48	39,250	8/3. 90	48,737	13/6. 89	30,599	1,113
1890/1	40,105	73,274	153,634	81,394	46,918	3,599	10	50,520	20/10. 90	58,836	18/3. 91	39,394	1,693
1891/2	44,623	61,694	123,548	57,176	35,260	4,486	12	39,750	6/2. 92	47,060	27/8. 91	33,007	1,359
1892/3	35,254	46,041	133,813	55,411	36,613	3,461	10	40,080	16/5. 92	49,148	13/3. 93	34,078	1,278
1893/4	33,892	78,802	125,748	80,163	38,031	4,391	22	42,440	23/10. 93	47,932	29/3. 94	33,836	1,546
1894/5	37,299	54,573	116,223	51,166	32,222	5,057	5	37,280	4/1. 95	42,744	18/9. 94	31,915	1,032
1895/6	49,831	64,598	135,569	52,066	37,796	4,495	1	42,290	11/1. 96	53,483	4/9. 95	35,885	1,152
1896/7	39,371	58,843	152,562	69,303	42,894	4,839	2	47,740	7/5. 96	55,524	30/3. 97	39,317	1,799
1897/8	37,050	68,835	129,433	71,157	37,128	4,907	7	42,040	7/1. 98	48,715	31/3. 98	37,049	1,560
1898/9	46,117	74,089	122,697	65,022	35,903	4,186	4	40,700	6/1. 99	52,333	21/9. 98	31,491	1,249
1899/00	45,997	94,459	158,365	94,579	46,834	6,414	25	53,270	21/7. 99	59,600	15/3. 00	45,482	2,051
1900/1	49,944	76,735	161,267	72,789	44,933	7,323	30	52,290	12/1. 01	57,332	2/4. 00	46,030	2,145
1901/2	46,161	76,906	148,935	80,621	41,415	7,535	4	48,950	9/5. 01	55,708	15/7. 01	42,728	1,844
1902/3	52,189	74,238	171,356	68,210	45,061	8,591	1	53,650	28/1. 03	60,064	1/4. 02	45,977	1,934
1903/4	36,153	69,007	155,251	85,043	43,046	6,653	62	49,760	13/5. 03	60,276	30/3. 04	35,897	2,013
1904/5	38,938	74,542	125,478	71,757	37,733	4,502	30	42,266	27/1. 05	48,636	12/4. 04	35,481	1,404
1905/6	53,548	93,354	153,709	78,744	46,497	4,975	50	51,523	5/1. 06	60,506	1/4. 05	38,609	1,591
1906/7	68,219	99,105	189,955	84,434	57,749	5,912	180	63,842	29/12. 06	71,451	2/4. 06	53,518	2,820
1907/8	56,639	136,021	182,408	147,601	56,657	6,595	166	63,418	5/11. 07	70,320	30/3. 08	56,294	3,395
1908/9	49,730	124,863	180,916	131,772	56,476	6,269	153	62,899	31/12. 08	73,453	31/3. 09	49,730	2,048
1909/10	65,263	108,596	165,412	93,064	51,915	3,663	146	55,726	8/1. 10	68,638	17/9. 09	45,967	1,722
1910/1	65,127	162,802	194,081	162,938	66,489	4,464	167	71,120	17/5. 10	84,180	7/2. 11	61,454	3,201
1911/2	66,493	145,555	210,707	144,189	65,693	5,923	143	71,758	20/12. 11	87,585	6/3. 12	60,178	2,587
1912/3	56,835	123,421	202,268	133,078	59,347	8,364	355	68,066	28/12. 12	77,624	5/3. 13	52,825	3,040
1913/4	67,655	168,441	211,028	157,621	65,640	6,684	513	72,838	8/10. 13	83,603	1/4. 13	57,165	3,430

NEDERLANDSCHE BANK.

HÖHE DER AM ENDE DES GESCHAEFTSJAHRES BEWILLIGTEN KONTOKORRENTVORSCHÜSSE.

Quelle: V. N. 1911/12.

Jahr.	Bewilligte Vorschüsse.	davon wurden benutzt		
		durchschnittl.	höchstens.	niedrigstens.
1892/3	10,061,000	12,6%	42,9%	6,9%
1893/4	10,139,000	15,-%	55,5%	7,6%
1894/5	16,519,000	7,4%	26,6%	3,2%
1895/6	24,636,000	10,9%	56,2%	2,3%
1896/7	19,062,000	10,-%	36,3%	3,1%
1897/8	18,986,000	8,8%	33,5%	2,6%
1898/9	20,029,000	7,6%	22,1%	4,7%
1899/00	23,316,000	7,8%	26,7%	3,4%
1900/1	28,012,000	9,6%	26,2%	4,1%
1901/2	29,236,000	12,3%	38,2%	6,4%
1902/3	32,814,000	13,3%	33,3%	7,-%
1903/4	36,480,000	13,-%	34,7%	8,2%
1904/5	49,286,000	9,2%	23,5%	6,-%
1905/6	51,778,000	9,8%	22,3%	6,6%
1906/7	54,486,000	12,5%	26,3%	6,7%
1907/8	61,459,000	12,2%	29,1%	8,4%
1908/9	63,532,000	10,-%	21,4%	6,3%
1909/10	61,209,000	8,9%	19,5%	4,9%
1910/11	57,035,000	10,8%	32,8%	5,5%
1911/12	59,898,000	9,7%	27,6%	5,3%

NEDERLANDSCHE BANK.

DEVISENGESCHAEFT.

Quellen: B.H.; V.N;

Geschäftsjahr	in Tausend Gulden.									
	Devisenbestand am 31. März.	Stückzahl der angekauften Devisen.	Betrag der angekauften Devisen.	Durchschnittlicher Bestand.	Höchster Bestand. am	Höchster Bestand. Betrag.	Niedrigster Bestand. am	Niedrigster Bestand. Betrag.	Gewinn auf Devisen. in % des durchschn. Bestandes.	Gewinn auf Devisen. Betrag.
1.	2.	3.	4.	5.	6.	7.	8.	9.	10.	11.
1889/90	26,361	14,538	152,546	33,447	27/9. 89	38,341	19/3. 90	25,276	2,35	786
1890/1	25,000	11,215	111,550	20,110	2/7. 90	28,791	9/1. 91	7,495	2,82	567
1891/2	17,200	9,514	104,798	19,735	30/6. 91	28,699	30/9. 91	10,310	2,28	450
1892/3	28,813	10,831	116,976	21,616	9/3. 93	29,283	15/4. 92	15,858	1,21	261
1893/4	24,798	9,026	94,550	18,565	28/4. 93	29,555	14/9. 93	7,809	2,39	442
1894/5	21,923	11,279	120,341	24,038	21/4. 94	25,471	27/9. 94	19,278	0,91	218
1895/6	5,737	8,125	87,567	18,143	4/5. 95	25,112	18/3. 96	4,466	1,82	328
1896/7	6,171	3,215	33,241	5,573	8/3. 97	6,303	14/11. 96	4,353	2,07	114
1897/8	6,972	3,563	36,191	6,361	31/12. 97	7,437	21/10. 97	4,609	1,96	125
1898/9	6,300	3,868	40,441	6,904	11/3. 99	7,735	13/5. 98	4,826	2,48	171
1899/00	11,255	2,680	36,459	6,516	17/3. 00	11,826	29/8. 99	1,953	3,52	229
1900/1	10,573	3,944	60,252	10,918	16/3. 01	12,034	3/5. 00	8,585	3,69	402
1901/2	11,281	4,036	60,521	11,202	8/3. 02	12,512	17/2. 02	9,255	2,40	269
1902/3	9,637	3,914	50,114	9,736	5/4. 02	11,642	15/5. 02	7,640	2,22	215
1903/4	8,667	3,075	38,786	7,008	4/4. 03	9,825	28/5. 03	5,743	3,10	217
1904/5	20,416	5,596	81,812	14,810	25/3. 05	21,284	29/4. 04	8,656	2,47	367
1905/6	22,166	7,558	116,823	22,737	24/2. 06	24,228	4/4. 05	19,899	2,60	590
1906/7	6,306	3,845	58,468	10,652	21/4. 06	23,998	5/12. 06	5,664	4,48	475
1907/8	8,861	2,841	47,548	8,283	9/3. 08	9,699	15/1. 08	4,816	4,28	355
1908/9	18,603	4,612	72,814	13,829	13/3. 09	20,112	15/4. 08	7,485	2,03	281
1909/10	11,011	5,446	88,805	18,649	31/7. 09	20,231	31/3. 10	11,011	2,40	446
1910/1	7,634	3,049	44,769	8,089	2/4. 10	13,681	8/6. 10	4,988	3,02	245
1911/2	15,854	4,718	86,641	16,669	11/11. 11	19,774	3/4. 11	7,476	2,82	471
1912/3	15,584	5,051	90,327	17,469	1/3. 13	19,132	3/4. 12	14,175	3,50	612
1913/4	19,046	4,015	73,220	13,606	7/3. 14	20,093	7/8. 13	6,612	4,62	629

NEDERLANDSCHE BANK.

DIE VERTEILUNG DES DURCHSCHNITTLICH ARBEITENDEN KAPITALS.

Quelle: V.N.

Geschäftsjahr.	in Prozenten.					
	Wechsel	Devisen.	Lombards.	Vorschüsse		Zunahme d. arb. Kap. 1889/90 = 100.
				im Kto. Korrent.	an den Staat.	
1889/90	32,76	30,70	36,03	0,51	—	100,0
1890/1	40,76	16,71	41,97	0,56	—	110,4
1891/2	40,94	18,97	38,20	1,01	0,88	95,5
1892/3	36,15	21,92	40,46	1,29	—	90,5
1893/4	36,63	18,80	42,99	1,54	0,04	90,6
1894/5	31,27	25,93	40,23	1,31	1,26	85,0
1895/6	36,88	17,92	41,77	2,65	0,78	92,9
1896/7	48,42	5,12	43,81	1,75	0,90	100,0
1897/8	55,45	5,59	36,94	1,28	0,74	104,4
1898/9	55,02	6,21	36,60	1,37	0,80	102,0
1899/00	48,55	5,38	44,01	1,50	0,56	111,0
1900/1	44,90	9,08	43,47	2,24	0,31	110,3
1901/2	42,51	10,02	43,78	3,19	0,50	102,6
1902/3	41,87	8,25	45,49	3,72	0,67	108,2
1903/4	50,93	5,48	38,86	3,72	1,01	117,5
1904/5	42,59	11,59	33,08	3,52	9,22 [1])	117,2
1905/6	36,51	16,23	36,80	3,64	6,82	128,4
1906/7	40,49	6,84	40,99	4,37	7,31	142,9
1907/8	42,87	5,37	41,10	4,88	5,78	138,8
1908/9	35,73	9,46	43,—	4,35	7,46	134,2
1909/10	35,54	12,96	38,72	3,77	9,01	132,0
1910/11	37,64	5,20	45,74	3,98	7,44	142,7
1911/12	38,99	10,36	44,60	3,63	2,42	147,6
1912/13	42,84	10,48	40,85	3,38	2,45	153,0
1913/14	39,37	7,86	42,11	3,83	6,83	158,8

[1]) Seit 1904 zinsfreier Vorschuss.

Tabelle 31.

NEDERLANDSCHE BANK.

Die Schwankungen des metallisch nicht gedeckten Notenumlaufs.

Quelle: V.N.

Jahr.	in Tausend Gulden.					
	Durchschnitt.	in % des Notenumlaufes.	Maximum.	Minimum.	Spannung zwischen Spalte 4 u. 5.	
						in % des Durchschnittes
1.	2.	3.	4.	5.	6.	7.
1892/3	71,100	36,6	81,000	59,500	21,500	30,3
1893/4	74,700	37,8	82,500	60,300	22,200	29,6
1894/5	70,900	34,4	80,400	60,300	20,100	28,3
1895/6	79,900	38,2	97,500	67,800	29,700	37,1
1896/7	87,000	43,2	97,900	77,500	20,400	23,4
1892/3–1896/7	76,700	38,–	87,900	65,100	22,800	29,5
1897/8	91,200	44,5	102,500	79,500	23,000	25,2
1898/9	84,300	39,6	98,900	66,300	32,500	38,7
1899/0	98,000	35,3	115,300	74,800	40,500	41,7
1900/1	94,500	42,4	111,300	79,200	32,100	34,2
1901/2	87,700	38,9	109,200	75,200	34,000	40,–
1897/8–1901/2	91,100	42,–	107,400	75,000	32,400	35,6
1902/3	105,000	45,5	111,100	81,400	29,700	28,3
1903/4	104,900	44,6	126,200	80,800	45,400	43,2
1904/5	103,800	42,–	123,300	78,000	45,300	43,5
1905/6	116,700	43,4	139,500	92,800	46,700	40,–
1906/7	134,200	49,9	155,200	120,800	34,400	25,7
1902/3–1906/7	112,900	45,2	131,100	90,800	40,300	35,6
1907/8	126,300	47,5	151,800	109,400	42,400	33,6
1908/9	123,200	45,4	152,600	99,500	53,100	43,1
1909/0	121,600	43,1	142,500	102,400	40,100	32,9
1910/1	134,900	48,5	163,300	111,400	51,900	38,4
1911/2	136,200	46,2	167,300	110,500	56,800	41,8
1907/8–1911/2	128,400	46,2	155,500	106,600	48,900	38,2
1912/3	143,900	47,0	166,800	125,400	41,400	28,7
1913/4	151,900	48,3	185,200	128,400	56,800	37,3

NEDERLANDSCHE BANK.

VERAENDERUNGEN DES NOTENUMLAUFS AN DEN QUARTALEN UND DEN BEIDEN HAUPTZAHLUNGSTERMINEN.

a. vom vorletzten Ausweis *vor* bis ersten *nach* dem Ultimo.
b. vom ersten bis dritten Ausweis nach dem Ultimo.

Quelle.: V. N.

	in Millionen Gulden.											
	März.		April.		Juni.		September.		Oktober.		Dezember.	
	a.	b.	a.	b.	a.	b.	a.	b.	a.	b.	a.	b.
1888/9		−0,1	+14,4	−0,9	+8,4	+0,7	+13,2	—	+3,4	−7,0	+11,1	+2,1
1889/0	+9,8	+0,3	+7,3	−2,5	+8,4	+2,1	+9,1	+2,2	+5,7	−3,1	+11,8	+0,9
1890/1	+6,4	−0,7	+10,6	−3,6	+7,8	+4,0	+6,3	+4,1	+13,1	−9,2	+7,5	−1,1
1891/2	+6,8	−3,3	+12,3	−3,5	+5,5	+3,3	+9,4	+1,1	+6,6	−3,8	+6,4	+1,5
1888/9 / 1891/2	+7,7	−0,9	+8,7	−2,6	+7,5	+2,5	+9,5	+1,9	+7,2	−5,8	+9,2	+0,9
1892/3	+3,6	+1,4	+8,6	−3,9	+8,3	+1,7	+2,5	+5,8	+7,0	−4,5	+10,4	+0,1
1893/4	+2,1	+4,5	+9,2	−5,9	+4,3	+3,2	+7,9	+3,1	+2,9	−1,7	+12,0	+0,2
1894/5	+7,3	+0,8	+8,2	−4,4	+6,6	+0,6	+6,6	+1,2	+3,4	−1,8	+10,5	+1,9
1895/6	+1,0	−0,0	+9,6	−4,7	+5,6	+5,4	+8,0	+0,3	+6,5	−4,8	+11,2	+3,4
1896/7	+3,9	+1,5	+8,7	−4,6	+8,0	−0,9	+7,2	+4,3	+6,4	−3,9	+7,5	+1,0
1892/3 / 1896/7	+3,6	+1,6	+8,9	−4,7	+6,6	+2,0	+6,4	+2,9	+5,2	−3,3	+10,3	+1,3
1897/8	+6,4	−0,6	+10,4	−5,7	+12,1	−1,5	+7,7	+2,1	+4,9	−4,4	+9,0	−3,7
1898/9	+5,5	+1,0	+10,6	−6,3	+8,3	+2,2	+8,1	+4,4	+6,0	−1,7	+13,6	−3,7
1899/0	−0,3	+3,1	+7,5	−7,5	+11,1	+0,6	+14,7	−0,7	+5,0	−5,5	+9,7	−3,2
1900/1	+10,6	+0,7	+10,8	−3,1	+8,7	—	+10,0	+3,3	+5,0	−3,2	+11,1	−3,9
1901/2	+5,8	+3,9	+13,8	−6,6	+7,7	−5,4	+5,8	+3,8	+8,0	−2,1	+11,7	−4,4
1897/8 / 1901/2	+5,6	+1,6	+10,6	−5,8	+9,6	−0,8	+9,3	+2,6	+5,8	−3,4	+11,0	−3,8
1902/3	+5,2	+2,0	+15,5	−11,9	+10,9	−4,2	+11,6	—	+9,7	−4,8	+14,2	−2,5
1903/4	+9,4	−0,3	+15,8	−11,9	+12,5	−3,4	+8,6	+3,8	+7,8	−5,3	+10,9	+0,1
1904/5	+5,2	+3,3	+13,5	−8,5	+15,8	−4,4	+10,7	+4,4	+11,0	−6,-	+17,5	−7,0
1905/6	+8,2	−0,3	+14,5	−11,6	+13,7	−4,2	+11,7	+0,1	+10,7	−5,-	+18,1	−8,7
1906/7	+8,3	−2,0	+17,6	−16,7	+14,8	−6,7	+12,9	+1,6	+11,6	−12,8	+12,7	−6,4
1902/3 / 1906/7	+7,3	+0,5	+15,4	−12,1	+13,5	−4,6	+11,1	+2,0	+10,2	−6,8	+14,5	−4,9
1907/8	+11,0	−4,8	+14,5	−12,9	+20,7	−8,2	+17,5	+5,1	+24,9	−12,6	+11,0	−10,4
1908/9	+11,5	−0,2	+16,3	−12,1	+20,7	−10,8	+11,7	+3,8	+14,5	−11,2	+18,8	−9,1
1909/0	+11,6	+0,1	+23,1	−9,5	+14,8	−4,4	+13,5	+1,3	+10,8	−9,6	+14,1	−12,6
1910/1	+12,4	−2,0	+16,4	−18,7	+16,7	−6,5	+13,6	+3,9	+11,6	−8,4	+15,8	−10,0
1911/2	+11,0	−1,7	+19,7	−10,6	+23,1	−6,6	+17,4	−1,4	+13,5	−11,1	+17,1	−15,3
1907/8 / 1911/2	+11,5	−1,7	+18,0	−12,4	+19,2	−7,3	+14,7	+2,5	+15,1	−10,6	+15,4	−11,5
1912/3	+13.0	−0,3	+20.8	−16,5	+23,5	−11,5	+17,7	+2,1	+18,7	−13,0	+21,5	−16,0
1913/4	+14,9	—	+24,4	−18,9	+28,9	−11,4	+15,8	−0,5	+21,8	−12,1	+22,8	−15,2

TABELLE 33. Die graphische Darstellung: „Veränderungen des Notenumlaufs an den Quartalen und den beiden Hauptzahlungsterminen." befindet sich am Schluss der Tabellen.

BILANZEN DER ONTVANG- EN BETAALKAS.

Quelle: Versl.

Jahr	In Tausend Gulden.													Dividende in Prozent.	Jahr.
	Kasse	Wechsel	Prolonga-tionen	Debitoren-Vorschüsse.	Effekten als Kapital- u. Reservefondsanlage.	sonstige Aktiva.	Bilanz-summe.	Kapital.	Reserve-fonds	Depositen	Kreditoren	Nederland-sche Bank.	Sonstige Passiva einschl. Gewinn.		
1.	2.	3.	4.	5.	6.	7.	8.	9.	10.	11.	12.	13.	14.	15.	16.
1877	817	1,119	351	408	5	60	2,760	1,000	7	493	1,200		61	4,925	1877
1878	574	902	266	778	7	57	2,584	1,000	10	614	886		74	5,545	1878
1879	804	783	266	879	11	56	2,799	1,000	15	654	1,054		76	5,810	1879
1880	432	907	330	1,797	15	42	3,523	2,000	35	537	844		107	5,52	1880
1881	767	708	251	2,114	—	78	3,918	2,000	41	499	1,238		140	5,4	1881
1882	447	552	899	2,110	—	83	4,091	2,000	51	956	923		161	6,0	1882
1883	446	1,130	580	1,886	52	40	4,134	2,000	60	1,049	872		154	5,7	1883
1884	622	709	396	1,659	62	40	3,488	2,000	63	492	807		126	5,075	1884
1885	791	574	432	1,686	—	106	3,589	2,000	69	581	830		109	4,7	1885
1886	611	647	751	1,743	72	40	3,864	2,000	75	658	1,019		112	4,75	1886
1887	434	866	777	2,103	75	40	4,295	2,000	80	1,064	1,037		114	4,8	1887
1888	405	1,302	1,405	2,008	468	40	5,628	3,000	129	1,389	983		127	4,5	1888
1889	436	799	1,267	2,703	579	41	5,825	3,000	140	1,249	1,291		145	4,375	1889
1890	653	1,047	1,303	3,271	578	40	6,892	3,000	139	2,457	1,127		168	4,8	1890
1891	584	982	1,352	2,394	582	40	5,934	3,000	153	1,283	1,340		159	4,6	1891
1892	526	802	1,274	2,483	659	42	5,786	3,000	167	1,288	1,187		144	4,375	1892
1893	533	1,303	1,010	2,822	828	40	6,536	3,000	179	1,930	1,262		165	4,75	1893

TABELLE 33.

NEDERLA

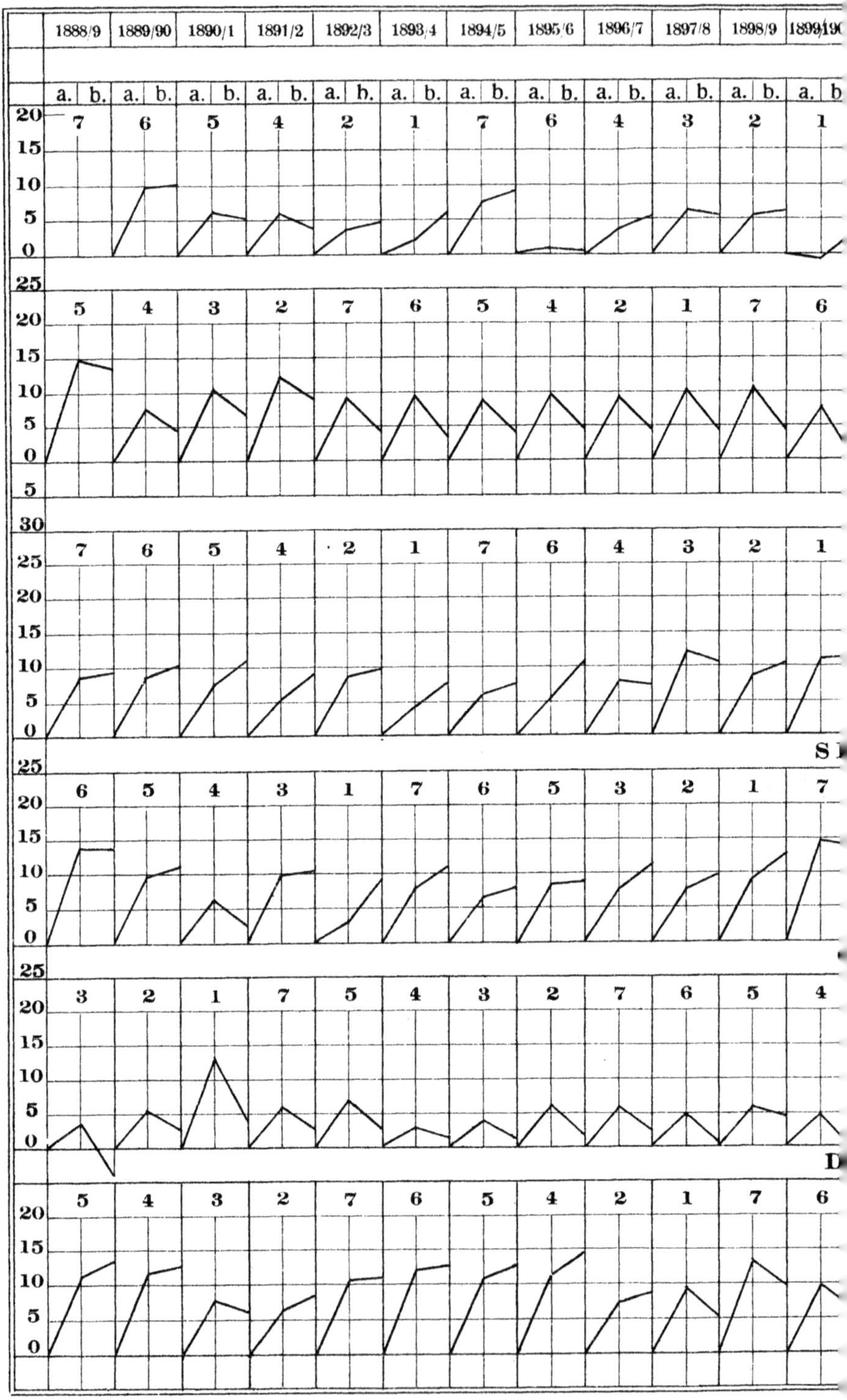

DIE VERAENDERUNGEN DES NOTENUMLAUFS AN

a. vom vorletzten Ausweis *vor* bis ersten *nach*

DSCHE BANK.

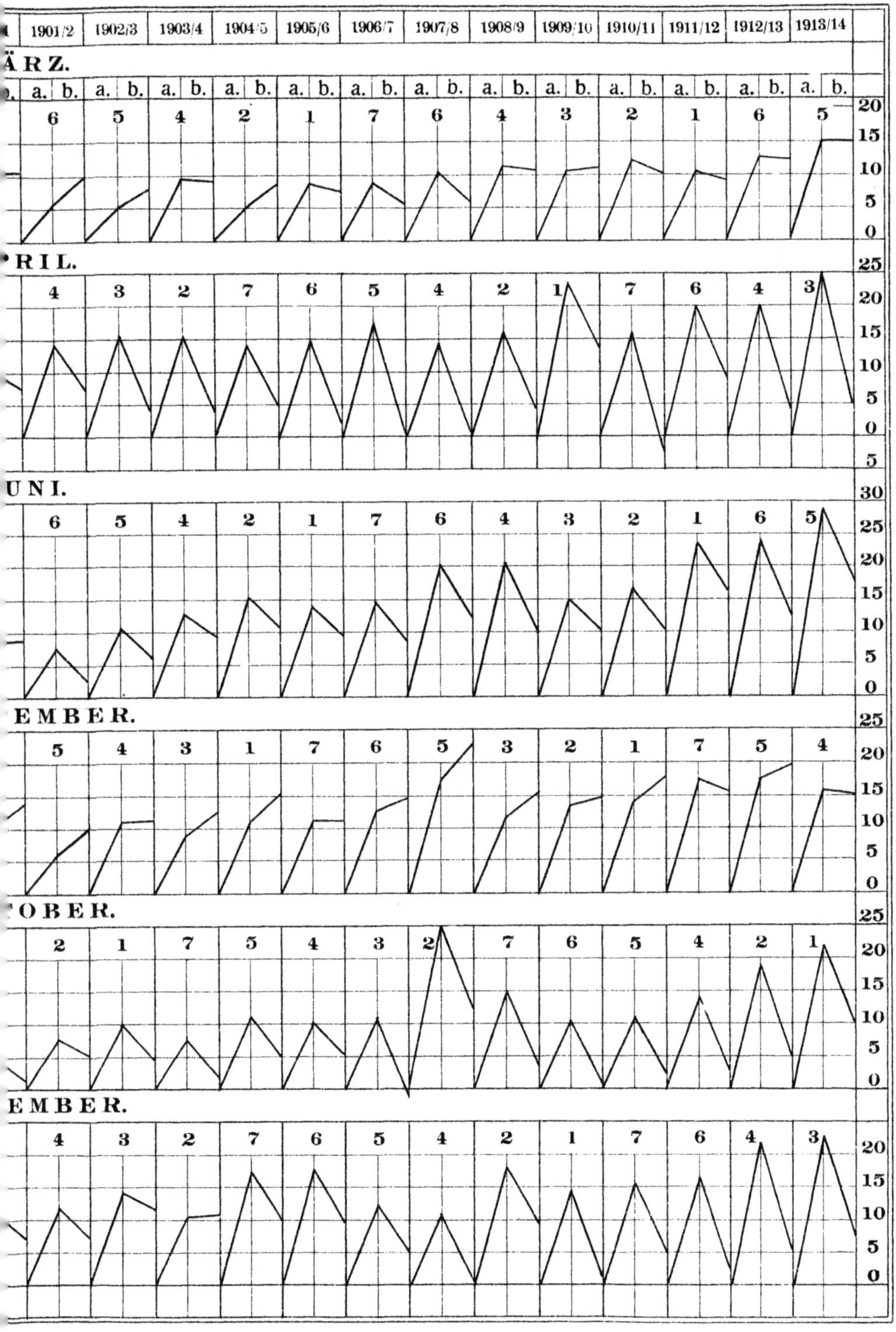

Lith. J. Smulders & Co., Haag.

QUARTALEN UND DEN BEIDEN HAUPTZAHLUNGSTERMINEN.

lionen Gulden)

ltimo. b. vom ersten bis dritten Ausweis nach dem Ultimo.

1894	567	874	1,561	2,527	1,002	110	6,641	3,000	199	1,547	1,146		748	4,325	1894
1895	778	468	1,918	3,402	1,122	61	7,749	3,000	210	2,245	985	1,085	224	4,5	1895
1896	590	662	1,673	2,969	1,090	196	7,093	3,000	221	2,533	1,021	—	318	4,85	1896
1897	712	680	1,679	2,730	993	131	6,925	3,000	232	2,277	960	—	456	4,55	1897
1898	1,176	464	2,071	3,156	1,243	82	8,192	3,000	242	2,508	1,301	737	404	4,7	1898
1899	961	624	1,956	3,365	1,534	99	8,539	3,000	259	2,643	1,166	170	300	5,0	1899
1900	982	342	1,361	5,265	1,486	77	9,513	4,000	250	2,449	1,073	1,401	340	5,1	1900
1901	675	756	2,920	4,504	1,435	63	10,354	4,000	313	3,482	1,122	1,182	256	5,25	1901
1902	1,071	559	1,866	6,345	1,458	106	11,405	4,000	347	3,773	1,500	1,529	256	5,25	1902
1903	1,115	561	1,141	5,517 [1]	1,476	143	9,953	4,000	349	3,117	994	1,187	306	4,35	1903
1904	1,095	955	1,224	5,312	1,571	143	10,300	4,000	367	4,006	1,321	239	377	5,1	1904
1905	1,092	855	1,120	6,572	1,565	211	11,414	4,000	369	4,390	1,235	939	481	4,9	1905
1906	990	615	1,517	7,757	1,534	221	12,634	4,000	370	4,740	1,193	1,824	507	5,5	1906
1907	1,193	1,350	1,944	6,637	1,564	212	12,900	5,000	407	4,351	1,335	1,262	545	5,5	1907
1908	1,207	1,356	2,148	7,075	1,717	181	13,684	5,000	468	5,570	1,494	727	424	4,85	1908
1909	1,075	1,365	2,821	6,673	2,042	174	14,150	5,000	514	5,168	1,590	1,471	407	4,55	1909
1910	1,178	1,070	1,762	7,854	2,221	235	14,320	5,000	516	5,166	1,778	1,368	492	5,35	1910
1911	1,287	1,239	1,981	7,050	2,144	190	13,890	5,000	509	5,138	1,674	1,052	517	5,1	1911
1912	1,485	1,428	2,013	6,985	2,091	218	14,222	5,000	481	5,491	1,798	1,099	353	2,5	1912
1913	1,331	1,134	1,630	8,056	2,023	213	14,389	5,000	459	5,582	1,634	1,132	580	5,4	1913

[1]) bis 1902 einschliesslich der Guthaben bei Korrespondenten.

VERLUST- UND GEWINNRECHNUNG DER ONTVANG- EN BETAALKAS.

Quelle: Versl.

Jahr.	In Tausend Gulden.												Jahr.
	Gewinn-Vortrag.	Zinsgewinn.	Provisions-gewinn.	Eingang abgeschriebener Forderungen.	*Roh-Gewinn.*	Unkosten.	Abschreibungen.	*Reingewinn.*	Dotierung der Reserve.	Dividende.	Tantième.	Gewinn-Vortrag.	
1.	2.	3.	4.	5.	6.	7.	8.	9.	10.	11.	12.	13.	14.
1877		55	52		107	40	9	58	2	49	7		1877
1878		62	54		116	42	3	71	3	56	12		1878
1879		67	57		124	44	4	76	4	58	14		1879
1880		90	65		155	49		106	5	83	18		1880
1881		115	77		190	52	2	136	9	108	22		1881
1882		142	77		219	53	5	161	8	120	32	1	1882
1883	1	140	71		212	57	6	149	7	114	27	1	1883
1884	1	117	65		183	57	2	124	4	102	17	1	1884
1885	1	105	60		166	57	1	108	6	94	11		1885
1886		102	66		168	58		110	3	95	12		1886
1887		104	67		171	59		112	3	96	13		1887
1888		118	70		188	59	2	127	2	113	10	2	1888
1889	2	132	70		204	61	1	142	2	131	9		1889
1890		157	81		238	62	7	168	5	144	19	1	1890
1891	1	150	73		224	63	4	156	4	138	14	2	1891
1892	2	140	66		208	64		143	2	131	9	1	1892
1893	1	164	67		232	64	3	165	5	142	18	1	1893
1894	1	138	66		205	65		140	2	130	8	1	1894
1895	1	138	76		215	64		151	3	135	12	1	1895
1896	1	156	81		237	65	1	171	5	145	20		1896
1897		146	79		225	66	6	153	3	137	13	1	1897
1898	1	147	84	5	238	68	7	162	4	141	17		1898
1899		198	94		292	72	8	211	7	175	28	1	1899
1900	1	230	97	1	329	73	6	250	9	204	35	2	1900
1901	2	227	124		353	80	13	261	10	210	40	1	1901
1902	1	242	118		361	86	13	261	10	210	40	1	1902
1903	1	249	102		362	90	74	188	3	174	11		1903
1904		219	99	44	362	95	18	249	9	204	35	1	1904
1905	1	228	124		353	105	15	233	7	196	29	1	1905
1906	1	286	134		421	109	31	281	12	220	48	1	1906
1907	1	387	128		516	146	16	353	15	275	60	3	1907
1908	3	288	133		424	127	9	287	9	242	34	2	1908
1909	2	241	151		394	128	8	258	6	227	22	3	1909
1910	3	333	157		493	141	16	336	13	268	54	1	1910
1911	1	301	155	1	458	146	—	312	11	255	44	2	1911
1912	2	350	169	—	521	143	252	125	—	125	—	1	1912
1913	1	356	160	1	518	166	4	340	14	270	56	9	1913

TABELLE 36.

UMSAETZE UND DURCHSCHNITTLICHE BESTAENDE DER ONTVANG- EN BETAALKAS.

d. Best. = durchschnittlicher Bestand.

Quelle: Versl.

Jahr.	In Tausend Gulden.								
	Wechsel-Umsatz	d. Best	Prolongationen.		Depositen.		Vor-schüsse d. Best	Kassen-Umsatz	Konto-korrent-Umsatz
			Umsatz	d. Best	Umsatz	d. Best			
1.	2.	3.	4.	5.	6.	7.	8.	9.	10.
1879	8,193	1,339	382	285	4,889	932	717	157,200	159,300
1880	7,154	1,064	1,048	392	3,445	682	1,193	217,000	217,900
1881	7,308	953	707	297	3,552	546	1,741	255,000	257,600
1882	9,516	186	985	361	5,528	773	1,713	227,200	229,800
1883	9,898	1,086	585	360	5,192	734	1,774	209,500	210,500
1884	9,510	1,233	475	320	4,005	652	1,573	193,200	194,200
1885	6,854	1,202	602	333	3,719	486	1,394	181,500	182,800
1886	6,372	1,104	1,196	424	3,741	518	1,447	208,300	209,300
1887	5,208	968	802	363	2,966	347	1,555	196,200	203,400
1888	5,810	1,258	1,664	508	4,002	619	1,640	197,600	203,700
1889	5,881	1,212	1,619	469	5,103	687	2,144	225,600	239,700
1890	5,048	971	1,850	696	6,823	1,388	2,706	281,000	287,600
1891	8,443	1,325	2,929	1,354	7,999	1,774	2,249	244,600	244,900
1892	5,464	1,058	2,771	1,439	6,207	1,535	2,198	219,000	227,000
1893	5,635	864	2,438	1,199	7,990	1,653	2,621	250,600	241,900
1894	6,681	1,238	3,401	1,430	8,638	2,067	2,190	244,900	237,900
1895	2,903	612	5,308	1,872	10,602	2,052	2,420	296,100	289,100
1896	3,594	609	3,929	1,701	8,207	2,164	2,550	293,600	290,900
1897	3,744	678	3,696	1,992	8,613	2,426	2,350	295,900	289,700
1898	7,329	1,098	3,515	1,960	14,068	2,683	2,334	345,900	339,500
1899	4,143	699	3,169	2,062	12,149	2,650	3,038	426,700	418,700
1900	3,174	544	3,056	2,015	13,047	2,739	3,569	427,000	417,800
1901	4,184	758	3,760	1,904	14,266	3,225	4,355	670,200	645,500
1902	3,144	547	1,562	2,025	20,017	3,872	5,022	743,100	671,100
1903	3,705	594	1,462	1,597	21,800	3,901	5,268	673,300	541,700
1904	7,598	1,294	1,620	1,435	23,723	3,605	4,339	657,100	539,900
1905	7,314	[1]	937	[1]	27,993	[1]	[1]	897,200	755,000
1906	5,839		1,286		28,742			1 006,400	827,400
1907	7,738		1,730		41,925			855,900	699,500
1908	10,340		1,521		39,829			855,700	712,500
1909	12,924		3,133		32,615			1 078,400	920,900
1910	8,812		2,257		36,627			1 071,800	895,400
1911	12,152		1,724		36,364			967,100	805,200
1912	12,927		1,631		40,034			1 100,200	898,300

[1]) Seit 1905 nicht mehr angegeben.

BILANZEN DER KASVEREENIGING.

Quelle: Versl.

	In Tausend Gulden.							
	1906.	1907.	1908.	1909.	1910.	1911.	1912.	1913.
Kasse am 31. Dez.	1,391	1,678	1,897	1,834	1,612	2,347	1,883	1,974
Kasse durchschnittl. [1])	2,109	2,608	2,257	2,888	2,885	2,759	2,573	2,769
Wechsel am 31. Dez.	1,682	2,519	1,985	2,645	2,528	2,838	5,014	2,378
Wechsel durchschn. [1])	2,382	2,497	2,748	3,041	2,475	3,833	3,402	3,782
Prolongationen am 31. Dez.	4,142	5,051	5,195	5,184	7,152	6,546	5,375	55,14
Prolongationen durchschn. [1])	6,263	6,353	6,135	7,246	6,833	8,107	7,251	8,133
Kontokorr. Vorsch. am 31. Dez.	7,278	6,363	6,829	5,839	8,518	6,791	6,501	8,539
Kontokorr. durchschn. [1])	5,153	4,770	4,017	3,364	4,819	4,349	5,362	5,310
Gebäude 31. Dez.	260	255	250	290	265	255	245	240
Effekten 31. Dez.	4,322	4,166	4,385	4,341	4,377	4,283	4,109	3,964
Bilanzsumme	19,075	20,032	20,541	20,133	24,452	23,061	23,128	22,610
Aktienkapital	5,000	5,000	5,000	5,000	5,000	5,000	5,000	5,000
Reservefonds	1,000	940	1,000	1,000	1,000	971	918	895
Depositen am 31. Dez.	7,741	9,156	8,913	8,828	11,833	11,221	11,067	10,144
Depositen durchschn. [1])	11,088	10,397	9,309	9,824	11,334	12,833	12,350	13,227
Kreditoren am 31. Dez.	4,760	4,349	5,072	4,734	5,922	5,214	5,417	5,804
Kreditoren durchschn. [1])	4,159	4,156	4,226	5,210	4,194	4,626	4,795	5,133
Sonstige Passiva	112	136	160	190	230	253	579	283
Reingewinn	463	442	396	380	467	394	444	501
Dividende in %	7,—	6,9	6,3	6,1	7,—	6,25	6,8	725

[1]) Die in den Zeilen 3. 5. 7. 9. 16. und 18. enthaltenen Durchschnittszahlen sind errechnet aus den in Geschäftsbericht angeführten Monatsausweisen, die jeweils auf den 20. des betr. Monats abgeschlossen werden.

INANSPRUCHNAHME DER KASVEREENIGING AM JAHRES SCHLUSS.

Quelle: Versl.

Datum.	In Tausend Gulden.					
	Depo-siten.	Kredi-toren.	Wechsel	Prolon-gationen.	Vor-schüsse im Kto-Korrent	Kasse.
20. Dez. 1906	8,686	3,322	1,667	4,196	6,037	1,660
31. Dez. 1906	7,741	4,760	1,682	4,142	7,278	1,391
21. Jan. 1907	8,325	3,578	1,856	4,462	5,518	1,885
21. Dez. 1907	9,639	3,061	3,410	5,034	4,128	1,835
31. Dez. 1907	9,156	4,348	2,519	5,051	6,363	1,677
20. Jan. 1908	9,433	3,177	2,768	5,224	5,302	1,283
22. Dez. 1908	9,519	4,088	2,189	5,583	4,731	2,638
31. Dez. 1908	8,913	5,071	1,985	5,195	6,829	1,897
20. Jan. 1909	9,316	4,830	2,873	6,442	4,419	2,234
20. Dez. 1909	9,278	3,903	2,533	5,509	3,497	3,140
31. Dez. 1909	8,828	4,739	2,645	5,183	5,839	1,834
20. Jan. 1910	9,089	4,494	1,926	6,542	3,515	3,369
20. Dez. 1910	11,544	3,479	2,149	6,848	4,596	2,896
31. Dez. 1910	11,833	5,922	2,528	7,151	8,518	1,612
20. Jan. 1911	12,846	3,297	3,114	8,554	4,604	1,794
20. Dez. 1911	12,064	3,964	3,327	6,580	5,209	2,375
31. Dez. 1911	11,221	5,214	2,838	6,546	6,791	2,347
20. Jan. 1912	11,015	4,040	3,649	7,072	4,107	2,039

TABELLE 39.

CREDIETVEREENIGING AMSTERDAM.

Quelle: Versl.

	In Tausend Gulden.							
	Bewilligte Kredite.				Eingezahlte Depositen.			
	in Amsterdam.	in %	in den Filialen.	in %	in Amsterdam.	in %	in den Filialen.	in %
1900	5,735	43	7,457	57	19,516	71	8,032	29
1901	5,621	41	8,087	59	20,341	69	8,986	31
1902	5,402	37	9,068	63	14,951	61	9,571	39
1903	5,248	36	9,460	64	9,936	47	11,082	53
1904	5,096	34	10,009	66	11,268	47	12,760	53
1905	5,090	32	10,819	68	10,851	48	11,823	52
1906	5,430	30	12,402	70	8,005	43	10,763	57
1907	5,634	30	13,045	70	4,730	28	12,255	72
1908	5,401	29	13,189	71	5,275	33	10,505	67
1909	5,504	28	14,075	72	8,560	39	13,320	61
1910	5,823	28	15,253	72	7,647	35	14,324	65
1911	6,391	28	16,117	72	10,774	42	15,055	58
1912	6,802	28	17,364	72	9,527	38	15,850	62
1913	6,844	27	18,126	73	11,410	40	16,975	60

CREDIETVEREENIGING.

I. BILANZEN.

Quelle.: Versl.

	In Tausend Gulden.													
	1900.	1901.	1902.	1903.	1904.	1905.	1906.	1907.	1908.	1909.	1910.	1911.	1912.	1913.
Einzahlungsverpflichtungen d. Aktionäre	686	380	380	380	378	365	252	246	235	114	24	24	24	24
Kasse	238	231	262	191	248	320	176	265	248	209	251	267	316	335
Wechsel	2,117	2,866	2,310	2,598	2,115	2,329	2,799	3,169	2,659	3,025	2,875	2,784	3,278	3,811
Rediskontierte Wechsel	**4,556**	**3,693**	**4,964**	**5,173**	**5,259**	**5,443**	**5,666**	**6,475**	**6,016**	**5,464**	**5,845**	**6,366**	**6,780**	**7,358**
Kontokorrent-Debitoren	2,670	3,331	3,236	2,998	3,363	3,343	3,779	3,728	4,394	4,981	6,507	7,230	7,393	7,814
Summe der Schuldner	**9,343**	**9,890**	**10,510**	**10,769**	**10,737**	**11,116**	**12,244**	**13,372**	**13,069**	**13,470**	**15,227**	**16,380**	**17,451**	**18,983**
Gebäude	88	95	95	95	95	147	147	187	235	282	310	310	330	335
Sonstige Aktiva							160	124	127	127	157	150	179	275
Bilanzsumme	5,799	6,903	6,284	6,262	6,199	6,621[1])	7,314	7,718	7,899	8,738	10,124	10,947	11,321	12,594
Kapital	2,500	2,500	2,500	2,500	2,500	2,500	2,500	5,000	5,000	5,000	5,000	5,000	5,000	5,000
davon ausgegeben	1,968	2,000	2,000	2,000	2,000	2,000	2,500	2,500	2,500	2,500	2,500	3,000	3,000	3,000
Reservefonds	307	390	395	396	399	411	481	503	525	557	589	646	674	708
Extrareserve								73	90	100	114	114	114	130
Reservierte Einzahlungen	116	104	89	77	66	59	49	39	34	30	27	24	20	18
Depositen	2,281	3,041	2,468	2,453	2,317	2,424	2,726	3,008	2,904	3,371	3,649	3,649	4,233	4,664
Kreditoren	1,126	1,367	1,332	1,337	1,417	1,547	1,290	1,344	1,633	1,948	1,634	1,805	2,014	2,369
Akzepte											1,316	1,219	1,121	2,318
Sonstige Passiva						179	268	250	211	231	295	307	343	387
Bilanzsumme	5,779	6,903	6,284	6,262	6,199	6,621	7,314	7,718	7,899	8,738	10,124	10,947	11,521	12,594

[1]) von 1905 an dadurch abweichend von der publizierten Bilanz, dass die diskontierten Wechsel hier nicht in die Bilanzsumme eingerechnet sind.

II. VERLUST- UND GEWINNRECHNUNG.

	In Tausend Gulden.													
	1900.	1901.	1902.	1903.	1904.	1905.	1906.	1907.	1908.	1909.	1910.	1911.	1912.	1913.
Vortrag	2,2		0,1	0,2	0,2		0,3	0,2	2,0	1,3	0,7	1,3	0,4	2,7
Eingang auf abgeschr. Forderungen	0,1	0,3	0,3	2,7	0,2	0,4	0,4		1,9	0,1	2,9	0,8	1,1	0,4
Diskont u. Provision	146,0	147,3	136,0	131,7	142,2	122,4	165,7	181,7	155,1	187,8	203,3	211,6	235,8	281,2
Incassogebühren	6,4	5,8	6,2	5,7	5,6	6,2	7,5	7,7	7,1	6,5	7,2	7,2	7,4	7,5
Gewinn der Agenturen	36,4	46,4	46,2	49,7	56,6	53,9	74,2	90,7	90,6	99,1	103,2	112,8	119,1	138,4
Rohgewinn	191,3	200,0	190,2	204,9	89,0	183,2	248,3	280,1	256,9	295,0	317,5	333,9	363,9	430,2
Handlungsunkosten	50,7	52,0	53,5	52,5	52,2	55,0	56,8	67,4	70,3	72,4	76,6	78,2	81,7	90,7
Abschreibungen auf Debitoren	11,8	14,9	35,3	54,1	52,9	10,5	7,5	21,4	7,5	6,6	13,3	26,7	24,9	11,4
Abschreibungen auf Inventar u. Gebäude	0,4	0,8	0,7	0,6	0,6	0,5	0,5	5,5	4,5	7,5	10,5	0,6	11,6	17,6
Reingewinn	128,2	132,2	99,3	82,8	99,1	117,0	183,4	185,7	174,4	208,3	217,4	243,3	245,7	310,5
Dotierung d. Reservefonds										14,5	14,8	15,6	17,8	22,3
Dotierung d. Extrareserve										10,0	14,0	—	—	25,0
Dividende, Tantième u. Steuer	128,2	132,0	99,0	82,6	99,1	116,6	183,1	183,7	173,1	183,0	187,2	212,2	225,2	250,8
Vortrag		0,1	0,2	0,2		0,3	0,2	2,0	1,3	0,7	1,3	0,4	2,7	12,4
Dividende in Prozent	7%	6%	5%	4 1/2%	5%	5 1/2%	6%	6%	5 3/4%	6%	6%	5 3/4%	6%	6 1/2%

CREDIETVEREENIGING.

KREDITGEWAEHRUNG.

Quelle: Versl.

Jahr.	in Tausend Gulden.					Zunahme der Kredite in %.
	neue Kredite.			am 31. Dezember.		
	beantragt.	eröffnet.	benutzt.	eröffnete Kredite.	benutzte Kredite.	
1.	2.	3.	4.	5.	6.	7.
1895	2,522	2,017	1,581	10,128		
1896	2,864	2,362	2,008	10,513		$3^{4}/_{5}$
1897	2,929	2,337	1,942	10,668		$1^{1}/_{2}$
1898	2,879	2,534	2,000	11,189		$4^{9}/_{10}$
1899	4,294	3,521	2,085	12,359		$10^{1}/_{2}$
1900	4,715	4,201	2,925	13,192	9,343	7
1901	3,035	2,444	1,896	13,709	9,890	4
1902	3,682	2,966	2,249	14,471	10,510	$5^{1}/_{2}$
1903	4,340	3,007	2,326	14,708	10,769	$1^{1}/_{2}$
1904	3,941	3,098	2,130	15,106	10,737	$2^{7}/_{10}$
1905	5,352	4,366	3,816	15,909	11,116	$5^{1}/_{3}$
1906	6,235	4,988	4,171	17,832	12,245	12
1907	5,043	3,920	3,114	18,679	13,372	5
1908	4,759	3,752	3,122	18,590	13,069	$-^{1}/_{2}$
1909	5,306	4,503	3,803	19,579	13,470	$5^{1}/_{2}$
1910	5,510	4,322	3,150	21,076	15,227	$7^{1}/_{2}$
1911	6,753	5,614	3,598	22,508	16,379	$6^{3}/_{4}$
1912	8,309	6,878	4,437	24,167	17,451	$7^{1}/_{3}$
1913	6,865	5,964	4,898	24,969	18,983	$3^{1}/_{3}$

DIE ENTWICKLUNG DER GELDERSCHE CREDIETVEREENIGING.

Quelle: Versl.

	in Tausend Gulden.														
	1899.	1900.	1901.	1902.	1903.	1904.	1905.	1906.	1907.	1908.	1909.	1910.	1911.	1912.	1913.
Eingezahltes Kapital	850	1,000	1,000	1,000	1,000	1,000	1,500	1,500	1,500	2,250	2,250	2,250	2,500	3,000	3,000
Beteiligung der Mitglieder	13,181	14,862	15,072	15,861	16,679	17,988	18,945	19,870	21,528	22,324	22,307	21,777	[1]		
Debitoren	11,342	12,086	12,156	12,722	13,658	13,894	15,487	16,815	18,326	17,291	17,070	18,551	18,852	20,446	21,611
Kreditoren	4,494	4,713	5,157	5,812	6,260	6,619	7,296	7,385	7,971	9,211	9,118	9,161	9,315	9,867	10,501
Depositen	2,288	2,071	2,555	2,647	2,751	2,947	3,049	3,315	3,475	3,775	3,726	3,922	3,919	4,428	4,950
Reservefonds	545	643	667	707	729	761	789	849	880	1,200	1,220	1,258	1,302	1,338	1,379
in % des eingez. Kapitals	25	26	27	$27^{1}/_{4}$	$27^{1}/_{4}$	$27^{1}/_{4}$	$23^{1}/_{4}$	$24^{1}/_{4}$	$24^{1}/_{2}$	27	$27^{1}/_{4}$	$28^{1}/_{4}$	$57^{3}/_{4}$	$44^{1}/_{2}$	46
Dividende der Aktionäre	$9^{1}/_{2}$	9	9	9	9	9	$8^{1}/_{2}$	9	$9^{1}/_{2}$	8	8	$8^{1}/_{4}$	10	10	10
Dividende der Mitglieder	$6^{1}/_{2}$	6	6	6	6	6	6	$6^{1}/_{2}$	$6^{1}/_{2}$	$6^{1}/_{2}$	$6^{1}/_{4}$	$6^{3}/_{4}$	—	—	—

[1]) Aenderung in der Struktur der Gesellschaft

I. DIE VON DEN KREDITVEREINEN BEWILLIGTEN KREDITE AM 31. DEZEMBER.

Quellen: J. C.; Versl.

	in Tausend Gulden.					
	1906.	1907.	1908.	1909.	1910.	1911.
Credietver. A'dam[1].........	17,831	18,679	18,590	19,579	21,076	22,508
Geldersche Cred.ver.	19,870	21,528	22,324	22,307	21,777	23,799
C. V. Twentsche Bkv.	25,197	27,670	28,601	29,115	30,234	33,126
Onderl. Crediet R'dam	4,049	4,308	3,725	3,902	4,709	4,400
Limb. Cr. Ver.[2])	2,064	1,912	1,898	1,910	1,961	2,033
Cred. & Dep. Kas	3,425	3,387				
Utrecht. Cred. Bk.	1,399	1,222	1,135	1,075	1,037	971
Dordr. Onderl. C. V.	3,296	3,454				
Zuidholl. C. V.	1,579	1,297	948	928	935	994
's Gravenh. C. V. & D. K. .	923	514	474			

II. DIE BEI DEN KREDITVEREINEN BENÜTZTEN KREDITE AM 31. DEZEMBER.

	1906.	1907.	1908.	1909.	1910.	1911.
Credietver. A'dam[1].........	12,245	13,372	13,069	13,470	15,227	16,379
Geldersche Cred.ver.	13,815	18,326	17,291	17,071	18,551	18,852
C. V. Twentsche Bkv.	13,533	16,590	15,320	14,988	16,067	17,614
Onderl. Crediet R'dam......	2,421	2,866	2,272	2,470	3,085	2,663
Limb. Cr. Ver.[2])	1,402	1,306		1,463	1,363	1,435
Cred. en Dep. Kas	2,076	1,949		1,861	2,006	1,973
Utrecht. Cred. Bk.	1,007	842		844	808	735
Dordr. Onderl. C. V.	2,613	2,788		3,108	3,097	3,726
Zuidholl. Credietver.........	1,093	761		754	774	914
's Gravenh. C. V. & D. K. .	775	514				
Nederl. Credietver.				936	968	1,102
Onderl. Crediet Arnhem				201	210	234
Landbouwbank Utrecht				1,374	1,336	1,358

[1]) Wegen der genauen Firma der einzelnen Kreditvereine siehe *Tabelle* 44.
[2]) am 30. September.

DIE KREDITVEREINE 1909 BIS 1911.

Quelle: v. N. N. V.

1909.	in Tausend Gulden. Kapital. emittiert.	eingez.	Reserve.	fremde Gelder.	Bilanzsumme.
Betuwsche Credietvereeniging	107	33	?	?	?
Credietvereeniging A'dam	2,500	2,386	657	5,319	14,202
Dordr. Onderlinge Credietvereen.....	1,500	322	230	1,140	4,358
Crediet- en Depositokas	1,500	163	211	2,340	4,123
Landbouwbank Utrecht	332	123	114	315	1,645
Hilvers. Crediet- en Depositokas	32	32	?	?	?
Geldersche Credietvereeniging	24,557	4,481	1,220	12,845	28,483
's Gravenhaagsche Credietvereeniging en Deposito-Kas	723	423	148	1,576	2,516
Limburgsche Credietvereeniging	598	360	74	1,339	1,941
Nederl. Credietvereeniging	518	381	47	477	1,304
Onderling Crediet Arnhem..........	375	58	2	6	496
Onderling Crediet Rotterdam	4,362	862	186	1,518	6,231
Utrechtsche Credietbank	1,107	207	79	829	2,075
Zuidholl. Crediet-vereeniging	539	539	158	776	1,510
	38,748	10,370	3,126	28,480	68,884
Cred. Ver. d. Twentsche Bankver. ..	29,115	1,387	1,520	—	—
	67,863	11,757	4,646	—	—
1910.					
Betuwsche Credietvereeniging	107	33	?	?	?
Credietvereeniging Amsterdam	2,500	2,476	703	5,283	15,969
Dordr. Onderlinge Credietvereen.....	1,500	322	255	1,068	4,490
Crediet- en Depositokas	1,500	163	217	2,945	4,744
Landbouwbank Utrecht	332	123	118	282	1,609
Hilvers. Crediet- en Depositokas	32	32	?	?	?
Geldersche Credietvereeniging	24,027	4,428	1,258	13,083	28,983
's Gravenhaagsche Cr. V. en Dep. K.	717	417	156	1,556	2,509
Limburgsche Credietvereeniging	603	367	72	1,228	2,509
Nederl. Credietvereeniging..........	523	296	50	744	1,428
Onderling Crediet Arnhem..........	398	85	4	11	526
Onderling Crediet Rotterd.	5,169	983	190	1,768	7,266
Utrechtsche Credietbank	1,103	209	82	778	2,026
Zuidholland. Crediet-vereeniging	540	540	164	801	1,537
	39,051	10,574	3,269	29,547	73,051
Cred. Ver. d. Twentsche Bankver. ..	30,234	1,484	1,582		
	69,285	12,058	4,851	—	—

1911.	in Tausend Gulden.				
	Kapital.		Reser-ve.	fremde Gelder.	Bilanz-summe.
	emittiert.	eingez.			
Betuwsche Cred. Ver.	217	50	?	?	?
Credietvereeniging A'dam	3,000	2,976	760	5,454	17,131
Dordr. Onderl. Credietvereen........	1,500	322	201	1,286	5,001
Crediet- en Depositokas............	1,500	164	224	2,380	4,175
Landbouwbank Utrecht	332	123	69	274	1,641
Hilvers. Crediet- en Depositokas....	32	32	?	?	?
Geldersche Credietvereeniging.......	2,250	2,250	1,302	13,235	29,183
's Gravenhaagsche Cr. V. en Dep. K.	692	393	163	1,755	2,685
Limburgsche Credietvereeniging.....	602	366	69	1,162	1,876
Nederl. Credietvereeniging..........	637	461	53	405	1,529
Onderling Crediet Arnhem..........	424	88	4	14	574
Onderling Crediet R'dam.	3,860	937	189	1,919	7,042
Utrechtsche Credietbank	1,097	203	85	578	1,816
Zuidholl. Crediet-vereeniging........	549	549	171	941	1,682
	17,692	8,913	3,290	29,403	74,335
Cred. Ver. d. Twentsche Bankver. ..	33,126	1,589	1,683	—	—
	50,818	10,502	4,973	—	—

Tabelle 45.

DIE REDISKONTIERUNGEN DER CREDIETVEREENIGING AMSTERDAM.

Quellen: Versl.; V. N.

Jahr.	in Millionen Gulden.							Jahr.
	Nederland. Bank		Credietvereeniging Amsterdam.					
	diskontierte. Promessen.		rediskontierte Promessen.					
	total.	Amsterdam.	total.	am offnen Markt	bei der Nederl. Bank.			
					total.	%v.Sp.2	%v.Sp 3	
1.	2.	3.	4.	5.	6.	7.	8.	9.
1865	81,3	57,3	29,0	0,6	28,4	34,9	49,6	1865
1866	96,4	67,2	38,1	1,8	36,3	37,7	54,–	1866
1867	97,4	58,5	36,6	2,6	34,0	34,9	58,1	1867
1868	89,3	49,2	32,7	4,0	28,7	32,1	58,1	1868
1869	102,0	54,9	33,1	2,1	31,0	30,4	56,5	1869
1865/9	93,3	57,4	33,9	2,2	31,7	33,9	55,2	1865/9
1870	112,2	60,4	33,1	0,8	32,3	28,8	53,5	1870
1871	109,3	54,5	34,2	4,2	30,0	27,4	55,–	1871
1872	113,3	62,1	34,7	4,6	30,1	26,6	48,5	1872
1873	119,7	60,1	34,6	1,7	32,9	27,5	54,7	1873
1874	110,6	52,5	30,9	2,5	28,4	25,7	54,1	1874
1870/4	113,0	57,9	33,5	2,8	30,7	27,2	52,9	1870/4
1875	109,7	52,4	31,3	3,0	28,3	25,8	54,–	1875
1876	119,1	49,9	33,0	2,7	30,3	25,5	60,7	1876
1877	121,9	50,6	39,6	7,7	31,9	26,2	63,0	1877
1878	140,6	60,9	34,3	2,3	32,0	22,7	52,5	1878
1879	118,9	43,4	28,8	1,1	27,7	23,3	63,9	1879
1875/9	122,0	51,2	33,4	3,4	30,0	24,6	58,6	1875/9
1880	110,8	42,2	22,3	2,9	19,4	17,5	46,–	1880
1881	122,9	48,3	22,0	2,6	19,4	15,8	40,2	1881
1882	121,2	54,0	24,8	3,9	20,9	17,2	38,7	1882
1883	122,6	49,9	17,3	3,7	13,6	11,1	27,2	1883
1884	111,2	36,1	13,1	4,2	8,9	8,–	24,7	1884
1880/4	117,7	46,1	19,9	3,5	16,4	13,9	35,7	1880/9
1885	115,4	39,7	22,5	3,7	18,8	16,4	47,4	1885
1886	101,1	33,5	21,2	3,2	18,0	17,8	53,8	1886
1887	114,6	41,7	21,2	1,7	19,5	17,4	46,4	1887
1888	97,9	33,5	18,1	2,8	15,3	15,8	45,7	1888
1889	108,1	39,1	18,3	1,5	16,8	15,6	43,1	1889
1885/9	107,4	37,5	20,3	2,6	17,7	16,5	47,2	1885/9

Jahr.	in Millionen Gulden,							Jahr.
	Nederland. Bank		Credietvereeniging Amsterdam.					
	diskontierte Promessen.		rediskontierte Promessen.					
	total.	Amsterdam.	total.	am offenen Markt	bei der Nederl. Bank.. total.	%v.Sp.2	%v.Sp.3	
1.	2.	3.	4.	5.	6.	7.	8.	9.
1890	130,3	39,6	18,9	0,5	18,4	14,1	48,9	1890
1891	134,7	32,9	15,3	2,2	13,1	9,7	39,8	1891
1892	113,5	23,1	12,6	3,1	9,5	8,4	41,1	1892
1893	118,0	31,2	16,4	2,0	14,4	12,2	46,1	1893
1894	93,1	18,5	12,5	4,0	8,5	9,1	45,9	1894
1890/4	117,9	29,1	15,1	2,3	12,8	10,5	44,1	1890/4
1895	106,0	23,1	11,9	3,4	8,5	8,–	37,–	1895
1896	139,9	33,4	16,5	1,6	14,9	10,6	44,7	1896
1897	156,6	35,9	13,9	0,6	13,3	8,5	37,–	1897
1898	154,4	35,0	16,2	0,4	15,8	10,2	45,1	1898
1899	169,4	41,1	19,3	1,5	17,8	10,5	43,4	1899
1895/9	145,3	33,7	15,6	1,5	14,1	9,7	41,9	1895/9
1900	193,2	51,0	22,6	1,5	21,1	10,9	41,2	1900
1901	172,9	49,3	24,4	2,2	22,2	12,8	45,3	1901
1902	181,9	52,3	25,9	3,1	22,8	12,5	43,9	1902
1903	201,4	50,5	27,5	3,4	24,1	12,–	47,7	1903
1904	173,2	39,8	27,5	6,7	20,8	12,–	52,3	1904
1900/4	184,5	48,6	25,6	3,4	22,2	12,–	45,7	1900/4
1905	181,6	43,4	28,4	8,1	20,3	11,2	47,2	1905
1906	214,9	58,2	29,4	7,9	21,5	10,–	36,9	1906
1907	243,6	62,6	33,5	7,2	26,3	10,8	41,8	1907
1908	198,7	51,1	34,0	13,2	20,8	10,4	40,8	1908
1909	184,1	40,6	29,6	19,5	10,1	5,5	24,9	1909
1905/9	204,6	51,2	31,0	11,2	19,8	9,7	38,7	1905/9
1910	229,4	58,9	31,5	14,8	16,7	7,3	28,3	1910
1911	230,9	57,2	32,8	15,1	17,7	7,7	30,9	1911
1912	251,2	62,2	33,6	10,3	23,3	9,3	37,4	1912
1865/1912	140,4	46,7	25,8	4,3	21,5	15,4	46,0	1865/1912

I. DIE ZUNAHME DER SPARGELDER UND VORSCHUESSE BEI DEN BOERENLEENBANKEN.

Quelle: J. C.

Jahr.	In Tausend Gulden. Zahl der Banken	davon berichteten.	Spargelder Ende d. Jahres	Zunahme in %	Vorschüsse Ende d. Jahres.	Zunahme in %	Vorschüsse in % d. Spargelder.
1901			964	—	450	—	46,7
1902	156	78	1,600	65,9	765	70,–	47,8
1903	213	89	2,136	33,5	1,141	49,1	53,3
1904	284	135	3,617	69,2	1,970	72,8	54,8
1905	355	192	5,175	43,–	2,701	37,1	52,2
1906	437	218	7,178	38,7	3,996	48,3	55,7
1907	526	331	10,378	44,5	6,649	66,3	63,9
1908	578	437	16,385	57,7	9,136	37,4	55,7
1909	603	582	24,890	52,2	13,508	48,–	54,2
1910	643	636	30,334	21,9	16,812	24,5	55,5
1911	741	733	37,561	23,9	20,331	20,9	54,2
1912	835	830	44,902	19,6	25,145	23,7	56,–
1913	886	883	52,183	16,2	31,381	24,8	60,1

II. VORSCHUESSE UND SPARGELDER NACH PROVINZEN AM 31. DEZEMBER 1909.

Quelle: S. S. L.

Provinz.	In Gulden. Spargelder.	Vorschüsse.	in % der Spargelder.
Noordholland	4,013,595	2,632,021	65,6
Zuidholland	4,634,600	2,445,726	52,8
Noordbrabant	3,700,829	1,971,895	53,3
Limburg	3,760,668	2,086,882	55,5
Gelderland	3,504,207	2,250,946	64,3
Zeeland............	1,116,865	483,531	43,2
Overijssel	1,167,875	416,672	35,7
Groningen	108,555	38,732	35,8
Utrecht............	1,139,142	596,188	52,3
Friesland	788,397	203,359	25,8
Drenthe	787,117	425,388	54,1
1909	24,721,850 [1]	13,551,340 [1]	54,8

[1]) Die Abweichungen gegen obenstehende Zahlen erklären sich aus nachträglichen Ergänzungen der Statistik.

DIE SPARGELDER DER SPARKASSEN UND DER BOEREN-LEENBANKEN.

Quelle: I. C.

Provinz.	In Tausend Gulden. Postsparkasse.	übrige Sparkassen.	Boerenleenbanken.	Zusammen.	*Gulden* p. Kopf der Bevölkerung.
Noordbrabant	22,066	3,108	3,748	28,922	46,4
Gelderland	17,590	14,673	3,546	35,809	56,0
Zuidholland	36,404	27,803	4,635	68,842	49,5
Noordholland	32,944	16,261	4,069	53,274	48,1
Zeeland	8,124	1,900	1,117	11,141	47,8
Utrecht	8,008	5,485	1,139	14,632	50,8
Friesland	7,277	6,220	788	14,285	39,7
Overijssel	10,011	6,119	1,168	17,298	45,2
Groningen	3,799	14,867	109	18,775	57,2
Drenthe	2,754	1,290	810	4,854	28,1
Limburg	11,446	1,998	3,761	17,205	51,8
1909 Total	160,243	99,724	24,890	285,037	—
1909 Gulden p. Kopf der Bevölkerung	27,39	17,71	4,25		49,35
1911 Total	170,961	118,935	37,561	327,457	
1911 Gulden p. Kopf der Bevölkerung	28,39	19,75	6,24		54,38
Zunahme gegen 1909	7,32%	19,4%	50,9%	14,8%	

TABELLE 48.

DIE ZENTRALKASSEN UND DIE IHNEN ANGESCHLOSSENEN BANKEN NACH PROVINZEN. AM 31. DEZEMBER 1912.

Quelle: Versl.

	Eindhoven.		Utrecht.		Alkmaar.		Zusammen.			
	Banken.	Mitglieder.	Banken.	Mitglieder.	Banken.	Mitglieder.	Banken.		Mitglieder.	
								in %		in %
Noordbrabant ...	131	11.275	4	323	—	—	135	16,44	11,598	15,82
Limburg	115	11,885	—	—	—	—	115	14,01	11,885	16,21
Gelderland	34	3.575	63	6,914	—	—	97	11,81	10,486	14,30
Zeeland	7	283	27	2,240	—	—	34	4,14	2,523	3,44
Zuidholland	17	1,482	78	7,026	2	172	97	11,81	8,680	11,84
Noordholland ...	4	295	74	7,814	34	2,842	112	13,64	10,951	14,94
Overijssel	26	2,071	24	2,966	—	—	50	6,10	5,037	6,87
Groningen	1	103	41	1,776	—	—	42	5,12	1,879	2,55
Utrecht	5	365	25	1,720	—	—	30	3,65	2,085	2,83
Drenthe.........	4	438	40	4,475	—	—	44	5,36	4,913	6,70
Friesland........	2	109	63	3,198	—	—	65	7,92	3,307	4,50
Ende 1912	346	31,878	439	38,452	36	3,014	821	100,—	73,344	100,—
Ende 1909	262	21,941	288	22,499	31	2,277	581	—	46,718	

DIE MITGLIEDER DER BOERENLEENBANKEN VERGLICHEN MIT DEN SELBSTAENDIGEN LANDWIRTEN.

Quellen: U. B.; S. S. L.

	Berufszählung 1909				
	Landwirtschaft. Gr. XVIII.	davon Selbständige (Buchstaben A u. B)	in %	Mitglieder v. Boerenleenbanken. 1909	in % der Selbständigen.
Noordbrabant ..	103,826	44,365	42,7	8,061	18,8
Gelderland	92,563	39,563	42,8	7,027	17,7
Zuidholland	71,575	21,321	29,8	5,210	24,5
Noordholland ..	49,793	18,651	37,4	7,841	42,1
Zeeland	40,597	9,186	22,6	1,654	18,–
Utrecht	23,934	7,902	33,1	1,409	17,8
Friesland	55,470	17,076	31,1	998	5,8
Overijssel	53,121	26,470	49,9	3,098	11,7
Groningen......	40,154	10,957	27,4	376	3,3
Drenthe	30,618	13,606	44,5	2,417	17,8
Limburg	54,744	27,219	49,8	8,627	31,6
	616,395	236,316	38,3	46,718	19,8

DIE WERBENDEN ANLAGEN DER JAVASCHE BANK IM DURCHSCHNITT DER GESCHAEFTSJAHRE.

Quellen: B.M.C.B.; Versl.

Jahr.	In Tausend Gulden.			
	Anlagen in Indien.	Devisen.	Prolongationen in Amsterdam.	Zusammen.
1892/3	17,712	3,697	205	21,614
1894/5	12,606	4,282	1,386	18,274
1896/7	8,710	5,363	3,147	17,220
1898/9	13,237	8,076	476	21,789
1900/1	13,925	8,138	2,635	24,698
1902/3	17,039	2,247	4,843	24,129
1904/5	15,757	7,553	1,883	25,193
1905/6	18,195	5,916	3,786	27,897
1906/7	24,576	4,025	6,539	35,140
1907/8	29,381	5,252	5,436	40,069
1908/9	19,390	14,768	8,077	42,235
1909/0	17,924	14,988	13,720	46,632
1910/1	31,777	14,499	9,274	55,550
1911/2	33,839	16,002	11,028	60,869
1912/3	36,567	17,546	11,220	65,333

UMSAETZE DER NEDERLANDSCH-INDISCHE ESCOMPTO-MAATSCHAPPIJ.

Quelle: Versl.

Jahr.	In Tausend Gulden.			
	Kasse.	Wechsel in Ned. Ind.	Depositen.	Kassiers-Konto.
1899	230,800	7,036	1,023	94,147
1901	275,900	14,667	1,028	102,792
1903	277,200	20,900	1,777	87,401
1905	358,200	23,747	1,583	133,309
1907	372,800	31,595	4,053	124,143
1908	387,000	31,467	4,024	137,652
1909	422,900	27,030	4,867	166,508
1910	507,800	39,606	5,218	182,837
1911	587,800	39,246	7,797	229,696
1912	611,700	43,091	8,466	233,151

DAS DEVISENGESCHAEFT DER NEDERLANDSCH-INDISCHE ESCOMPTO-MIJ.

I. VON INDIEN AUF EUROPA GEZOGENE WECHSEL AUF

(Die Einheiten in Tausend.)

Quelle: Versl.

Jahr.	Niederland.	England.	Frankreich.	Deutschland.
1898	*f* 9,019	£ 114	*frs.* 1,007	*M.* 916
1900	21,672	269	8,35	920
1902	10,094	130	1,023	1,054
1904	11,712	199	835	911
1906	13,420	584	1,247	1,374
1907	16,522	73	934	1,313
1908	19,309	155	1,409	1,443
1909	13,684	261	1,342	1,200
1910	18,213	166	1,646	1,888
1911	22,239	170	1,569	1,722
1912	21,583	242	2,057	1,609

II. NACH EUROPA REMITTIERTE WECHSEL AUF

Jahr.	Niederland.	England.	Frankreich.	Deutschland.
1898	*f* 7,289	£ 576	*frs.* 2,461	*M.* 253
1900	3,596	1,415	3,565	2,100
1902	5,877	436	1,638	316
1904	4,954	749	1,431	193
1906	6,411	761	2,270	419
1907	7,968	1,483	2,694	137
1908	9,088	1,112	4,596	137
1909	8,896	1,163	4,035	906
1910	11,798	1,293	4,328	2,368
1911	12,445	1,396	2,988	1,717
1912	13,294	1,354	3,746	901

DIE NEDERLANDSCHE HANDEL-MAATSCHAPPIJ.

Quellen: O. E.; Versl.

Aktiva:	In Tausend Gulden.								
	1883	1893	1903	1906	1909	1910	1911	1912	1913
Gebäude etc.	2,764	1,350	1,366	1,434	1,610	2,107	2,044	2,136	2,480
Waren	1,704	969	22	—	—	—	—	—	—
Aktien u. Oblig	3,751	12,328	20,939	30,856	31,868	32,671	40,333	35,780	33,330
angel. Reservefonds	257	1,768	—	—	—	—	—	—	—
Agenturen	15,288	11,845	20,190	36,946	21,669	21,515	22,924	16,097	26,631
Ausl. Debitoren	7,900	1,821	4,365	998	2,952	2,211	3,383	3,172	5,968
Inl. Debitoren	10,110	1,217	10,772	8,778	9,465	20,462	20,325	15,436	18,743
Wechsel		15,798	13,569	22,465	36,058	30,300	35,529	47,974	39,681
Lombards, Reports Vorsch. a. Waren	6,477	7,262	2,849	2,395	24,836	25,508	24,907	18,107	20,035
Kasse u. Bank	4,012	3,084	2,195	3,165	5,086	1,891	5,082	7,525	4,706
Garantiefonds	5,031	5,052	—	—	—	—	—	—	—
Verschiedenes	167	—	—	—	—	—	—	—	—
	57,463	62,495	77,636	107,039	133,544	136,667	154,628	146,228	151,574
Passiva:									
Kapital	35,783	35,783	35,000	45,000	45,000	45,000	45,000	45,000	45,000
Reservefonds	257	1,824	5,000	5,000	6,126	6,632	7,124	7,693	8,252
Unterstützungsf.	—	—	950	1,000	1,000	1,000	1,000	1,000	1,000
Niederl. Staat	2,542	1,376	3,745	4,019	3,451	112	6,295	7,381	6,485
Akzepte	11,383	8,831	8,111	4,060	4,959	2,898	4,472	6,398	5,477
Depositen	—	—	6,285	30,478	35,133	34,380	39,682	37,025	38,072
Ausl. Kreditoren	2,517	5,946	1,847	5,986	4,793	2,256	1,727	5,248	14,417
Inl. Kreditoren	2,155	5,028	3,364	6,205	12,432	21,344	21,702	21,939	27,067
Agenturen	—	—	—	—	15,332	17,763	21,987	8,920	—
versch. Reserven	—	—	—	1,000	400	400	400	400	400
Verschiedenes	83	67	54	128	56	58	66	76	48
Gewinn ¹) ²)	2,741	3,640	3,278	4,142	4,860	4,821	5,171	5,147	5,155
	57,463	62,495	77,636	107,039	133,544	136,667	154,628	146,228	151,574
Gewinne:									
Effekten	—	99	—	—	—	—	—	—	—
Wechsel	6	11	6	4	135	48	82	80	152
Provision	998	635	754	883	871	817	766	1,027	1,110
Zinsen	1,163	1,015	2,176	2,207	1,651	2,146	2,308	2,632	3,362
Ind. Agenturen	985	1,322	1,407	2,358	2,543	2,085	2,649	2,548	1,636
Agent. Surinam	—	137	—	—	99	163	188	20	184
versch. Gewinne ³)	139	1,062	76	86	61	125	81	52	110
	3,292	4,283	4,420	5,539	5,362	5,385	6,075	6,359	6,555
Verluste:									
Unkosten	290	323	371	385	463	520	530	551	572
Effekten	136	—	569	583	—	105	257	727	558
Agent. Surinam	—	—	81	120	—	—	—	—	—
Unterstütz. Fonds	—	—	5	—	8	11	12	8	9
Debitoren	2	400	191	—	96	—	177	—	—
sonst. Abschreibgen.	184	—	—	2	2	6	2	—	144
versch. Reserven	—	—	—	300	—	—	—	—	200
Gewinn ³)	2,678	3,560	3,202	4,148	4,792	4,743	5,096	5,072	5,072
	3,292	4,283	4,420	5,539	5,362	5,385	6,075	6,359	6,555

¹) einschl. Gewerbesteuer. ²) einschl. Gewinnvortrag. ³) ohne Gewerbesteuer.

DIE NEDERLANDSCH-INDISCHE HANDELSBANK.

I. AMSTERDAMER BILANZ.

Quelle: Versl.

	in Millionen Gulden.								
	1905	1906	1907	1908	1909	1910	1911	1912	1913
Kapital	7,7	9,8	9,9	12,4	12,4	12,4	14,9	14,9	17,4
Obligationen	4,6	4,5	4,4	4,3	4,1	4,0	3,9	3,8	3,7
Akzepte	3,5	5,1	3,8	3,7	4,8	3,6	3,3	5,1	3,4
Kreditoren	2,9	1,1	4,8	3,3	1,9	8,1	4,7	6,7	7,6
Depositen	1,6	1,9	1,6	2,3	4,4	4,1	3,8	3,9	3,8
Reserve	1,6	2,1	2,2	2,7	2,8	2,9	5,0	5,0	6,5
Kasse und Banken	1,6	0,6	0,3	0,8	1,2	2,4	4,2	0,3	0,9
Wechsel	4,7	5,8	6,4	7,2	7,6	5,6	8,9	5,7	4,0
Prolongationen	0,5	0,3	2,1	2,4	3,6	7,4	4,0	6,5	7,9
Lombardierungen	0,9	0,8	0,7	0,6	2,4	2,8	2,7	6,1	6,3
Debitoren	1,0	1,1	1,7	1,8	2,3	3,6	2,4	2,7	2,9
Effekten	2,9	3,1	3,1	2,9	2,7	4,0	4,6	4,3	4,1
Anteile der Ned. Ind. Landbouw Mij.	9,7	9,7	9,7	9,7	9,7	9,7	9,7	10,0	10,0
Vorschüsse auf Verschiffungen	1,2	1,2	2,0	1,7	1,4	1,3	0,9	1,6	2,6
Dividende in Prozent	10 1/5	8 7/10	8,–	10,–	12,–	23,–	18 1/2	15	12

II. BILANZ DER INDISCHEN FILIALEN.

	in Millionen Gulden.								
	1905	1906	1907	1908	1909	1910	1911	1912	1913
Betriebskapital	2,5	3,5	3,5	5,0	5,0	5,0	5,0	5,0	7,0
Depositen	1,4	1,8	2,2	3,0	4,6	4,4	5,8	8,5	9,0
Girokonten	2,5	2,8	4,1	6,4	7,2	8,4	11,4	10,7	9,8
Kreditoren	2,1	4,6	6,8	2,8	4,7	5,4	11,5	8,9	9,3
Kasse und Wechsel	2,9	2,7	5,5	3,2	5,7	5,3	8,2	9,5	4,6
Lombardierungen	1,7	5,8	5,1	5,8	6,6	8,8	13,8	12,2	13,4
Guthaben in Amsterdam	2,5	0,7	2,3	2,2	4,0	3,7	4,5	0,7	1,9
Debitoren	1,5	3,4	3,6	5,6	5,0	5,3	6,2	9,3	11,8

DIE ENTWICKLUNG DER KOLONIALE BANK.

Quelle: Versl.

Jahr.	in Tausend Gulden.							
	Kapital	Reserve	Obligationen	Akzepte.	Wechsel.	Prolongationen.	Indische Niederlassung.	Anteile von Cultuur-Unternehmen.
1882/3	5,000	80	—	2,165	1,031	127	5,997	—
1884/5	5,000	91	5,000	712	1,068	130	10,003	—
1886/7	5,000	98	4,950	11	323	954	9,146	—
1888/9	5,000	—	4,842	220	1,263	980	6,140	285
1891	5,000	—	3,659	91	577	1,344	5,944	956
1893	5,000	37	3,522	30	178	316	6,515	1,287
1895	5,000	63	3,370	56	278	575	4,275	2,982
1897	5,000	—	3,198	63	363	443	3,595	3,204
1899	5,000	—	3,984	61	226	1,488	2,709	3,351
1901	5,000	17	3,715	92	218	582	3,425	3,621
1903	5,000	18	3,419	10	277	729	3,756	3,752
1905	5,000	42	3,000	81	162	3,014	2,403	3,394
1907	5,000	94	2,800	42	660	782	3,240	3,462
1908	6,250	160	2,700	48	294	1,578	3,851	4,208
1909	7,500	507	2,600	78	157	1,667	3,531	4,224
1910	10,000	538	2,500	198	895	5,132	4,602	4,193
1911	10,000	584	2,400	99	2,006	2,864	5,958	3,862
1912	10,000	634	2,300	196	841	1,804	7,909	3,497

DIE HYPOTHEKENBANKEN.

I. VON DEN IM JAHRE 1912 BESTEHENDEN HYPOTHEKENBANKEN WURDEN GEGRUENDET:

Quelle: v. N. N. V.

Jahr.	Inlandhypothekenbanken.		Auslandhypothekenbanken.		Schiffshypothekenbanken.		Zusammen.	
	gegründet	bestanden.	gegr.	best.	gegr.	best.	gegr.	best.
1861	1	1					1	1
1864	1	2					1	2
1877	1	3					1	3
1882	5	8					5	8
1883	1	9	1	1			2	10
1887	1	10	—	1			1	11
1888	—	10	1	2			1	12
1889	4	14	3	5			7	19
1890	3	17	—	5			3	22
1891	1	18	—	5			1	23
1893	2	20	1	6			3	26
1895	1	21	—	6			1	27
1896	3	24	1	7			4	31
1897	2	26	—	7			2	33
1898	1	27	—	7			1	34
1899	5	32	—	7	2	2	7	41
1900	9	41	—	7	—	2	9	50
1901	2	43	—	7	—	2	2	52
1902	5	48	—	7	2	4	7	59
1903	6	54	—	7	4	8	10	69
1905	3	57	1	8	—	8	4	73
1906	1	58	—	8	—	8	1	74
1907	1	59	—	8	—	8	1	75
1908	1	60	—	8	—	8	1	76
1909	1	61	2	10	—	8	3	79
1910	—	61	3	13	1	9	4	83
1911	—	61	5	18	1	10	6	89
1912	—	61	7	25	—	10	7	96

II. DIE HYPOTHEKENBANKEN HATTEN IHREN SITZ IN:

Quelle: F. A.

	Inland-	Ausland-	Schiffs-	total.
	hypothekenbanken.			
Amsterdam	12	13	5	30
Alkmaar	1	—	—	1
Haarlem	3	—	—	3
Watergraafsmeer	1	—	—	1
Noordholland	17	13	5	35
Rotterdam	6	2	1	9
den Haag	13	3	—	16
Hillegom	1	—	—	1
Dordrecht	1	1	1	3
Gorinchem	1	1	—	2
Leiden	1	—	—	1
Zuidholland	23	7	2	32
Groningen	4	1	1	6
Uithuizen	—	1	—	1
Sappemeer	—	—	1	1
Veendam	2	—	—	2
Winschoten	1	—	—	1
Groningen	7	2	2	11
Tilburg	1	—	—	1
Breda	1	—	—	1
Eindhoven	1	—	—	1
Noordbrabant	3	—	—	3
Apeldoorn	—	1	—	1
Arnhem	2	—	—	2
Nijmegen	—	—	1	1
Gelderland	2	1	1	4
Deventer	1	—	—	1
Zwolle	1	—	—	1
Overijssel	2	—	—	2
Middelburg	1	—	—	1
Zierikzee	1	—	—	1
Zeeland	2	—	—	2
Utrecht	3	1	—	4
Utrecht	3	1	—	4
Leeuwarden	1	1	—	2
Friesland	1	1	—	2
Maastricht	1	—	—	1
Limburg	1	—	—	1
Zusammen	61	25	10	96

DIE BEWEGUNG DES BANK-, PROLONGATIONS- UND HYPOTHEKENZINSSATZES.

Quellen: V. N.; Versl. Haarl. Hyp. Bk.; Vivats Encycl. XI. S. 592.

	Haarlemsche Hypotheekbank durchschnittlicher Zinssatz *aller* Hypotheken.	Haarlemsche Hypotheekbank durchschnittlicher Zinssatz der *neuen* Hypotheken.	durchschn. Wechseldisk. d. Nederl. Bank.	durchschn. Prolongations-satz in Amsterdam.
1891	4,267	4,267	3,12	3,01
1892	4,313	4,388	2,70	2,64
1893	4,310	4,312	3,40	3,35
1894	4,239	4,115	2,58	2,05
1895	4,104	4,010	2,50	2,25
1896	4,097	4,087	3,03	3,56
1897	4,117	4,201	3,13	3,03
1898	4,129	4,166	2,83	2,51
1899	4,156	4,263	3,58	3,52
1900	4,245	4,455	3,61	3,96
1901	4,273	4,370	3,23	3,66
1902	4,274	4,302	3,—	3,70
1903	4,284	4,331	3,40	3,84
1904	4,296	4,297	3,23	2,82
1905	4,287	4,262	2,68	2,73
1906	4,296	4,321	4,11	4,22
1907	4,338	4,739	5,10	5,61
1908	4,359	4,456	3,38	3,35
1909	4,338	4,273	2,88	2,37
1910	4,341	4,366	4,23	4,25
1911	4,370	4,507	3,45	3,22
1912	4,408	4,649	4,—	4,04
1913	4,492	4,767	4,52	4,09

DIE HAUPTSAECHLICHSTEN ZINSSAETZE, ZU DENEN HYPOTHEKEN ABGESCHLOSSEN WURDEN.

Quellen: S. G. N.; J. C.;

Jahr.	in Prozent der Hypotheken.			
	$3^1/_2$—4% exkl.	4—$4^1/_2$% exkl.	$4^1/_2$—5% exkl.	5—$5^1/_2$% exkl.
1.	2.	3.	4.	5.
1870	0,16	4,28	10,84	64,17
1871	0,15	3,99	10,00	64,31
1872	0,10	2,87	10,10	65,51
1873	0,05	2,47	6,45	62,21
1874	0,11	2,35	9,58	65,09
1875	0,07	2,63	13,55	53,83
1876	0,13	4,62	18,97	57,81
1877	0,11	5,27	24,46	51,83
1878	0,12	5,08	25,94	50,30
1879	0,05	4,20	28,49	51,55
1880	0,11	6,05	23,41	52,79
1881	0,14	8,22	20,46	42,16
1882	0,11	7,84	17,43	32,47
1883	0,21	5,92	20,90	45,82
1884	0,12	7,35	23,22	43,58
1885	0,14	10,71	25,03	38,27
1886	0,35	19,00	26,40	29,44
1887	0,56	26,15	27,50	20,94
1888	1,20	27,59	27,50	18,54
1889	3,09	34,56	23,45	13,42
1890	5,03	37,37	21,79	10,75
1891	1,96	36,80	26,14	10,98
1892	2,38	39,25	22,48	10,91
1893	4,80	39,38	21,37	9,34
1894	8,66	40,00	17,10	7,89
1895	15,64	42,58	10,35	6,48
1896	15,09	41,56	11,02	6,47
1897	6,39	46,42	14,93	6,86
1898	5,82	49,41	12,58	6,61
1899	5,11	45,19	14,77	7,50
1900	1,84	32,29	33,87	13,63
1901	1,20	34,02	36,50	12,04
1902	1,19	48,84	27,54	6,45
1903	1,27	50,91	23,98	6,29

Jahr.	in Prozent der Hypotheken.			
	3½—4% exkl.	4—4½% exkl.	4½—4% exkl.	5—5½% exkl.
1.	2.	3.	4.	5.
1904	1,39	49,85	25,75	6,88
1905	1,47	60,70	15,56	5,76
1906	1,49	49,99	23,23	8,27
1907	1,03	24,69	37,77	15,13
1908	0,82	29,33	39,78	11,03
1909	0,97	47,87	24,29	8,74
1910	0,98	39,90	31,55	8,05
1911	0,74	28,40	42,19	8,58
1912	0,60	21,07	47,67	9,81
Im Durchschnitt.				
1871/75	0,09	2,77	10,13	61,46
1876/78	0,12	5,00	23,16	52,28
1879/80	0,08	5,12	25,96	52,17
1881/85	0,15	7,87	21,28	42,87
1886/90	2,13	29,20	25,23	18,38
1891/95	7,19	39,78	18,94	8,95
1896/00	6,62	42,72	17,85	8,36
1901/05	1,31	49,48	25,37	7,34
1906/09	1,08	38,62	30,86	10,64

DIE HYPOTHEKENBEWEGUNG.

Quelle: J. C.

Jahr.	in Tausend Gulden.		
	Eintragungen.	Löschungen.	Bestand der Eintragungen am 31. Dezember.
1880			808,906
1881	138,406	76,181	871,131
1883	149,906	104,165	960,049
1885	111,338	83,963	1,011,066
1887	119,165	102,397	1,047,452
1889	125,568	111,762	1,074,779
1891	120,660	98,887	1,119,735
1893	130,348	106,732	1,163,074
1895	158,892	134,320	1,217,121
1897	151,126	117,210	1,292,783
1899	202,351	142,313	1,397,550
1901	205,978	146,443	1,516,654
1902	224,090	149,591	1,591,154
1903	243,182	155,144	1,679,191
1904	235,374	165,158	1,749,407
1905	258,082	179,954	1,827,535
1906	241,937	172,116	1,897,357
1907	206,508	149,069	1,954,796
1908	217,488	164,633	2,007,651
1909	231,683	181,301	2,058,033
1910	231,682	164,715	2,215,000
1911	266,072	182,707	2,208,365
1912	273,142	190,456	2,291,051

VERTEILUNG DER HYPOTHEKEN AUF DIE PROVINZEN.

Quellen: J.C.; S.G.N.; V.H.B.

Provinz:	Hypotheken am 31. Dez. 1907	in %	Hypotheken.		47 Hypothekenbanken.	
			auf 1 qkm.	auf 1 Einw.	Hypotheken 31.12.1910	in %
Noordbrabant ...	f 120,929,000	6,19	f 24,186	f 197	f 3,959,400	1,—
Gelderland	147,608,000	7,55	29,000	234	13,582,200	3,7
Zuidholland	648,188,000	33,16	213,923	484	127,624,700	33,9
Noordholland ...	523,736,000	26,79	189,759	478	168,637,500	44,7
Zeeland	50,488,000	2,58	27,440	220	4,692,500	1,2
Utrecht	98,583,000	5,04	72,000	350	16,887,200	4,5
Friesland........	83,598,000	4,28	25,180	233	9,596,900	2,6
Overijssel	75,148,000	3,84	22,102	201	9,644,200	2,6
Groningen	123,646,000	6,33	52,375	378	15,024,300	4,—
Drenthe.........	23,841,000	1,22	8,963	141	3,900,400	1,—
Limburg	59,029,000	3,02	26,831	180	2,902,300	0,8
	f 1,954,796,000	100,—	f 59,236	f 340	f 376,721,600	100,—

TILGUNG DER DARLEHEN BEI DER UTRECHTSCHE HYPOTHEEKBANK.

Quellen: Versl.

Jahr.	In Gulden. Betrag der gewährten Darlehen	In Gulden. davon waren getilgt am 31. Dezember 1911.	in Prozent der Darlehen.
1882	657,950	644,326	98,-%
1883	704,150	704,150	100,-%
1884	802,945	802,945	100,-%
1885	835,200	834,193	99,9%
1886	1,078,750	987,250	90,5%
1887	740,850	740,726	99,9%
1888	971,950	960,484	98,9%
1889	1,119,185	1,065,188	95,1%
1890	1,088,650	952,650	87,4%
1891	1,354,900	1,354,900	100,-%
1892	1,539,650	1,473,218	95,6%
1893	2,166,000	2,144,633	98,9%
1894	2,457,400	2,387,210	97,-%
1895	2,776,260	2,712,112	97,6%
1896	3,236,430	3,055,758	94,3%
1897	2,884,120	2,832,010	98,3%
1898	2,604,050	2,544,775	97,9%
1899	3,634,301	3,556,411	98,8%
1900	2,588,794	2,514,402	97,1%
1901	4,924,598	4,537,113	92,5%
1902	4,647,030	3,095,028	66,5%
1903	6,448,850	3,657,768	56,7%
1904	4,597,650	2,236,740	48,7%
1905	5,386,550	2,086,514	38,6%
1906	3,129,630	1,353,605	43,2%
1907	2,175,225	713,295	32,9%
1908	2,504,550	702,850	28,2%
1909	2,951,825	297,423	10,1%
1910	2,319,500	220,677	9,5%
1911	3,140,125	48,225	1,5%
1882/1911	75,467,068	51,216,577	67,9%

DIE HYPOTHEKEN DER SCHIFFSHYPOTHEKENBANKEN.

Quellen: V.H.; Versl.

Jahr.	In Tausend Gulden.				
	bewilligte Hypotheken.	abgelöste Hypotheken.	Bestand am 31. Dezember.	Zunahme absolut.	Zunahme in %
1899	265	1	264	264	—
1900	1,918	170	2,013	1,748	676,-
1901	2,225	408	3,830	1,817	90,3
1902	3,789 [1])	738 [1])	6,880	3,050	79,6
1903	3,264	1,296	8,849	1,968	28,6
1904	6,394	1,839	13,404	4,555	51,4
1905	11,043	2,404	22,042	8,638	64,5
1906	9,878	4,096	27,824	5,781	26,3
1907	6,265	5,131	28,957	1,133	4,1
1908	9,271	5,539	32,689	3,731	12,9
1909	13,382	5,727	40,345	7,655	23,4
1910	10,723	5,945	45,122	4,777	11,8
1911	15,345	8,977	51,489	6,367	14,1
1912	16,257	11,397	56,349	4,860	8,6
Zus.	110,025	53,675		56,349	

[1]) bezieht sich nur auf zwei Banken.

TILGUNG DER DARLEHEN BEI DER NEDERLANDSCHE SCHEEPSHYPOTHEEKBANK.

Quelle: Versl.

im Jahr.	In Gulden.		
	Betrag der gewährten Darlehen	davon waren getilgt am 31. Dezember 1913.	in Prozent der Darlehen.
1899/00	1,039,700	1,038,300	99,9
1901	787,600	787,300	99,9
1902	697,900	687,000	98,6
1903	1,552,100	1,538,900	99,3
1904	2,102,600	2,005,500	95,5
1905	3,498,900	3,157,300	90,2
1906	2,427,600	1,907,500	79,5
1907	2,095,900	1,483,200	70,6
1908	2,978,100	1,728,200	58,–
1909	3,387,400	1,877,700	55,4
1910	2,959,200	1,673,700	56,6
1911	4,263,400	2,336,900	54,9
1912	4,978,300	2,809,700	56,4
1913	4,800,900	19,400	0,4
1899/1913	37,570,100	23,050,900	61,3%

DIVIDENDEN DER SCHIFFSHYPOTHEKENBANKEN.

Quelle: Versl.

	1900	1901	1902	1903	1904	1905	1906	1907	1908	1909	1910	1911
I. Nederl. Scheeps-Verband Maatsch.	3	6	9	9	12	15	15	10	12	18	18	20%
Nederl. Scheeps-Hypotheekbank..	8½	7	8	9	10	10	10	12	14	14	15	18%
Amsterd. Scheeps-Verbandbank ...			0	0	0	5	7	8	8	8	8	10%
Holl. Scheepsverbandmaatsch.....			0	0	4	7	7	7	7	7	4	7%
Nat. Scheepsverband					5	5	4½	0	5	4	4	4%
Veenkoloniale Bk. v. Hyp. en Scheeps Verband				0	4	5	5	5	6	7	7	8%
Alg. Groning. Sch. Hypotheekbank..				0	0	5	5	6	8	9	9	10%

DIE ENTWICKLUNG DER EERSTE NEDERLANDSCHE SCHEEPS-VERBAND-MAATSCHAPPIJ.

Quelle: Versl.

Jahr.	In Tausend Gulden.				
	Hypotheken.	Pfandbriefe.	Kapital.		Reserven.
			emittiert.	eingezahlt.	
1899	264	183	1,000	101	—
1900	1,058	1,005	1,000	101	1
1901	2,275	2,244	1,000	101	14
1902	3,825	3,765	1,000	101	35
1903	4,187	4,088	1,000	101	46
1904	6,461	6,348	1,300	131	75
1905	9,595	9,498	2,000	202	141
1906	12,501	12,253	2,500	253	192
1907	12,283	12,046	2,500	253	210
1908	13,663	13,410	2,800	281	269
1909	16,459	16,061	3,600	363	372
1910	17,625	17,307	3,600	363	417
1911	19,783	19,384	4,000	403	495
1912	20,004	19,945	4,250	426	561

VORSCHUSSBANKEN 1910.

Quelle: v. N. N. V.

Bank.	In Tausend Gulden. Kapital. ausgegeben	eingezahlt	Reserve.	Obligationen.	Vorschüsse.	fremde Gelder.	Bilanzsumme.	Dividende.
's Gravenh. Algemeene Voorschotbank	293	53	2	243	307	31	590	3,1
Holl. Voorschotbank	165	38	24	889	912	—	1,104	3,0
Nationale Voorschotbank	1,000	179	79	4,220	1,529	271	5,651	14,3
Nederl. Crediet- en Voorschotb.	263	30	16	498	542	—	807	1,5
Nederl. Voorsch. Bank	250	32	73	1,436	1,462	12	1,824	3,0
Nederl. Voorsch. Bank met Winstdeeling	1,000	116	7	505	763	237	1,919	4,6
Spaar- en Voorschotbank der I. Nederl. Verzekerings Mij.	500	50	20	276	342	23	831	3,0
Utrecht. Voorsch. Bk.	300	64	29	863	952	2	1,225	5,1
Voorschotbank „de Nederlanden"	634	63	2	311	407	19	1,001	3,2
Voorschbk. d. I. Rotterdam. Mij. v. Verzekering	300	30	19	789	686	2	1,263	1,8
Centrale Credietbank	250	50	31	1,149	1,279	79	1,577	5,0
Credietbank v. Nederland	315	39	—	1,213	1,483	191	1,807	2,3
Nationale Credietbank	1,000	100	76	1,137	1,276	27	2,313	10,0
Nederl.-Ind. Admin. Ktoor en Hulpbank	236	236	9	1,103	1,123	70	1,450	4,3
Nieuwe Nederl. Credietbank	500	500	26	534	559	—	1,081	4,0
Prov. Crediet en Spaarbank	243	24	8	200	254	23	489	1,0
Algem. Crediet Vereeniging	154	15	6	247	511	2	874	0,9
Algem. Crediet Bank	250	50	33	1,205	1,238	1	1,563	3,5
	7,653	1,269	460	16,818	15,625	990	27,369	73,6

DIE ENTWICKLUNG DER NEDERLANDSCHE BANKINSTELLING VOOR WAARDEN BELAST MET VRUCHTGEBRUIK EN PERIODIEKE UITKEERINGEN.

Quelle: Versl.

Jahr.	in Tausend Gulden.							Dividende.
	Aktien-Kapital [1].	abgeschloss. Darlehen.	getilgte Darlehen.	Darlehens-Bestand.	Pfandbrief-Umlauf.	angekaufte Werte.	Reserven.	
1904	1,000	772	8	763	726	9	2	4 %
1905	1,000	3,292	237	3,055	3,054	10	50	8 %
1906	1,500	6,182	1,358	4,824	4,861	57	121	15 %
1907	1,500	7,648	1,724	5,924	5,516	61	158	15 %
1908	1,500	9,774	2,539	7,234	7,119	64	215	15 %
1909	2,250	11,419	3,033	8,386	7,909	66	278	16 %
1910	2,250	13,925	3,631	10,294	10,297	317	324	17 %
1911	2,250	15,129	4,917	10,212	10,642	373	248	17 %
1912	2,500	16,988	5,424	11,564	11,522	345	389	17 %

[1]) das Kapital ist nur mit 10 % eingezahlt.

DIE OBLIGATIONEN DER NIEDERLAENDISCHEN AKTIENGESELLSCHAFTEN IN JAHRE 1909/1910.

Nach dem Zinsfuss geordnet.

Quelle: v. N. N. V.

Zahl.	Art der Gesellschaften.	in Tausend Gulden. 2½%	3%	3½%	4%	4¼%	4½%	4¾%	5%	5½%	6%	7%	Zusammen.	Durchschnittliche Grösse der Darlehen in Gulden.	Durchschnittl. Verzinsung in %.
36	Schiffahrt	—	2,886	—	11,881	—	8,543	—	3,699	12	89	—	27,110	753,000	4,212
66	Kolonialges.	—	38	—	12,289	—	428	—	8,022	—	3,337	—	24,114	365,000	4,634
76	Fabriken	37	16	228	3,289	150	5,294	—	11,795	—	1,244	—	22,054	290,000	4,773
12	Maschinenfabriken.	—	—	—	2,251	—	3,411	—	2,035	—	—	—	6,697	558,000	4,407
15	Textilfabriken.....	—	10	—	40	—	730	—	2,471	—	—	—	3,251	217,000	4,901
9	Brauereien	—	—	—	4,318	—	650	—	204	—	—	—	5,172	575,000	4,104
15	Druckereien	—	—	—	531	55	479	—	531	—	—	—	1,596	106,000	4,508
7	Zuckerfabriken. ..	—	—	—	85	—	720	—	3,055	—	—	—	3,860	551,000	4,884
5	Bergwerke	—	—	—	—	—	—	—	4,529	—	750	2,400	7,679	1,536,000	5,722
13	Gas u. Elektr.....	—	4	—	2,389	—	715	—	1,455	—	—	—	4,562	351,000	4,400
12	Wasserleit. Ges. ..	—	—	91	1,196	—	103	—	—	—	—	—	1,390	116,000	4,004
9	Handel	—	—	—	135	—	—	—	656	—	—	—	791	88,000	4,635
11	Lagerhaus........	—	—	1,344	2,767	80	636	—	—	—	—	—	4,827	439,000	3,952
15	Hotels	—	—	—	711	—	512	—	270	158	—	—	1,651	110,000	4,465
75	Terrain u. Haus .	—	433	484	11,143	140	14,876	—	3,331	—	254	—	30,660	409,000	4,341
72	sonstige Ges.	—	111	1,558	24,034	90	3,919	6	3,020	—	287	510	33,534	466,000	4,190
448	zusammen	37	3,498	3,705	77,059	515	41,016	6	44,073	170	5,961	2,910	178,950	399,500	4,448
15	Eisenbahnges.	9,427	36,281	128,368	106,594	—	309	—	13,407	—	—	—	294,389	19,626,000	3,662
53	Klein-u. Strassb...	—	350	5,987	41,222	—	12,096	—	1,469	—	—	—	61,125	1,153,000	4,070
516	total	9,464	40,129	138,060	224,875	515	53,421	6	58,949	170	5,961	2,910	534,464	1,035,800	3,968

DIE BILANZEN DER GROSSBANKEN 1912 UND 1913.

Quelle: Versl.

Aktiva	Rotterd. B. V. (in Millionen Gulden)		Ned. Hdl. Mij.		Twentsche B. V.		Amsterd. Bank.		Incasso-bank.	
	1912	1913	1912	1913	1912	1913	1912	1913	1912	1913
Kasse u. Bankguthaben ..	14,5	17,8	7,5	4,7	6,8	3,7	5,6	8,0	2,3	3,5
Wechsel u. Devisen	18,4	18,2	48,0	39,7	15,2	14,6	11,5	15,7	4,3	3,9
Effekten u. Beteilig.	3,3	3,4	35,8	33,3	2,7	5,2	3,3	4,2	1,6	1,3
Konsortialbeteilig.	2,6	3,4	—	—	0,4	0,5	0,3	0,8		
Effektenvorsch. u. Prolong.	30,5	31,7	18,1	20,0	14,1	18,9	16,2	20,2	11,6	16,2
Debitoren	40,4	42,9	18,6	24,7	40,9	46,5	29,5	31,6	14,1	14,1
Avale	3,1	3,4	—	—	—	—	3,5	5,3	0,1	0,3
Immobilien	1,7	1,3	2,1	2,5	0,8	1,1	0,5	0,5	0,5	0,5
Sonstige Aktiva	0,3	1,3	7,2	26,7	8,3	2,8	0,4	0,3	0,2	0,2
	114,9	123,4	137,3	151,6	89,2	93,3	70,8	86,6	34,7	39,9

Passiva	Rotterd. B. V.		Ned. Hdl. Mij.		Twentsche B. V.		Amsterd. Bank.		Incasso-bank.	
	1912	1913	1912	1913	1912	1913	1912	1913	1912	1913
Aktienkapital	26,0	30,0	45,0	45,0	15,2	15,2	12,5	15,0	8,0	8,0
Reserven	5,9	7,7	9,1	9,8	5,9	6,5	7,1	8,9	1,2	1,2
Deposit. u. Kreditoren	47,7	50,8	71,7	86,1	36,2	39,9	32,2	38,8	13,7	13,7
Bankschulden (Ned. Bank)	0,5	1,9	—	—	—	—	—	—	—	—
Akzepte	13,6	15,9	6,4	5,5	14,8	18,1	6,4	7,9	3,9	3,8
Prolong. für Dritte	14,1	10,0	—	—	9,0	10,7	7,1	8,3	4,7	9,8
Prolong. genommen	0,6	—	—	—	5,2	—	—	—	2,3	0,4
Avale	3,1	3,4	—	—	—	—	3,5	5,3	0,1	0,3
Sonstige Passiva	0,7	1,0	0,1	0,1	1,0	0,7	0,3	0,3	0,1	0,2
Gewinn	2,7	2,7	5,0	5,1	1,9	2,2	1,7	2,0	0,7	0,7
	114,9	123,4	137,3	151,6	89,2	93,3	70,8	86,6	34,7	39,9